普通高等教育经管类专业系列教材

会计信息化实训教程

——财务业务一体化（用友U8 V10.1）

（第2版）（微课版）

彭飞　白默　主编

清华大学出版社

北京

内 容 简 介

本书以简明原理、突出实训为主导思想,以一个企业单位的经济业务为原型,重点介绍了用友U8财务管理与供应链管理系统核心子系统的主要功能和业务处理方法,兼顾原理阐释与实务训练。书中为读者定制了几十个实训项目并提供了实训准备账套和结果账套,每个实验既环环相扣,又可以独立运作,适应不同层次教学的需要。

本书共分为10个项目,分别介绍了企业建账、基础设置以及用友U8软件中最重要和最基础的总账、固定资产、薪资管理、采购管理、应付款管理、销售管理、应收款管理、库存管理、存货核算、UFO报表共10个模块的基本功能,并以系列实训的形式详解了10个模块的主要业务的处理。

本书可以用作高等院校会计学及经济管理类其他专业的教材,也可用作全国大学生会计信息化技能大赛的辅导教材,还可用作在职会计人员的用友U8自学读本。

图书在版编目(CIP)数据

会计信息化实训教程:财务业务一体化:用友 U8 V10.1:

微课版/彭飞,白默主编 . -- 2 版 . -- 北京:清华大学出版社,2025. 8.

(普通高等教育经管类专业系列教材). -- ISBN 978-7-302-69589-9

Ⅰ . F232

中国国家版本馆 CIP 数据核字第 20254NZ911 号

责任编辑:刘金喜
封面设计:常雪影
版式设计:思创景点
责任校对:成凤进
责任印制:宋 林

出版发行:清华大学出版社
      网 址:https://www.tup.com.cn,https://www.wqxuetang.com
      地 址:北京清华大学学研大厦 A 座   邮 编:100084
      社 总 机:010-83470000   邮 购:010-62786544
      投稿与读者服务:010-62776969,c-service@tup.tsinghua.edu.cn
      质 量 反 馈:010-62772015,zhiliang@tup.tsinghua.edu.cn
印 装 者:三河市龙大印装有限公司
经 销:全国新华书店
开 本:185mm×260mm   印 张:21.5   字 数:550 千字
版 次:2021 年 2 月第 1 版 2025 年 9 月第 2 版   印 次:2025 年 9 月第 1 次印刷
定 价:68.00 元

产品编号:105700-01

第 二 版 前 言

在当今这个信息化飞速发展的时代，财务人员若不能熟练掌握和运用信息化管理工具，其职业道路将面临严峻挑战。随着信息技术的不断进步，传统的会计工作方式已经无法满足现代企业的需求。因此，"会计信息化"不仅成为了会计专业的核心课程之一，更是财务人员必须掌握的关键技能。

会计信息化涉及会计数据的收集、处理、存储和传输等多个环节，是企业财务管理现代化的重要标志。本书的编写初衷，是帮助会计学专业的学生和在职财务人员通过对会计信息化的系统学习，深入理解会计信息化的基本原理，掌握业务财务一体化核心子系统的业务操作流程，提升专业技能和职业竞争力。书中不仅涵盖了会计信息化的理论基础，还包括了实际操作技巧和案例分析，使读者能够将理论知识与实践相结合，更好地适应信息化时代对财务工作的要求。

考虑到随着云计算、大数据、人工智能等新兴技术的发展，会计信息化也在不断地更新和升级，因此有必要对第一版教材进行修订。本次修订主要体现在以下四个方面：

(1) 根据最新修订的企业会计准则，对相关业务的操作步骤做了部分修订和改写。

(2) 对涉及新修订的税收法律相关内容进行了调整与修订。

(3) 结合同行教学反馈，增加了部分业务描述与操作步骤截图。

第2版教材由天津商业大学会计学院彭飞、白默担任主编。由于水平所限，书中难免存在疏漏和不当之处，期待使用本书的教师和同学不吝指正，以便今后不断完善教材内容。

服务邮箱：476371891@qq.com

编　者

2025年1月

第 一 版 前 言

信息化时代，财务人员若不掌握信息化管理工具，其未来的职业发展必将受到影响。"会计信息化"已经成为会计学专业的核心专业课程之一。会计信息化是企业信息化的起点，也是企业信息化普及面最广的一项应用。为会计信息化培养合格的应用人才，使其理解会计信息化的基本原理，熟悉财务业务一体化核心子系统的业务操作，正是本书编写的初衷。

全书以企业财务业务一体化集成应用为信息化背景，共分10个项目，分别为企业建账、基础设置、总账管理、固定资产、薪资管理、供应链管理系统初始化、采购与应付款管理、销售与应收款管理、库存管理与存货核算、UFO报表管理，涵盖了U8财务业务一体化应用的主要内容。本书特色表现在以下4个方面。

1. 实训主导，理论简明

本书以实训为主导，各实训项目配有相应原始单据，实训项目设计思路遵循从理论知识到实务训练逐步进阶，力求与实践接轨，提高学习者对原理的基本把握、对整体流程的掌控和实践能力，各部分作用说明如下。

每章结构项	子项	作用
基本任务	实训任务	将企业典型应用按业务流程设计为前后衔接贯通的实训项目，同时提供相关业务原始单据
	任务解析	简要阐述实训相关原理，提升学习者对实训项目的认知程度 明确业务处理的操作岗位及处理内容
	实训指引	通过详细的实训指导引导学员完成业务处理，掌握方法，理解原理
拓展任务	功能概要	根据实际业务可以拓展的知识点
	路径指引	简要说明业务处理的操作流程
	岗位说明	明确业务处理的操作岗位

实训设计中，所有业务均依照现行会计准则编写，全面实施"营改增"和"新税制"。实训以证明业务发生的原始凭据为牵引，加深学生对企业真实业务的了解，运用所学财务会计知识，完成对经济业务的会计分录，进而在会计信息化平台中进行处理，使学生不仅精通核算，而且善用工具。

2. 内容独立，自由组合

鉴于不同专业、不同教学对象的教学目标、内容与学时存在差异，因此，实验业务设计按系统模块设置为"拼板"方式，各项目的实验业务保障所描述模块业务核算的完整性，既可以由上至下顺序进行，也可以由教师根据实际需求，结合学生基础和教学目标，任意选择其中的若干实验进行组合，给予教学较大的自由空间。

3. 资源丰富，便于自学

鉴于各校的实验环境存在差异，本书教学资源包对每个实验结果都保留了标准账套。课堂教学中可把以往实验基础数据引入系统，直接开始下一内容的实验，从而有效地利用教学时间。同时，由于教学学时有限，部分实验业务需要由学生在课外自行完成，因此，本书操作指导部分针对不同业务给予非常详尽的操作步骤，以此为对照，学生便可以按部就班地完成全部实验并通过标准账套对照自己的实验结果，掌握管理软件的精要。

本书还提供了PPT课件和实验操作的微课视频，方便学生自学。

4. 业务典型，实用性强

本书以企业财务工作实际业务流程为主线，按照财务人员的日常处理业务类型谋篇布局。通过介绍典型的业务案例，在讲解具体操作方法的同时，兼顾介绍相关原理知识，注重理论与实训相融合并为关键业务步骤配有截图，更详尽地描述了业务处理过程，以方便学习者独立学习，将书中知识点轻松融入实际工作中。

本书可作为普通高等院校会计学专业、审计学专业、工商管理专业、经济学专业，以及金融学专业等经济管理类专业"会计信息系统"及相关专业课程的教材，还可用作其他层次、其他形式的会计教学与信息化培训的参考用书。

本书由天津商业大学会计学院彭飞、天津财经大学会计学院王新玲担任主编，其中，王新玲编写了项目九，彭飞编写了其余项目。在编写过程中还得到了用友新道科技有限公司、中国工商银行天津分行营业部的大力支持，在此一并表示衷心的感谢。

限于作者水平，书中难免存在不当之处，恳请读者批评指正。

服务邮箱：476371891@qq.com。

编 者

2020年6月

教学资源使用说明

为便于教学和自学，本书还提供了以下资源：
- 用友U8 V10.1软件(教学版)
- 实验账套备份
- 微课操作视频
- PPT教学课件

读者可通过扫描下方二维码，将资源下载地址推送到自己的邮箱来获取相应资源。

实验账套

PPT 课件

U8 V10.1 链接

本书微课视频通过二维码的形式呈现在了纸质教材上，读者可用移动终端扫码播放。

若出现资源无法下载的情况，请致电010-62784096，也可发邮件至服务邮箱476371891@qq.com。

目 录

项目一 企业建账

实训一　增加用户

实训任务

根据凯撒家纺目前的岗位分工和内控要求，结合U8的特性，整理用户信息如表1-1所示。

表1-1　用户信息

用户编码	用户姓名	隶属部门	所属角色
A01	陈　强	总经理办公室	账套主管
W01	汪小菲	财务部	
W02	张文华	财务部	
W03	黄　宁	财务部	
X01	王大国	销售部	
G01	林　群	采购部	
C01	陈　晨	仓管部	

任务解析

1. 背景知识

(1) 用户

用户是指企业中能够登录U8进行系统操作的人，也称为操作员。

(2) 系统管理员

在信息化企业中，系统管理员主要负责信息系统安全，具体包括数据存储安全、系统使用安全和系统运行安全。其对应的具体工作包括监控系统日常运行、网络及系统维护、防范安全风险、数据备份、用户及权限管理等内容。系统管理员工作性质偏技术，他不参与企业实际业务处理工作。

(3) 账套主管

账套主管一般是企业中某业务领域的业务主管，如财务主管。他要根据企业发展需要及业务现状，确定企业会计核算的规则、确定U8各个子系统参数的设置、组织企业业务处理按规范流程运行。账套主管是U8中权限最高的用户，拥有U8所有子系统的操作权限。

2. 岗位说明

在U8中，只能以系统管理员admin身份增加用户。

实训指引

1. 以系统管理员的身份登录系统管理

① 执行"开始"|"所有程序"|"用友U8 V10.1"|"系统服务"|"系统管理"命令，进入"用友U8[系统管理]"窗口。

② 执行"系统"|"注册"命令，打开"登录"系统管理对话框，如图1-1所示。

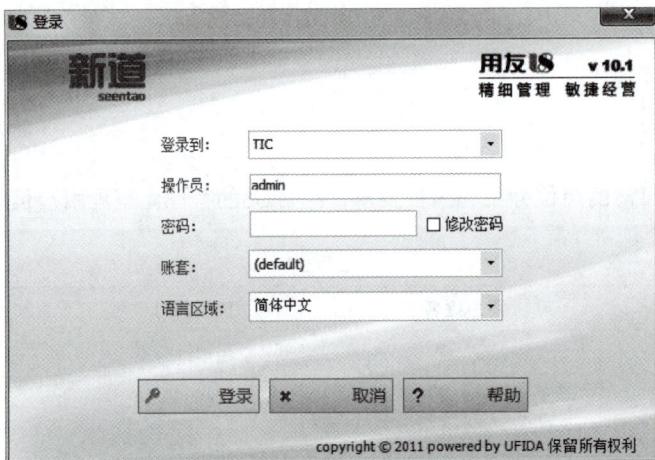

图 1-1 "登录"对话框

↘ 栏目说明：

○ 登录到："登录到"文本框中显示U8应用服务器的名称或IP地址。实训时此处一般为本机名称。

○ 操作员："操作员"文本框中显示U8系统默认的系统管理员admin。

○ 密码：输入当前操作员的密码。系统管理员admin的初始密码为空。在企业实际应用中，管理员首次登录时应及时设置密码，以保证系统安全。设置密码的方法是在"登录"对话框中选中"修改密码"复选框，进入"设置用户密码"对话框完成设置。

○ 账套：选择系统默认账套"(default)"。

③ 单击"登录"按钮，进入系统管理。系统管理界面最下端的状态栏中显示当前操作员[admin]，如图1-2所示。

2. 增加用户

① 执行"权限"|"用户"命令，进入"用户管理"窗口，其中显示系统安装完成后默认的四位用户。

② 单击"增加"按钮，打开"操作员详细情况"对话框。对话框中蓝色字体标注的项目为必输项，其余项目为可选项，这一规则适用于U8所有界面。

③ 按表1-1中的资料输入用户信息。如输入账套主管"A01 陈强"的界面如图1-3所示。

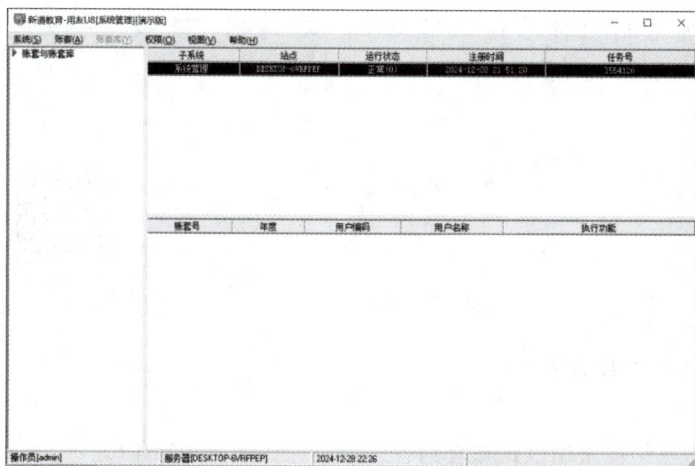

图1-2　以系统管理员身份进入系统管理

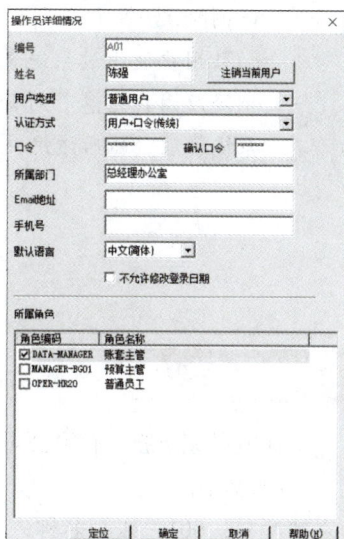

图1-3　增加用户

📥 栏目说明：

- ○ 编号：用户编号在U8系统中必须唯一，即使是不同的账套，用户编号也不能重复。本例输入"A01"。
- ○ 姓名：准确输入该用户的中文全称。用户登录U8进行业务操作时，此处的姓名将会显示在业务单据上，以明确经济责任。本例输入"陈强"。
- ○ 用户类型：有普通用户和管理员用户两种。普通用户是指登录系统进行各种业务操作的人；管理员用户的性质与admin相同，他们只能登录系统管理进行操作，不能接触企业业务。本例选择"普通用户"。
- ○ 认证方式：提供用户+口令(传统)、动态密码、CA认证、域身份验证4种认证方式。用户+口令(传统)是U8默认的用户身份认证方式，即通过系统管理中的用户管理来设置用户的安全信息。本例采取系统默认方式。
- ○ 口令：设置操作员口令时，为保密起见，输入的口令字在屏幕上以"*"号显示。本例不设置口令。
- ○ 所属角色：系统预置了账套主管、预算主管、普通员工3种角色。用户可以执行"权限"|"角色"命令增加新的角色。本例选择所属角色为"账套主管"。

④ 单击"增加"按钮，依次增加其他操作员。设置完成后单击"取消"按钮返回"用户管理"窗口，所有用户以列表方式显示。

⑤ 单击"退出"按钮，返回"系统管理"窗口。

❖ 特别提醒：

- ✧ 在增加用户时可以直接指定用户所属角色，如陈强的角色为"账套主管"。由于系统中已经为预设的角色赋予了相应的权限，因此，如果在增加用户时就指定了相应的角色，则其就自动拥有了该角色的所有权限。如果用户权限与所选角色权限不完全符合，可以在"权限"设置中对用户权限进行调整。
- ✧ 如果为用户定义了所属角色，则该用户不能被直接删除，必须先取消用户所属角色才能删除用户。如果所设置的用户在U8系统中进行过业务操作，也不能被删除。

◇ 如果用户使用过系统又被调离单位，应在"用户管理"窗口中单击"修改"按钮，在"修改用户信息"对话框中单击"注销当前用户"按钮，最后单击"修改"按钮返回系统管理。此后该用户无权再进入U8系统。

实训二 建立账套

实训任务

天津凯撒家纺股份有限公司的账套参数信息如下。

(1) 账套信息

账套号：001；账套名称：凯撒家纺；采用默认账套路径；启用会计期：2025年6月；会计期间设置：默认。

(2) 单位信息

单位名称：天津凯撒家纺股份有限公司；单位简称：凯撒家纺；单位地址：天津市河西区珠江道86号；法人代表：陈强；联系电话及传真：022-28285566；税号：120101355203023526。

(3) 核算类型

该企业的记账本位币：人民币(RMB)；企业类型：商业；行业性质：2007年新会计制度；科目预置语言：中文(简体)；账套主管：陈强；选中"按行业性质预置科目"复选框。

(4) 基础信息

选中"存货分类""客户分类""有无外币核算"复选框。

(5) 分类编码方案

该企业的分类方案如下。

科目编码级次：4222；收发类别编码级次：12；其他为系统默认设置。

(6) 数据精度

该企业对存货数量、单价小数位设定为2。

(7) 系统启用

启用总账系统，启用日期为2025-06-01。

任务解析

1. 背景知识

(1) 账套

账套是一组相互关联的数据。每一个独立核算的企业都有一套完整的账簿体系，把这样一套完整的账簿体系建立在U8系统中就是一个账套。在U8中，可以为多个企业(或企业内多个独立核算的部门)分别立账，且各账套数据之间相互独立、互不影响，从而使资源得到充分的利用，系统最多允许建立999个企业账套。

(2) 系统启用

系统启用是指设定在用友U8中各个子系统开始使用的日期。只有设置为启用的子系统才可以登录。

2. 岗位说明

只能以系统管理员admin身份建立账套。

实训指引

1. 创建企业账套

① 以系统管理员的身份登录系统管理，执行"账套"|"建立"命令，打开"创建账套——建账方式"对话框。选择"新建空白账套"，单击"下一步"按钮，打开"创建账套——账套信息"对话框。

② 输入账套信息。按实训资料输入账套信息，如图1-4所示。

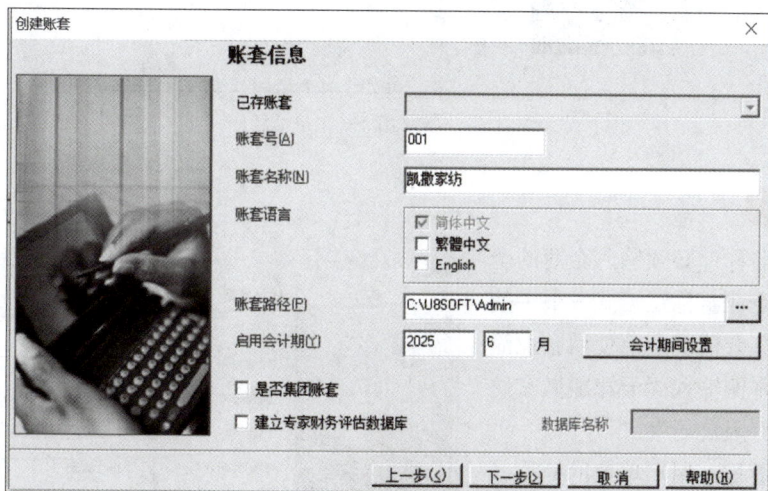

图1-4 创建账套——账套信息

↘ 栏目说明：

- ○ 已存账套：系统将已存在的账套以下拉列表框的形式显示，用户只能查看，不能输入或修改，目的是避免重复建账。

- ○ 账套号：账套号是该企业账套的唯一标识，必须输入，且不得与机内已经存在的账套号重复。可以输入001～999之间的3个字符，一旦创建成功，账套号不允许修改。本例输入账套号001。

- ○ 账套名称：账套名称可以输入核算单位的简称，此项必须输入，进入系统后它将显示在正在运行的软件界面上。本例输入"凯撒家纺"。

- ○ 账套语言：系统默认选中"简体中文"选项。从系统提供的选项中可以看出，U8还支持繁体中文和英文作为账套语言，但简体中文为必选。

- ○ 账套路径：用来确定新建账套将要被放置的位置，系统默认的路径为"C:\U8SOFT\Admin"，用户可以人工更改，也可以单击"…"按钮进行参照选择输入。

- 启用会计期：指开始使用U8系统进行业务处理的初始日期，此项必须输入。系统默认为计算机的系统日期，更改为"2025年6月"。系统自动将自然月份作为会计核算期间。
- 是否集团账套：不选择。
- 建立专家财务评估数据库：不选择。

单击"下一步"按钮，打开"创建账——单位信息"对话框。

③ 输入单位信息。按实训资料输入单位信息，如图1-5所示。

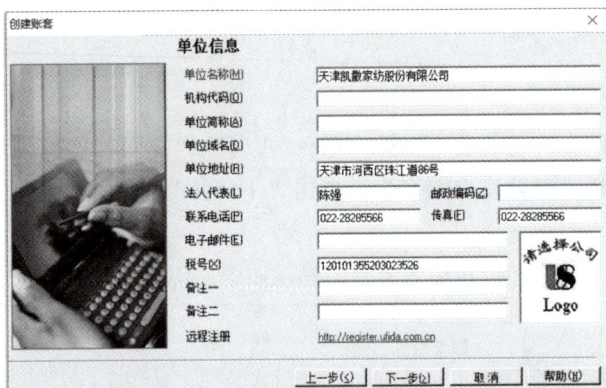

图1-5　创建账套——单位信息

▼ 栏目说明：

- 单位名称：必须输入企业的全称。企业全称在正式发票中使用，其余情况全部使用企业简称。本例输入"天津凯撒家纺股份有限公司"。
- 单位简称：用户单位的简称，最好输入。本例输入"凯撒家纺"。

其他栏目都属于任选项，参照所给资料输入即可。

单击"下一步"按钮，打开"账套信息——核算类型"对话框。

④ 输入核算类型。按实训资料输入核算类型，如图1-6所示。

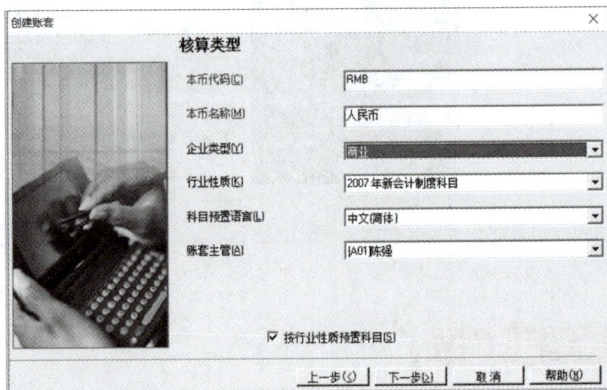

图1-6　创建账套——核算类型

▼ 栏目说明：

- 本币代码：必须输入。本例采用系统默认的"RMB"。
- 本币名称：必须输入。本例采用系统默认的"人民币"。
- 企业类型：系统提供了工业、商业、医药流通3种类型。如果选择"工业"，系统不能处理受托代销业务；如果选择"商业"，则系统不能处理产成品入库、材料领用出库业务。本例采用系统默认的"商业"。

○ 行业性质：用户必须从下拉列表框中选择输入，系统将按照所选择的行业性质预置科目。本例采用系统默认的"2007年新会计制度科目"。

○ 账套主管：如果事先增加了用户，此处可以从下拉列表中选择某用户为该账套的账套主管；如果此前尚未设置用户，此处可以先任选一位列表中的用户，待账套建立完成后再利用"权限"功能设置账套主管。本例从下拉列表框中选择输入"[A01] 陈强"。

○ 按行业性质预置科目：如果希望系统预置所属行业的标准一级科目，则选中该复选框。本例选择"按行业性质预置科目"。

单击"下一步"按钮，打开"创建账套——基础信息"对话框。

⑤ 设置基础信息。

如果单位的存货、客户、供应商相对较多，可以对它们进行分类核算。如果此时不能确定是否进行分类核算，也可以建账完成后由账套主管在"修改账套"功能中重新设置。

如企业有进出口业务，则还应选择外币核算。但如果企业后续才将业务范围拓展到海外，则在初始建账时可先不选择有外币核算，该选项同样可以在建账完成后由账套主管在"修改账套"功能中重新设置。

按照本例要求，选中"存货是否分类""客户是否分类""有无外币核算"3个复选框，如图1-7所示。单击"下一步"按钮，打开"创建账套——准备建账"对话框。

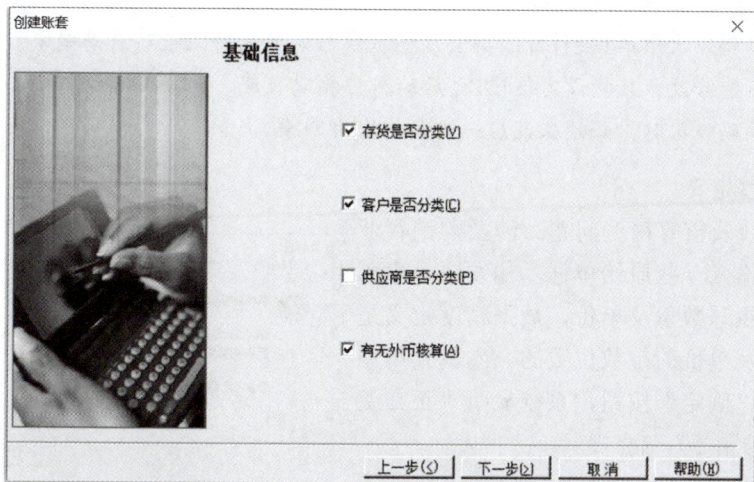

图1-7　创建账套——基础信息

❖ **特别提醒：**

◇ 设置对存货、客户及供应商进行分类是今后统计的一种口径，可以按照分类进行数据统计。

◇ 如果基础信息设置错误，可以由账套主管在修改账套功能中进行修改。

⑥ 准备建账。

单击"完成"按钮，弹出系统提示"可以创建账套了么？"，如图1-8所示。单击"是"按钮，系统依次进行初始化环境、创建新账套库、更新账套库、配置账套信息等工作，所以需要一段时间才能完成，要耐心等待。完成以上工作后，打开"编码方案"对话框。

⑦ 设置分类编码方案。

为了便于对经济业务数据进行分级核算、统计和管理，系统要求预先设置某些基础档案的编码规则，即规定各种编码的级次及各级的长度。

按实训资料设置分类编码方案，如图1-9所示，单击"确定"按钮，再单击"取消"按钮，打开"数据精度"对话框。

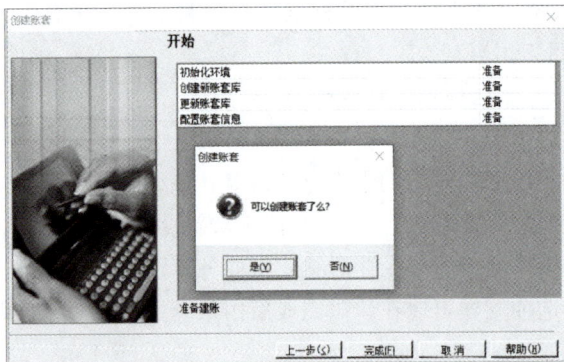

图1-8 创建账套——准备建账

图1-9 分类编码方案

❖ **特别提醒：**

◇ 科目编码级次中第1级科目编码长度根据建账时所选行业性质自动确定，此处显示为灰色，不能修改，只能设定第1级之后的科目编码长度。

◇ 删除编码级次时，必须从最后一级向前依次删除。

⑧ 数据精度定义。

数据精度涉及核算精度问题。涉及购销存业务环节时，会输入一些原始单据，如发票、出入库单等，需要填写数量及单价，数据精度定义是确定有关数量及单价的小数位数的。本例采用系统默认。单击"确定"按钮，系统显示"正在更新单据模板，请稍等"信息提示。

⑨ 完成建账。

完成单据模板更新后，系统弹出建账成功信息提示，如图1-10所示。单击"是"按钮，打开"系统启用"对话框。

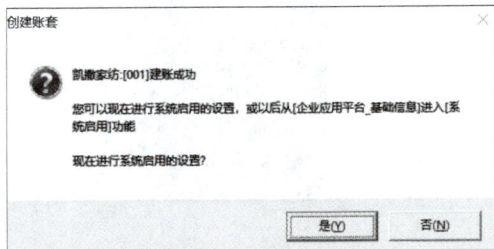

图1-10 建账成功信息提示

2. 系统启用

① 选中"GL总账"前的复选框，打开"日历"对话框。设置总账系统启用日期为"2025-06-01"，如图1-11所示。单击"确定"按钮，系统弹出"确实要启用当前系统吗"信息提示框，单击"是"按钮完成启用。

② 单击"退出"按钮，系统弹出"请进入企业应用平台进行业务操作！"信息提示框，单击"确定"按钮返回系统管理。

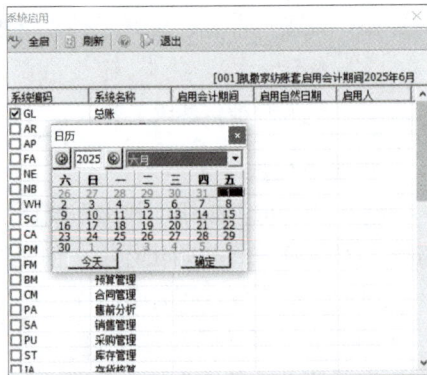

图1-11 启用总账系统

实训三 为用户设置权限

实训任务

按照岗位职责及内控要求，整理凯撒家纺用户在U8中的权限，如表1-2所示。

表1-2 用户权限

编码	姓名	权限
A01	陈 强	账套主管
W01	汪小菲	基本信息—公用目录设置 财务会计—总账—设置—期初余额；总账—凭证—凭证处理—现金流量录入、联查辅助明细；总账—凭证—审核凭证、查询凭证；总账—现金流量表；总账—账表；总账—期末—对账、结账 财务会计—UFO报表
W02	张文华	基本信息—公用目录设置 财务会计—总账—凭证—凭证处理—填制凭证；总账—凭证—查询凭证、记账；总账—账表；总账—期末 财务会计—固定资产 财务会计—应收款管理(不含收款单据填制、选择收款及票据管理的所有功能) 财务会计—应付款管理(不含付款单据填制、选择付款及票据管理的所有功能) 供应链—存货核算 人力资源—薪资管理
W03	黄 宁	财务会计—总账—凭证—出纳签字、总账—出纳 财务会计—应付款和应收款管理中的收付款单填制、选择收付款、票据管理
X01	王大国	基本信息—公用目录设置 供应链—销售管理
G01	林 群	基本信息—公用目录设置 供应链—采购管理
C01	陈 晨	基本信息—公共单据 基本信息—公用目录设置 供应链—库存管理

任务解析

1. 背景知识

(1) 功能权限

用友U8管理软件分为财务会计、管理会计、供应链、生产制造、人力资源等功能组，每个功能组中又包含若干模块，也称为子系统，如财务会计中包含总账子系统、应收款子系统、应付款子系统等。每个子系统具有不同的功能，这些功能通过系统中的功能菜单来体现，功能菜单呈树形结构，例如总账子系统中的功能展开后如图1-12所示。

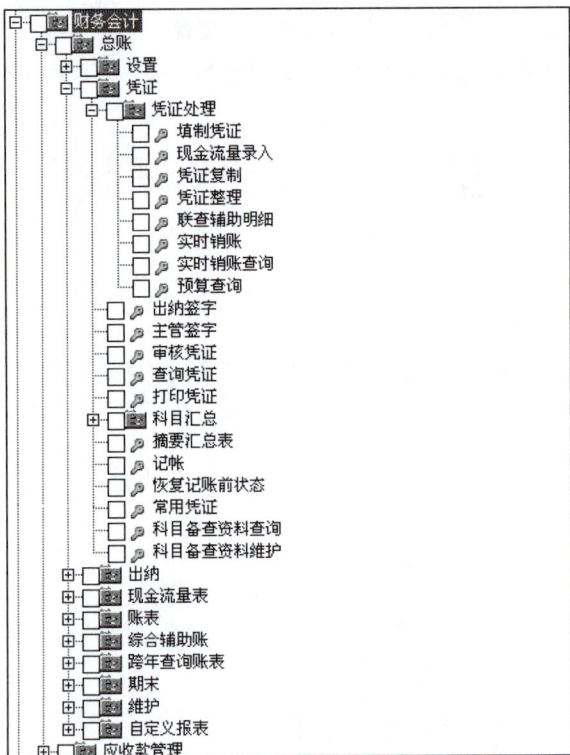

图 1-12 "总账"功能菜单示意

功能权限在系统管理中设定。用户登录U8后只能看到本人有权限操作的菜单。

(2) 角色

角色是指在企业管理中拥有某一类职能的组织，这个组织可以是实际的部门，也可以是由拥有同一类职能的人构成的虚拟组织。例如实际工作中最常见的会计和出纳两个角色，他们既可以是同一个部门的人员，也可以分属不同的部门，但工作职能是一样的。我们在设置了角色后，就可以定义角色的权限，当用户归属某一角色后，就相应地拥有了该角色的权限。

设置角色的优点在于可以根据职能统一进行权限的划分，方便授权。不能以角色身份登录U8进行操作，只能以某个具体用户的身份登录。

2. 岗位说明

以系统管理员admin身份为用户赋权。

实训指引

1. 查看"A01 陈强"账套主管权限

① 以系统管理员身份注册进入系统管理，执行"权限"|"权限"命令，进入"操作员权限"窗口。

② 从窗口右上角账套列表下拉框中选择"[001]凯撒家纺"。

③ 在操作员列表中选择"A01 陈强"，由于在建账时已选中A01作为001账套的账套主管，故此时从右侧窗口中可以看到A01的"账套主管"复选框已被选中且呈灰色无法修改，所有的功能组均为选中状态，如图1-13所示。

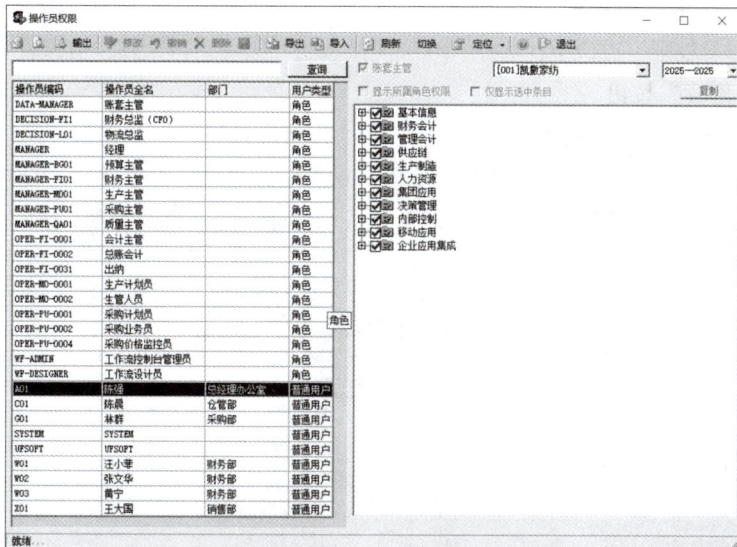

图 1-13　查看"A01 陈强"账套主管权限

④ 在权限设置环节还可以指定其他操作员为账套主管，以W01为例。在操作员列表中选择"W01 汪小菲"，此时从右侧窗口中可以看到W01没有任何权限。选中"账套主管"复选框，系统弹出提示"设置普通用户：[W01]账套主管权限吗？"，如图1-14所示。

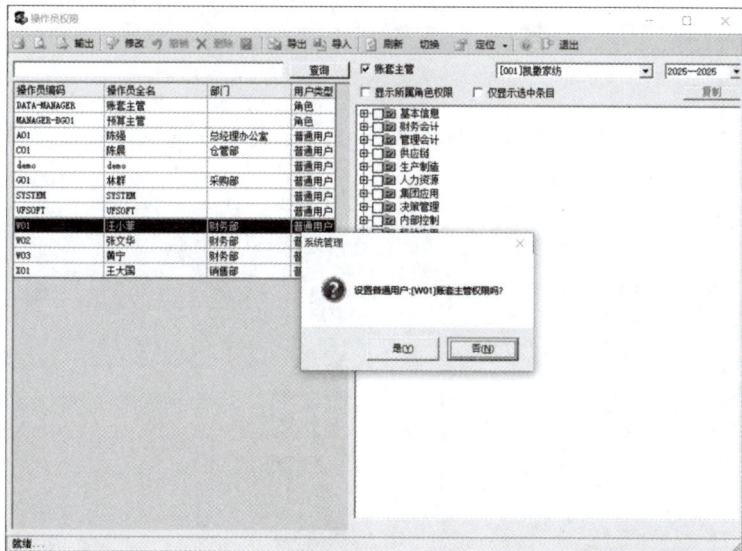

图 1-14　设置 W01 为账套主管

⑤ 单击"是"按钮确定，用户"W01 汪小菲"就拥有了账套主管权限。
⑥ 取消选中"账套主管"复选框，则可取消"W01 汪小菲"的账套主管权限。

❖ 特别提醒：

◇ 只有系统管理员能够设置或取消账套主管。

◇ 账套主管用户自动拥有该账套的所有操作权限。

◇ 可以为一个账套设定多个账套主管。

2. 为"W01 汪小菲"赋权

① 在"操作员权限"窗口中，选择"[001]凯撒家纺"账套，再从操作员列表中选择"W01 汪小菲"，单击"修改"按钮。

② 选中"基本信息"前的"+"图标，选中"共用目录设置"复选框；同理展开"财务会计"，选中"总账"|"设置"中的"期初余额"复选框，"凭证"中"凭证处理"下的"现金流量录入""联查辅助明细"及"审核凭证""查询凭证"复选框，如图1-15所示。

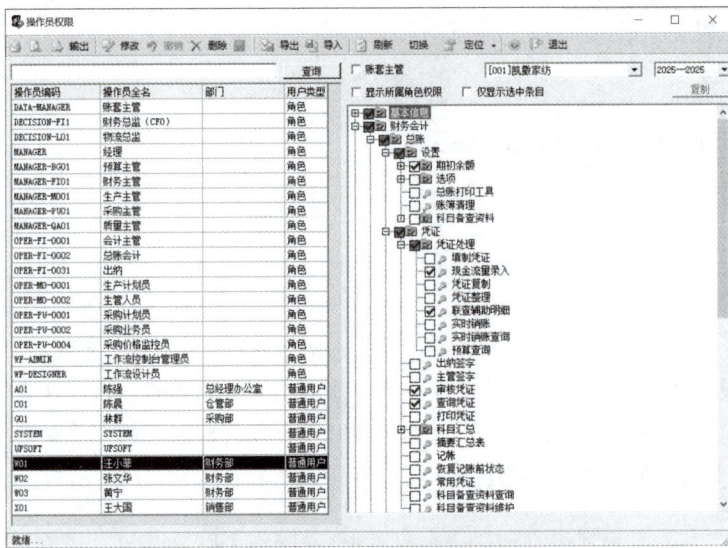

图1-15 为"W01 汪小菲"赋权——总账(设置及凭证)

③ 同理选中"总账"中的"现金流量表"和"账表"复选框，以及"期末"下的"对账""结账"复选框，如图1-16所示。

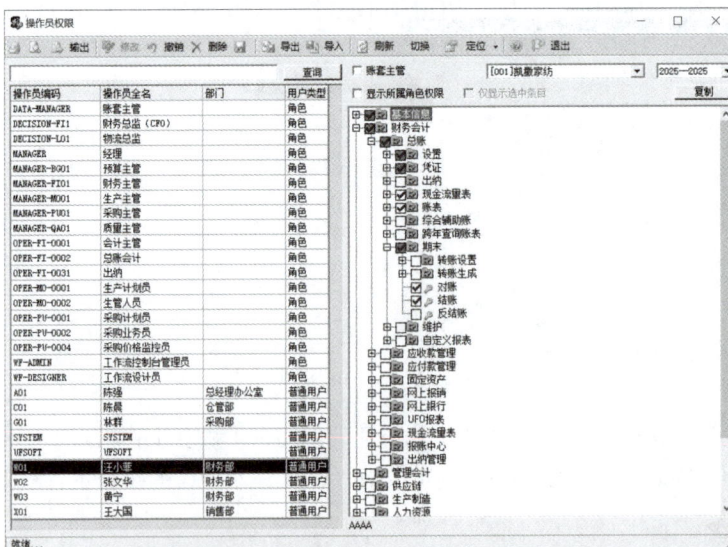

图1-16 为"W01 汪小菲"赋权——总账(账表及期末)

④ 同理，设置"UFO报表"。

⑤ 单击"保存"按钮。

3. 为"W02 张文华"赋权

① 在"操作员权限"窗口中，选择"[001]凯撒家纺"账套，再从操作员列表中选择"W02 张文华"，单击"修改"按钮。

② 选中"财务会计"前的"+"图标，选中"总账"｜"凭证"中的"凭证处理"下的"填制凭证"复选框，以及"查询凭证""记账"复选框和"账表""期末"复选框，如图1-17所示。

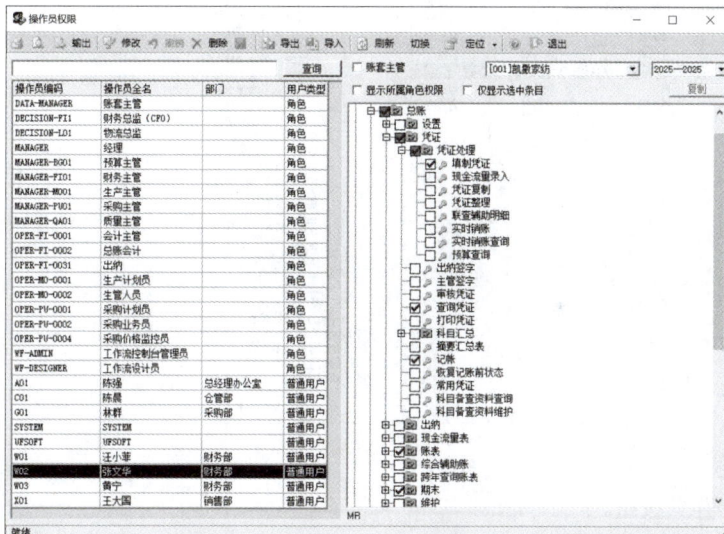

图 1-17　为"W02 张文华"赋权——总账

③ 继续选中"应收款管理"复选框，单击"日常处理"前的"+"图标，取消"收款单据处理""选择收款"和"票据管理"的选中标记，再重新选中"收款单据处理"下的"卡片查询""列表查询""收款单审核""收款单弃审"4个复选框，如图1-18所示。

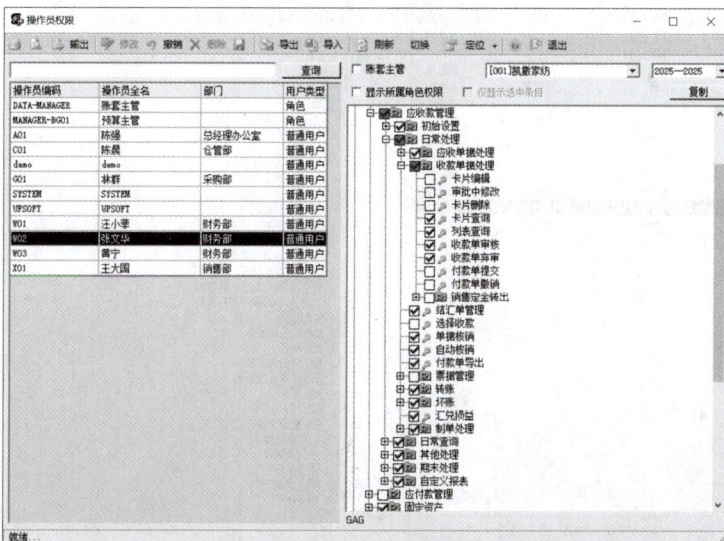

图 1-18　为"W02 张文华"赋权——应收款

④ 继续选中"应付款管理"复选框,单击"日常处理"前的"+"图标,取消"付款单据处理""选择付款"和"票据管理"的选中标记,再重新选中"付款单据处理"下的"卡片查询""列表查询""付款单审核""付款单弃审"4个复选框,如图1-19所示。同理,设置固定资产、存货核算和薪资管理权限。

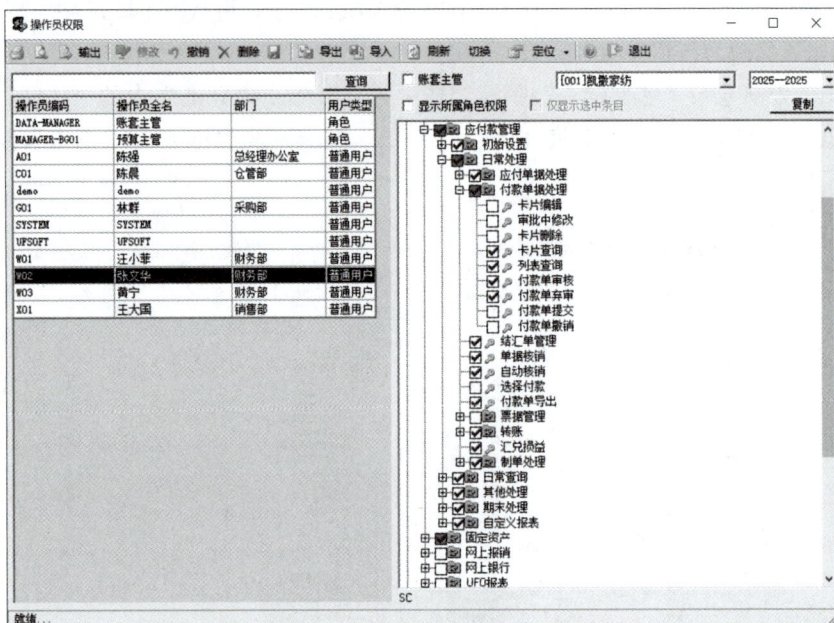

图 1-19 为"W02 张文华"赋权——应付款

⑤ 单击"保存"按钮。

4. 为"W03 黄宁"赋权

请自行练习为"W03 黄宁"赋权,权限设置如图1-20、图1-21、图1-22所示。

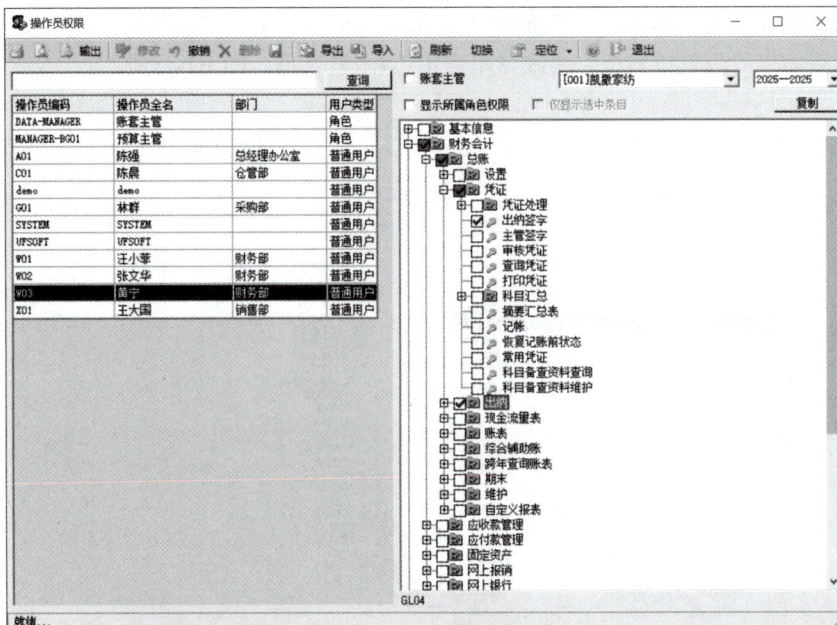

图 1-20 为"W03 黄宁"赋权——总账

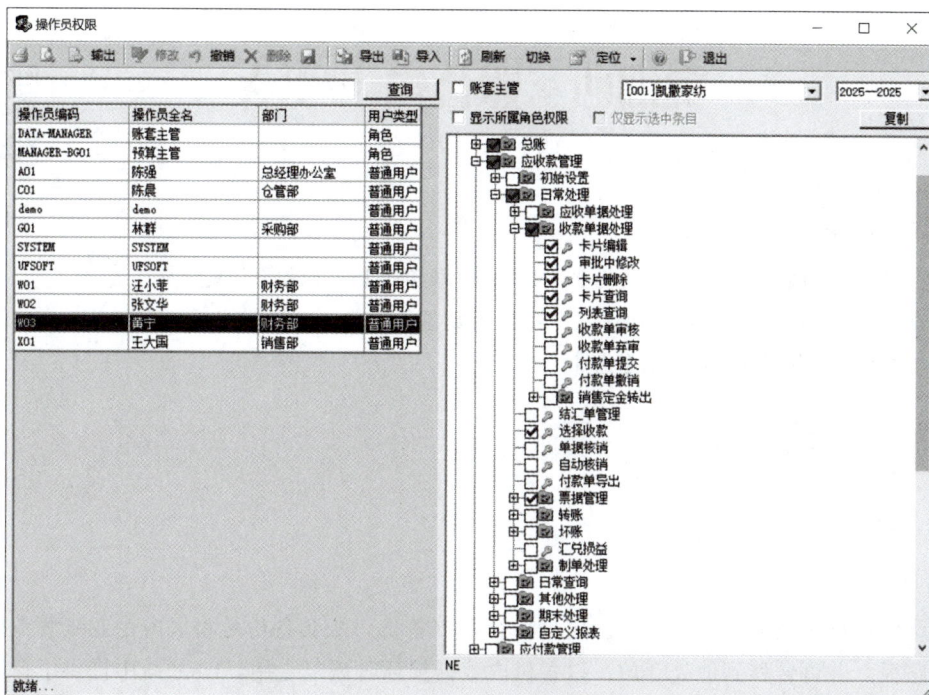

图 1-21 为"W03 黄宁"赋权——应收款管理

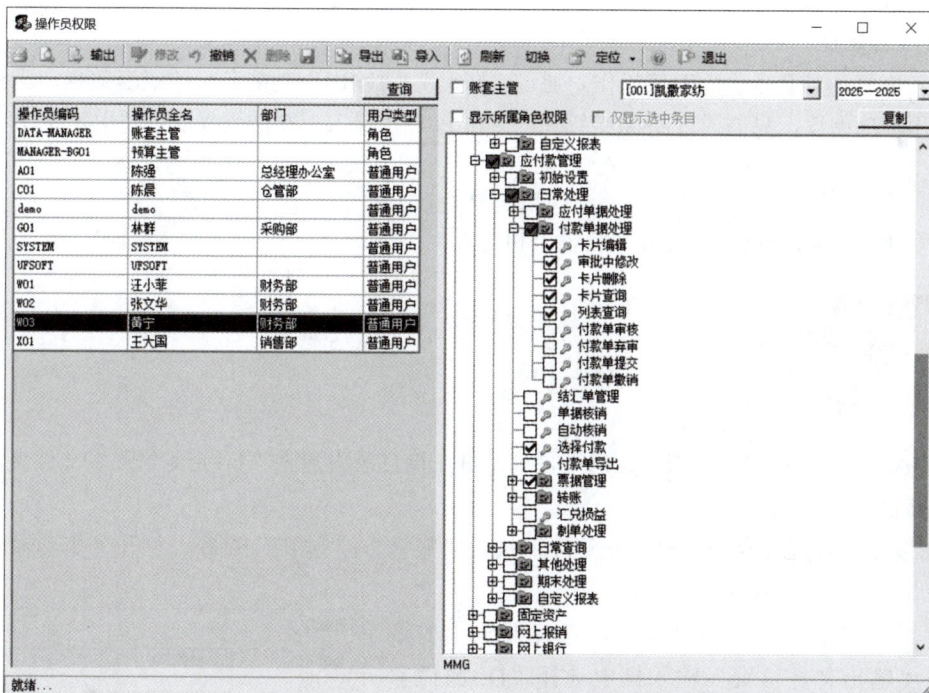

图 1-22 为"W03 黄宁"赋权——应付款管理

5. 为其他用户赋权

请自行按照表1-2中的权限分别为"X01 王大国""G01 林群"和"C01 陈晨"赋权。

实训四　账套输出/引入

实训任务

1. 将"[001]凯撒家纺"账套备份到"D:\凯撒家纺\1-1企业建账"文件夹中。
2. 查看"D:\凯撒家纺\1-1企业建账"中的账套备份文件。
3. 尝试将备份账套恢复到U8系统中。

任务解析

1. 背景知识

(1) 账套备份

为了保护机内数据安全，企业应定期进行数据备份。账套备份是将机内企业账套数据输出到指定路径，并可转移到他处存放，以备机内数据损坏时恢复之用。U8系统中提供了自动备份和人工备份两种方式。自动备份在系统管理的"系统"|"设置备份计划"中设置。本实训介绍的是人工备份方式。

(2) 账套恢复

账套恢复是账套备份的对应操作。通过"账套"|"输出"功能备份的账套数据，无法利用其他应用程序阅读，只能通过U8系统管理的"账套"|"引入"功能恢复到系统中才能使用。

2. 岗位说明

以系统管理员admin身份进行账套输出和引入。

实训指引

1. 备份账套

首先在"D:\"中建立"凯撒家纺"目录，再在该目录中建立"1-1企业建账"文件夹，用于存放账套输出结果。

① 以系统管理员身份登录系统管理，执行"账套"|"输出"命令，打开"账套输出"对话框。

② 从"账套号"下拉列表框中选择要输出的账套，在"输出文件位置"输入框中选择"D:\凯撒家纺\1-1企业建账"，如图1-23所示。

③ 单击"确认"按钮，系统将企业账套数据库进行整理，稍候，系统弹出提示框"输出成功！"，单击"确定"按钮。

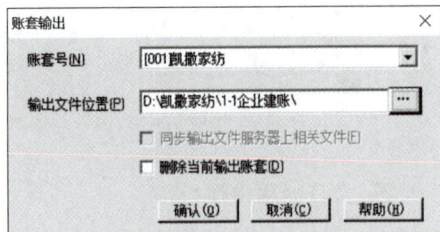

图 1-23　设置账套输出

❖ **特别提醒：**

◇ 输出账套之前，最好关闭所有系统模块。

◇ 如果将"删除当前输出账套"复选框选中，系统会先输出账套，然后进行删除确认提示，最后删除当前账套。

2. 查看账套备份文件

账套输出之后在指定路径下形成两个文件：UFDATA.BAK和UfErpAct.Lst。这两个文件不能直接打开，只有通过系统管理中的账套引入功能引入到U8中才能正常查询。

3. 引入账套

① 由系统管理员登录系统管理，执行"账套"|"引入"命令，打开"请选择账套备份文件"对话框。

② 选择账套备份文件所在位置，本例假设为"D:\凯撒家纺\1-1企业建账\UfErpAct.Lst"文件。

③ 单击"确定"按钮，系统弹出"请选择账套引入的目录……"信息提示框。

④ 单击"确定"按钮，打开"请选择账套引入的目录"对话框，单击"确定"按钮，弹出系统提示"此操作将覆盖[001]账套当前的信息，继续吗？"。

⑤ 单击"是"按钮，系统自动进行引入账套的工作。

⑥ 完成后，弹出系统提示"账套[001]引入成功！……"，单击"确定"按钮返回。

❖ **特别提醒：**

◇ 如果引入账套时系统中不存在001账套，则系统不会出现是否覆盖的信息提示，直接进行账套引入。

◇ 如果在系统提示框中单击"否"按钮，则返回系统管理，不做账套引入。

拓展任务

1. 设置自动备份计划

功能概要：实现系统自动备份。

路径指引：系统管理→系统→设置备份计划。

岗位说明：系统管理员(账套备份)或账套主管(账套库备份)。

2. 修改账套

功能概要：对建账过程中的错误进行修改。

路径指引：系统管理→账套→修改。

岗位说明：账套主管。

项目二 基础设置

| 实训一　机构人员设置 |

实训任务

1. 设置部门档案

凯撒家纺的职能部门如表2-1所示。

表2-1　部门档案

部门编码	部门名称
1	行政管理部门
101	总经理办公室
102	财务部
103	人力资源部
2	仓储部
201	仓管部
202	质检部
3	采购部
4	销售部

2. 设置人员类别

凯撒家纺的正式工人员类别如表2-2所示。

表2-2　人员类别

分类编码	分类名称
1011	企管人员
1012	销售人员

3. 设置人员档案

凯撒家纺的人员档案如表2-3所示。

表2-3　人员档案

人员编号	人员姓名	性别	行政部门	人员类别	是否业务员	业务或费用部门
A01	陈　强	男	总经理办公室	企管人员	是	总经理办公室
C01	陈　晨	男	仓管部	企管人员	是	仓管部
G01	林　群	男	采购部	企管人员	是	采购部
R01	李　霞	女	人力资源部	企管人员	是	人力资源部
W01	汪小菲	男	财务部	企管人员	是	财务部
W02	张文华	女	财务部	企管人员	是	财务部
W03	黄　宁	男	财务部	企管人员	是	财务部
X01	王大国	男	销售部	销售人员	是	销售部
X02	刘　丽	女	销售部	销售人员	是	销售部

注："雇佣状态"均为"在职"，"生效日期"均为"2025-06-01"。

任务解析

1. 背景知识

(1) 企业应用平台

企业应用平台是用友U8的集成应用平台，是用户登录U8的唯一入口。

(2) 人员类别

人员类别与工资费用的分配、分摊有关，工资费用的分配及分摊是薪资管理系统的一项重要功能。人员类别设置的目的是为工资分摊凭证设置相应的入账科目，可以按不同的入账科目需要设置不同的人员类别。

人员类别是人员档案中的必选项目，需要在人员档案建立之前设置。

(3) 人员档案

人员档案主要用于记录本企业职工的个人信息。设置人员档案的作用：一是为总账中个人往来核算和管理提供基础档案；二是为薪资管理系统提供人员基础信息。企业全部的人员均需在此建立档案。

2. 岗位说明

以账套主管A01身份设置机构人员。

实训指引

以系统管理员身份在系统管理中引入"1-1企业建账"作为基础数据。

1. 以账套主管 A01 身份登录企业应用平台

① 执行"开始"|"所有程序"|"用友U8 V10.1"|"企业应用平台"命令，打开"登录"对话框。

② 输入操作员"A01"或"陈强"；密码为空；在"账套"下拉列表框中选择"001凯撒家纺"；更改"操作日期"为"2025-06-01"，如图2-1所示。

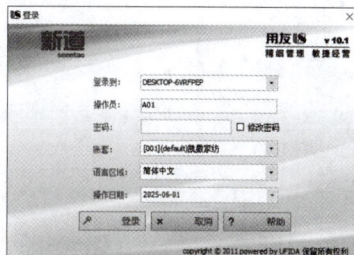

图 2-1　以账套主管身份登录企业应用平台

③ 单击"登录"按钮，进入"UFIDA U8"窗口，如图2-2所示。左侧业务导航视图的下方显示3个功能组：基础设置、系统服务和业务工作。单击相应的功能组，上面展开该功能组中的具体功能项。进入U8后，系统默认展开"业务工作"。

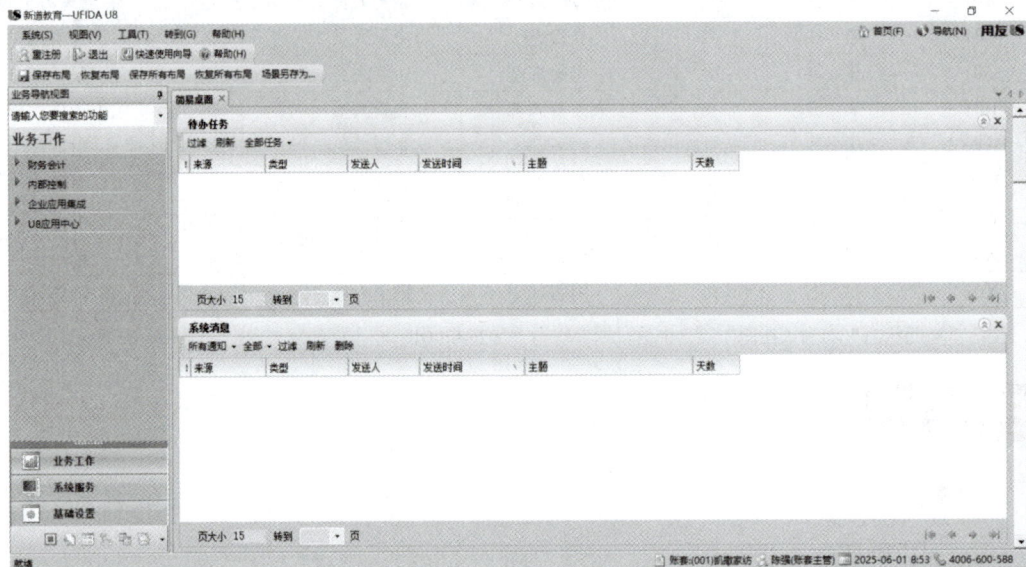

图 2-2　企业应用平台总界面

2. 设置部门档案

① 在企业应用平台的"基础设置"中，执行"基础档案"|"机构人员"|"部门档案"命令，进入"部门档案"窗口。

② 单击"增加"按钮，按表2-1所示输入部门编码、部门名称，成立日期默认为用户登录日期，单击"保存"按钮，如图2-3所示。

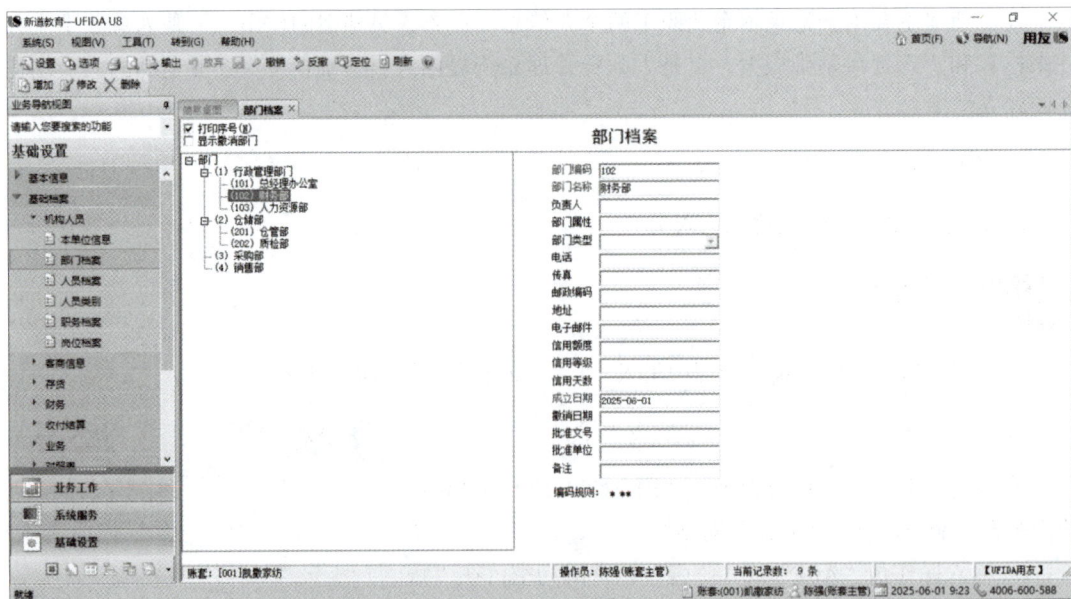

图 2-3　部门档案

◇ "部门档案"窗口下方显示"＊＊＊"表示在编码方案中设定部门编码为2级，第1级1位，第2级2位。输入部门编码时需要遵守该规定。

◇ 在未建立职员档案前，不能选择输入负责人信息。待职员档案建立完成后，再返回"部门档案"界面通过"修改"功能补充输入负责人信息。

3. 设置人员类别

① 在"基础设置"中，执行"基础档案" | "机构人员" | "人员类别"命令，进入"人员类别"窗口。

② 在左边窗口中选择"正式工"人员类别，单击"增加"按钮，按表2-2所示在正式工下增加人员类别，如图2-4所示。

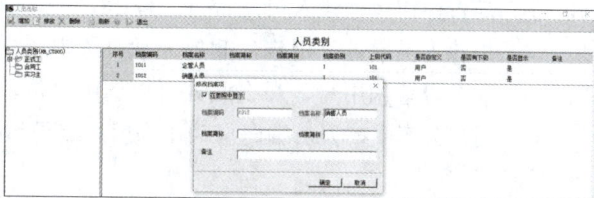

图2-4 增加人员类别

◇ 人员类别与工资费用的分配、分摊有关，工资费用的分配及分摊是薪资管理系统的一项重要功能。人员类别设置的目的是为工资分摊生成凭证设置相应的入账科目做准备的，可以按不同的入账科目需要设置不同的人员类别。

◇ 人员类别是人员档案中的必选项目，需要在人员档案建立之前设置。

◇ 人员类别名称可以修改，但已使用的人员类别名称不能删除。

4. 设置人员档案

企业所有的员工都需要在这里进行建档。

① 在"基础设置"中，执行"基础档案" | "机构人员" | "人员档案"命令，进入"人员档案"窗口。

② 单击左窗口中"部门分类"下的"行政管理部门"下的"总经理办公室"。

③ 单击"增加"按钮，按表2-3所示输入人员信息，如图2-5所示。

图2-5 人员档案

栏目说明:

○ 人员编码:必须录入且必须唯一。一旦保存,不能修改。
○ 人员名称:必须录入。可以接受两个职工姓名相同的情况,可以随时修改。
○ 行政部门:参照部门档案选择末级部门。
○ 是否业务员:如果该员工需要在其他档案或业务单据中的"业务员"项目中被参照,需要选中"是否业务员"复选框。
○ 是否操作员:该人员是否可操作U8产品。有两种情况,一种情况是在系统管理中已经将该人员设置为用户,此处无须再选中该复选框;另一种情况是该人员没有在系统管理中设置为用户,那么此处可以选中"是否操作员"复选框,则系统将该人员追加在用户列表中,人员编码自动作为用户编码和用户密码,所属角色为普通员工。

实训二 设置客商信息

实训任务

1. 设置客户分类

凯撒家纺的客户分类如表2-4所示。

表2-4 客户分类

分类编码	分类名称
01	国内
02	国外

2. 设置客户档案

凯撒家纺的客户档案如表2-5所示。

表2-5 客户档案

客户编号	客户名称	客户简称	所属分类码	税号	开户银行	银行账号
101	天津市白玫瑰家纺股份有限公司	天津白玫瑰	01	120101110033313123	中国工商银行天津南开支行	6222002672728797204
102	上海美华日用品百货有限公司	上海美华	01	310102786546645865	中国建设银行上海浦东天苑支行	6227890987656789045
103	上海华润万家百货有限公司	上海华润万家	01	140103789256781313	中国建设银行上海天目支行	6227009867567845973
104	北京仁智百货有限公司	北京仁智	01	117677798962237666	中国建设银行北京金融街支行	6227221699356237789
105	武汉美誉家纺股份有限公司	武汉美誉	01	100989789867671931	中国建设银行武汉楚汉支行	6227890984567345678
201	日本丰岛株式会社	日本丰岛	02		三菱东京日联银行高松中央分行	4880513

注:以上客户分管部门均为销售部,国内客户专管业务员为王大国,国外客户专管业务员为刘丽。

3. 设置供应商档案

凯撒家纺的供应商档案如表2-6所示。

表2-6　供应商档案

供应商编码	供应商名称	供应商简称	所属分类码	税号	开户银行	银行账号
001	山西春天家居用品制造有限公司	山西春天	00	140103789256478131	中国建设银行运城万容支行	67227156789098256767
002	山西捷达运输公司	山西捷达	00	140104102100989769	中国建设银行运城广田支行	62278909674567345565
003	西安爱家家居用品制造有限公司	西安爱家	00	610132220660755668	中国建设银行西安长乐支行	62270098675672399601
004	成都宝蓝家居用品制造有限公司	成都宝蓝	00	1009897898676719 16	中国建设银行成都天华支行	62271908896756456780
005	上海华润万家百货有限公司	上海华润万家	00	140103789256478131	中国建设银行上海天目支行	62270098675678459731
006	天津百家和酒店	天津百家和	00	120302896682212156	中国建设银行天津新源支行	62205535533226693976

注：以上供应商分管部门均为采购部，专管业务员均为林群。

任务解析

1. 背景知识

(1) 客户分类与供应商分类

企业可以根据自身管理的需要对客户或供应商进行分类管理。分类的目的是预设统计口径，如将客户分为VIP客户和一般客户，就可以分别统计出VIP客户和一般客户的销售数据，以便分析销售者行为，为企业制定合理的销售政策提供依据。

(2) 供应商档案

企业设置往来供应商的档案信息，有利于对供应商资料的管理和业务数据的统计与分析。在用友U8中建立供应商档案，主要是为企业的采购管理、委外管理、库存管理、应付款管理服务的。在填制采购入库单、采购发票和进行采购结算、应付款结算及有关供货单位统计时都会用到供应商档案。如果在建立账套时选择了供应商分类，则必须在设置完成供应商分类档案的情况下才能编辑供应商档案。

(3) 客户档案

客户档案是企业的一项重要资源。手工管理方式下，客户信息一般散落在业务员手中，业务员所掌握的客户信息一般包括客户名称、联系人、电话等基本信息。企业建立会计信息系统时，需要全面整理客户资料并录入系统，以便有效地管理客户、服务客户。

2. 岗位说明

以账套主管A01身份设置客商信息。

实训指引

1. 设置客户分类

① 在"基础设置"中,执行"基础档案"|"客商信息"|"客户分类"命令,进入"客户分类"窗口。

② 按表2-4所示录入客户分类信息。

2. 设置客户档案

① 在"基础设置"中,执行"基础档案"|"客商信息"|"客户档案"命令,进入"客户档案"窗口。窗口分为左右两部分,左窗口中显示已经设置的客户分类,单击鼠标选中客户分类"国内",右窗口中显示该分类下所有的客户列表。

② 单击"增加"按钮,打开"增加客户档案"对话框。对话框中共包括4个选项卡,即"基本""联系""信用"和"其他",用于对客户不同的属性分别归类记录。

③ 在"基本"选项卡中,按实验资料表2-5所示输入"客户编码""客户名称""客户简称""所属分类""税号"等信息,如图2-6所示。

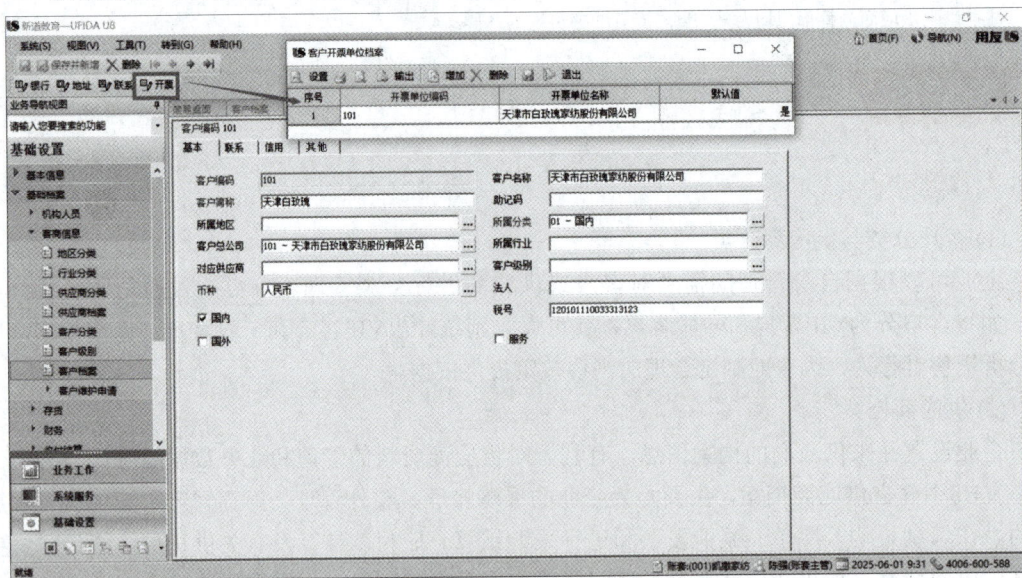

图 2-6 增加客户档案——基本信息

④ 在"联系"选项卡中,输入分管部门、专管业务员、地址等信息。

❖ **特别提醒:**

◇ 如果客户档案中不输入税号,之后无法向该客户开具增值税专用发票。

◇ 选择客户类别后,需选中"基本"选项卡中的"国内"复选框,否则处理销售订单时无法选择客户信息。

⑤ 单击"银行"按钮,打开"客户银行档案"对话框。单击"增加"按钮,录入客户开户银行信息,如图2-7所示。单击"保存"按钮,再单击"退出"按钮返回。

⑥ 单击"保存并新增"按钮,继续增加其他客户。

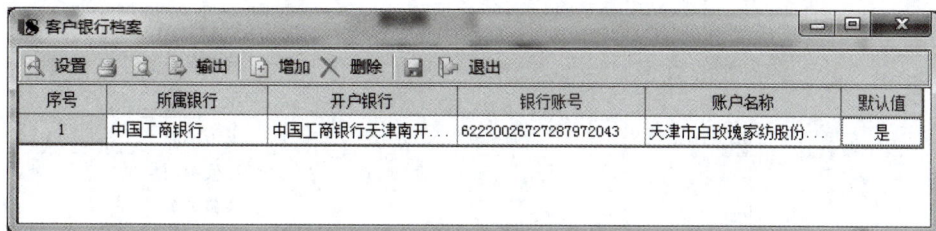

图 2-7 增加客户档案——开户银行

3. 设置供应商档案

① 在"基础设置"中，执行"基础档案"|"客商信息"|"供应商档案"命令，进入"供应商档案"窗口。

② 单击左侧"无分类"，单击"增加"按钮，按表2-6所示增加供应商。

实训三 设置存货信息

实训任务

1. 设置计量单位组

凯撒家纺的计量单位组如表2-7所示。

表2-7 计量单位组

计量单位组编号	计量单位组名称	计量单位组类别
01	数量组	无换算率
02	里程	固定换算率

2. 设置计量单位

凯撒家纺的计量单位如表2-8所示。

表2-8 计量单位

计量单位组编号	计量单位编号	计量单位名称	计量单位组类别
01	0101	件	无换算关系
01	0102	条	无换算关系
01	0103	双	无换算关系
01	0104	个	无换算关系
01	0105	套	无换算关系
02	0201	公里 (主计量单位)	固定换算率
02	0202	英里	固定换算率

3. 设置存货分类

凯撒家纺的存货分类如表2-9所示。

表2-9　存货分类

分类编码	分类名称
01	床上用品
02	卫浴用品
03	受托代销商品
04	应税劳务

4. 设置存货档案

凯撒家纺的存货档案如表2-10所示。

表2-10　存货档案

存货编码	存货名称	规格型号	计量单位	税率	存货分类	存货属性
0101	床垫(秋天)	1.8m	件	13%	01	内销、外销、外购、委外
0102	空调被(美梦)	1.8m	件	13%	01	内销、外销、外购、委外
0103	床笠(秋天)	1.8m	件	13%	01	内销、外销、外购、委外
0104	蚕丝被(美梦)	1.8m	件	13%	01	内销、外销、外购、委外
0105	被芯(泰国产)	1.8m	件	13%	01	内销、外销、外购
0106	印花床上四件套(曼陀林)	1.8m	套	13%	01	内销、外销、外购、委外
0107	儿童床上四件套(卡通)	1.5m	套	13%	01	内销、外销、外购、委外
0201	纯棉浴巾(晚安)	70cm×40cm	条	13%	02	内销、外销、外购、委外
0202	纯棉浴巾(春天)	70cm×140cm	条	13%	02	内销、外销、外购、委外
0203	沐浴防滑拖鞋女(春天)	37～40码	双	13%	02	内销、外销、外购、委外
0301	沙发抱枕(宝蓝)	50×50	个	13%	03	内销、外销、外购、委外、受托代销
0302	床垫(宝蓝)	1.8m	件	13%	03	内销、外销、外购、委外、受托代销
0303	床上四件套(宝蓝)	1.8m	套	13%	03	内销、外销、外购、委外、受托代销
0401	运费(一般纳税人)		公里	9%	04	内销、外销、外购、委外、应税劳务
0402	运费(小规模纳税人)		公里	3%	04	内销、外销、外购、委外、应税劳务

任务解析

1. 背景知识

(1) 存货分类

对于工业企业来说，存货种类繁多，需要进行分类，以便于对业务数据进行统计和分析。需要特别说明的是，在企业日常购销业务中，经常会发生一些劳务费用，如运输费、装卸费等，这些费用也是构成企业存货成本的一个组成部分，并且它们可以拥有不同于一般存货的税率。为了能够正确反映和核算这些劳务费用，一般在存货分类中单独设置一类，如"应税劳务"或"劳务费用"。

(2) 计量单位组

在企业实际的经营活动中，不同部门对某种存货会采用不同的计量方式。例如大家熟悉的可口可乐，销售部对外发货时用箱计量，听装的每箱有24听，2L瓶装的每箱有12瓶。

U8中的计量单位组类别包括3种：无换算率、固定换算率和浮动换算率。

○ 无换算率计量单位组中的计量单位都以单独形式存在，即相互之间没有换算关系，全部为主计量单位。

○ 固定换算率计量单位组中可以包括多个计量单位：一个主计量单位、多个辅计量单位。主辅计量单位之间存在固定的换算率，如1箱=24听，1英里=1.61公里。

○ 浮动换算率计量单位组中只能包括两个计量单位：一个主计量单位、一个辅计量单位。主计量单位作为财务上的计量单位，换算率自动设置为1。每个辅计量单位都可与主计量单位进行换算，数量(按主计量单位计量)＝件数(按辅计量单位计量)×换算率。

(3) 存货档案

在U8存货档案中，为存货设置了18种属性。U8中存货属性是对存货的一种分类。标记了"外购"属性的存货将在入库、采购发票等单据中被参照，标记了"销售"属性的存货将在发货、出库、销售发票等单据中被参照，这样便大大缩小了查找范围。

2. 岗位说明

以账套主管A01身份设置存货信息。

实训指引

1. 设置计量单位组

① 在"基础设置"中，执行"基础档案"|"存货"|"计量单位"命令，进入"计量单位"窗口。

② 单击工具栏上的"分组"按钮，打开"计量单位组"窗口，单击"增加"按钮，打开"计量单位组"对话框。按表2-7所示设置计量单位组，如图2-8所示。

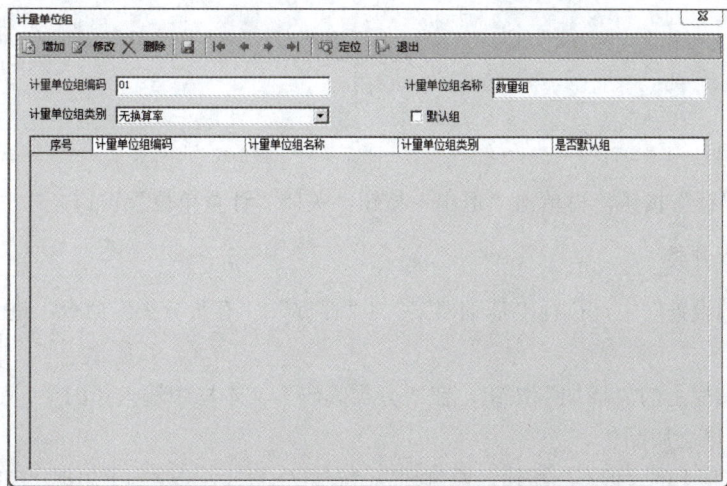

图 2-8 增加计量单位组

③ 单击"保存"按钮，再单击"退出"按钮，关闭"计量单位组"窗口。

↘ 栏目说明:

- ○ 计量单位组编码:必须录入且必须唯一。一旦保存,不能修改。
- ○ 计量单位组名称:必须录入,可以随时修改。
- ○ 计量单位组类别:计量单位组类别分无换算、浮动换算、固定换算三种类别。

❖ 特别提醒:

- ◇ 设置的计量单位组中最多只能有一个无换算率单位组。
- ◇ 固定换算率计量单位组中设置的主辅换算率在业务应用中不随业务的不同而自动反算,但可手工调整。
- ◇ 编辑无换算率组和固定换算率组的计量单位时,可以通过"上移"和"下移"按钮改变序号。
- ◇ 可以设置默认计量单位组,在新增存货时自动带入该计量单位组和该组设置的主计量单位等信息。

2. 设置计量单位

① 在"基础设置"中,执行"基础档案"|"存货"|"计量单位"命令,进入"计量单位"窗口。

② 选中左侧列表中的"(01)数量组<无换算率>",单击工具栏上的"单位"按钮,打开"计量单位"对话框,按表2-8所示设置数量组计量单位,如图2-9所示。

③ 单击"保存"按钮,再单击"退出"按钮,关闭"计量单位"对话框。

④ 选中左侧列表中"(01)里程<固定换算率>",单击工具栏上的"单位"按钮,打开"计量单位"对话框,按表2-8所示设置里程组计量单位,如图2-10所示。

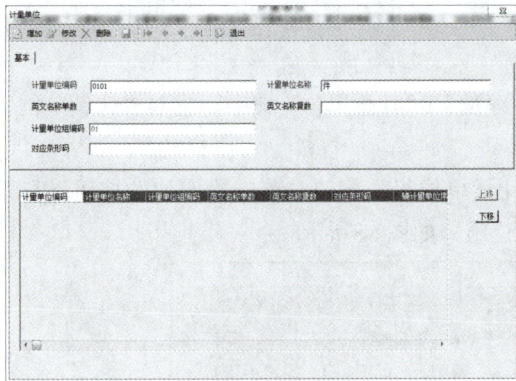

图 2-9　增加计量单位——无换算率　　　　图 2-10　增加计量单位——固定换算率

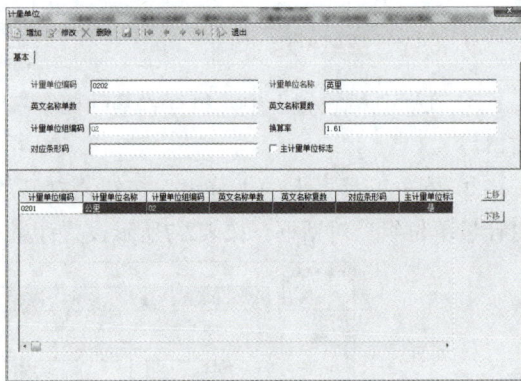

⑤ 单击"保存"按钮,再单击"退出"按钮,关闭"计量单位"窗口。

3. 设置存货分类

① 在"基础设置"中,执行"基础档案"|"存货"|"存货分类"命令,进入"存货分类"窗口。

② 单击工具栏上的"增加"按钮,在"分类编码"文本框中输入"01",在"分类名称"文本框中输入"床上用品"。

③ 单击工具栏上的"保存"按钮,左侧列表"存货分类"树形结构下出现"(01)床上用品"。

④ 同理,按表2-9所示录入存货分类信息。

4. 设置存货档案

① 在企业应用平台中，执行"基础设置"|"基本信息"|"系统启用"命令，打开"系统启用"对话框。选中"采购管理"复选框，打开"日历"对话框。设置启用日期为"2025-06-01"，单击"确定"按钮。

② 在"业务工作"中，执行"供应链"|"采购管理"|"设置"|"采购选项"命令，打开"采购系统选项设置"对话框。打开"业务及权限控制"选项卡，选中"启用受托代销"复选框，单击"确定"按钮。

③ 在"基础设置"中，执行"基础档案"|"存货"|"存货档案"命令，进入"存货档案"窗口。窗口分为左右两部分，左窗口中显示已经设置的存货分类，单击鼠标选中存货分类"床上用品"，右窗口中显示该分类下所有的存货列表。

④ 单击"增加"按钮，打开"增加存货档案"对话框。对话框中共包括7个选项卡，即"基本""成本""控制""其他""计划""图片"和"附件"，用于对存货不同的属性分别归类记录。

⑤ 在"基本"选项卡中，按实验资料表2-10所示输入存货编码、存货名称、规格型号、计量单位、税率、存货属性等信息，如图2-11所示。

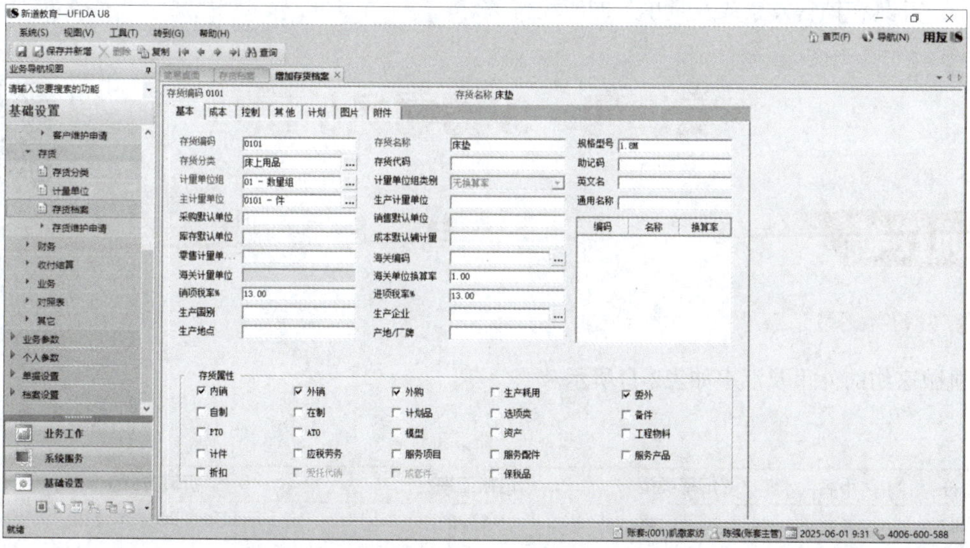

图2-11 增加存货档案——基本信息

❖ **特别提醒：**

✧ 之所以预先启用"采购管理"并选中"启用受托代销"复选框，是为了录入"存货属性"包含受托代销的存货。如通过本章最后的拓展任务"基础档案批量导入业务"导入完成存货档案录入，则无须预先启用"采购管理"。

✧ 选择计量单位组后，主计量单位默认显示首个单位。若需选择其他单位，可在参照录入时，单击"全部"按钮显示全部计量单位。

↘ **栏目说明：**

○ 存货编码：必须输入，最多可输入60位数字或字符。

○ 存货名称：存货名称本页中蓝色名称的项目为必填项，必须输入。

- ○ 规格型号：输入产品的规格编号。
- ○ 存货代码：存货代码可输可不输，可重复。
- ○ 计量单位组：可参照选择录入，最多可输入20位数字或字符。
- ○ 计量单位组类别：根据已选的计量单位组系统自动带入。
- ○ 主计量单位：根据已选的计量单位组，显示或选择不同的计量单位。
- ○ 销项税率：此税率为销售单据上该存货默认的销项税税率，可修改，可以输入小数位，可批改。
- ○ 进项税率：默认新增档案时进项税=销项税，可批改。
- ○ 存货属性：设置存货属性是为了控制在各种业务操作中是否可用此存货。标记"内销""外销"的存货代表其可用于销售，发货单、发票、销售出库单等与销售有关的单据参照存货时，参照的都是具有销售属性的存货，开在发货单或发票上的应税劳务，也应设置为销售属性；标记"外购"的存货代表其可用于采购，到货单、采购发票、采购入库单等与采购有关的单据参照存货时，参照的都是具有外购属性的存货，开在采购专用发票、普通发票、运费发票等票据上的采购费用，也应设置为外购属性；标记"应税劳务"的存货指开具在采购发票上的运费费用、包装费等采购费用或开具在销售发票或发货单上的应税劳务。

实训四　设置财务信息

实训任务

1. 设置外币及汇率

凯撒家纺的外币及汇率如表2-11所示。

表2-11　外币及汇率

币符	币名	汇率类型	记账汇率	折算方式
USD	美元	固定汇率	6.8695	外币×汇率＝本位币

2. 设置会计科目

凯撒家纺的会计科目如表2-12所示，指定"库存现金"为现金科目，指定"银行存款"为银行科目。

表2-12　会计科目

科目名称/科目编码	增修标记	计量单位/币种	辅助账类型/账页格式	余额方向	受控系统
库存现金(1001)	修改		日记账	借	
银行存款(1002)	修改		银行账、日记账	借	
工行存款(100201)	新增		银行账、日记账	借	
中行存款(100202)	新增	美元	银行账、日记账	借	
其他货币资金(1012)				借	

(续表)

科目名称/科目编码	增修标记	计量单位/币种	辅助账类型/账页格式	余额方向	受控系统
存出投资款(101201)	新增			借	
银行汇票存款(101202)	新增			借	
交易性金融资产(1101)				借	
成本(110101)	新增	股	项目核算	借	
公允价值变动(110102)	新增		项目核算	借	
应收票据(1121)				借	
银行承兑汇票(112101)	新增		客户往来	借	应收系统
商业承兑汇票(112102)	新增		客户往来	借	应收系统
应收账款(1122)	修改		客户往来	借	应收系统
预付账款(1123)	修改		供应商往来	借	应付系统
应收股利(1131)				借	
应收利息(1132)				借	
其他应收款(1221)				借	
个人往来(122101)	新增		个人往来	借	
单位往来(122102)	新增		供应商往来	借	
坏账准备(1231)				贷	
在途物资(1402)	修改	件(套、个)	供应商往来	借	
库存商品(1405)	修改	件(套、个)		借	存货核算系统
发出商品(1406)	修改	件(套、个)		借	
分期收款发出商品(140601)	新增	件(套、个)		借	存货核算系统
其他销售发出商品(140602)	新增	件(套、个)	客户往来/数量金额式	借	
受托代销商品(1431)	修改	件(套、个)		借	
存货跌价准备(1471)				借	
固定资产(1601)				借	
累计折旧(1602)				贷	
固定资产减值准备(1603)				借	
固定资产清理(1606)				借	
待处理财产损溢(1901)				借	
待处理流动资产损溢(190101)	新增			借	
待处理非流动资产损溢(190102)	新增			借	
短期外汇借款(2005)	新增			贷	
交易性金融负债(2101)				贷	
应付票据(2201)				贷	
银行承兑汇票(220101)	新增		供应商往来	贷	应付系统
商业承兑汇票(220102)	新增		供应商往来	贷	应付系统
应付账款(2202)				贷	
暂估应付账款(220201)	新增		供应商往来	贷	
一般应付账款(220202)	新增		供应商往来	贷	应付系统
债务重组(220203)	新增		供应商往来	贷	
预收账款(2203)				贷	
预收货款(220301)	新增		客户往来	贷	
一般预收款(220302)	新增		客户往来	贷	应收系统
应付职工薪酬(2211)				贷	

(续表)

科目名称/科目编码	增修标记	计量单位/币种	辅助账类型/账页格式	余额方向	受控系统
工资(221101)	新增			贷	
职工福利(221102)	新增			贷	
社会保险费(221103)					
职工教育经费(221104)	新增			贷	
住房公积金(221105)	新增			贷	
工会经费(221106)	新增			贷	
应交税费(2221)				贷	
应交增值税(222101)	新增			贷	
进项税额(22210101)	新增			贷	
进项税额转出(22210102)	新增			贷	
销项税额(22210103)	新增			贷	
已交税金(22210104)	新增			贷	
出口退税(22210105)	新增			贷	
转出未交增值税(22210106)	新增			贷	
未交增值税(222102)	新增			贷	
应交企业所得税(222103)	新增			贷	
应交个人所得税(222104)	新增			贷	
应交城市维护建设税(222105)	新增			贷	
应交教育费附加(222106)	新增			贷	
应交地方教育费附加(222107)	新增			贷	
应交房产税(222108)	新增			贷	
应交车船税(222109)	新增			贷	
应交印花税(222110)	新增			贷	
应付利息(2231)				贷	
应付股利(2232)				贷	
其他应付款(2241)				贷	
住房公积金(224101)	新增			贷	
社会保险费(224102)	新增			贷	
受托代销商品款(2314)	修改			贷	
股本(4001)	修改			贷	
资本公积(4002)				贷	
盈余公积(4101)				贷	
法定盈余公积(410101)	新增			贷	
任意盈余公积(410102)	新增			贷	
本年利润(4103)				贷	
利润分配(4104)				贷	
提取法定盈余公积(410401)	新增			贷	
提取任意盈余公积(410402)	新增			贷	
应付现金股利或利润(410403)	新增			贷	
转作股本股利(410404)	新增			贷	
盈余公积补亏(410405)	新增			贷	
未分配利润(410406)	新增			贷	
主营业务收入(6001)	修改	件(套、个)		贷	

(续表)

科目名称/科目编码	增修标记	计量单位/币种	辅助账类型/账页格式	余额方向	受控系统
利息收入(6011)				贷	
其他业务收入(6051)				贷	
租赁收入(605101)	新增			贷	
劳务收入(605102)	新增			贷	
公允价值变动损益(6101)				贷	
投资收益(6111)				贷	
营业外收入(6301)				贷	
债务重组利得(630101)	新增			贷	
固定资产处置收益(630102)	新增			贷	
主营业务成本(6401)				借	
其他业务成本(6402)				借	
税金及附加(6403)	修改			借	
销售费用(6601)				借	
修理费(660101)	新增			借	
广告费(660102)	新增			借	
运杂费(660103)	新增			借	
职工薪酬(660104)	新增			借	
业务招待费(660105)	新增			借	
折旧费(660106)	新增			借	
委托代销手续费(660107)	新增			借	
差旅费(660108)	新增			借	
其他(660109)	新增			借	
福利费(660110)	新增			借	
管理费用(6602)				借	
职工薪酬(660201)	新增			借	
办公费(660202)	新增			借	
差旅费(660203)	新增			借	
招待费(660204)	新增			借	
折旧费(660205)	新增			借	
税金及附加(660206)	新增			借	
福利费(660207)	新增			借	
存货盘点(660208)	新增			借	
废品损失(660209)	新增			借	
财务费用(6603)				借	
资产减值损失(6701)				借	
信用减值损失(6702)	新增			借	
营业外支出(6711)				借	
债务重组损失(671101)	新增			借	
盘亏支出(671102)	新增			借	
捐赠支出(671103)	新增			借	
公益性捐增(67110301)	新增			借	
非公益性捐增(67110302)	新增			借	
非正常损失(671104)	新增			借	

(续表)

科目名称/科目编码	增修标记	计量单位/币种	辅助账类型/账页格式	余额方向	受控系统
所得税费用(6801)				借	
当期所得税费用(680101)	新增			借	
递延所得税费用(680102)	新增			借	
以前年度损益调整(6901)				借	

注："账页格式"未特殊注明均为"金额式"，"余额方向"均为默认方向。

3. 设置凭证类别

凯撒家纺的凭证类别如表2-13所示。

表2-13　凭证类别

凭证类别	限制类型	限制科目
收款凭证	借方必有	1001,1002
付款凭证	贷方必有	1001,1002
转账凭证	凭证必无	1001,1002

4. 设置项目目录

凯撒家纺的项目目录如表2-14所示。

表2-14　项目目录

项目设置步骤	设置内容
项目大类	金融资产项目
核算科目	交易性金融资产(1101) 交易性金融资产——成本(110101) 交易性金融资产——公允价值变动(110102)
项目分类	1.股票 2.债券
项目名称	01泰达股份公司股票 所属分类码1 02神华集团公司债券 所属分类码2

任务解析

1. 背景知识

(1) 会计科目

设置会计科目是会计核算方法之一，它用于分门别类地反映企业经济业务，是登记账簿、编制会计报告的基础。用友U8中预置了现行会计制度规定的一级会计科目，企业可根据本单位实际情况修改科目属性并补充明细科目。

(2) 项目目录

项目可以是工程、订单或产品，总之，我们可以把需要单独计算成本或收入的这样一种对象都视为项目。在企业中通常存在多种不同的项目，对应地，在软件中可以定义多类项目核算，并可将具有相同特性的一类项目定义为一个项目大类。为了便于管理，还可以对每个项目大类进行细分类，在最末级明细分类下再建立具体的项目档案。为了在业务发生时将数据准确归入对应的项目，需要在项目和已设置为项目核算的科目间建立对应关系。

2. 岗位说明

以账套主管A01身份设置财务信息。

实训指引

1. 设置外币及汇率

① 在"基础设置"中，执行"基础档案"|"财务"|"外币设置"命令，打开"外币设置"对话框。

② 单击"增加"按钮，输入币符USD、币名为"美元"，单击"确认"按钮。

③ 选中左侧列表中的"美元"，输入"2025-06"月份的记账汇率"6.8695"，按Enter键确认，如图2-12所示。

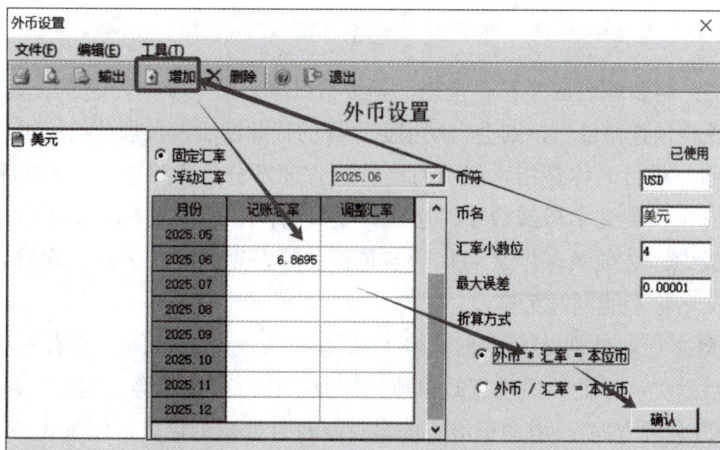

图 2-12　外币设置

④ 单击"退出"按钮，完成外币及汇率设置。

> ❖ **特别提醒：**
>
> ◇　此处录入的固定汇率与浮动汇率值并不决定在制单时使用固定汇率还是浮动汇率，在总账"选项"对话框"其他"选项卡的"外币核算"中，设置制单使用固定汇率还是浮动汇率。
>
> ◇　如果使用固定汇率，应在每月月初录入记账汇率(即期初汇率)，月末计算汇兑损益时录入调整汇率(即期末汇率)；如果使用浮动汇率，则应每天在此录入当日汇率。

2. 设置会计科目

(1) 增加明细会计科目

① 在"基础设置"中，执行"基础档案"|"财务"|"会计科目"命令，进入"会计科目"窗口，显示所有按"2007年新会计制度科目"预置的科目。

② 单击"增加"按钮，进入"新增会计科目"对话框，按表2-12所示录入实训资料中"增修标记"栏标注为"增加"的一级会计科目，如图2-13所示。

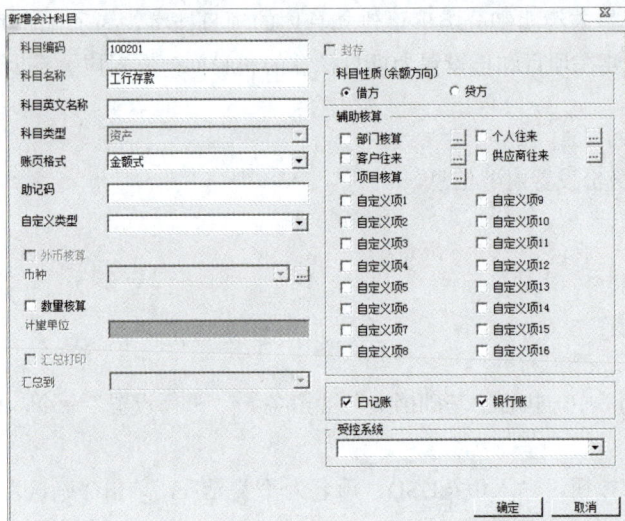

图 2-13　增加会计科目

> **栏目说明：**

- ○ **科目编码**：科目编码应是科目全码，各级科目编码必须唯一。建立账套时，如选中"按照行业性质预置科目"，则会自动根据选择的行业性质装入规范的一级会计科目。

- ○ **科目名称**：科目名称是指本级科目名称。它通常分为科目中文名称和科目英文名称，可以是汉字、英文字母或数字，也可以是减号(-)、正斜杠(/)，但不能输入其他字符。在中文版中，必须录入中文名称；若是英文版，则必须录入英文名称。科目的中文名称和英文名称不能同时为空。

- ○ **科目类型**：行业性质为企业时，科目类型分为资产、负债、所有者权益、共同、成本、损益六类；行业性质为行政单位或事业单位时，按新会计制度科目类型设置。

- ○ **科目性质(余额方向)**：增加记借方的科目，科目性质为借方；增加记贷方的科目，科目性质为贷方。一般情况下，只能在一级科目中设置科目性质，下级科目的科目性质与其一级科目的相同。已有数据的科目不能再修改科目性质。

- ○ **账页格式**：定义该科目在账簿打印时的默认打印格式。通常系统会提供金额式、外币金额式、数量金额式、外币数量式4种账页格式供选择。

- ○ **辅助核算**：用于说明本科目是否有其他核算要求。

- ○ **其他核算**：用于说明本科目是否有其他要求，如银行账、日记账等。一般情况下，现金科目要设为日记账，银行存款科目要设为银行账和日记账。

- ○ **外币核算**：用于设定该科目是否有外币核算，以及核算的外币名称。一个科目只能核算一种外币，只有"有外币核算"要求的科目才允许也必须设定外币币名。

- ○ **数量核算**：用于设定该科目是否有数量核算，以及数量计量单位。计量单位可以是任何汉字或字符，如千克、件、吨等。设置数量核算，则需输入数量和单价，由系统计算金额。

- ○ **受控系统**：为了加强各系统间的相互联系与控制，在定义会计科目时引入受控系统概念。即设置某科目为受控科目，受控于某一系统，则该受控系统只能使用受控科目制单。例如"应收账款"是应收系统的受控科目，则应收系统只能使用应收账款科目制单。

③继续单击"增加"按钮，输入表2-12中其他明细科目的相关内容。

④全部输入完成后，单击"关闭"按钮。

❖ **特别提醒：**

◇ 增加会计科目时，需要先增加上级科目，再增加下级科目。

◇ 增加的会计科目编码长度及每段位数要符合编码方案中的编码规则。

◇ 已使用的科目不能增加下级科目，已有余额的科目不能删除，也不能删除非末级科目。

◇ 企业可根据实际情况，为同一总账科目下的不同明细科目设置不同类型的辅助核算，故而一般仅对末级科目设置辅助核算。一个科目可同时设置三项专项核算。但是，个人往来核算不能与其他辅助核算一同设置，客户往来与供应商往来核算不能一同设置。

(2) 修改会计科目

① 在"会计科目"窗口中，单击要修改的会计科目1001。

② 单击"修改"按钮或双击该科目，进入"会计科目""修改"窗口。

③ 单击"修改"按钮，选中"日记账"复选框，单击"确定"按钮。

④ 修改表2-12中"增修标记"栏标注为"修改"的会计科目，修改完成后，单击"返回"按钮。

❖ **特别提醒：**

◇ 已有数据的科目不能修改科目性质。

◇ 如果某科目已被制过单或已录入期初余额，则不能修改该科目；如要修改该科目必须先删除所有与该科目有关的凭证，并将该科目及其下级科目余额清零再修改，修改完毕后要将余额及凭证补上。

◇ 只有处于修改状态才能设置汇总打印和封存。

(3) 指定会计科目

① 在"会计科目"窗口中，在上方菜单栏中执行"编辑"|"指定科目"命令，进入"指定科目"窗口。

② 选择"现金总账科目"单选按钮，将"1001 库存现金"由待选科目选入已选科目，如图2-14所示。

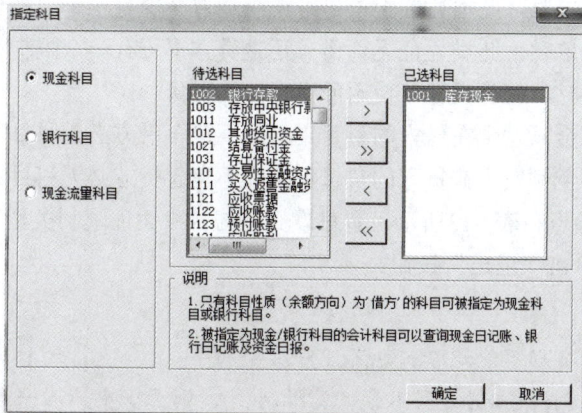

图2-14 指定科目

③同理，将"1002 银行存款"指定为银行科目。

❖ **特别提醒：**

◇ 指定会计科目是指定出纳的专管科目，只有指定科目后，才能执行出纳签字，才能查看现金、银行存款日记账，从而实现现金、银行管理的保密性。

◇ 在指定"现金科目""银行科目"之前，应在建立"库存现金""银行存款"会计科目时选中"日记账"复选框。

3. 设置凭证类别

① 在企业应用平台的"基础设置"中，执行"基础档案"|"财务"|"凭证类别"命令，打开"凭证类别预置"对话框。

② 选择"收款凭证 付款凭证 转账凭证"单选按钮，如图2-15所示。

③ 单击"确定"按钮，进入"凭证类别"窗口。

④ 单击工具栏上的"修改"按钮，单击收款凭证"限制类型"的下三角按钮，选择"借方必有"，在"限制科目"栏输入"1001,1002"，如图2-16所示。

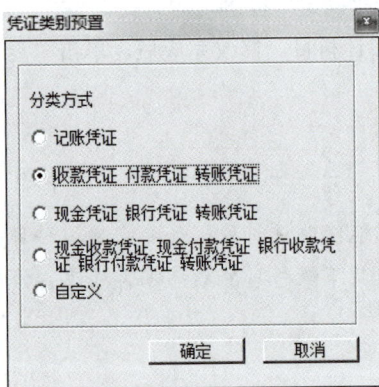

图2-15 选择凭证类别

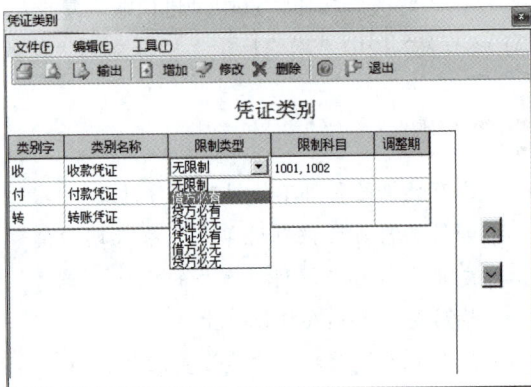

图2-16 设置凭证类别限制条件——收款凭证

↘ **栏目说明：**

○ 借方必有：制单时，此类凭证借方至少有一个限制科目有发生。

○ 贷方必有：制单时，此类凭证贷方至少有一个限制科目有发生。

○ 凭证必有：制单时，此类凭证无论借方还是贷方至少有一个限制科目有发生。

○ 凭证必无：制单时，此类凭证无论借方还是贷方不可有一个限制科目有发生。

○ 无限制：制单时，此类凭证可使用所有合法的科目。

○ 借方必无：即金额发生在借方的科目集必须不包含借方必无科目。

○ 贷方必无：即金额发生在贷方的科目集必须不包含贷方必无科目。

⑤ 同理，根据实验资料表2-13所示设置付款凭证与转账凭证限制类型。

⑥ 设置完成后，单击"退出"按钮。

❖ **特别提醒：**

◇ 已使用的凭证类别不能删除，也不能修改类别字。

◇ 若选有科目限制(即限制类型不是"无限制")，则至少要输入一个限制科目。若限制类型选"无限制"，则不能录入限制科目。

◇ 若限制科目为非末级科目，则在制单时，其所有下级科目都将受到同样的限制。本例中录入银行存款(1002)，则其明细科目"100201 工行存款"和"100202 中行存款"同样受限。

◇ 存款、提现业务由于会计分录两方均涉及了限制科目，因此在处理这两类业务时凭证限制条件自动做出限制判断，需要会计人员根据相关会计理论知识选择凭证类型为付款凭证。

4. 设置项目目录

(1) 定义项目大类

① 在企业应用平台的"基础设置"中，执行"基础档案"|"财务"|"项目目录"命令，进入"项目档案"窗口。

② 单击"增加"按钮，打开"项目大类定义_增加"对话框。

③ 录入新项目大类名称"金融资产项目"，如图2-17所示。

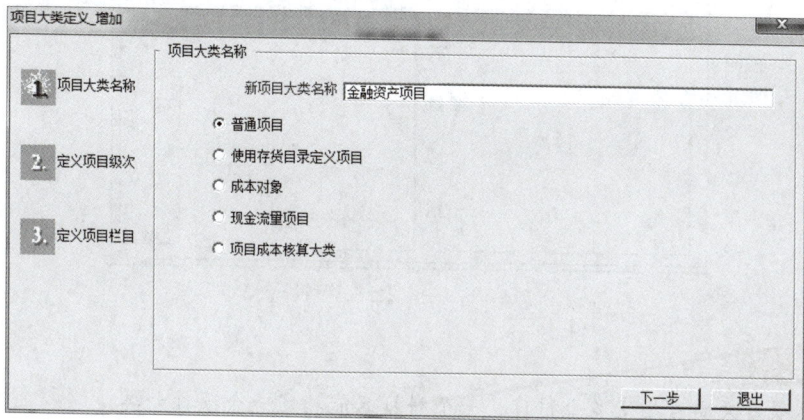

图 2-17　新增项目大类

④ 单击"下一步"按钮，打开"定义项目级次"对话框，设定项目级次一级为1位，如图2-18所示。

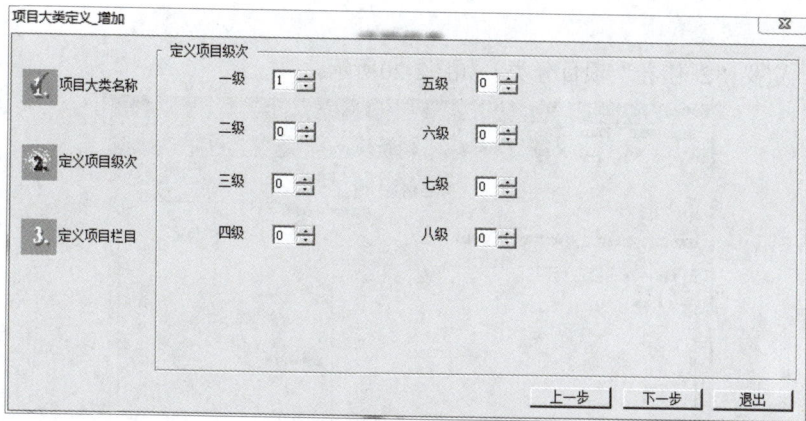

图 2-18　设定项目级次

⑤ 单击"下一步"按钮，输入要修改的项目栏目，本例采用系统默认值。

⑥ 单击"完成"按钮，返回"项目档案"窗口。

❖ **特别提醒:**

◇ 项目大类的名称是该类项目的总称,而不是会计科目名称。例如,交易性金融资产按具体投资项目核算,其项目大类名称应为"金融资产项目",而不是"交易性金融资产"。

(2) 指定核算科目

① 在"项目档案"窗口中,打开"核算科目"选项卡。

② 选择项目大类"金融资产项目"。

③ 单击">"按钮,将"1101 交易性金融资产"及其明细科目选为参加核算的科目,单击"确定"按钮,如图2-19所示。

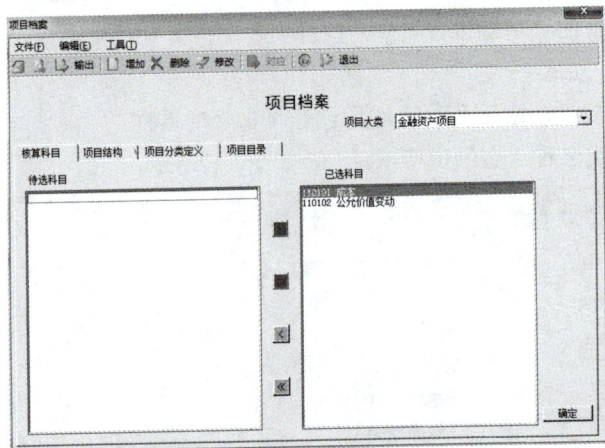

图 2-19　选择项目核算科目

❖ **特别提醒:**

◇ 一个项目大类可指定多个科目,一个科目只能指定一个项目大类。

(3) 定义项目分类

① 在"项目档案"窗口中,打开"项目分类定义"选项卡。

② 单击右下角的"增加"按钮,输入分类编码"1";输入分类名称"股票",单击"确定"按钮。

③ 同理,定义"2 债券"项目分类,如图2-20所示。

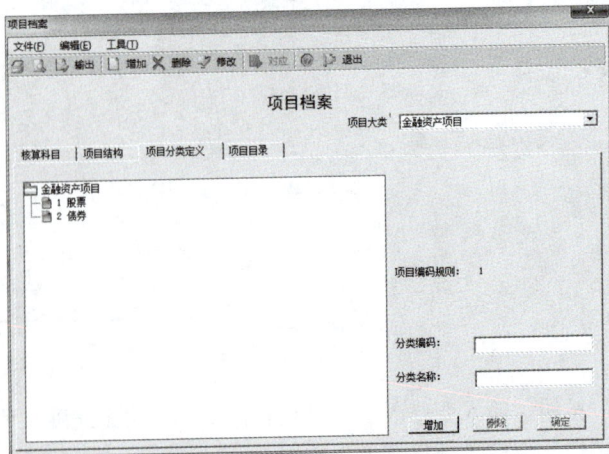

图 2-20　项目分类定义

◇ 为了便于统计，可对同一项目大类下的项目进一步划分，即定义项目分类。若无分类，也必须定义项目分类为"无分类"。

(4) 定义项目目录

① 在"项目档案"窗口中，打开"项目目录"选项卡。

② 单击右下角的"维护"按钮，进入"项目目录维护"窗口。

③ 单击"增加"按钮，输入项目编号"01"；输入项目名称"泰达股份公司股票"；选择所属分类码"1"。

④ 同理，继续增加"02 神华集团公司债券"项目档案，如图2-21所示。

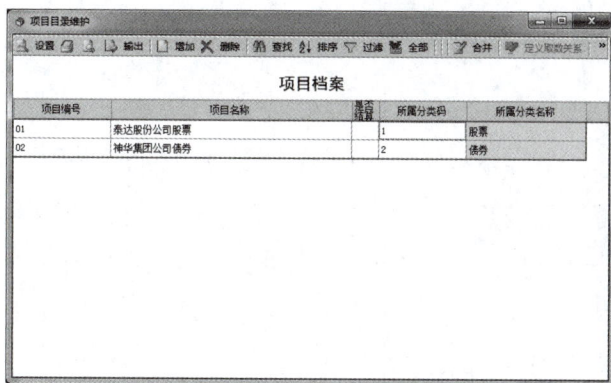

图 2-21　项目目录维护

◇ 标志结算后的项目将不能再使用。

实训五　设置收付结算

实训任务

1. 设置结算方式

凯撒家纺的结算方式如表2-15所示。

表2-15　结算方式

结算方式编码	结算方式名称	是否票据管理	对应票据类型
1	现金		
2	支票		
201	现金支票	是	现金支票
202	转账支票	是	转账支票
3	银行汇票		
4	商业汇票		

（续表）

结算方式编码	结算方式名称	是否票据管理	对应票据类型
401	银行承兑汇票	是	商业汇票
402	商业承兑汇票	是	商业汇票
5	电汇		
6	同城特约委托收款		
7	委托收款		
8	托收承付		
9	其他		

2. 设置付款条件

凯撒家纺的付款条件如表2-16所示。

表2-16　付款条件

付款条件编码	付款条件名称	信用天数	优惠天数1	优惠率1	优惠天数2	优惠率2	优惠天数3	优惠率3
01	1/10,n/10	10	10	1	0	0	0	0
02	2/10,1/20,n/30	30	10	2	20	1	30	0

3. 设置本单位开户银行

凯撒家纺的本单位开户银行如表2-17所示。

表2-17　本单位开户银行

编码	开户银行	银行账号	币种	账户名称
01	中国工商银行天津河西支行	12001657901052500555	人民币	天津市凯撒家纺股份有限公司
02	中国银行天津河西支行	10401657901052501366	美元	天津市凯撒家纺股份有限公司

注：中国银行天津河西支行机构号和联行号分别假定为02556、104110040000。

任务解析

1. 背景知识

(1) 结算方式

结算方式用来建立和管理用户在经营活动中对外进行收付结算时所使用的结算方式。它与财务结算方式一致。银企对账时，结算方式也是系统自动对账的一个重要参数。

(2) 银行档案

银行档案用于设置企业所用的各银行总行的名称和编码，用于工资、HR、网上报销、网上银行等系统。用户可以根据业务的需要方便地增加、修改、删除、查询、打印银行档案。

(3) 本单位开户银行

用友U8支持企业具有多个开户行及账号的情况。"本单位开户银行"功能用于维护及查询使用单位的开户银行信息。开户银行一旦被引用，便不能进行修改和删除的操作。

2. 岗位说明

以账套主管A01身份设置收付结算信息。

实训指引

1. 设置结算方式

① 在"基础设置"中，执行"基础档案"|"收付结算"|"结算方式"命令，进入"结算方式"窗口。

② 单击工具栏上的"增加"按钮，在"结算方式编码"文本框中输入"1"，"结算方式名称"文本框中输入"现金"。

③ 单击工具栏上的"保存"按钮，左侧列表"结算方式"树形结构下出现"(1) 现金"，如图2-22所示。

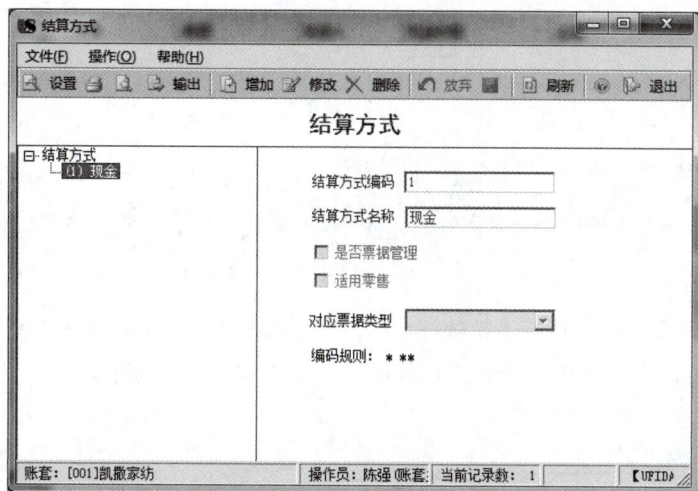

图 2-22　增加结算方式——现金

④ 同理，按所给实验资料表2-15依次录入其他企业常用结算方式。

❖ 特别提醒：

◇ 结算方式中选中"是否票据管理"复选框，表示该结算方式下的票据是否要进行支票登记簿管理。在后续填制凭证环节中，如果涉及该种结算方式，则系统会对未进行支票登记的票据提示登记。

◇ 选中"适用零售"复选框，表示该结算方式下发给零售系统。

2. 设置付款条件

① 在"基础设置"中，执行"基础档案"|"收付结算"|"付款条件"命令，进入"付款条件"窗口。

② 单击工具栏上的"增加"按钮，在"付款条件编码"栏输入"01"，"优惠天数1"栏输入"10"，"优惠率1"栏输入"1"。

③ 单击工具栏上的"保存"按钮。同理，按所给实验资料表2-16依次录入其他付款条件数据，如图2-23所示。

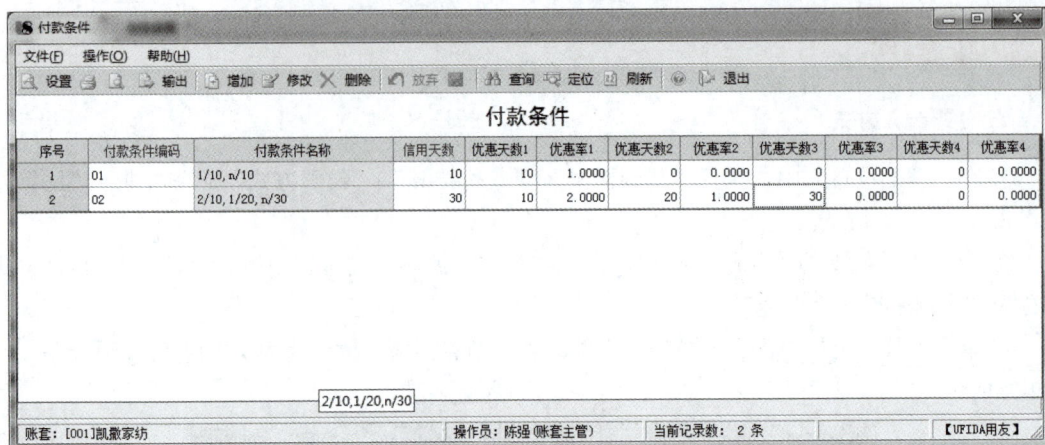

图 2-23　增加付款条件

❖ **特别提醒：**

◇ 付款条件编码应唯一。

◇ 输入信用天数、优惠天数和优惠率，系统会自动生成付款条件名称，且不可修改。

3. 设置本单位开户银行

① 在"基础设置"中，执行"基础档案"|"收付结算"|"银行档案"命令，修改"01 中国工商银行"信息，取消选中"企业账户规则"下的"定长"复选框，单击"保存"按钮，如图2-24所示。

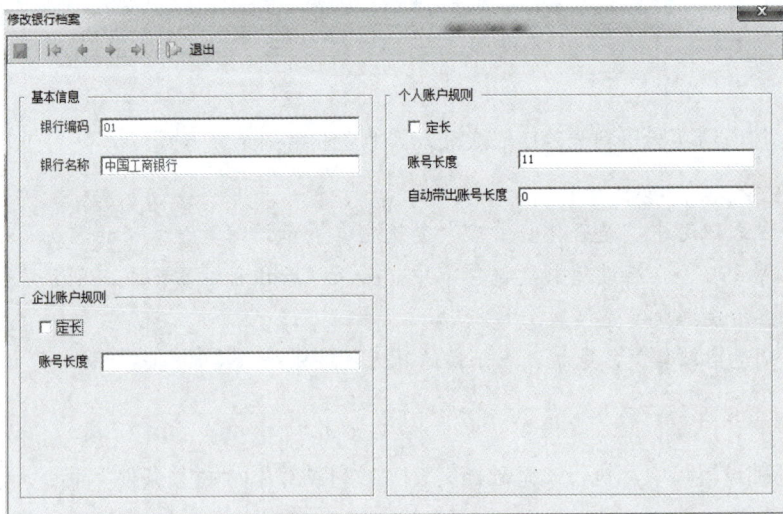

图 2-24　修改银行档案——取消定长

② 在"基础设置"中，执行"基础档案"|"收付结算"|"本单位开户银行"命令，打开"本单位开户银行"对话框。

③ 单击"增加"按钮，在"编码"栏输入"01"，"银行账号"栏输入"12001657901052500555"，"账户名称"栏输入"天津市凯撒家纺股份有限公司"，"币种"输入"人民币"，"开户银行"输入"中国工商银行天津河西支行"，"所属银行编码"选择"01—中国工商银行"，如图2-25所示。

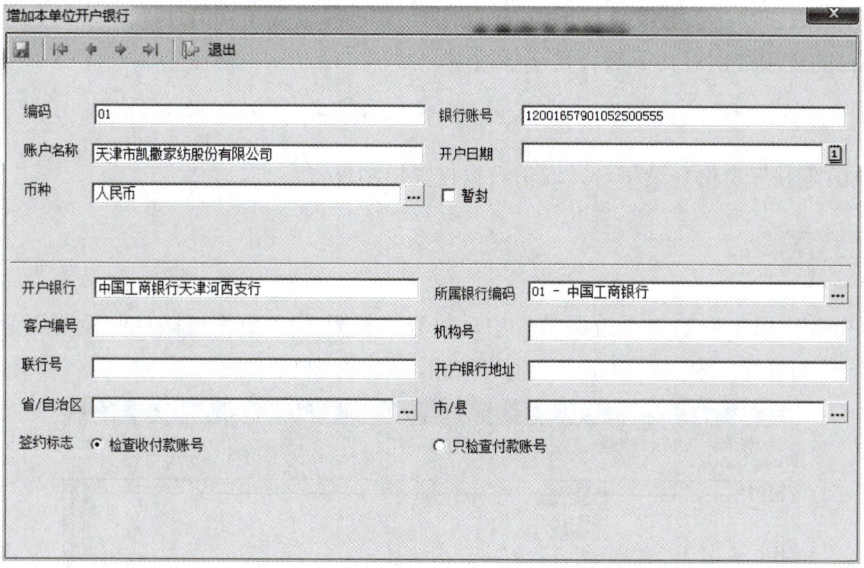

图 2-25 增加本单位开户银行——工商银行

④ 单击"保存"按钮。同理，设置外币账户。

❖ **特别提醒：**

◇ 本单位开户行所属银行为中国银行时，必须录入机构号和联行号。

◇ 若要在银行档案中增删记录，需注意"银行编码"项一旦保存无法修改，如录入错误只能重新录入。

实训六　系统服务

实训任务

取消对本账套的数据权限以及金额权限控制管理。

任务解析

1. 背景知识

(1) 数据权限控制

本功能是数据权限设置的前提，选择进行权限设置的业务对象，设置在本账套中哪些业务对象需要进行数据权限设置，哪些不需要进行数据权限设置。对业务对象启用记录权限控制后，默认所有操作员对此业务对象没有任何权限；对业务对象启用字段权限控制后，默认所有操作员对此业务对象有读写权限，可以按业务对象设置默认是否拥有权限。

(2) 金额权限设置

本功能用于设置用户可使用的金额级别，对业务对象提供金额级权限设置：采购订单的金额审核额度、科目的制单金额额度。在设置这两个金额权限之前必须先设定对应的金额级别。

设置科目金额级别时，上下级科目不能同时出现。如已经设置了1001 科目的金额级别，则设置的1001 科目的金额级别对其下级科目全部适用。

2. 岗位说明

以"A01陈强"身份登录平台，取消数据权限控制设置。

实训指引

① 在企业应用平台的"系统服务"中，执行"权限"|"数据权限控制设置"命令，打开"数据权限控制设置"窗口，单击"全消"按钮，如图2-26所示。

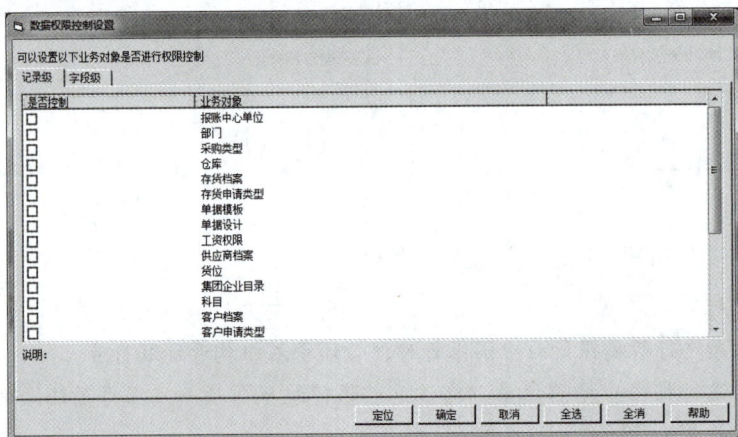

图 2-26 取消数据权限控制

② 单击"确定"按钮，退出界面。

③ 在"D:\"中建立"凯撒家纺"目录，再在该目录中建立"2-1基础设置"文件夹，用于存放账套输出结果。将账套输出至"D:\凯撒家纺\2-1基础设置"文件夹中。

拓展任务

1. 设置常用摘要

功能概要：实现常用摘要的自动选取。

路径指引：基础设置→基础档案→其他。

岗位说明：账套主管。

2. 基础档案批量导入

功能概要：实现基础档案信息批量导入。

路径指引：

① 在"开始"菜单的程序列表中，执行"用友U8 V10.1"|"U8实施与维护工具"命令，打开"登录"对话框。

② 以"W01 汪小菲"身份登录，选择"001 天津凯撒家纺股份有限公司"。

③ 单击"登录"按钮，进入"U8实施与维护工具"窗口，依次单击左侧树形结构中"U8

实施与维护工具"|"基础数据导入"|"数据导入"|"打开模板"命令，打开"导入模板"界面。

④ 执行"机构人员"|"部门档案"命令，打开"部门档案"模板，按照模板及本书实训一第一步要求将数据录入指定列。

⑤ 修改完成后，单击"保存"按钮，关闭模板文件；选择左侧树形结构中的"U8实施与维护工具"|"数据导入"|"导入设置"命令，在右侧界面中，单击选择"机构人员"单选按钮，选中"部门档案"复选框，如图2-27所示。

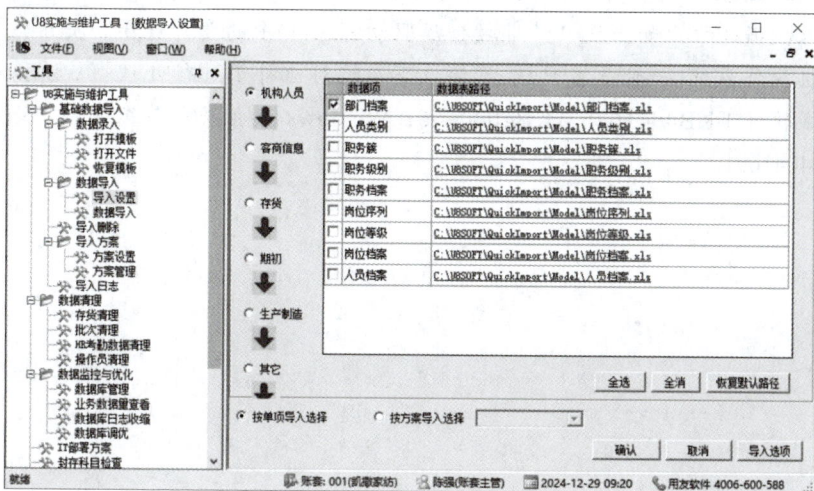

图 2-27　数据导入设置——部门档案

⑥ 单击"导入选项"按钮，"操作方式"选择"追加"，单击"确定"按钮，系统提示"保存成功！"信息，如图2-28所示。单击"确定"按钮，返回"导入设置"界面。

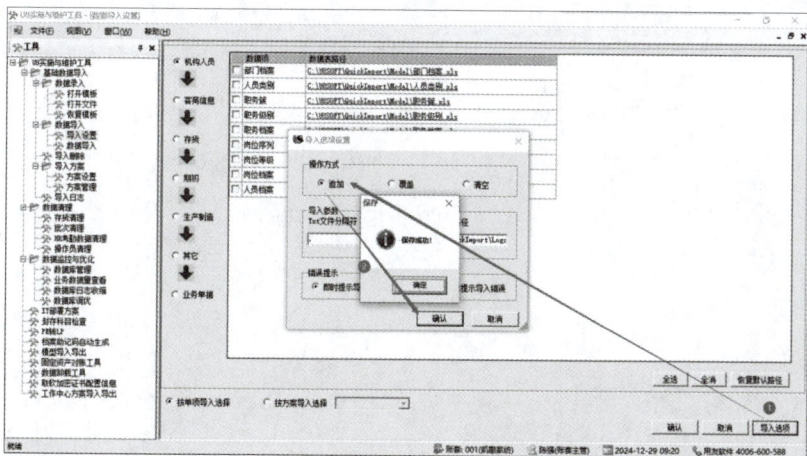

图 2-28　设置导入选项

⑦ 选择左侧树形结构中的"U8实施与维护工具"|"基础数据导入"|"数据导入"|"数据导入"命令，出现导入进度条窗口，进度条滚动完成后，系统提示"本次导入全部成功，是否查看本次的导入日志？"信息，单击"否"按钮。

⑧ 同理，完成"人员类别""人员档案""客户分类""客户档案""供应商分类""供应商档案""结算方式""付款条件""会计科目""计量单位""存货分类""存货档案"的数据导入。

岗位说明：账套主管。

❖ **特别提醒：**

◇ 导入模板中标题行为"蓝色"的列不可为空。

◇ 操作中如直接使用本书教学资源包提供的模板，则无须执行第③和④步，在执行第⑤步时还需指定教学资源包提供模板的路径。

◇ 教学资源包中的"会计科目"模板仅包括需要"新增"的会计科目，导入完成后，还需完成实训五中会计科目需要修改的内容。

◇ 导入数据过程中如出现"外部数据库驱动程序(1)中的意外错误"提示信息，若是计算机操作系统(一般是客户端)请按以下系统对应补丁进行处理：Windows 7系统卸载微软补丁KB4041678与KB4040966；Windows 10系统卸载微软补丁KB4041676与KB4041691。

项目三 总账管理

实训一 总账管理系统初始化设置

实训任务

1. 设置总账选项

凯撒家纺的总账管理系统选项设置如表3-1所示。

表3-1 总账选项

选项卡	参数设置
凭证	制单序时控制 支票控制 赤字控制：资金及往来科目，赤字控制方式：提示 可以使用应收、应付、存货受控科目 凭证编号方式采用系统编号
账簿	账簿打印位数按软件的标准设定 明细账打印按年排页
凭证打印	打印凭证的制单、出纳、审核、记账等人员姓名
预算控制	超出预算允许保存
权限	出纳凭证必须经由出纳签字 允许修改、作废他人填制的凭证 可查询他人凭证
会计日历	会计日历为1月1日—12月31日 数量小数位和单价小数位设置为2位
其他	外币核算采用浮动汇率 部门、个人、项目按编码方式排序

2. 录入期初余额

凯撒家纺2025年6月份期初余额如表3-2所示。

表3-2 期初余额

科目名称	方向	币别/计量	累计借方/元	累计贷方/元	期初余额/元
库存现金(1001)	借		34 415.48	15 000.00	20 000.00
银行存款(1002)	借		3 146 708.00	3 187 918.00	724 700.38
工行存款(100201)	借		3 146 708.00	3 187 918.00	724 700.38

(续表)

科目名称	方向	币别/计量	累计借方/元	累计贷方/元	期初余额/元
其他货币资金(1012)	借		0	384 501.00	1 781 000.00
存出投资款(101201)	借		0	384 501.00	1 781 000.00
应收票据(1121)	借		0	0	138 000.00
银行承兑汇票(112101) *	借		0	0	138 000.00
库存商品(1405)	借		310 416.00	968 500.00	731 600.00
	借	件(套、个)	0	0	6 070.00
固定资产(1601)	借		0	0	6 836 450.92
累计折旧(1602)	贷		0	70 042.03	335 214.62
在建工程(1604)	借		1 688 709.00	0	1 688 709.00
递延所得税资产(1811)	借		0	0	8 394.32
应付账款(2202)	贷		0	0	302 388.00
一般应付账款(220202)*	贷		0	0	302 388.00
应付职工薪酬(2211)	贷		400 442.21	401 082.10	184 982.70
工资(221101)	贷		191 071.60	191 071.60	123 900.00
社会保险费(221103)	贷		148 152.11	148 680.00	40 639.20
职工教育经费(221104)	贷		9 052.50	9 292.50	3 097.50
住房公积金(221105)	贷		44 604.00	44 604.00	14 868.00
工会经费(221106)	贷		7 562.00	7 434.00	2 478.00
应交税费(2221)	贷		228 106.30	227 665.00	436 265.00
未交增值税(222102)	贷		0	0	232 000.00
应交企业所得税(222103)	贷		163 325.00	164 725.00	164 725.00
应交个人所得税(222104)	贷		24 709.52	35 100.00	11 700.00
应交城市维护建设税(222105)	贷		23 305.24	16 240.00	16 240.00
应交教育费附加(222106)	贷		9 987.86	6 960.00	6 960.00
应交地方教育费附加(222107)	贷		6 778.64	4 640.00	4 640.00
其他应付款(2241)	贷		75 423.60	82 517.40	27 505.80
住房公积金(224101)	贷		35 568.00	44 604.00	14 868.00
社会保险费(224102)	贷		39 855.60	37 913.40	12 637.80
长期借款(2501)	贷		111 904.98	0	1 475 946.00
股本(4001)	贷		0	0	7 830 000.00
资本公积(4002)	贷		0	0	390 000.00
盈余公积(4101)	贷		0	65 890.00	253 542.50
法定盈余公积(410101)	贷		0	65 890.00	253 542.50
本年利润(4103)	贷		858 900.00	858 900.00	
利润分配(4104)	贷		131 780.00	724 790.00	693 010.00
提取法定盈余公积(410401)			65 890.00	65 890.00	
未分配利润(410406)	贷		65 890.00	658 900.00	693 010.00
主营业务收入(6001)	贷		1 934 375.00	1 934 375.00	0
主营业务成本(6401)	借		1 132 953.00	1 132 953.00	0
税金及附加(6403)	借		35 627.00	35 627.00	0
销售费用(6601)	借		49 695.00	49 695.00	0
职工薪酬(660104)	借		31 695.00	31 695.00	0
折旧费(660106)	借		18 000.00	18 000.00	0
管理费用(6602)	借		56 200.00	56 200.00	0

（续表）

科目名称	方向	币别/计量	累计借方/元	累计贷方/元	期初余额/元
职工薪酬(660201)	借		19 400.00	19 400.00	0
差旅费(660203)	借		6 800.00	6 800.00	0
折旧费(660205)	借		30 000.00	30 000.00	0
财务费用(6603)	借		1 000.00	1 000.00	0
所得税费用(6801)	借		164 725.00	164 725.00	0
当期所得税费用(680101)	借		164 725.00	164 725.00	0

应收账款科目的期初余额为138 000.00元，以银行承兑汇票形式录入，明细如表3-3所示。

表3-3　银行承兑汇票录入明细

日期/票据日期	客户	凭证号	业务员	票号/票据类型	摘要	方向	金额/元
2025-01-06	北京仁智百货有限公司	转-16	王大国	1108989/银行承兑汇票	销售商品	借	138 000.00

应付账款科目的期初余额明细如表3-4所示。

表3-4　应付账款科目的期初余额明细

日期/票据日期	客户	凭证号	业务员	摘要	方向	金额/元
2025-02-28	西安爱家家居用品制造有限公司	转-56	林群	采购商品	贷	302 388.00

任务解析

1. 背景知识

(1) 总账选项

为了最大范围地满足不同企业用户的信息化应用需求，总账作为通用商品化管理软件的核心子系统，是通过内置大量的选项(也称参数)来提供面向不同企业应用的解决方案的。企业可以根据自身的实际情况进行选择，以确定符合企业个性特点的应用模式。

(2) 期初数据

为了保持账簿资料的连续性，应该将原有系统下截至总账启用日的各账户年初余额、累计发生额和期末余额输入计算机系统。如果科目设置了某种辅助核算，那么还需要准备辅助项目的期初余额。如应收账款科目设置了客户往来辅助核算，除了要准备应收账款总账科目的期初数据外，还要详细记录这些应收账款是哪些客户的销售未收，因此要按客户整理详细的应收余额数据。

2. 岗位说明

以账套主管A01身份进行总账初始化设置。

实训指引

以系统管理员身份在系统管理中引入"2-1基础设置"账套作为基础数据。

1. 设置总账选项

① 执行"开始"|"程序"|"用友U8 V10.1"|"企业应用平台"命令，打开"登录"对话框。

② 输入操作员"A01"或"陈强"，密码为空，在"账套"下拉列表框中选择"001凯撒家纺"，更改操作日期为"2025-06-01"，单击"登录"按钮。

③ 在"业务工作"中，单击"财务会计"|"总账"选项，展开"总账"下级菜单。

④ 在总账管理系统中，执行"设置"|"选项"命令，打开"选项"对话框，单击"编辑"按钮，进入选项编辑状态。

⑤ 在"凭证"选项卡中，按表3-1所示设置参数，如图3-1所示。

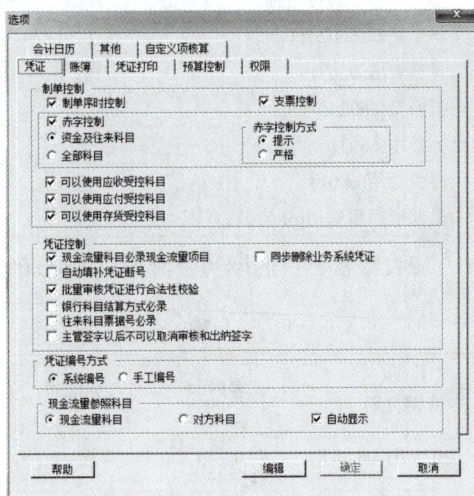

图3-1 选项——凭证

↘ 栏目说明：

○ 制单序时控制：制单时，凭证编号必须按日期顺序排列。选择此项和"系统编号"选项，制单时凭证编号必须按日期顺序排列，如11月15日编制19号凭证，则11月16日只能开始编制20号凭证，即制单序时。

○ 支票控制：在制单时录入了未在支票登记簿中登记的支票号，系统将提供登记支票登记簿的功能。

○ 资金及往来赤字控制：制单时，当"资金及往来科目"或"全部科目"的最新余额出现负数时，系统将予以提示。

○ 可以使用其他系统(应收、应付或存货)受控科目：若某科目为其他系统的受控科目(如客户往来科目为应收系统的受控科目)，一般来说，为了防止重复制单，应只允许其受控系统来使用该科目进行制单，总账管理系统是不能使用此科目进行制单的，但如果用户希望在总账系统中也能使用这些科目填制凭证，则应选择此项。

○ 凭证编号方式控制：填制凭证时，依照凭证类别按月自动编制凭证编号，即"系统编号"，或在制单时手工录入凭证编号，即"手工编号"。

❖ 特别提醒：

✧ 选中"可以使用应收受控科目"复选框时，系统会自动弹出"受控科目被其他系统使用时，会造成应收系统与总账对账不平"信息提示框，单击"确定"按钮即可。同理，在选中"可以使用应付受控科目""可以使用存货受控科目"复选框时也会出现类似信息提示框。

⑥ 单击"账簿"选项卡，按照实验资料表3-1所示设置参数，如图3-2所示。

⑦ 单击"凭证打印"选项卡，按照实验资料表3-1所示设置参数，如图3-3所示。

⑧ 单击"预算控制"选项卡，按照实验资料表3-1所示设置参数，如图3-4所示。

⑨ 单击"权限"选项卡，按照实验资料表3-1所示设置参数，如图3-5所示。

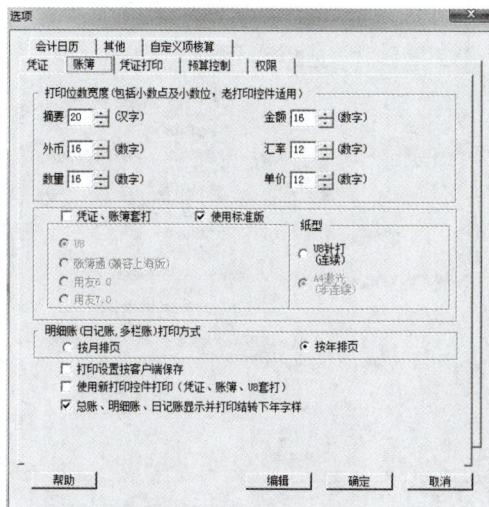

图 3-2　选项——账簿

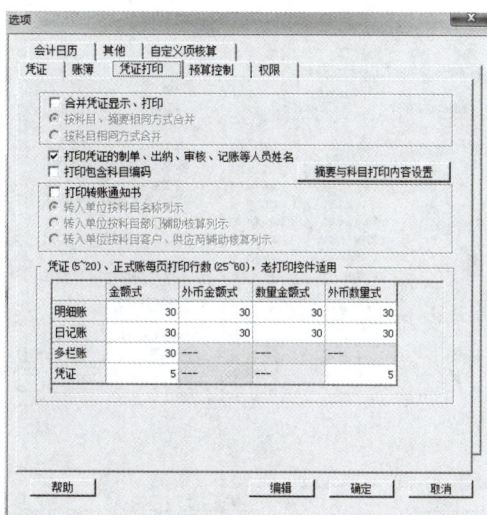

图 3-3　选项——凭证打印

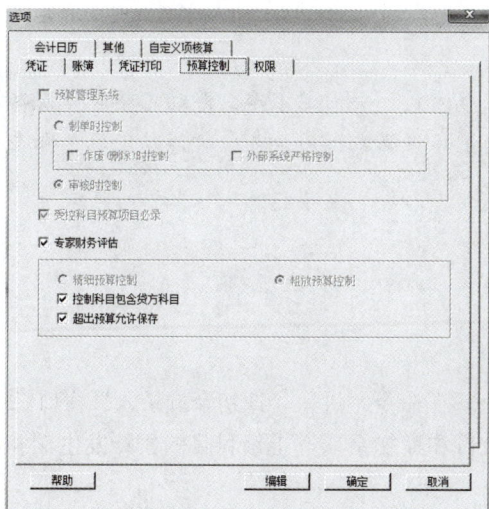

图 3-4　选项——预算控制

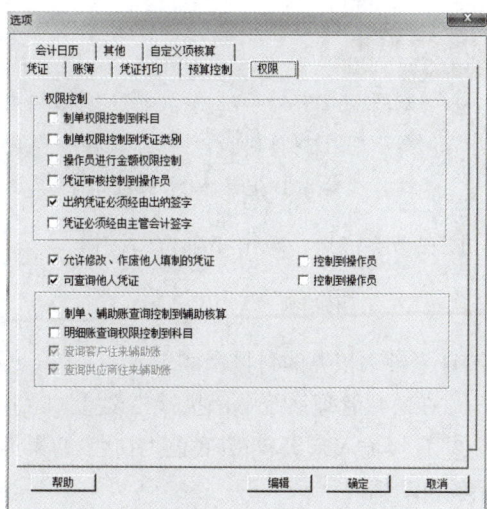

图 3-5　选项——权限

↘ 栏目说明：

- 操作员进行金额权限控制：选择此项，可以对不同级别的人员进行金额大小的控制。
- 出纳凭证必须经由出纳签字：若要求现金、银行科目凭证必须由出纳人员核对签字后才能记账，则选择"出纳凭证必须经由出纳签字"复选框。
- 允许修改、作废他人填制的凭证：若选择此项，在制单时可修改或作废别人填制的凭证，否则不能修改。如选择"控制到操作员"复选框，则要在系统管理的"数据权限"设置中设置用户权限，再选择此项，权限设置有效。选择此项，则在填制凭证时，操作员只能对相应人员的凭证进行修改或作废。

⑩ 同理，按照实验资料表3-1所示完成"会计日历"及"其他"选项卡的设置，如图3-6、图3-7所示。

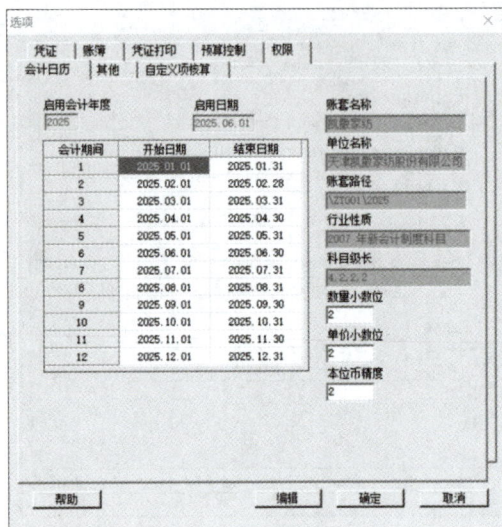

图3-6 选项——会计日历   图3-7 选项——其他

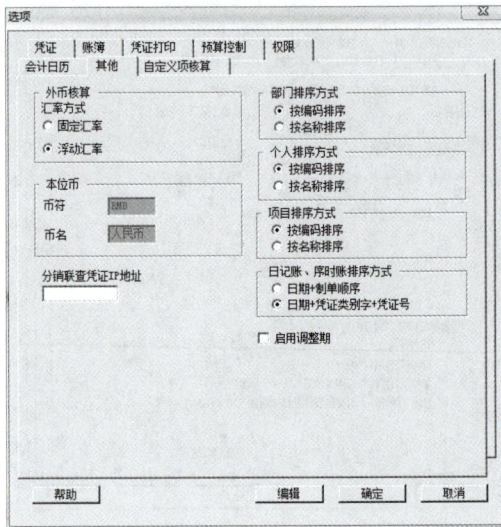

❖ **特别提醒：**

◇ 如果企业有外币业务，则应选择相应的汇率方式——固定汇率、浮动汇率。"固定汇率"即在制单时，一个月只按一个固定的汇率折算本位币金额。"浮动汇率"即在制单时，按当日汇率折算本位币金额。

⑪ 设置完成后，单击"确定"按钮。

2. 录入期初余额

(1) 无辅助核算的科目余额录入

① 在总账管理系统中，执行"设置"|"期初余额"命令，进入"期初余额录入"窗口。

② 直接输入末级科目(底色为白色)的累计发生额和期初余额，上级科目的累计发生额和期初余额自动填列。

❖ **特别提醒：**

◇ 数量核算科目，必须先录入金额再录入数量。在第一行录入金额余额，第二行录入数量余额。

◇ 如要修改科目的余额方向，须确保科目尚未录入余额且为总账科目(一级科目)，通过单击"方向"按钮改变余额方向，修改后所有该科目的明细科目余额方向同时改变。

(2) 设置往来辅助核算的科目余额录入

① 设置了辅助核算的科目底色显示为浅黄色，其累计发生额可直接输入，但期初余额的录入要到相应的辅助账中进行。

② 以录入"银行承兑汇票(112101)"期初余额为例，双击"银行承兑汇票(112101)"科目的"期初余额"栏，进入"辅助期初余额"窗口。

③ 单击"往来明细"按钮，进入"期初往来明细"窗口，单击"增行"按钮，按明细输入应收账款科目期初余额业务明细的金额，如图3-8所示。

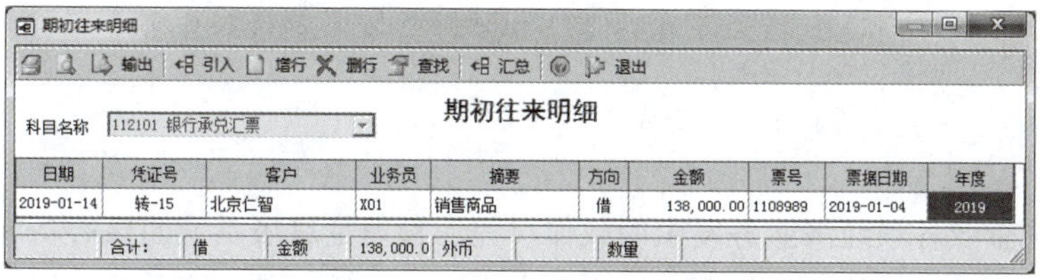

图 3-8 期初往来明细——银行承兑汇票

④ 单击"汇总"按钮，系统弹出"完成了往来明细到辅助期初表的汇总！"信息提示框。

⑤ 单击"确定"按钮，完成后单击"退出"按钮，在"辅助期初余额"窗口显示汇总结果，如图3-9所示。

⑥ 单击"退出"按钮，返回"期初余额录入"窗口，辅助账余额自动转到总账。

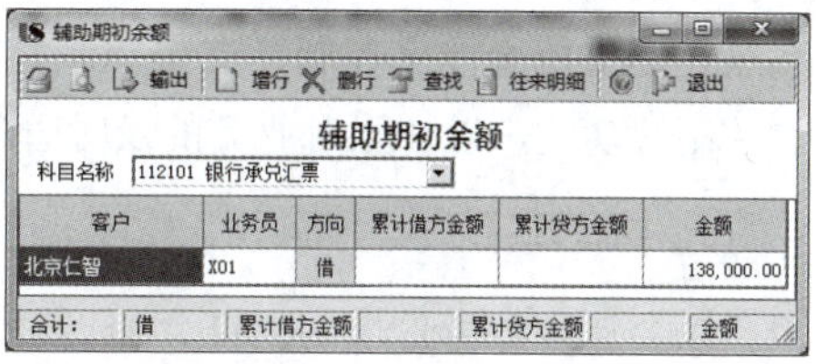

图 3-9 辅助期初余额——银行承兑汇票

❖ **特别提醒：**

◇ 辅助核算类型设置为项目核算的科目在录入期初余额时，双击科目所在行进入"辅助期初余额"窗口，单击"增行"按钮，录入项目目录中各项目期初余额，单击"退出"按钮，返回"期初余额录入"窗口，辅助账余额自动转到总账。

(3) 试算平衡

① 输入完所有科目余额后，单击"试算"按钮，打开"期初试算平衡表"对话框，如图3-10所示。

② 若期初余额不平衡，则修改期初余额；若期初余额试算平衡，则单击"退出"按钮退出。

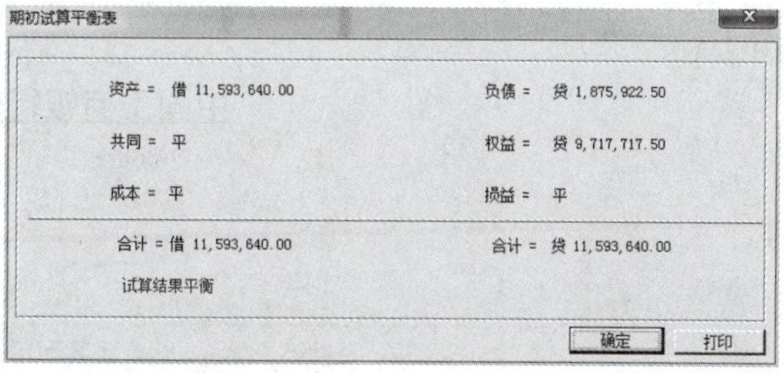

图 3-10 试算平衡

❖ **特别提醒：**

◇ 试算平衡只能对期初余额的平衡关系进行试算，不能对年初余额进行试算。

◇ 期初余额试算不平衡，将不能记账，但可以填制凭证。

◇ 已经记过账，则不能再输入、修改期初余额，也不能执行"结转上年余额"功能。

(4) 账套备份

全部完成后，将账套输出至D盘"凯撒家纺"目录下的"3-1总账初始化"文件夹。

实训二 凭证管理

实训任务

凯撒家纺2025年6月份发生如下经济业务，具体内容见实训指引中的业务描述。请在U8中完成业务处理。

任务解析

1. 背景知识

凭证是记录企业各项经济业务发生的载体,凭证管理是总账系统的核心功能,主要包括填制凭证、出纳签字、审核凭证、记账、查询打印凭证等。凭证是总账系统数据的唯一来源,为严把数据源的正确性,总账系统设置了严密的制单控制以保证凭证填制的正确性。另外,总账系统还提供资金赤字控制、支票控制、预算控制、外币折算误差控制、凭证类型控制、制单金额控制等功能,以加强对业务的及时管理和控制。

2. 岗位说明

以会计W02身份填制凭证、修改凭证、删除凭证、冲销凭证及凭证记账;以出纳W03身份进行出纳签字;以财务经理W01身份审核凭证。

实训指引

1. 业务一

2025年6月1日,总经理办公室报销业务招待费(招待客户住宿费),原始凭证如图3-11、图3-12所示。

中国工商银行转账支票存根

支票号码: 768901
科 目:
对方科目:
签发日期: 2025年6月1日

收款人	天津百家和酒店
金 额	¥2 120.00
用 途	报销业务招待费
备 注	

单位主管:(略)   会计:(略)
复 核:(略)   记账:(略)

图 3-11 转账支票存根——业务一

① 以会计人员"W02 张文华"身份登录总账,修改"注册日期"为"2025年6月1日"。

② 执行"财务会计"|"总账"|"凭证"命令,双击"填制凭证"选项,在弹出的"记账凭证"界面中单击"增加"按钮,修改"凭证类别"为"付款凭证",输入"附单据数"为"2"。

③ 录入摘要"招待客户住宿费"。在第一行"科目名称"栏单击"参照"按钮,选择"管理费用——招待费"科目,在"借方金额"栏录入价税合计"2 120.00"。

④ 按Enter键自动带出第二行摘要;在第二行"科目名称"栏单击"参照"按钮,选择"银行存款——工行存款"科目,在弹出的"辅助项"对话框的"结算方式"栏中单击"参照"按钮,选择"转账支票","票号"输入"768901","发生日期"为"2025-06-01",如图3-13所示,单击"确定"按钮,返回"记账凭证"界面。

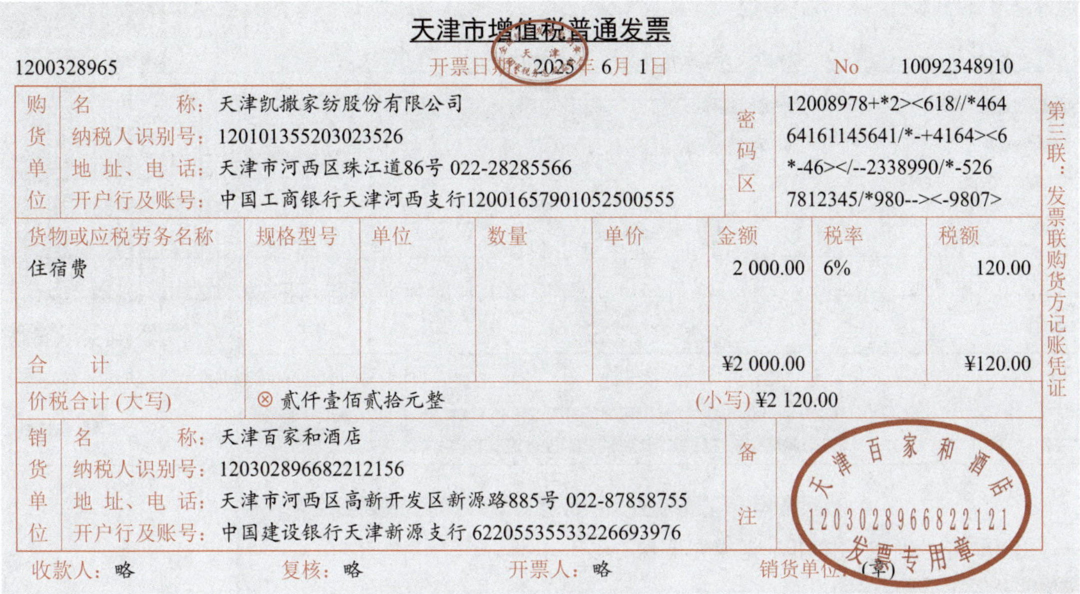
天津市增值税普通发票

1200328965　　开票日期：2025年6月1日　　No 10092348910

购货单位	名　　称：天津凯撒家纺股份有限公司 纳税人识别号：120101355203023526 地 址、电 话：天津市河西区珠江道86号 022-28285566 开户行及账号：中国工商银行天津河西支行12001657901052500555				密码区	12008978+*2><618//*464 64161145641/*-+4164><6 *-46></--2338990/*-526 7812345/*980--><-9807>	
货物或应税劳务名称	规格型号	单位	数量	单价	金额	税率	税额
住宿费					2 000.00	6%	120.00
合　计					¥2 000.00		¥120.00
价税合计(大写)	⊗贰仟壹佰贰拾元整				(小写)¥2 120.00		
销货单位	名　　称：天津百家和酒店 纳税人识别号：120302896682212156 地 址、电 话：天津市河西区高新开发区新源路885号 022-87858755 开户行及账号：中国建设银行天津新源支行62205535533226693976				备注		

收款人：略　　复核：略　　开票人：略　　销货单位：(章)

第三联：发票联 购货方记账凭证

图 3-12　增值税普通发票——业务一

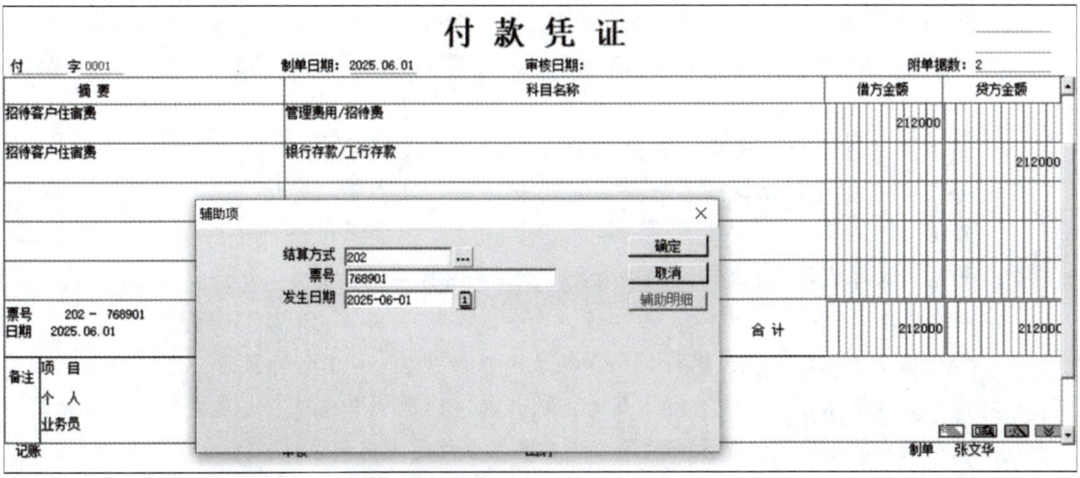

图 3-13　辅助项——银行辅助核算

⑤ 单击或按Enter键，将录入光标移动至第二行“贷方金额”处，按键盘上的“=”键，系统自动带出借贷相等的金额“2 120.00”。

⑥ 单击“保存”按钮，系统弹出“此支票尚未登记，是否登记？”信息提示框，单击“是”按钮，弹出“票号登记”对话框。

⑦ 在对话框中输入“领用日期”为“2025-06-01”，“领用部门”为“总经理办公室”，“姓名”为“陈强”，“收款人”为“天津百家和酒店”，“限额”为“2 120.00”，“用途”为“业务招待费”，如图3-14所示。

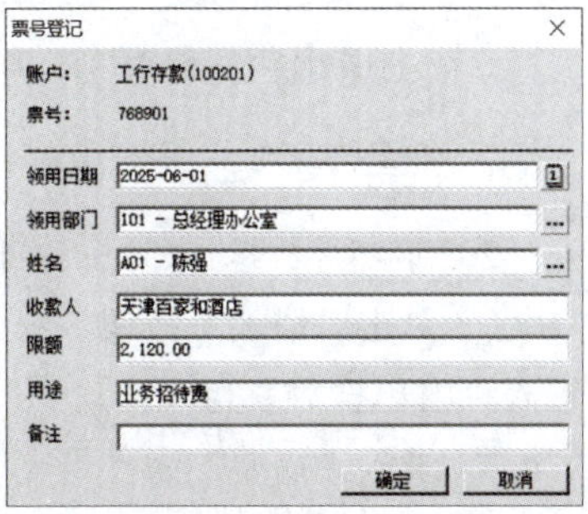

图 3-14　票号登记——业务一

⑧ 单击“确定”按钮，弹出“凭证已成功保存”信息提示框，如图3-15所示。

图 3-15　填制凭证结果——业务一

⑨ 单击"确定"按钮，完成凭证保存。

❖ **特别提醒：**

◇ 按照企业业务处理实际，录入凭证日期不允许滞后于系统日期。例如，系统日期为2025年1月30日，则在处理本例时，因业务日期超过系统日期，系统会提示"日期不能滞后系统日期"，如图3-16所示。此时，需要调整系统时间到2025年6月1日之后。

◇ 因为在总账选项中选择了系统编码方式，故而在填制凭证时，系统每月会按凭证类别分别自动顺序编码且无法手动修改。

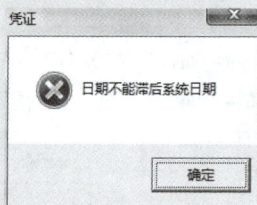

图 3-16　业务日期超过系统日期提示

◇ 无论采取自动编码还是手工编码方式，凭证一旦保存，凭证类别及凭证编号无法修改。

◇ 由于指定了银行存款为银行科目，故录入银行存款——工行存款时，需要输入辅助项信息且辅助账信息不能为空。同时，因为在总账选项中选择了支票控制，则在结算方式中设为票据管理结算方式的票号应在支票登记簿中有记录。

◇ 凭证中不同行的摘要可以相同也可以不同，但不允许为空，每行摘要将随相应的会计科目出现在明细账、日记账中。

◇ 按键盘上的"="键的作用是：通过借贷平衡原理自动计算出光标所在位置的金额数。

◇ 凭证中录入的会计科目编码必须为末级科目编码。

◇ 科目金额不能为零，红字金额可在录入数字后，单击"-"(负号)完成录入。

2. **业务二**

2025年6月2日，人力资源部借支差旅费，原始凭证如图3-17所示。

① 单击"增加"按钮，修改"凭证类别"为"付款凭证"，"日期"为"2025-06-02"，输入"附单据数"为"1"。

② 录入"摘要"为"借支差旅费"；在第一行的"科目名称"栏单击"参照"按钮，选择"其他应收款——个人往来"科目。

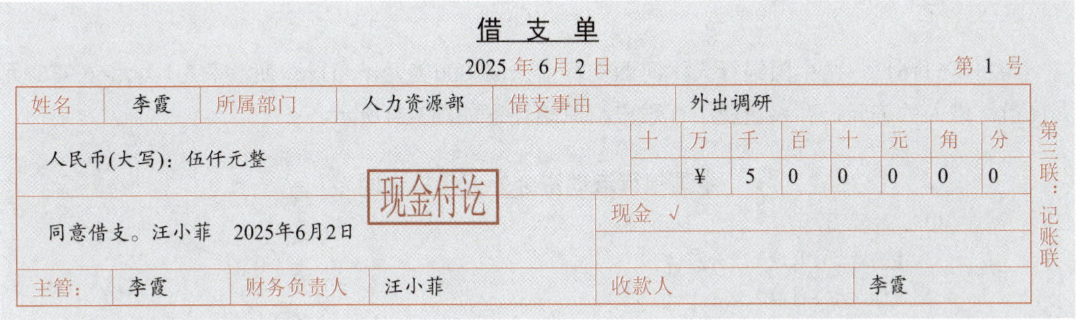
借 支 单

2025 年 6 月 2 日　　第 1 号

姓名	李霞	所属部门	人力资源部	借支事由	外出调研
人民币(大写)：伍仟元整			十 万 千 百 十 元 角 分		¥ 5 0 0 0 0 0
同意借支。汪小菲 2025年6月2日			现金 √		
主管：	李霞	财务负责人	汪小菲	收款人	李霞

图 3-17　借支单

③ 按Enter键后，弹出“辅助项”对话框，“部门”选择“人力资源部”，“个人”选择“李霞”，“发生日期”选择“2025-06-02”，如图3-18所示，单击“确定”按钮。

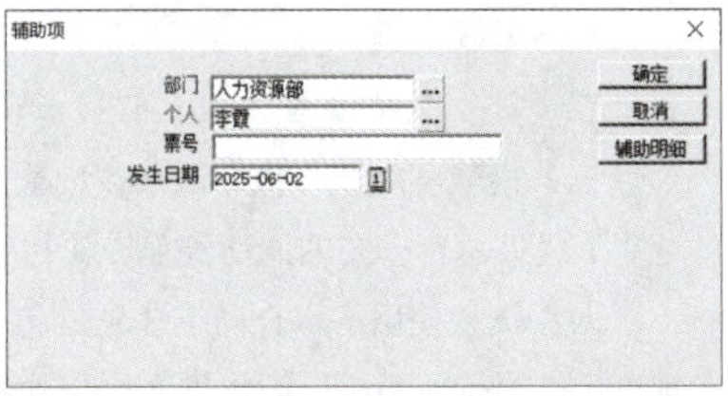

图 3-18　辅助项——个人往来辅助核算

④ 在“借方金额”栏录入“5 000.00”，按Enter键后，在第二行的“科目名称”栏选择“库存现金”科目，单击或者按Enter键，将录入光标移动至第二行的“贷方金额”处，按键盘上的“=”键，系统自动带出借贷相等的金额“5 000.00”。

⑤ 单击“保存”按钮，完成凭证保存，如图3-19所示。

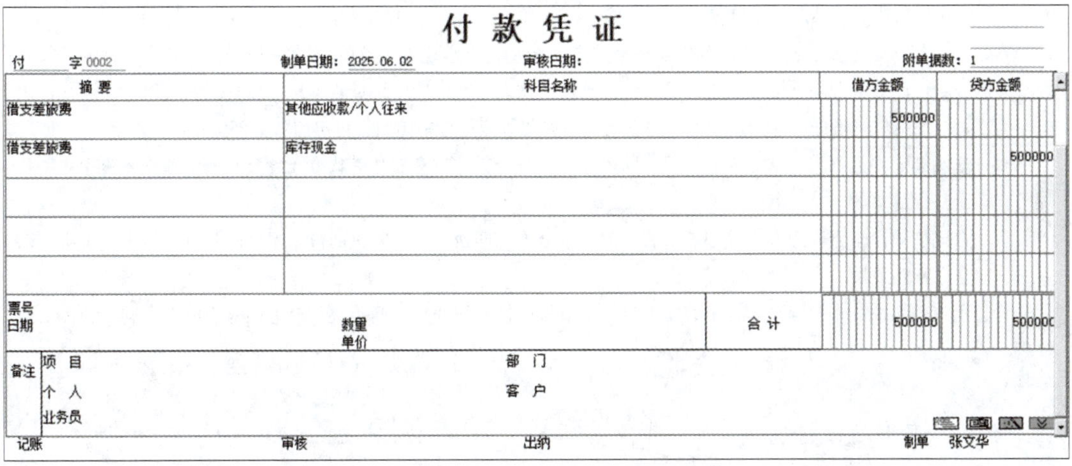
付 款 凭 证

付 字 0002　　制单日期：2025.06.02　　审核日期：　　附单据数：1

摘 要	科目名称	借方金额	贷方金额
借支差旅费	其他应收款/个人往来	500000	
借支差旅费	库存现金		500000
票号 日期	数量 单价 合 计	500000	500000

备注　项 目　　部 门
　　　个 人　　客 户
　　　业务员

记账　审核　出纳　制单 张文华

图 3-19　填制凭证结果——业务二

❖ 特别提醒：

✧ 辅助核算信息录入错误时，可将光标定位到设置辅助核算会计科目所在行，将鼠标移动到凭证下方显示辅助核算信息处，鼠标形状会由箭头变为“笔形”，此时双击鼠标左键，可重新调出“辅助项”录入对话框更改信息，如图3-20所示。

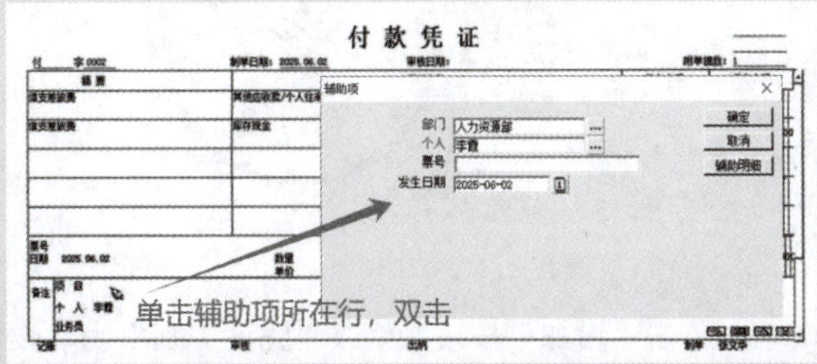

图 3-20　修改辅助核算信息

3. 业务三

2025年6月6日，由中国银行天津河西支行借入60 000美元，当日即期汇率为1美元=6.9369元人民币，借入的美元已存入企业中行账户，原始凭证如图3-21所示。

中国银行流动资金外汇借贷合同

编号：201902566756

借款方：天津凯撒家纺股份有限公司

贷款方：中国银行天津河西支行

借款人因出口生产需要，向贷款人申请流动资金外汇贷款，经贷款人审查同意发放。双方为保证贷款的顺利实施，并维护各自的经济权益，特签订本合同如下。

一、贷款金额：陆万美元。

二、贷款期限：拾个月，自第一笔用汇之日起至还清全部贷款本息日止。

三、贷款利率及计收方法：按贷款人总行制定的流动资金外汇贷款利率执行，贷款期内利率固定为借款方第一笔用汇之日总行公布的流动资金贷款利率水平。

四、贷款使用：本合同签订之日起三个月内，借款人应提出订货卡片。提出订货卡片之日起五个月内应对外签订贸易合同。贸易合同副本需送交贷款人，以便对外开证、付汇。如遇特殊情况需延期订货的，应事先经贷款人同意。借款人未按上述要求提出订货卡片和签订贸易合同的，贷款人有权撤销贷款。

五、贷款偿还：借款人以新增出口创汇和人民币销售收入或其他资金归还贷款，借款人保证在本合同规定的贷款期限内偿还贷款。为有利于还款，借款人应在贷款人处开立还款准备金账户，将用于还款的人民币资金先予存入，待外汇额度落实后再结汇偿还贷款。

六、还款担保：本合同项下的贷款本息由天津志诚房地产有限公司作为借款方的担保人，并由担保人向贷款人出具担保函，作为本合同不可分割的组成部分。一旦借款人不能按期偿还贷款本息，经贷款人发出书面通知，由担保单位承担还本付息责任。本贷款项下有关进出口结算业务应通过中国银行进出口业务部叙做。

七、违约和违约处理：借款方未能履行合同还款责任时，贷款方有权从借款方在各金融单位存款账户中主动扣收还贷款项。

八、合同生效：本合同经双方签字盖章后生效。本合同共四份，双方各执两份。本合同若有其他未及事宜，双方进一步商定补充条款。

九、争议的解决：本合同在履行中如发生争议，双方应协商解决。协商不成，双方同意由经济合同仲裁委员会仲裁。

借款方：(盖章) 天津凯撒家纺股份有限公司 合同专用章

企业负责人：陈之强印

担保方：(盖章) 天津志诚房地产有限公司 合同专用章

企业负责人：马致远印

贷款方：(盖章) 中国银行股份有限公司天津河西支行 外汇贷款业务合同专用章

银行负责人：陈鹏绍印

经办人员：宁之馨印

签约日期：2025年6月6日

签约地点：天津市河西区大沽北路16号

图 3-21 流动资金外汇借贷合同

① 单击“增加”按钮，修改“凭证类别”为“收款凭证”，“日期”为“2025-06-06”，输入“附单据数”为“1”。

② 录入“摘要”为“借入短期外汇贷款”。在第一行的“科目名称”栏单击“参照”按

钮，选择"银行存款——中行存款"，在弹出的"辅助项"对话框的"结算方式"栏中单击"参照"按钮，选择"其他"，"发生日期"为"2025-06-06"，单击"确定"按钮，返回"记账凭证"界面。

③ 系统自动显示基础设置时录入的月初记账汇率"6.8695"，单击"参照"按钮，弹出"汇率参照"对话框，修改美元汇率为即期汇率"6.9369"，如图3-22所示，单击"确定"按钮，返回"记账凭证"界面。

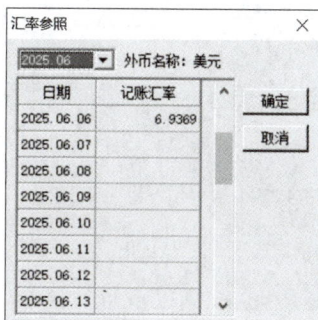

图3-22　汇率参照

④ 在汇率上方输入外币金额"60 000.00"，按Enter键，系统根据记账汇率自动计算本币金额显示在"借方金额"栏。

❖ **特别提醒：**

◇ 如果企业选择使用"固定汇率"，则须于每月填制凭证之前预先在基础设置中录入本月记账汇率且此处汇率栏中的汇率值不能输入或修改；本例中企业选用"浮动汇率"，则企业可在每天填制凭证当天预先在基础设置中录入当天记账汇率或在填制凭证时直接在汇率栏中修改。

◇ 按照汇率计算的本币金额默认显示在借方，如果应为贷方金额，通过选中金额，按"空格键"可实现金额在借方、贷方之间的切换。

⑤ 按Enter键后，在第二行选择会计科目为"短期外汇借款——美元户"，将光标移动至第二行"贷方金额"处，按键盘上的"＝"键，系统自动带出借贷相等的金额。

⑥ 单击"保存"按钮，完成凭证保存，如图3-23所示。

图3-23　填制凭证结果——业务三

4. 业务四

2025年6月11日，人力资源部报销差旅费，原始凭证如图3-24、图3-25所示。

差 旅 费 报 销 单

部门：人力资源部　　　　　　填报日期：2025 年 6 月 11 日

姓　名		李霞			出差事由			外出调研		出差日期		6月5日—6月10日	
起讫时间及地点					车船票		夜间乘车补助			出差补助费		住宿费金额	其他
月	日	起	月	日	讫	类别	金额	时间	标准	金额	日数	标准	金额	摘要	金额

月	日	起	月	日	讫	类别	金额	时间	标准	金额	日数	标准	金额	住宿费金额	摘要	金额
6	5	南通	6	5	成都	飞机	2 077	小时			6	300	1 800		订票费	15
6	10	成都	6	10	南通	飞机	2 147	小时							行李费	30
小　计							¥4 224						¥1 800			¥45

总计金额(大写)人民币 陆仟零陆拾玖 元整　　|　预支 ¥5 000 元　|　核销 ¥6 069 元　|　退补 ¥1 069 元

主管：略　　　　记账：略　　　　审核：略　　　　制表：略

图 3-24　差旅费报销单

付 款 单 据

时间：2025 年 6 月 11 日　　　　　　现金付讫

收款单位　人力资源部李霞　　付款事由　出差补齐款

人民币(大写)　壹仟零陆拾玖元整　　(小写)￥1 069.00 元

记账：略　审核：略　出纳：略　经办：略

图 3-25　付款单据

① 单击"增加"按钮，修改"凭证类别"为"付款凭证"，"日期"为"2025-06-11"，输入"附单据数"为"2"。

② 录入"摘要"为"报销差旅费"。在第一行的"科目名称"栏单击"参照"按钮，选择"管理费用——差旅费"科目，在"借方金额"栏录入价税合计"6 069.00"；在第二行的"科目名称"栏选择"库存现金"科目，单击鼠标或者按Enter键，将光标移动至第二行的"贷方金额"处，录入"金额"为"1 069.00"，按Enter键；在第三行的"科目名称"栏选择"其他应收款——个人往来"科目。

③ 单击鼠标或者按Enter键，弹出"辅助项"对话框，"部门"选择"人力资源部"，"个人"选择"李霞"，"发生日期"为"2025-06-11"，单击"确定"按钮。再按Enter键，在"贷方金额"处按键盘上的"="键，系统自动带出借贷相等的金额"5 000.00"。

④ 单击"保存"按钮，完成凭证保存，如图3-26所示。

5. 业务五

2025年6月14日，缴纳公司一季度各项税费，原始凭证如图3-27、图3-28所示。

图 3-26 填制凭证结果——业务四

中国工商银行天津河西支行 　　　　电子缴税付款凭证

转账日期：20250614　　　　　　　　　凭证字号：19807867

纳税人全称及纳税人识别号：天津凯撒家纺股份有限公司 120101355203023526

付款人全称：天津凯撒家纺股份有限公司

付款人账号：689682533628553322　　　　　征收机关名称：天津市河西区国家税务局

付款人开户银行：工行河西支行　　　　　　收款国库(银行)名称：国家金库天津市河西支库

小写(合计)金额：¥396 725.00　　　　　　　缴款书交易流水号：78956372

大写(合计)金额：人民币叁拾玖万陆仟柒佰贰拾伍元整　　税票号码：10067895647

税种名称	所属时间	实缴金额
增值税	20250401—20250531	¥232 000.00
企业所得税	20250401—20250531	¥164 725.00

第二联　作付款回单(无银行收讫章无效)　　　　复核　　　　　记账

图 3-27 电子缴税付款凭证 1

中国工商银行天津河西支行 　　　　电子缴税付款凭证

转账日期：20250614　　　　　　　　　凭证字号：19807868

纳税人全称及纳税人识别号：天津凯撒家纺股份有限公司 120101355203023526

付款人全称：天津凯撒家纺股份有限公司

付款人账号：689682533628553322　　　　　征收机关名称：天津市河西区地方税务局

付款人开户银行：工行河西支行　　　　　　收款国库(银行)名称：国家金库天津市河西支库(代理)

小写(合计)金额：¥39 540.00　　　　　　　缴款书交易流水号：91011245

大写(合计)金额：人民币叁万玖仟伍佰肆拾元整　　税票号码：12719901650

税种名称	所属时间	实缴金额
城市维护建设税	20250401—20250531	¥16 240.00
教育费附加	20250401—20250531	¥6 960.00
地方教育费附加	20250401—20250531	¥4 640.00
个人所得税	20250401—20250531	¥11 700.00

第二联　作付款回单(无银行收讫章无效)　　　　复核　　　　　记账

图 3-28 电子缴税付款凭证 2

① 单击"增加"按钮，修改"凭证类别"为"付款凭证"，"日期"为"2025-06-14"，输入"附单据数"为"1"。

② 录入"摘要"为"缴增值税、企业所得税"。根据实验资料3-31填制凭证，存款科目(结算方式选择"其他"并录入票号"9—19807867")的金额按缴税凭证录入即可。

③ 单击"保存"按钮，完成凭证保存，如图3-29所示。

付 款 凭 证

付　字 0004		制单日期：2025.06.14	审核日期：		附单据数：1
摘　要	科目名称			借方金额	贷方金额
缴增值税、企业所得税	应交税费/未交增值税			23200000	
缴增值税、企业所得税	应交税费/应交企业所得税			16472500	
缴增值税、企业所得税	银行存款/工行存款				39672500
票号　9 - 19807867 日期　2025.06.14		数量 单价		合　计	39672500　　39672500
备注	项　目 个　人 业务员		部　门 客　户		
记账		审核	出纳		制单　张文华

图 3-29 填制凭证结果 1——业务五

④ 单击"增加"按钮，修改"凭证类别"为"付款凭证"，输入"附单据数"为"1"。

⑤ 录入"摘要"为"缴附加税"。根据实验资料3-32填制凭证，存款科目(结算方式选择"其他"，并录入票号"9—19807868")的金额按缴税凭证录入即可。单击"保存"按钮，如图3-30所示。

付 款 凭 证

付　字 0005		制单日期：2025.06.14	审核日期：		附单据数：1
摘　要	科目名称			借方金额	贷方金额
缴附加税	应交税费/应交城市维护建设税			1624000	
缴附加税	应交税费/应交教育费附加			696000	
缴附加税	应交税费/应交地方教育费附加			464000	
缴附加税	应交税费/应交个人所得税			1170000	
缴附加税	银行存款/工行存款				3954000
票号　9 - 19807868 日期　2025.06.14		数量 单价		合　计	3954000　　3954000
备注	项　目 个　人 业务员		部　门 客　户		
记账		审核	出纳		制单　张文华

图 3-30 填制凭证结果 2——业务五

6. 业务六

2025年6月16日，支付广告费，原始凭证如图3-31和图3-32所示。

湖南省增值税专用发票

4300623851	开票日期：2025 年 6 月 16 日	No 10092348911

购货单位	名　称：天津凯撒家纺股份有限公司	密码区	10008978+*2><618//*464 64161145641/*-+4164><6 *-46></--2338990/*-526 7812345/*980--><-9807>
	纳税人识别号：120101355203023526		
	地址、电话：天津市河西区珠江道86号 022-28285566		
	开户行及账号：中国工商银行天津河西支行12001657901052500555		

货物或应税劳务名称	规格型号	单位	数量	单价	金额	税率	税额
广告费					50 000.00	6%	3 000.00
合　计					¥50 000.00		¥3 000.00
价税合计（大写）	⊗伍万叁仟元整				¥53 000.00		

销货单位	名　称：湖南伊莱瑞广告制作有限公司	备注
	纳税人识别号：430009880782345913	
	地址、电话：株洲醴陵市天元区解放路625号 0733-86889889	
	开户行及账号：中国建设银行株洲醴陵天元支行6227238987990007867	

收款人：略　　　　复核：略　　　　开票人：略　　　　销货单位：（章）

图3-31　增值税专用发票——业务六

中国工商银行电汇凭证(回单)　　1

日期：2025 年 6 月 16 日　　NO. 1188907881

收款人	湖南伊莱瑞广告制作有限公司	汇款人	天津凯撒家纺股份有限公司
账号或地址	6227238987990007867	账号或地址	12001657901052500555
汇入地	湖南省株洲市	汇入行	中国建设银行株洲醴陵天元支行	汇款用途	广告费

汇款金额 人民币(大写)	伍万叁仟元整	千	百	十	万	千	百	十	元	角	分
			¥	5	3	0	0	0	0	0	0

支付密码　　　备注：

汇出行签章

图3-32　电汇凭证(回单)——业务六

　　① 单击"增加"按钮，修改"凭证类别"为"付款凭证"，"日期"为"2025-06-16"，输入"附单据数"为"2"。

　　② 录入"摘要"为"支付广告费"。

　　③ 在第一行的"科目名称"栏单击"参照"按钮，选择"销售费用——广告费"科目，在"借方金额"栏录入"50 000.00"；在第二行的"科目名称"栏选择"应交税费——应交增值税(进项税额)"科目，在"借方金额"栏录入"3 000.00"；在第三行的"科目名称"栏选择"银行存款——工行存款"科目，在弹出的"辅助项"对话框的"结算方式"栏中单击"参照"按钮，选择"电汇"，票号为"5—1188907881"，最后单击"确定"按钮，返回"记账凭证"界面，录入贷方金额为"53 000.00"。

　　④ 单击"保存"按钮，完成凭证保存，如图3-33所示。

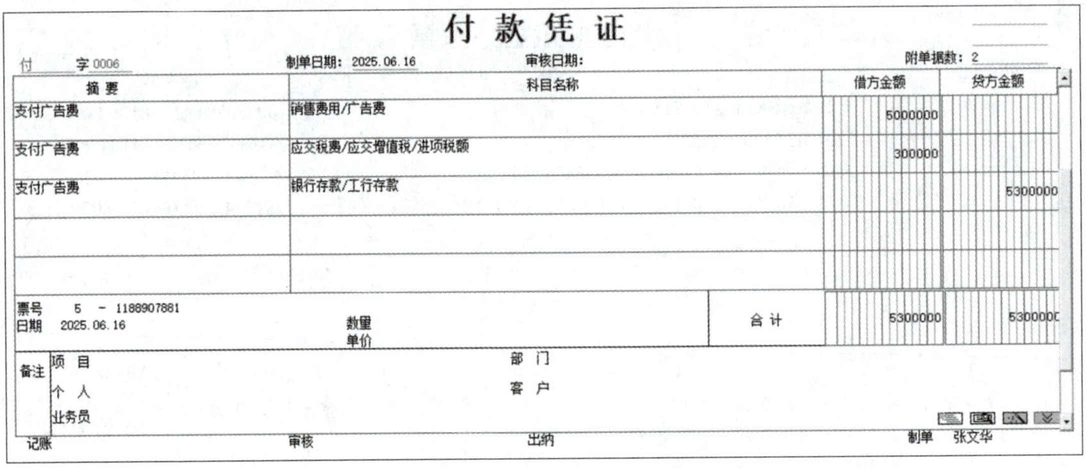

图 3-33　填制凭证结果——业务六

7. 业务七

2025年6月17日，为赚取差价，购买泰达股份公司股票(股票代码000652，上月已宣告未发放股利，每股0.3元)，原始凭证如图3-34所示。

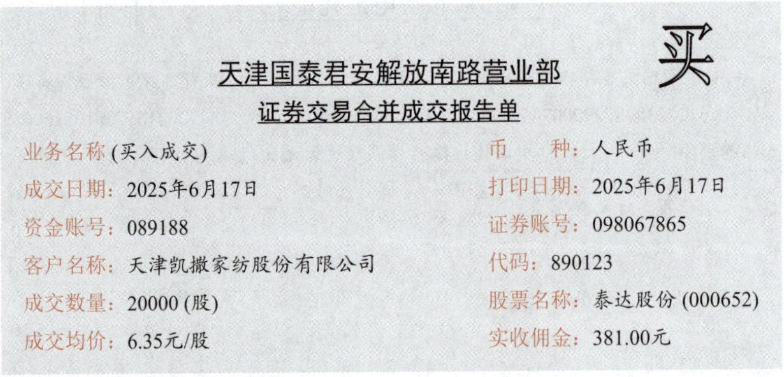

图 3-34　证券交易合并成交报告单

① 单击"增加"按钮，修改"凭证类别"为"转账凭证"，"日期"为"2025-06-17"，输入"附单据数"为"1"。

② 录入"摘要"为"购买股票"，在第一行的"科目名称"栏选择"交易性金融资产——成本"科目，弹出"辅助项"对话框，在"数量"栏输入"20 000"，"单价"栏输入"6.05"，"项目名称"选择"泰达股份公司股票"，如图3-35所示。单击"确定"按钮，在"借方金额"栏自动显示计算结果"121 000.00"。

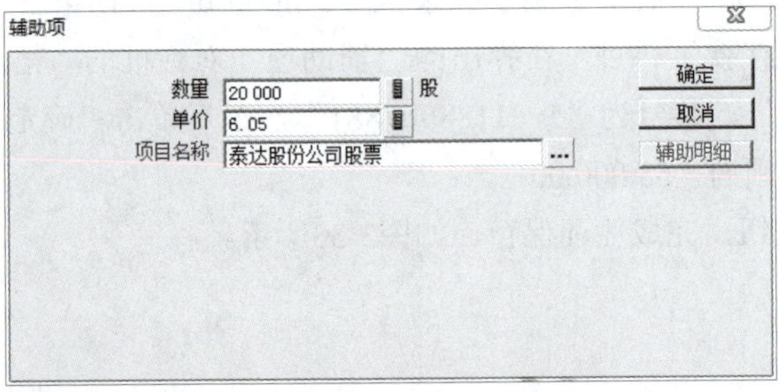

图 3-35　辅助项——数量核算、项目辅助核算

③ 在第二行的"科目名称"栏选择"投资收益"科目，在"借方金额"栏录入"635.00"；在第三行的"科目名称"栏选择"应收股利"录入"6 000.00"；在第四行的"科目名称"栏选择"其他货币资金——存出投资款"科目，金额栏处按"="键，显示"贷方金额"为"127 635.00"。

④ 单击"保存"按钮，完成凭证保存，如图3-36所示。

转 账 凭 证

转 字 0001	制单日期：2025.06.17	审核日期：	附单据数：1

摘要	科目名称	借方金额	贷方金额
购买股票	交易性金融资产/成本	12100000	
购买股票	投资收益	63500	
购买股票	应收股利	600000	
购买股票	其他货币资金/存出投资款		12763500

| 票号日期 | | 数量 20000.00股 单价 6.05 | 合计 | 12763500 | 12763500 |

备注 项目 泰达股份公司股票　部门
个人　客户
业务员

记账　审核　出纳　制单 张文华

图 3-36　填制凭证结果——业务七

❖ **特别提醒：**

◇ 取得交易性金融资产所支付的价款中包含了已宣告但尚未发放的现金股利，应单独确认为应收项目。故交易性金融资产初始确认成本为(6.35-0.3)×20 000=121 000(元)。

8. 业务八

2025年6月21日，收到本月银行存款利息，原始凭证如图3-37所示。

中国工商银行计算利息清单

2025 年 6 月 21 日　　　　　　　第 000102 号

单位名称：天津凯撒家纺股份有限公司　　　　账号：12001657901052500555

起息日期	结息日期	天数	利息
2025/1/1	2025/6/1	152	¥18 231.89

上列存款利息，已存入你单位
第12001657901052500555账号　　(工商银行盖章)

科目(贷)：
对方科目(借)：
复核：略　记账：略

图 3-37　利息清单

① 单击"增加"按钮，修改"凭证类别"为"收款凭证"，"日期"为"2025-06-21"，输入"附单据数"为"1"。

② 录入"摘要"为"存款利息"，根据实验资料填制凭证、存款科目(结算方式选择"其他")。

③ 单击"保存"按钮，完成凭证保存，如图3-38所示。

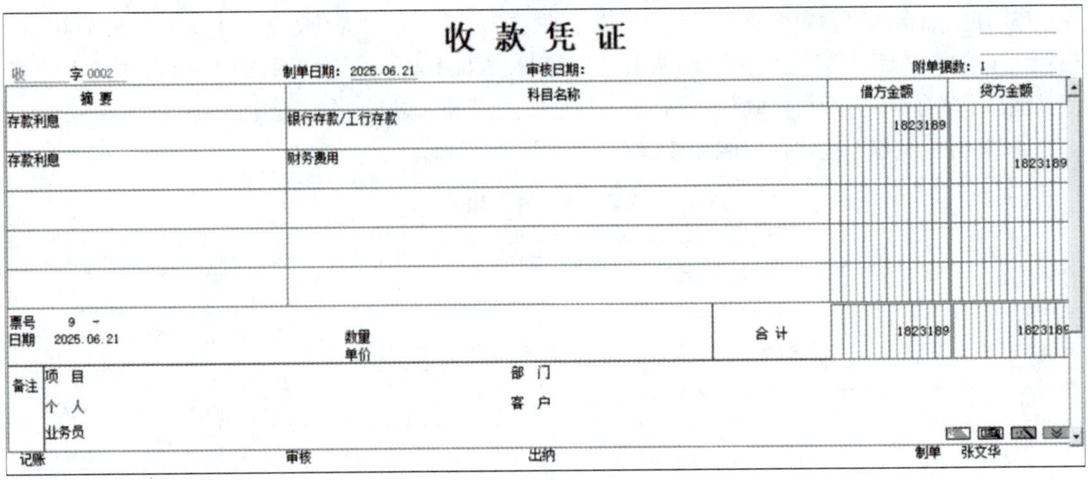

图 3-38　填制凭证结果——业务八

9. 业务九

2025年6月22日,泰达股份公司发放购入股票时已宣告未发放的股利,款项已存入资金专项账户(收账通知略)。

① 单击"增加"按钮,修改"凭证类别"为"转账凭证","日期"为"2025-06-22",输入"附单据数"为1。

② 录入"摘要"为"收到泰达集团股利"。

③ 在第一行的"科目名称"栏选择"其他货币资金——存出投资款"科目,在"借方金额"栏录入价税合计"6 000.00";在第二行的"科目名称"栏选择"应收股利"科目,在"贷方金额"栏输入"6 000.00"。

④ 单击"保存"按钮,完成凭证保存,如图3-39所示。

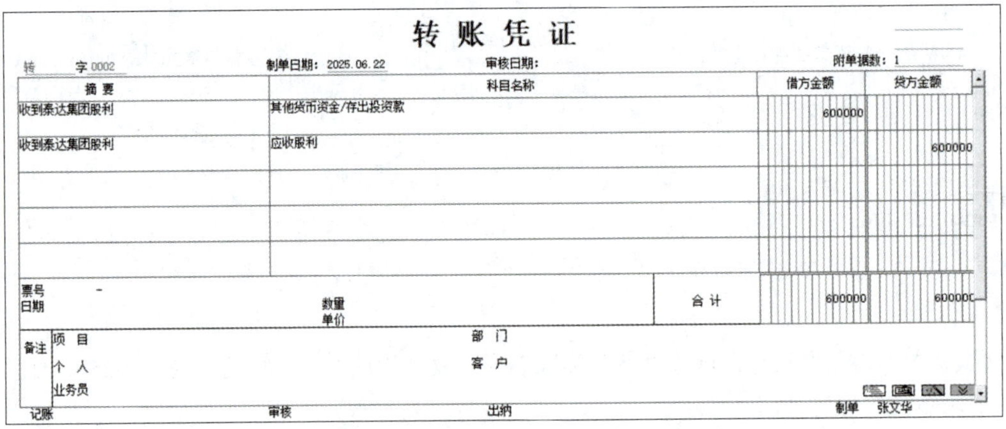

图 3-39　填制凭证结果——业务九

10. 业务十

2025年6月26日,支付上月工资(工资表单略),原始凭证如图3-40所示。

① 单击"增加"按钮,修改"凭证类别"为"付款凭证","日期"为"2025-06-26",输入"附单据数"为"1"。

② 录入“摘要”为“发放工资”。

③ 在第一行的“科目名称”栏选择“应付职工薪酬——工资”科目，在“借方金额”栏录入“123 900.00”，按Enter键；继续录入第二行的“科目名称”为“银行存款——工行存款”，“贷方金额”为“123 900.00”；在弹出的“辅助项”对话框中选择“结算方式”为“转账支票”，“票号”输入“768902”，“发生日期”为“2025-06-26”，最后单击“确定”按钮。

④ 单击“保存”按钮，凭证保存成功，弹出“此支票尚未登记，是否登记？”信息提示框，单击“是”按钮，弹出“票号登记”对话框。

中国工商银行转账支票存根

支票号码：768902

科　　目：

对方科目：

签发日期：2025年 6月26日

收款人：	天津凯撒家纺股份有限公司
金　额：	¥123 900.00
用　途：	发放工资
备　注：	

单位主管：(略)　　会计：(略)

复　　核：(略)　　记账：(略)

图 3-40　转账支票存根——业务十

⑤ 输入“领用日期”为“2025-06-26”，“领用部门”为“财务部”，“姓名”为“黄宁”，“限额”为“123 900.00”，“用途”为“发放工资”，单击“确定”按钮。

⑥ 单击“保存”按钮，完成凭证保存，如图3-41所示。

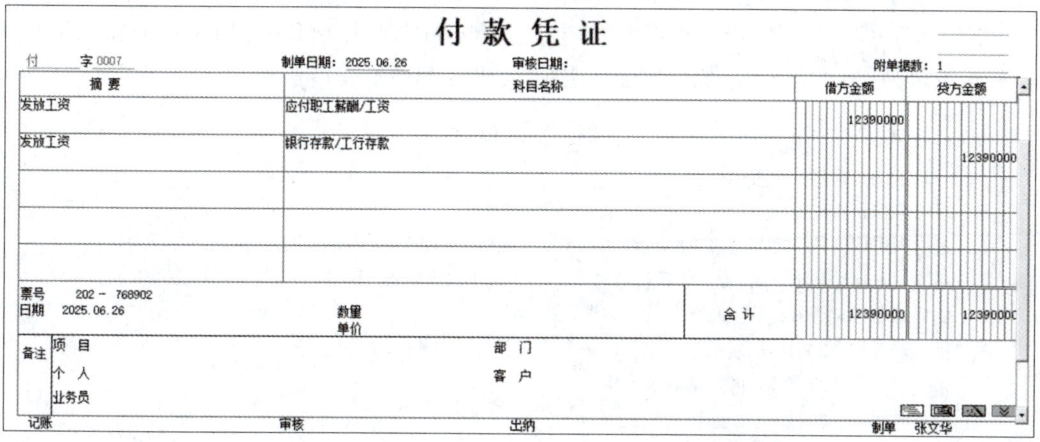
付 款 凭 证

付　字 0007　　制单日期：2025.06.26　　审核日期：　　附单据数：1

摘要	科目名称	借方金额	贷方金额
发放工资	应付职工薪酬/工资	12390000	
发放工资	银行存款/工行存款		12390000
票号 202 - 768902 日期 2025.06.26	数量 单价 合计	12390000	12390000

备注　项　目　　部　门

个　人　　客　户

业务员

记账　　审核　　出纳　　制单 张文华

图 3-41　填制凭证结果——业务十

11. 业务十一

2025年6月30日，泰达股份公司股票(股票代码：000652)今日收盘价为6.83元(交易性金融资产公允价值变动计算表略)。

① 单击“增加”按钮，修改“凭证类别”为“转账凭证”，“日期”为“2025-06-30”，输入“附单据数”为“1”。

② 录入“摘要”为“股票公允价值变动”。

③ 在第一行的“科目名称”栏选择“交易性金融资产——公允价值变动”科目，弹出“辅助项”对话框，“项目名称”选择“泰达股份公司股票”，单击“确定”按钮，在“借方金额”栏录入价税合计“15 600.00”；在第二行的“科目名称”栏选择“公允价值变动损益”科目，录入“贷方金额”为“15 600.00”。

④ 单击“保存”按钮，完成凭证保存，如图3-42所示。

转 账 凭 证

转　字 0003　　制单日期：2025.06.30　　审核日期：　　附单据数：1

摘要	科目名称	借方金额	贷方金额
股票公允价值变动	交易性金融资产/公允价值变动	1560000	
股票公允价值变动	公允价值变动损益		1560000
票号 日期	数量 单价 合计	1560000	1560000

备注　项　目　泰达股份公司股票　　部　门

个　人　　客　户

业务员

记账　　审核　　出纳　　制单　张文华

图 3-42　填制凭证结果——业务十一

❖ 特别提醒：

✧ “交易性金融资产—公允价值变动”金额计算过程为：(6.83−6.05)×20 000=15 600(元)。

12. 业务十二

2025年6月30日，凯撒家纺向天津市养老院捐赠160件“床垫(秋天)”(床垫于2024年9月购入，采购进价为180.00元/个)。原始凭证如图3-43、图3-44所示。

捐赠协议书

甲方：天津凯撒家纺股份有限公司

乙方：天津市养老院

为改善老人居住条件，提高老人生活质量。甲方自愿向乙方捐赠生活用品。双方一致达成如下协议：

第一条　甲方自愿捐赠价值 贰万捌仟捌佰元 (人民币/其他) (大写)的 160 件式 床垫 给乙方。

床垫的详细名称、型号、数量及单价见捐赠设备清单。

第二条　赠予物品的用途：所赠床垫用于改善养老院老人居住条件。

第三条　赠予设备的交付时间、地点及方式：

一、交付时间：2025年6月30日

二、交付地点：

三、交付方式：现场赠予方式

1. 甲方在约定期限内将捐赠设备交付乙方，并配合乙方办理相关交接手续。

2. 乙方收到甲方赠予的设备后，出具有效的财务接收凭证，并登记造册，妥善管理和使用。

第四条　甲方有权向乙方查询捐赠设备的使用、管理情况，并提出意见和建议。对于甲方的查询，乙方应当如实答复。

第五条　乙方有权按照本协议约定的用途合理使用捐赠设备，但不得擅自改变捐赠设备的用途。如果确需改变用途的，应当征得甲方的同意。

第六条　其他约定事项：甲方只一次性提供160件床垫，不负责其今后的维护和保养。

第七条　本协议一式四份，甲乙双方各执两份。

甲方：天津凯撒家纺股份有限公司　　乙方：天津市养老院

(盖章)　　(盖章)

天津凯撒家纺股份有限公司 合同专用章　　天津市养老院 财务专用章

代表人：王大国　　代表人：李玫

签订时间：2025年6月30日　　签订时间：2025年6月30日

图 3-43　捐赠协议书

捐 赠 收 据

捐赠单位：	天津凯撒家纺股份有限公司	捐赠日期：	2025 年 6 月 30 日
捐赠人地址：	天津市河西区珠江道86号	联系电话：	022-28285566
捐赠金额：	(大写)贰万捌仟捌佰元整		¥28 800.00
接收单位：	天津市养老院	经办人：	李玫
捐赠说明：	改善老人居住条件		

天津市养老院 财务专用章

图 3-44 捐赠收据

① 单击“增加”按钮，修改“凭证类别”为“转账凭证”，“日期”为“2025-06-30”，输入“附单据数”为“2”。

② 录入“摘要”为“捐赠床垫”。

③ 在第一行的“科目名称”栏选择“营业外支出——捐赠支出——公益性捐赠”科目，在“借方金额”栏录入价税合计“33 408.00”；在第二行的“科目名称”栏选择“库存商品”科目，录入辅助项后自动计算“贷方金额”为“28 800.00”；在第三行的“科目名称”栏选择“应交税费——应交增值税——进项税额转出”科目，录入“贷方金额”为“4 608.00”。

④ 单击“保存”按钮，完成凭证保存，如图3-45所示。

转 账 凭 证

转 字 0004　　制单日期：2025.06.30　　审核日期：　　附单据数：2

摘 要	科目名称	借方金额	贷方金额
捐赠床垫	营业外支出/捐赠支出	3340800	
捐赠床垫	库存商品		2880000
捐赠床垫	应交税费/应交增值税/进项税额转出		460800
票号 日期	数量 160.00件(套个) 单价 180.00	合 计 3340800	3340800

备注　项 目　　部 门
　　　个 人　　客 户
　　　业务员

记账　　审核　　出纳　　制单 张文华

图 3-45 填制凭证结果——业务十二

13. 业务十三

2025年6月30日，计提本月应交房产税、车船税(合并制单)，原始凭证如图3-46所示。

应交房产税、车船税一览表

2025 年 6 月 30 日　　单位：元

税 种	房产税	车船税	合 计
应纳税额	1 085.00	120.00	¥1 205.00

主管：略　记账：略　审核：略　制表：略

图 3-46 应交房产税、车船税一览表

① 单击“增加”按钮，修改“凭证类别”为“转账凭证”，“日期”为“2025-06-30”，

输入"附单据数"为"1"。

②录入"摘要"为"计提房产税、车船税"。

③在第一行的"科目名称"栏选择"税金及附加"科目，在"借方金额"栏录入金额合计"1 205.00"；在第二行的"科目名称"栏选择"应交税费——应交房产税"科目，录入"贷方金额"为"1 085.00"；在第三行的"科目名称"栏选择"应交税费——应交车船税"科目，录入"贷方金额"为"120.00"。

④单击"保存"按钮，完成凭证保存，如图3-47所示。

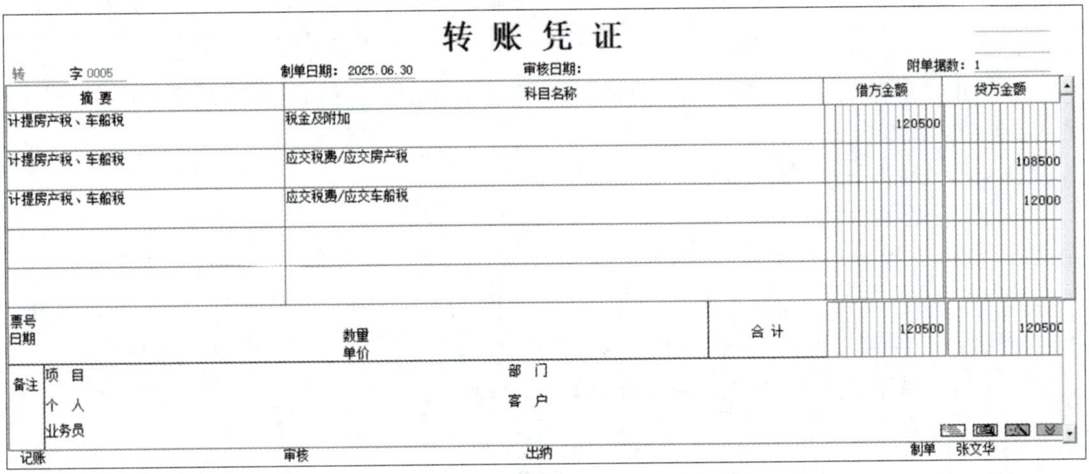

图3-47 填制凭证结果——业务十三

14. 业务十四

2025年6月30日，财务部对本月录入的记账凭证进行审核、出纳签字以及记账。

(1) 出纳签字

①以出纳人员"W03 黄宁"身份登录，注册时间为2025年6月30日。

②执行"财务会计"|"总账"|"凭证"命令，双击"出纳签字"，在"出纳签字"对话框中单击"确定"按钮，如图3-48所示。

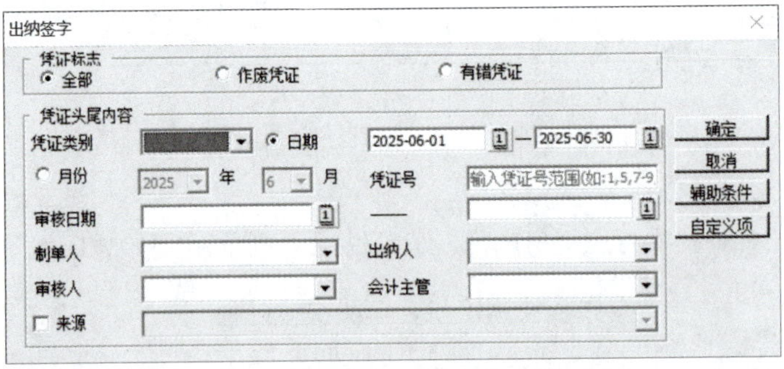

图3-48 "出纳签字"对话框

③打开"出纳签字列表"窗口，双击会计凭证信息条，进入会计凭证页面，在"记账凭证"界面中单击"签字"按钮，凭证底部"出纳"处显示操作员姓名。单击"右箭头"按钮，翻至下一张凭证，对其他凭证签字；也可单击"批处理"按钮下拉菜单，选择"成批出纳签字"对全部凭证批量签字，如图3-49所示。

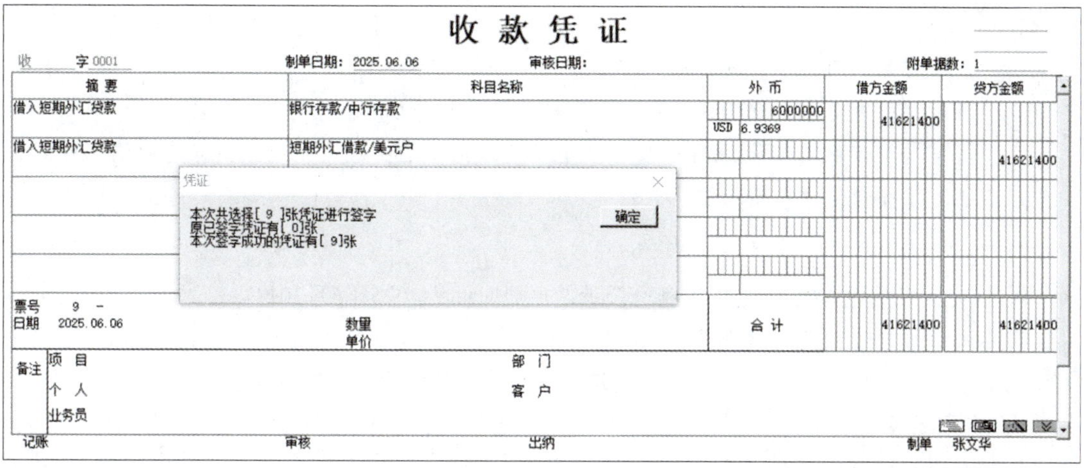

图 3-49 凭证出纳签字

❖ **特别提醒:**

◇ 只有涉及指定为现金科目和银行科目的凭证才需要出纳签字。

◇ 经过出纳签字的凭证无法修改、删除,只有取消签字后,凭证才可以修改或删除。

◇ 取消出纳签字只能由出纳本人操作。

(2) 凭证审核

① 以财务经理"W01 汪小菲"身份登录,注册时间为2025年6月30日。

② 执行"财务会计"|"总账"|"凭证"命令,双击"审核凭证",在"凭证审核"弹出框中单击"确认"按钮,在"凭证审核列表"窗口双击会计凭证信息条,进入会计凭证页面,在"记账凭证"界面中单击"审核"按钮,凭证底部"审核"处显示操作员姓名,同时凭证自动翻至下一页。也可单击"批处理"按钮,在弹出的下拉菜单中选择"成批审核凭证",弹出的对话框如图3-50所示。

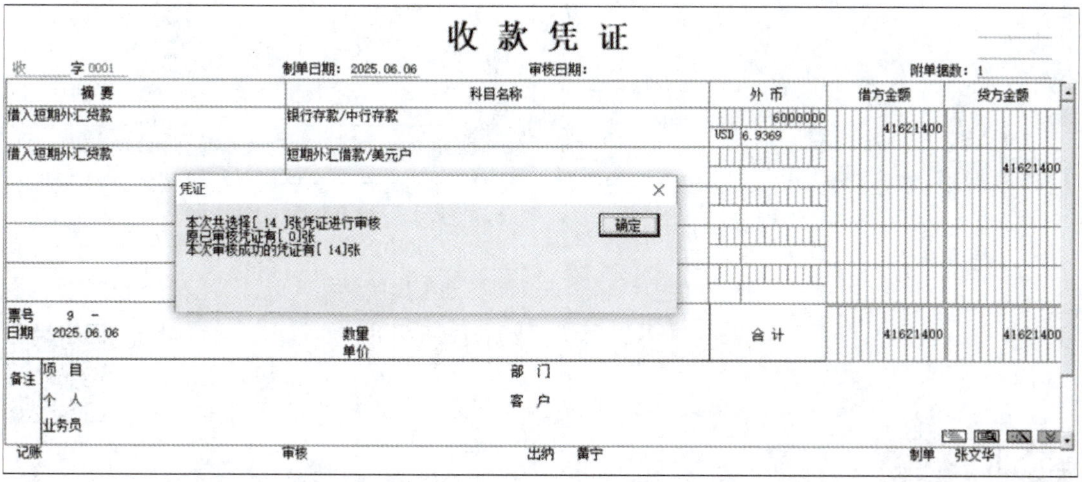

图 3-50 成批审核凭证

❖ **特别提醒：**

- ◇ 审核日期必须大于制单日期。
- ◇ 审核过程中发现凭证错误，可单击"标错"按钮予以标记。
- ◇ 制单人与审核人不能为同一人。经过审核的凭证无法修改、删除，只有取消审核后，凭证才可以修改或删除。

(3) 凭证记账

① 以会计人员"W02 张文华"身份登录，注册时间为2025年6月30日。

② 执行"财务会计"|"总账"|"凭证"命令，双击"记账"，打开"记账"窗口。

③ 在"记账"窗口中，依次单击"全选""记账"按钮，如图3-51所示。

❖ **特别提醒：**

- ◇ 每个会计期间可多次记账。
- ◇ 只有审核无误的凭证才能够记账。
- ◇ 每次记账时可选择本次给类别凭证的记账范围。以本次记账的收款凭证为例，收款凭证"未记账凭证"、"已审核凭证"栏显示"1-2"，代表有两张审核无误的收款凭证未记账，若只将第一张凭证记账，则操作人员可以在"记账范围"栏录入"1-1"。

④ 系统自动进行期初试算平衡，弹出期初试算平衡表，单击"确定"按钮。

⑤ 系统自动登记总账、明细账和辅助账，如图3-52所示。登账完毕后，弹出"记账完毕"信息提示框，单击"确定"按钮，完成记账。

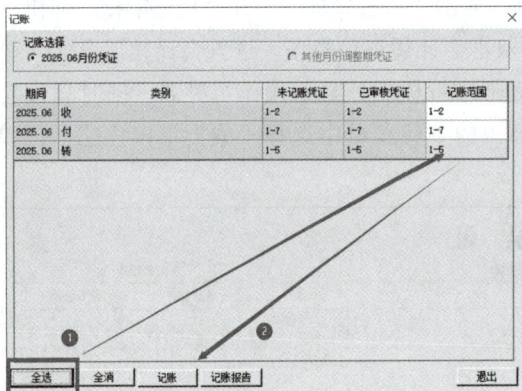

图 3-51 记账窗口

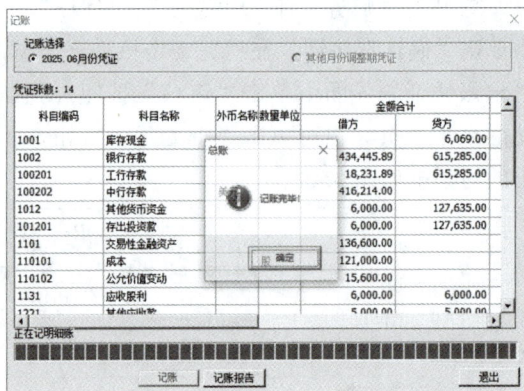

图 3-52 自动记账界面

实训三 出纳管理

实训任务

1. 支票管理

2025年6月30日，总经理办公室申请借转账支票支付汽车维修费，原始单据如图3-53所示。

借用支票审批单

2025 年 6 月 30 日　　　　金额单位：元

申请内容	支票借用部门：	总经理办公室	支票类型	转账支票
	支票去向	天津翔宇汽车维修有限公司	小写金额	¥ 13 068.00
	支票用途	支付汽车维修费		
	大写金额	壹万叁仟零陆拾捌元整		
审批意见	单位负责人：	部门负责人：	财务负责人：	支票借用人：
	同意 略	同意 略	同意 略	同意 陈强
备注：支票号768903				

图 3-53　借用支票审批单

2. 银行对账

2025年6月30日，收到工商银行提供的银行对账单，进行银行对账(5月31日存在未达账项一笔，系银行已收企业未收款2 000.00元，结算方式为转账支票)。原始单据如图3-54所示。

中国工商银行客户存款对账单

网点号：1216　　币种：人民币　　单位：元　　2025年　　页号：1

账号：12001657901052500555　　户名：天津凯撒家纺股份有限公司　　上页余额：

日期	凭证种类	凭证号	地点	摘要	借方发生额	贷方发生额	余额	记账信息
6-01	转账支票	768901	工商银行河西支行	招待客户住宿费	2 120.00		724 580.38	0026800099
6-14	其他	19807867	工商银行河西支行	缴增值税、企业所得税	396 725.00		327 855.38	0026800108
6-14	其他	19807868	工商银行河西支行	缴附加税	39 540.00		288 315.38	0026800117
6-19	电汇	1188907881	工商银行河西支行	支付广告费	53 000.00		235 315.38	0026800126
6-21			中心转入	存款利息		18,231.89	253 547.27	0026800135
6-26	转账支票	768902	工商银行河西支行	发放工资	123 900.00		129 647.27	0026800144
6-30	电汇	1188909882	工商银行河西支行	收到商品款		630,000.00	759 647.27	0026800169
截止2025年05月31日 账户余额：726 700.38			冻结余额：0.00		透支余额：0.00		可用余额：726 700.21	
截止2025年06月30日 账户可用余额：759 647.27			验证码：DE6257D2305		打印次数：1		打印日期：2025-06-30	

中国工商银行天津河西支行 2025.06.30 业务办讫章 (06)

图 3-54　银行对账单

任务解析

1. 背景知识

资金收付的核算与管理是企业的重要日常工作，也是出纳的一项重要工作内容。总账系统中的出纳管理为出纳人员提供了一个集成办公环境，可完成现金日记账、银行存款日记账的查询和打印，随时出最新资金日报表，进行银行对账并生成银行存款余额调节表。

(1) 出纳签字

由于出纳凭证涉及企业资金的收支，所以应加强对出纳凭证的管理。出纳签字功能使得出纳可以对涉及现金、银行存款的凭证进行核对，以决定凭证是否有误。

(2) 支票登记簿

支票登记簿的作用是供出纳员详细登记支票领用及报销情况。使用时需要注意以下几点：

- 只有在总账选项中选中"支票控制"、在结算方式设置中选中"票据结算"、在指定会计科目中指定为"银行账"的科目，才能使用支票登记簿。
- 领用支票时，出纳员要登记支票领用日期、领用部门、领用人、支票用途、预计金额、备注等信息。
- 支票使用后，经办人持原始单据报销，会计据此填制记账凭证。在录入凭证时，系统要求录入结算方式、票号，系统据此在支票登记簿中找到该支票，自动填写报销日期，表示支票已报销。

(3) 银行对账

银行对账是出纳在月末应进行的一项工作，企业为了了解未达账项的情况，通常都会定期与开户银行进行对账。

2. 岗位说明

以出纳W03身份完成上述出纳任务。

实训指引

1. 支票管理

① 以出纳人员"W03 黄宁"身份登录，注册时间为2025年6月30日。

② 执行"财务会计"|"总账"|"出纳"|"支票登记簿"命令，打开"银行科目选择"对话框。

③ 选择科目"工行存款(100201)"，单击"确定"按钮，进入支票登记窗口。

④ 单击"增加"按钮，输入"领用日期"为"2025-06-30"，"领用部门"为"总经理办公室"，"领用人"为"陈强"，"支票号"为"768903"，"预计金额"为"13 068.00"，"用途"为"支付汽车维修费"，"收款人"为"天津翔宇汽车维修有限公司"，单击"保存"按钮，如图3-55所示。

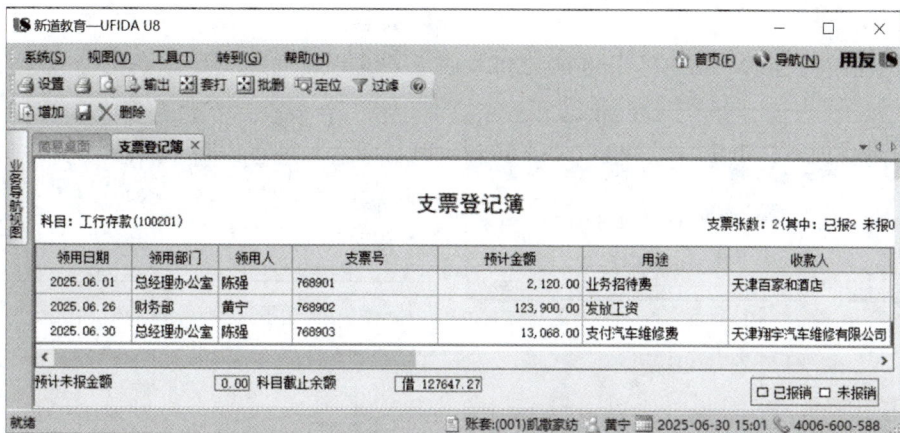
图 3-55　支票登记簿

❖ **特别提醒：**
◇ 只有在结算方式设置中选择"票据管理标志"功能才能在此选择登记。
◇ 领用日期和支票号必须输入，其他内容可输可不输，报销日期不能在领用日期之前。
◇ 已报销的支票可成批删除。

2. 银行对账

(1) 查询银行存款日记账

① 执行"出纳"|"银行存款日记账"命令，打开"银行存款日记账查询条件"对话框。

② 选择科目"工行存款(100201)"，默认"月份"为"2025-06"，单击"确定"按钮，进入"银行存款日记账"窗口。

③ 列表内显示2025年6月份凯撒公司银行存款工行户日记账，通过查询可确定工行存款"期初余额"为"724 700.38"，"期末余额"为"543 861.27"。

(2) 输入银行对账期初数据

① 在总账管理系统中，执行"出纳"｜"银行对账"|"银行对账期初录入"命令，打开"银行科目选择"对话框。

② 选择科目"工行存款(100201)"，单击"确定"按钮，进入"银行对账期初"窗口。

③ 确定"启用日期"为"2025-06-01"，通过"方向"按钮将对账单余额方向确定为"贷方"，如图3-56所示。

④ 根据上一步骤查询银行日记账结果，录入单位日记账的"调整余额"为"724 700.38"，根据实验资料图 中的数据，录入银行对账单的"调整前余额"为"726 700.38"。

⑤ 单击"对账单期初未达项"按钮，进入"银行方期初"窗口。

⑥ 单击"增加"按钮，输入"日期"为"2025-05-31"，"结算方式"为"202"，"贷方金额"为"2 000.00"，如图3-57所示。

⑦ 单击"保存"按钮，调平银行对账期初余额，如图3-58所示。

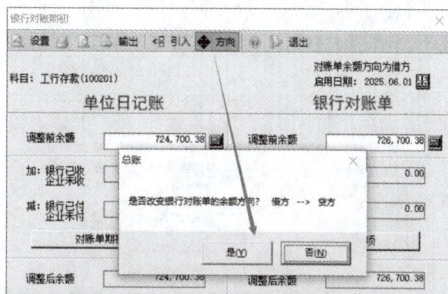
图 3-56　调整对账单余额方向

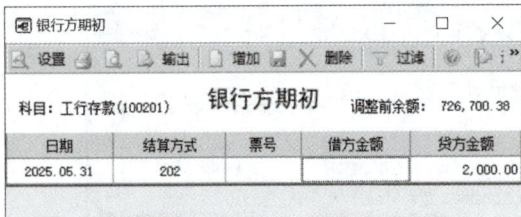

图3-57 银行方期初

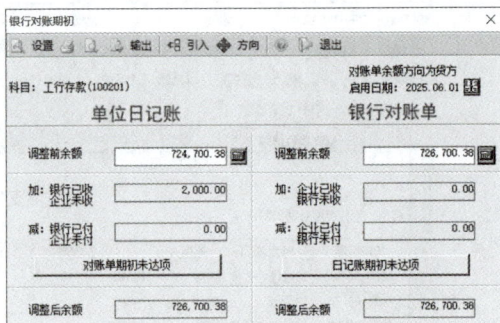

图3-58 录入银行对账期初余额结果

❖ **特别提醒：**

◇ 第一次使用银行对账功能前，系统要求录入日记账及对账单未达账项，在开始使用银行对账之后不再使用。

◇ 在录入完单位日记账、银行对账单期初未达账项后，请不要随意调整启用日期，尤其是向前调，这样可能会造成启用日期后的期初数不能再参与对账。

◇ 银行对账单借贷方向与企业银行存款日记账记账方向相反，调整对账单余额方向后，可以直接按照银行出具的对账单录入数据，避免出错。

(3) 录入银行对账单

① 执行"出纳"|"银行对账"|"银行对账单"命令，打开"银行科目选择"对话框。

② 选择科目"工行存款(100201)"，"月份"为"2025-06—2025-06"，单击"确定"按钮，进入"银行对账单"窗口。

③ 单击"增加"按钮，根据实验资料图3-59所示的数据，录入银行对账单数据，单击"保存"按钮，如图3-59所示。

(4) 自动对账

① 执行"出纳"|"银行对账"|"银行对账"命令，打开"银行科目选择"对话框。

② 选择科目"工行存款(100201)"，"月份"为"2025-06—2025-06"，单击"确定"按钮，进入"银行对账"窗口。

③ 单击"对账"按钮，打开"自动对账"条件对话框。

④ 输入"截止日期"为"2025-06-30"，默认系统提供的其他对账条件，如图3-60所示。

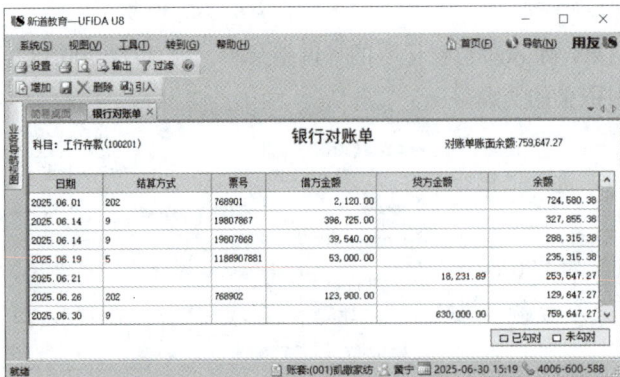

图3-59 银行对账单录入结果

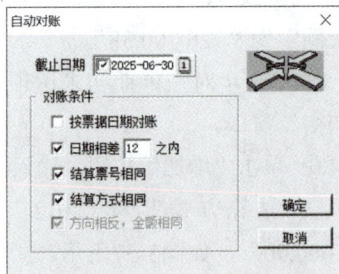

图3-60 自动对账条件

⑤ 单击"确定"按钮，显示自动对账结果。

❖ 特别提醒：

◇ 对账条件中的方向、金额相同是必选条件，对账截止日期可以不输入。

◇ 对于已达账项，系统自动在银行存款日记账和银行对账单双方的"两清"栏打上圆圈标志。

◇ 需关闭"银行对账单"窗口，再执行自动对账，否则提示"操作锁定，请稍后再试"。

(5) 手工对账

① 在"银行对账"窗口，对于一些应勾对而未勾对上的账项，可分别双击"两清"栏，直接进行手工调整。手工对账的标志为"√"，以区别于自动对账标志，如图3-61所示。

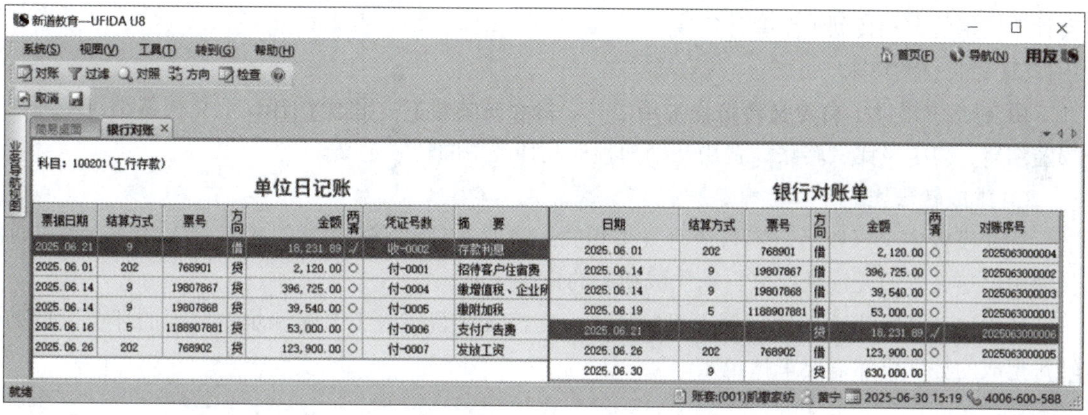

图 3-61　手工对账结果

② 对账完毕，单击"检查"按钮，检查结果平衡后，单击"确认"按钮。

(6) 输出余额调节表

① 执行"出纳"|"银行对账"|"余额调节表查询"命令，进入"银行存款余额调节表"窗口。

② 选择科目"工行存款(100201)"，单击"查看"按钮或双击该行，即显示该银行账户的银行存款余额调节表，如图3-62所示。

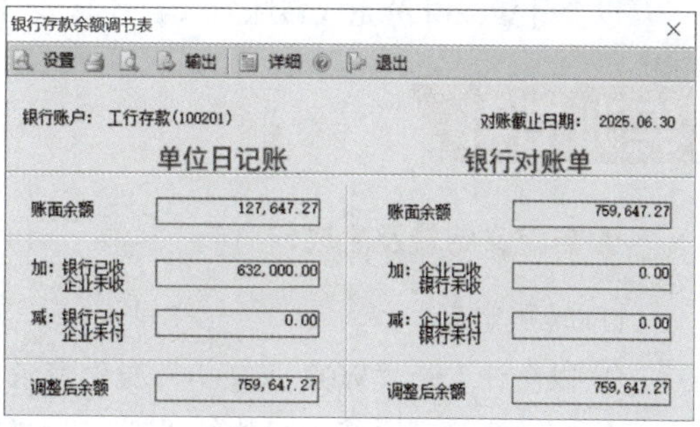

图 3-62　银行余额调节表

实训四　期末结转

实训任务

1. 自定义结转及生成

2025年6月30日，使用期末自定义公式，计算本月应交增值税并结转本月未交增值税；计提本月应交的城市维护建设税、教育费附加及地方教育费附加(各项税费计提表略)。

2. 期间损益结转及生成

按收入和支出分别结转凯撒家纺2025年6月期间损益。

任务解析

1. 背景知识

(1) 自动转账

每个会计期末都需要进行大量的结转。所谓"结转"，是把一个会计科目的发生额或余额转移到该科目或另一个会计科目。结转的目的：一是为了结出本会计科目的余额；二是为了计算本报告期的成本；三是为了计算当期的损益；四是为了保持会计工作的连续性，一定要把本会计年度末的余额转到下个会计年度。

(2) 定义自动转账

用友U8中提供了自定义转账、对应结转、销售成本结转、售价结转、汇兑损益结转、期间损益结转、自定义比例转账、费用摊销和预提几种类型的转账定义。

(3) 生成转账凭证

凭证模板定义好以后，当每个月发生相关经济业务时可不必再通过手工录入凭证，可以直接调用已定义好的凭证模板来自动生成相关的记账凭证。

利用自动转账生成的凭证属于机制凭证，它仅仅代替了人工查账和填制凭证的环节，自动转账生成的凭证仍然需要审核记账。

2. 岗位说明

以会计W02身份完成转账定义、生成及凭证记账，以财务经理W01身份审核记账凭证。

实训指引

1. 自定义结转及生成

(1) 转账定义

① 以会计人员"W02 张文华"身份登录，注册时间为2025年6月30日。

② 在总账管理系统中，执行"期末"|"转账定义"|"自定义转账"命令，进入"自定义转账设置"窗口。单击"增加"按钮，打开"转账目录"设置对话框。

③ 输入"转账序号"为"1"，"转账说明"为"结转未交增值税"；选择"凭证类别"为"转账凭证"，如图3-63所示。

④ 单击"确定"按钮，继续定义转账凭证分录信息。

⑤ 单击"增行"按钮，选择"科目编码"为"22210106"，"方向"为"借"；双击金额公式栏，单击"参照"按钮，打开"公式向导"对话框。

⑥ 选择"期末余额"函数，单击"下一步"按钮，继续公式定义，如图3-64所示。

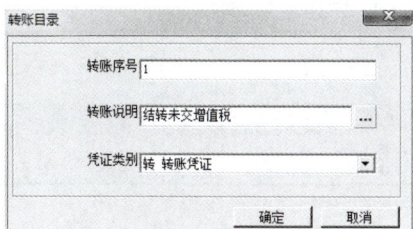

图 3-63 转账目录

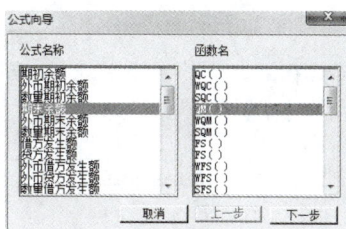

图 3-64 公式向导——选择函数

⑦ 选择"科目"为"222101",其他项为默认,单击"完成"按钮,金额公式带回"自定义转账"设置窗口。

⑧ 单击"增行"按钮,确定分录的贷方信息。选择"科目编码"为"222102","方向"为"贷",单击"参照"按钮,打开"公式向导"对话框,选择"取对方科目计算结果"金额公式JG( ),单击"下一步"按钮,再单击"完成"按钮,金额公式带回"自定义转账设置"窗口。

⑨ 单击"保存"按钮,如图3-65所示。

摘要	科目编码	部门	个人	客户	供应商	项目	方向	金额公式	外币公式
结转未交增值税	22210106						借	QM (222101,月)	
结转未交增值税	222102						贷	JG ()	

图 3-65 自定义转账设置——结转未交增值税

⑩ 单击"增加"按钮,输入"转账序号"为"2","转账说明"为"计提城市维护建设税";选择"凭证类别"为"转账凭证"。

⑪ 单击"增行"按钮,确定分录的贷方信息。选择"科目编码"为"6403","方向"为"借",单击"参照"按钮,打开"公式向导"对话框,选择"取对方科目计算结果"金额公式JG( ),单击"下一步"按钮,再单击"完成"按钮,金额公式带回"自定义转账设置"窗口。

⑫ 单击"增行"按钮,选择"科目编码"为"222105","方向"为"贷";双击金额公式栏,单击"参照"按钮,打开"公式向导"对话框。选择"期末余额"函数,单击"下一步"按钮,继续公式定义。选择"科目编码"为"222102",其他项为默认,单击"完成"按钮,金额公式带回"自定义转账设置"窗口。将光标移至末尾,输入"*0.07",按Enter键确认,如图3-66所示。

摘要	科目编码	部门	个人	客户	供应商	项目	方向	金额公式	外币公式
计提城市维护建设税	6403						借	JG ()	
计提城市维护建设税	222105						贷	QM (222102,月)*0.07	

图 3-66 自定义转账设置——计提城市维护建设税

⑬ 同理,完成"教育费附加"及"地方教育费附加"计提的自定义设置,如图3-67、图3-68所示。

摘要	科目编码	部门	个人	客户	供应商	项目	方向	金额公式	外币公式
计提教育费附加	6403						借	JG ()	
计提教育费附加	222106						贷	QM (222102,月)*0.03	

图 3-67 自定义转账设置——计提教育费附加

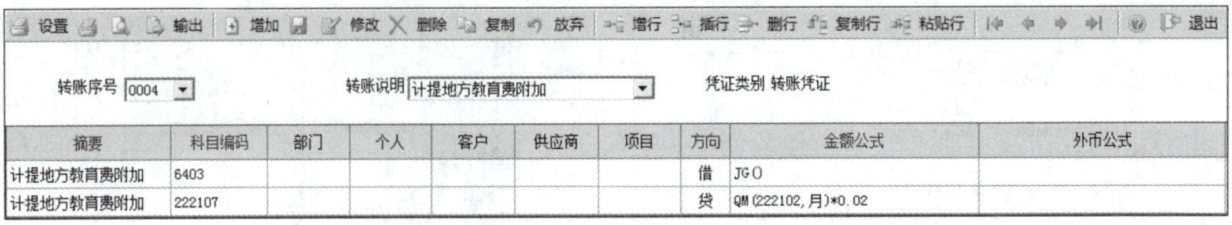

图 3-68 自定义转账设置——计提地方教育费附加

❖ **特别提醒:**

◇ 转账科目可以为非末级科目,部门可为空,表示所有部门。

◇ 如果使用应收款、应付款管理系统,则在总账管理系统中,不能按客户、供应商辅助项进行结转,只能按科目总数进行结转。

◇ 输入转账计算公式有两种方法:一种是直接输入计算公式;另一种是以引导方式录入公式。计算公式须符合公式格式要求。

◇ JG()含义为"取对方科目计算结果",其中的"()"必须为英文符号,否则系统提示"金额公式不合法:未知函数名"。

(2) 转账生成

① 执行"期末"|"转账生成"命令,进入"转账生成"对话框。

② 在对话框左侧选择"自定义转账"单选按钮,双击编号0001所在行的"是否结转"栏,出现Y标记,如图3-69所示。

③ 再单击"确定"按钮,生成转账凭证。

④ 单击"保存"按钮,凭证左上角显示"已生成"字样,如图3-70所示。系统自动将当前凭证追加到未记账凭证中。

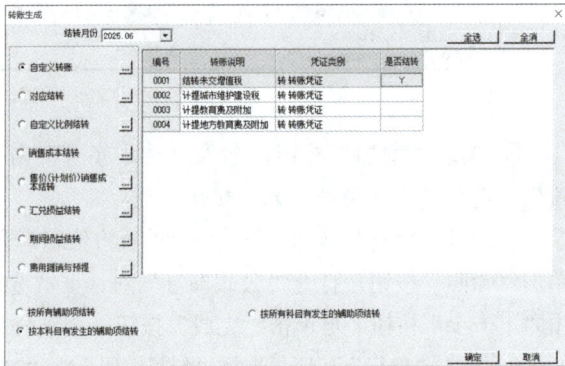

图 3-69 转账生成——结转未交增值税

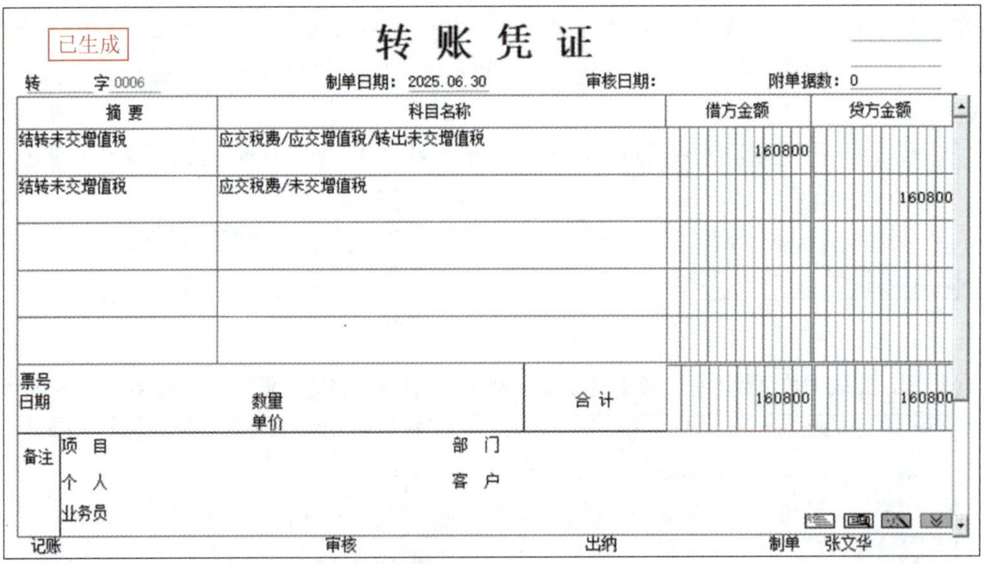

图 3-70 自定义转账生成结果——结转未交增值税

❖ **特别提醒：**

◇ 转账生成之前，注意转账月份为当前会计月份。

◇ 转账凭证每月只生成一次。若使用应收款、应付款管理系统，则总账管理系统中，不能按客户、供应商进行结转。

◇ 在进行期末结转凭证生成时，应务必确保之前所有业务凭证审核、记账完毕，以确保结转数据的准确。

◇ 生成凭证借贷方会计科目余额不能全部为零。以本实验资料为例，由于计提本月应交的城市维护建设税、教育费附加及地方教育费附加的自定义转账设置中金额公式均涉及了"应交税费—应交增值税—未交增值税"科目的期末余额，故而必须在"结转未交增值税"转账生成完成并审核记账后，即该"应交税费—应交增值税—未交增值税"科目余额产生后，才能生成凭证，否则系统会提示"自定义转账凭证公式不合法或余额均为零"，如图3-71所示。

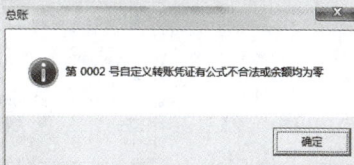

图3-71 自定义转账凭证生成错误提示

(3) 凭证审核记账

① 以财务经理"W01 汪小菲"身份登录平台，审核机制凭证。

② 以会计人员"W02 张文华"身份登录平台，将凭证记账。

❖ **特别提醒：**

◇ 系统自动生成的机制凭证依然需要审核、记账。

(4) 城市维护建设税、教育费附加及地方教育费附加计提凭证的生成

① 在总账管理系统中，执行"期末"|"转账生成"命令，进入"转账生成"对话框。

② 选择"自定义转账"单选按钮，双击编号0002至0004所在行的"是否结转"栏，三行出现Y标记。

③ 再单击"确定"按钮，生成转账凭证。

④ 执行"编辑"|"成批保存凭证"命令，批量生成计提凭证，如图3-72所示。

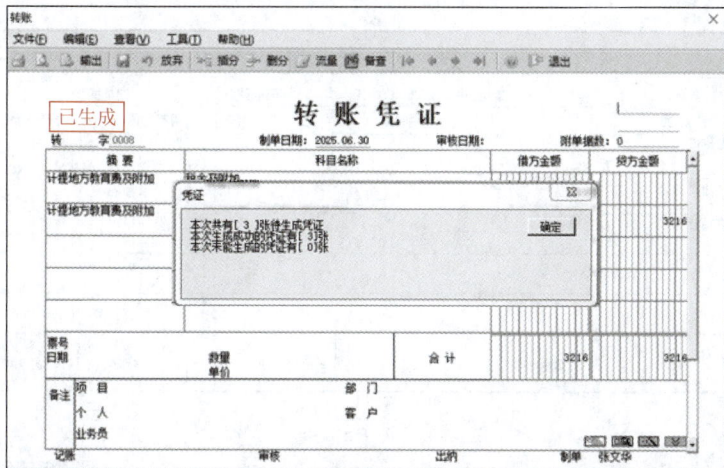

图3-72 批量生成凭证——自定义转账生成

⑤ 以财务经理"W01 汪小菲"身份登录平台，审核机制凭证。

⑥ 以会计人员"W02 张文华"身份登录平台,将凭证记账。

2. 期间损益结转及生成

(1) 转账定义

① 以会计人员"W02 张文华"身份进入总账管理系统,执行"期末"|"转账定义"|"期间损益"命令,进入"期间损益结转设置"对话框。

② 选择"凭证类别"为"转账凭证",选择"本年利润"科目为"4103",如图3-73所示,单击"确定"按钮。

图 3-73　期间损益结转设置

(2) 转账生成

① 执行"期末"|"转账生成"命令,进入"转账生成"对话框。

② 选择"期间损益结转"单选按钮。

③ 类型选择为"收入",单击"全选"按钮,单击"确定"按钮,生成收入结转本年利润的记账凭证,如图3-74所示,单击"保存"按钮。关闭"记账凭证"对话框,返回"转账生成"对话框。

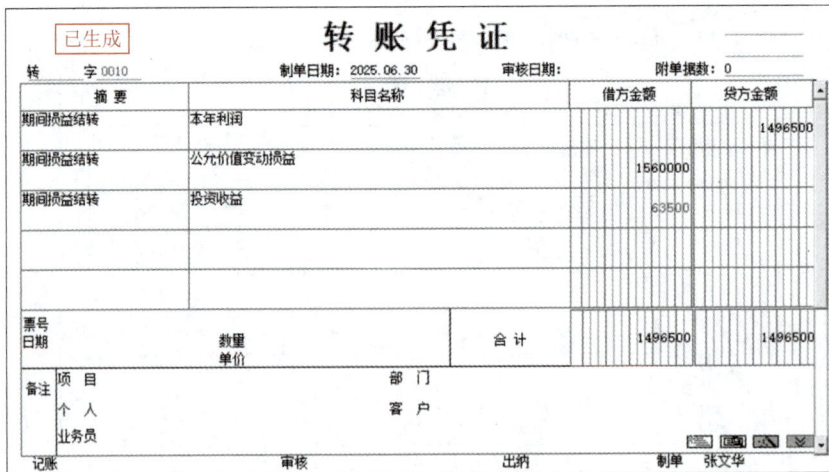

图 3-74　期间损益结转凭证——收入

④ 类型选择为"支出",单击"全选"按钮,单击"确定"按钮,系统提示"有未记账凭证,是否继续结转?"信息,如图3-75所示;单击"是"按钮,生成费用结转本年利润的记账凭证。

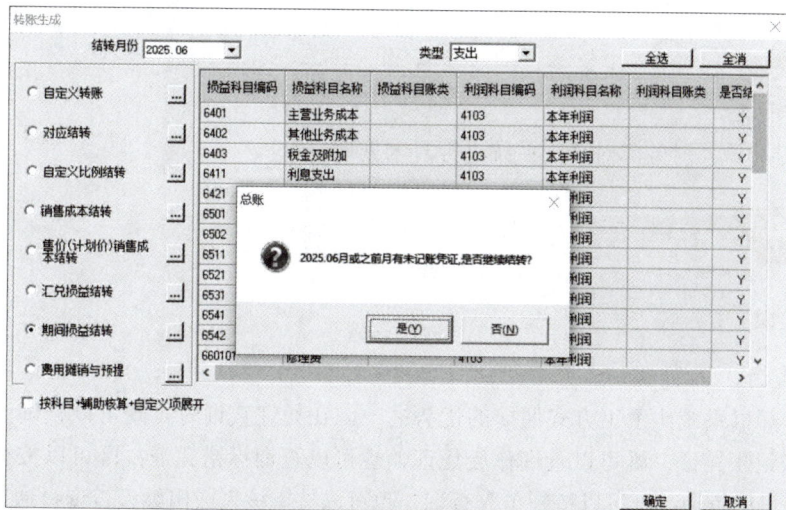

图3-75 凭证未全部记账提示

❖ **特别提醒:**

◇ 为确保结转数据的准确,在生成各类自动转账机制凭证时,若当期还有未记账凭证,系统会加以提示。当出现"有未记账凭证,是否继续结转?"信息框,需仔细核实是否有凭证遗漏记账,本例中未记账凭证为结转期间损益收入凭证,因不影响期间损益支出凭证数据,故直接忽略信息提示生成凭证。

⑤ 单击"保存"按钮,系统自动将当前凭证追加到未记账凭证中,如图3-76所示。

图3-76 期间损益结转凭证——支出

❖ **特别提醒:**

◇ 每张凭证包括5行记录,若超过5行,则凭证编号会显示分单号。本例分录共计7行,因此在凭证号后显示的"0001/0002"代表该张凭证共有2页,当前显示内容为第1页。

⑥ 最后将新生成的收入及支出结转凭证批审、批记。

实训五　账务管理系统对账与结账

2025年6月30日,财务部对总账系统进行月末处理。

任务解析

1. 背景知识

(1) 凭证查询

查询是计算机系统比手工方式便捷的优势之一。在凭证查询时,既可以查询已记账凭证,也可以查询未记账凭证;既可以查询作废凭证,也可以查询标错凭证;既可以按凭证号范围查询,也可以按日期查询;既可以按制单人查询,也可以按审核人或出纳人查询;通过设置辅助查询条件,还可以按科目、摘要、金额、外币、数量、结算方式或各种辅助项查询,快捷方便。

(2) 账簿查询

总账系统中提供了强大的账簿查询功能,不仅可以查看总账、明细账、日记账、发生额余额表、多栏账、序时账等基本会计账簿,还可以实现对部门核算、客户往来、供应商往来、个人往来和项目核算辅助账簿的查询。

相对于手工会计,会计信息系统中的账簿查询不仅可以查询到已记账凭证的数据,而且还可以查看到未记账凭证的数据;并且可以轻松实现总账、明细账、日记账和凭证的联查。

(3) 对账

对账是对账簿数据进行核对,以检查记账是否正确,是否账账相符。对账的内容包括总账与明细账、总账与辅助账的核对。正常情况下,由于数出一源,所有账簿上的数据均来自于凭证,因此系统自动记账后,应该是账账相符的。但由于非法操作或计算机病毒等原因有时可能会造成数据被破坏,因此需要使用对账及试算平衡功能进行检查。

(4) 结账

每月工作结束后,月末都要进行结账。结账前最好要进行数据备份。

结账后,当月不能再填制凭证,并终止各账户的记账工作。同时,系统会自动计算当月各账户发生额合计及余额,并将其转入下月月初。

2. 岗位说明

以财务经理W01身份进行总账管理系统对账、结账。

实训指引

1. 对账

① 以财务经理"W01 汪小菲"身份登录,注册时间为2025年6月30日。

② 执行"期末"|"对账"命令，进入"对账"对话框。

③ 将光标置于要进行对账的月份"2025-06"处，单击"选择"按钮。

④ 单击"对账"按钮，开始自动对账，并显示对账结果。

⑤ 单击"试算"按钮，可以对各科目类别余额进行试算平衡。

⑥ 单击"确认"按钮，如图3-77所示。

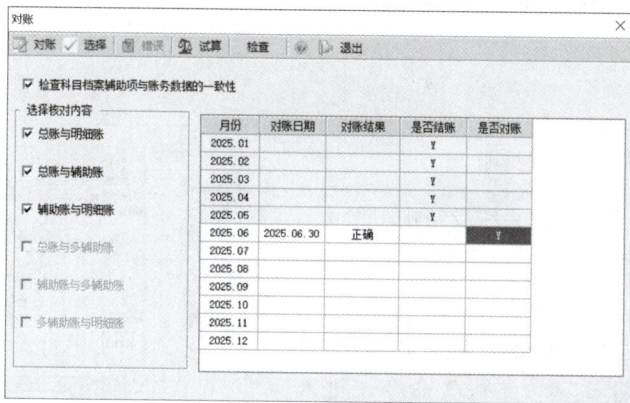

图 3-77 对账

2. 结账

① 以财务经理"W01 汪小菲"身份登录，注册时间为2025年6月30日。

② 在总账管理系统中，执行"期末"|"结账"命令，打开"结账"对话框。单击选择要结账的月份"2025-06"，单击"下一步"按钮。

③ 单击"对账"按钮，系统对要结账的月份进行账账核对。

④ 单击"下一步"按钮，系统显示"2025年06月工作报告"，如图3-78所示。

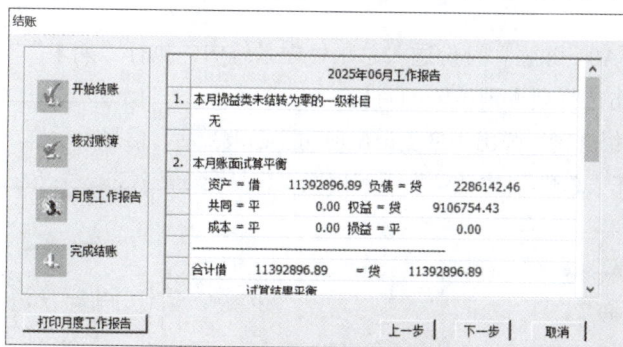

图 3-78 结账——月度工作报告

❖ **特别提醒：**

◇ 未进行期间损益结转，本月无法结账。

◇ 当月输入的记账凭证必须全部记账，如有未记账的当月凭证，系统将不能结账。结账后就不能再输入该月凭证。

◇ 上月未结账，本月无法结账。

◇ 结账后产生的账簿和报表才是完整的，结账前产生的账簿和报表不一定能反映该月的全部业务。

> ◇ 每月只能结账一次，因此一般结账前应做数据备份，如果结账不正确可以恢复重做。
> ◇ 如果与其他系统集成使用，当其他系统未全部结账时，总账管理系统不能结账。

⑤ 查看工作报告后，单击"下一步"按钮，再单击"结账"按钮，若符合结账要求，系统将进行结账，否则不予结账。

⑥ 将账套输出至"D:\凯撒家纺\3-2总账管理"。

拓展任务

1. 取消2025年6月总账结账

功能概要：实现总账管理系统反结账。

岗位说明：账套主管。

路径指引：

① 以账套主管"A01 陈强"身份进入总账管理系统中，执行"期末"|"结账"命令，进入"结账"对话框，单击选择要取消结账的月份"2025-06"。

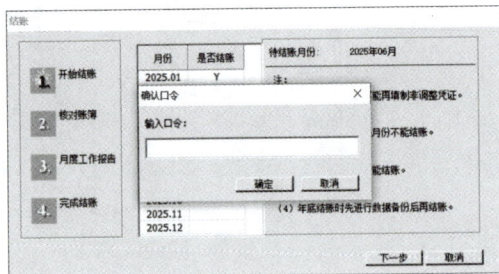

图 3-79　取消结账——输入确认口令

② 按"Ctrl+Shift+F6"组合键，打开"确认口令"对话框，如图3-79所示。

③ 输入账套主管登录密码(本例为空)，单击"确定"按钮，取消结账。

2. 取消2025年6月记账

功能概要：实现总账管理系统反记账。

岗位说明：账套主管。

路径指引：

① 以账套主管"A01 陈强"身份进入总账管理系统中，执行"期末"|"对账"命令，进入"对账"对话框，单击选择要取消结账的月份"2025-06"。

② 按"Ctrl+H"组合键，弹出"恢复记账前功能已被激活"信息提示框，如图3-80所示；单击"确定"按钮，此时在"总账"|"凭证"下，出现"恢复记账前状态"菜单项，如图3-81所示。

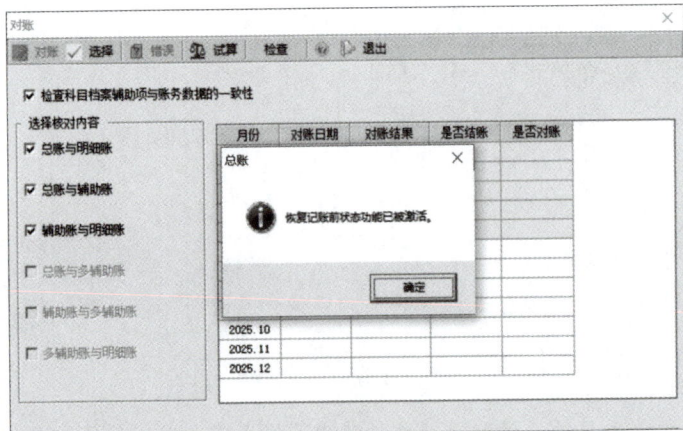

图 3-80　激活恢复记账功能

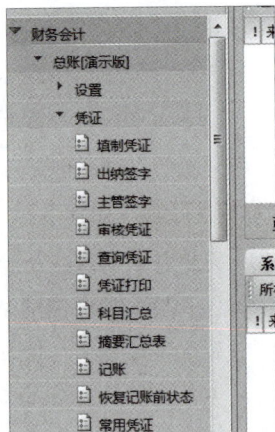

图 3-81　"恢复记账前状态"菜单项

③ 执行"凭证"|"恢复记账前状态"命令，进入"恢复记账前状态"对话框。

④ 选择恢复记账方式，如图3-82所示。

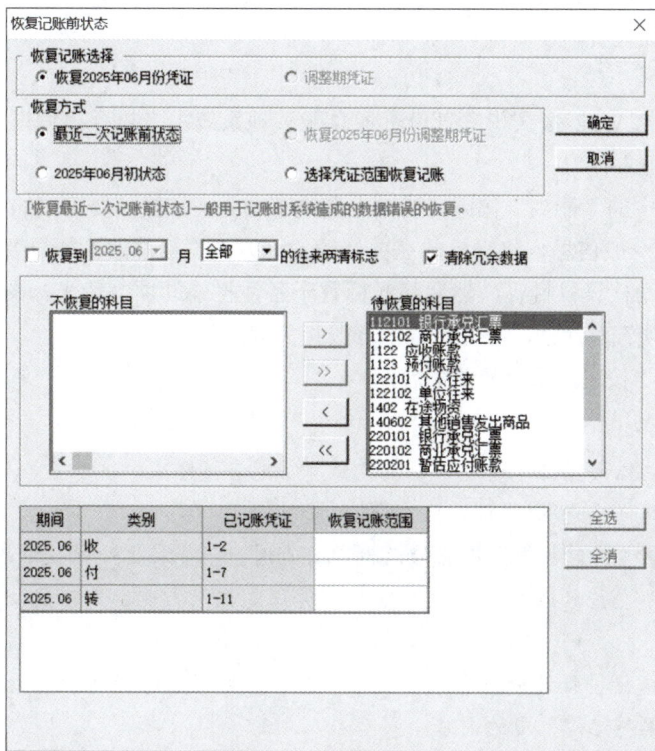

图 3-82 恢复记账前状态

⑤ 单击"确定"按钮，打开"确认口令"对话框，输入账套主管登录密码(本例为空)，单击"确认"按钮，取消结账。

⑥ 返回"对账"对话框，按"Ctrl+H"组合键，弹出"恢复记账前功能已被隐藏"信息提示框，隐藏"恢复记账前状态"菜单项。

❖ **特别提醒：**

◇ 已结账月份恢复记账，需要先反结账，再进行反记账。

3. 冲销凭证

功能概要：对已记账错误凭证进行冲销。

岗位说明：会计人员。

路径指引：

① 以会计人员"W02 张文华"身份进入总账管理系统中，在"填制凭证"窗口中，执行"制单"|"冲销凭证"命令，打开"冲销凭证"对话框。

② 输入条件：选择月份、凭证类别，输入凭证号等信息。

③ 单击"确定"按钮，系统自动生成一张红字冲销凭证。

❖ **特别提醒：**

◇ 通过红字冲销法增加的凭证，应视同正常凭证进行保存和管理。

◇ 红字冲销只能针对已记账凭证进行。

4. 修改凭证

功能概要：对未记账错误凭证进行修改。

岗位说明：会计人员。

路径指引：

① 以会计人员"W02 张文华"身份进入总账管理系统中，执行"凭证"|"填制凭证"命令，进入"填制凭证"窗口。

② 单击工具栏中的"箭头"按钮，通过上翻或下翻凭证，找到要修改的凭证。

③ 对于凭证的一般信息，将光标放在要修改的地方，直接修改；如果要修改凭证的辅助项信息，首先选中辅助核算科目行，然后将光标置于备注栏辅助项，待光标图形变为"笔形"时双击，弹出"辅助项"对话框，在对话框中修改相关信息。

④ 单击"保存"按钮，保存相关信息。

❖ **特别提醒：**

◇ 未经审核的错误凭证可通过"填制凭证"功能直接修改。

◇ 已审核的凭证应先取消审核后，再进行修改。

◇ 若已采用制单序时控制，则在修改制单日期时，不能在上一张凭证的制单日期之前。

◇ 若选择"不允许修改或作废他人填制的凭证"权限控制，则不能修改或作废他人填制的凭证。

◇ 如果涉及银行科目的分录已录入支票信息，并对该支票做过报销处理，修改操作将不影响"支票登记簿"中的内容。

◇ 外部系统传过来的凭证不能在总账管理系统中进行修改，只能在生成该凭证的系统中进行修改。

5. 作废凭证

功能概要：作废未记账错误凭证。

岗位说明：会计人员。

路径指引：

① 以会计人员"W02 张文华"身份进入总账管理系统中，执行"凭证"|"查询凭证"命令，进入"凭证查询"窗口。

② 输入查询条件，找到要修改的凭证。

③ 在"查询凭证"窗口中，单击工具栏中的"作废/恢复"按钮，进行作废凭证的操作。

④ 完成后，凭证的左上角显示"作废"字样，表示该凭证已作废。

❖ **特别提醒：**

◇ 作废凭证仍保留凭证内容及编号，只显示"作废"字样。

◇ 作废凭证不能修改，不能审核。

◇ 在记账时，已作废的凭证应参与记账，否则月末无法结账，但不对作废凭证做数据处理，相当于一张空凭证。

◇ 账簿查询时，查不到作废凭证的数据。

◇ 若当前凭证已作废需要恢复，可再次单击"作废/恢复"按钮，取消作废标志，并将当前凭证恢复为有效凭证。

6. 整理凭证

功能概要：删除已作废凭证。

岗位说明：账套主管。

路径指引：

① 以账套主管"A01 陈强"身份进入总账管理系统中，在"填制凭证"窗口中，单击工具栏中的"整理凭证"按钮，打开"选择凭证期间"对话框。

② 选择要整理的月份。

③ 单击"确定"按钮，打开"作废凭证表"对话框。

④ 选择要删除的作废凭证，如图3-83所示。

⑤ 单击"确定"按钮，系统将这些凭证从数据库中删除并对剩下的凭证重新排号，如图3-84所示。

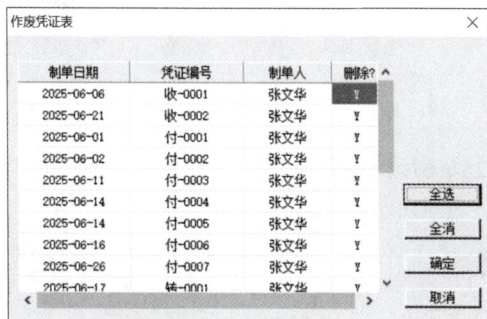

制单日期	凭证编号	制单人	删除?
2025-06-06	收-0001	张文华	Y
2025-06-21	收-0002	张文华	Y
2025-06-01	付-0001	张文华	Y
2025-06-02	付-0002	张文华	Y
2025-06-11	付-0003	张文华	Y
2025-06-14	付-0004	张文华	Y
2025-06-16	付-0005	张文华	Y
2025-06-16	付-0006	张文华	Y
2025-06-26	付-0007	张文华	Y
2025-06-17	转-0001	张文华	Y

图 3-83 作废凭证表

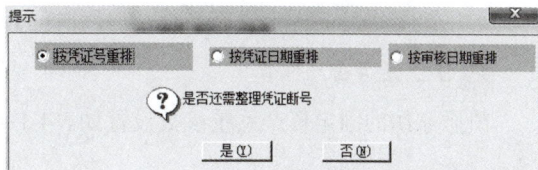

图 3-84 整理凭证断号提示

❖ **特别提醒：**

◇ 凭证作废后虽金额按零记账，但仍然保存在系统内。如果不想保留作废凭证，可以通过"整理凭证"功能，将其彻底删除，并对未记账凭证重新编号。

◇ 只能对未记账凭证做凭证整理。

◇ 若对已记账凭证做凭证整理，应先恢复本月月初的记账前状态，再做凭证整理。

项目四 固定资产

实训一 固定资产系统初始化设置

实训任务

1. 启用固定资产系统

启用凯撒家纺的固定资产系统，启用时间为2025年6月1日。

2. 建立固定资产账套

凯撒家纺的固定资产系统参数设置如表4-1所示。

表4-1　固定资产账套

控制参数	参数设置
约定及说明	我同意
启用月份	2025-06
折旧信息	本账套计提折旧 折旧方法：平均年限法(一) 折旧汇总分配周期：1个月 当(月初已计提月份=可使用月份－1)时，将剩余折旧全部提足
编码方式	资产类别编码方式：2-1-1-2 固定资产编码方式：按"类别编码+部门编码+序号"自动编码 卡片序号长度为3
账务接口	与账务系统进行对账 固定资产对账科目：固定资产(1601)；累计折旧对账科目：累计折旧(1602) 选中"在对账不平情况下允许固定资产月末结账"

3. 设置固定资产系统选项

凯撒家纺的固定资产系统选项设置如表4-2所示。

表4-2　固定资产选项

选项卡	参数设置
与账务系统接口	业务发生后立即制单 月末结账前一定要完成制单登账业务 固定资产缺省入账科目(1601) 累计折旧缺省入账科目(1602) 减值准备缺省入账科目(1603) 增值税进项税额缺省入账科目(22210101) 固定资产清理缺省入账科目(1606)
其他	自动填补卡片断号 自动连续增加卡片

4. 设置固定资产部门对应折旧科目

凯撒家纺的固定资产部门对应折旧科目设置如表4-3所示。

表4-3 固定资产部门对应折旧科目

部门	对应折旧科目
行政管理部门	660205 管理费用/折旧费
仓管部	660205 管理费用/折旧费
采购部	660205 管理费用/折旧费
销售部	660106 销售费用/折旧费

5. 设置固定资产类别

凯撒家纺的固定资产类别设置如表4-4所示。

表4-4 固定资产类别

编码	类别名称	折旧年限	净残值率	单位	折旧方法	卡片样式
01	房屋及建筑物	30年	5%	栋	平均年限法(一)	含税卡片样式
02	办公设备	5年	1%		平均年限法(一)	含税卡片样式
03	运输工具	6年	5%	辆	平均年限法(一)	含税卡片样式

6. 设置固定资产增减方式对应入账科目

凯撒家纺的固定资产增减方式对应入账科目设置如表4-5所示。

表4-5 固定资产增减方式对应入账科目

增减方式目录	对应入账科目
增加方式	
直接购入	工行存款(100201)
盘盈	以前年度损益调整(6901)
在建工程转入	在建工程(1604)
减少方式	
出售	固定资产清理(1606)
盘亏	待处理财产损溢(190102)
报废	固定资产清理(1606)
毁损	固定资产清理(1606)

7. 录入原始卡片

凯撒家纺的固定资产原始卡片如表4-6所示。

表4-6 原始卡片

固定资产名称	类别编号	使用部门	增加方式	可使用年限(月)	开始使用日期	原值(元)	累计折旧(元)	对应折旧科目名称
办公楼	01	行政管理部门	在建工程转入	360	2024-05-01	3 142 600.92	99 515.70	管理费用/折旧费
仓库	01	仓管部	在建工程转入	360	2024-03-01	3 200 000.00	118 222.22	管理费用/折旧费

(续表)

固定资产 名称	类别 编号	使用 部门	增加 方式	可使用年 限(月)	开始使用 日期	原值(元)	累计折旧 (元)	对应折旧 科目名称
传真机	02	总经理 办公室	直接购入	60	2024-09-01	3 510.00	463.32	管理费用/ 折旧费
笔记本电脑	02	销售部	直接购入	60	2020-11-01	8 900.00	7 929.90	销售费用/ 折旧费
DELL台式机	02	财务部	直接购入	60	2024-10-01	6 490.00	749.60	管理费用/ 折旧费
ThinkPad 一体机	02	采购部	直接购入	60	2024-10-01	6 490.00	749.60	管理费用/ 折旧费
HP扫描仪	02	采购部	直接购入	60	2021-05-01	3 000.00	2 376.00	管理费用/ 折旧费
轿车	03	总经理 办公室	直接购入	72	2024-09-01	215 460.00	22 743.00	管理费用/ 折旧费
江铃瑞沃载 货车	03	仓管部	直接购入	72	2023-04-01	250 000.00	82 465.28	管理费用/ 折旧费
合计						6 836 450.92	335 214.62	

注：办公楼折旧费用的部门分配比例，其中总经理办公室50%，财务部25%，人力资源部25%；所有资产使用状况均为"在用"。

任务解析

1. 背景知识

固定资产管理系统初始设置是根据用户单位的具体情况，建立一个合适的固定资产账套。建立固定资产管理系统账套含义和作用与账务系统是一致的。其核心内容是设定系统主要编码的编码方式和固定资产管理系统与账务系统的接口。

2. 岗位说明

以账套主管A01身份启用固定资产系统，以会计W02身份进行固定资产初始化设置。

实训指引

以系统管理员身份在系统管理中引入"3-1总账初始化"账套作为基础数据。

1. 启用固定资产系统

① 以账套主管"A01 陈强"身份登录企业应用平台，在"基础设置"中，执行"基本信息"|"系统启用"命令，进入"系统启用"窗口。

② 选中"固定资产"复选框，打开"日历"对话框。设置启用日期为"2025-06-01"，单击"确定"按钮。

2. 建立固定资产账套

① 以会计人员"W02 张文华"身份登录平台，在"业务工作"中，执行"财务会计"|"固定资产"命令，系统弹出"这是第一次打开此账套，还未进行过初始化，是否进行初始化？"

信息提示框，如图4-1所示。单击"是"按钮，打开固定资产"初始化账套向导"对话框。

② 在"固定资产初始化向导——约定及说明"对话框中，选择"我同意"。单击"下一步"按钮，打开"固定资产初始化向导——启用月份"对话框。

③ 选择"启用月份"为"2025-06"，单击"下一步"按钮，打开"固定资产初始化向导——折旧信息"对话框。

④ 选中"本账套计提折旧"复选框；选择"折旧方法"为"平均年限法(一)"，"折旧分配周期"为"1个月"；选中"当(月初已计提月份=可使用月份–1)时将剩余折旧全部提足(工作量法除外)"复选框，如图4-2所示。

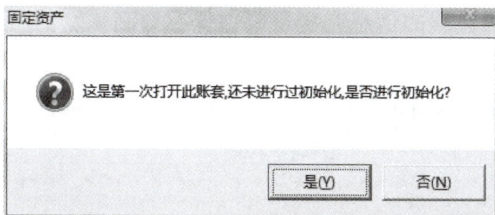

图4-1　固定资产系统初始化提示

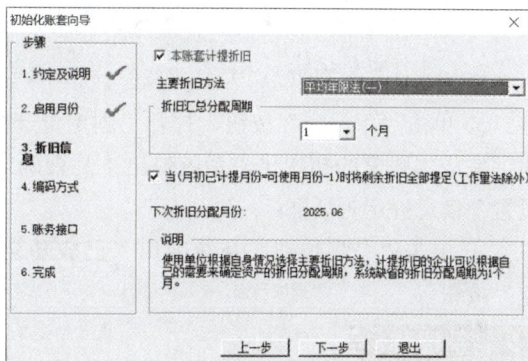

图4-2　固定资产初始化——折旧信息

⑤ 单击"下一步"按钮，打开"固定资产初始化向导——编码方式"对话框。确定"资产类别编码长度"为"2112"，选择"自动编号"单选按钮，选择"固定资产编码方式"为"类别编号+部门编号+序号"，选择"序号长度"为"3"，如图4-3所示。

❖ 特别提醒：

◇ 系统提供常用的六种方法：平均年限法(一)、平均年限法(二)、工作量法、年数总和法、双倍余额递减法(一)、双倍余额递减法(二)。

◇ 如果选择"本账套不计提折旧"复选框，则折旧方法为"不提折旧"。

⑥ 单击"下一步"按钮，打开"固定资产初始化向导——账务接口"对话框。选中"与账务系统进行对账"复选框；选择"固定资产的对账科目"为"1601,固定资产"，"累计折旧的对账科目"为"1602,累计折旧"；选中"在对账不平情况下允许固定资产月末结账"复选框，如图4-4所示。

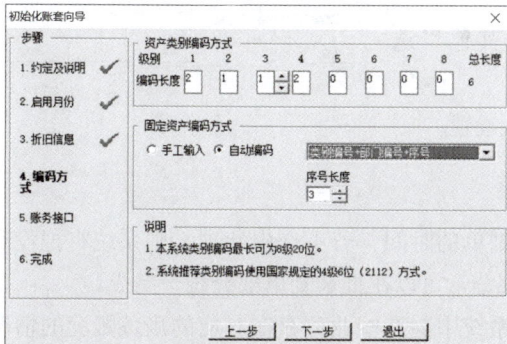

图4-3　固定资产初始化——编码方式

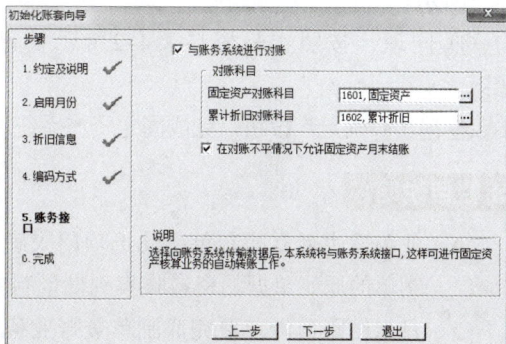

图4-4　固定资产初始化——账务接口

❖ **特别提醒：**

◇ 只有存在对应总账系统的情况下才可选中"与财务系统进行对账"复选框。

◇ 选中"与财务系统进行对账"复选框表示本系统要与总账系统对账，对账的含义是将固定资产系统内所有在役资产的原值、累计折旧和总账系统中的固定资产科目和累计折旧科目的余额核对，看数值是否相等。

◇ 可以在系统运行中任何时候执行对账功能。

◇ 固定资产系统在月末结账前自动执行"对账"功能一次，给出对账结果，如果不平，说明两系统出现偏差，应予以调整。但是偏差并不一定是由错误引起的，有可能是操作的时间差异造成的，例如固定资产系统生成凭证传递给总账系统，但在总账中尚未进行审核记账。

⑦ 单击"下一步"按钮，打开"固定资产初始化向导——完成"对话框，单击"完成"按钮，完成本账套的初始化，系统弹出"是否确定所设置的信息完全正确并保存对新账套的所有设置"信息提示对话框。

⑧ 单击"是"按钮，系统弹出"已成功初始化本固定资产账套"信息提示框，单击"确定"按钮。

❖ **特别提醒：**

◇ 固定资产账套建立完成后，"本账套是否计提折旧"和"本账套开始使用期间"两个参数在后续初始化过程中只能查看，不能修改。

◇ 参数如发生设置错误，只能通过在固定资产中执行"维护"|"重新初始化"命令实现，但该操作会清空之前对固定资产账套所做的一切设置。

3. 设置固定资产系统选项

① 执行"设置"|"选项"命令，进入"选项"对话框。

② 单击"编辑"按钮，选择"与账务系统接口"选项卡。

③ 选中"业务发生后立即制单""月末结账前一定要完成制单登账业务"复选框，选择"缺省入账科目"为"1601,固定资产""1602,累计折旧""1603,固定资产减值准备""22210101,进项税额""1606,固定资产清理"，如图4-5所示。

④ 同理，按照实验资料表4-2所示设置"其他"选项卡。

⑤ 单击"确定"按钮，完成固定资产系统选项设置。

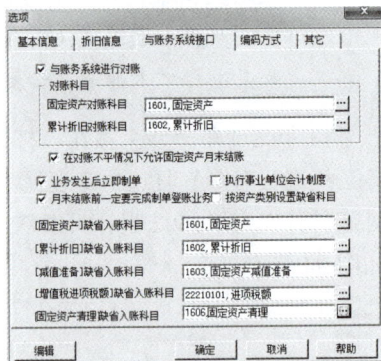

图4-5 选项——与账务系统接口

↘ **栏目说明：**

○ 业务发生后立即制单：此选项用来确定制单的时间。若不选中此项，则系统将把没有制单的原始单据的资料收集到批量制单部分，可以在批量制单部分统一完成。

○ 月末结账前一定要完成制单登账业务：系统中的有些业务存在对应的账务账套的情况下应制作凭证，把凭证传递到账务系统。

○ 固定资产、累计折旧、减值准备、增值税进项税额、固定资产清理缺省入账科目：固定资产系统制作记账凭证时，凭证中上述科目的缺省值可通过此处预先设置确定，当这些设置为空时，凭证中缺省科目为空。

4. 设置固定资产部门对应折旧科目

① 在固定资产系统中，执行"设置"|"部门对应折旧科目"命令，进入"部门编码表"窗口。

② 选择"部门"为"行政管理部门"，单击"修改"按钮。

③ 选择"折旧科目"为"管理费用/折旧费(660205)"，单击"保存"按钮，系统弹出"是否将行政管理部门的所有下级部门的折旧科目替换为[折旧费]?"信息提示框，单击"是"按钮，如图4-6所示。替换之后，即可看到行政管理部门下的总经理办公室、财务部和人力资源部对应折旧科目均修改为"管理费用/折旧费"。

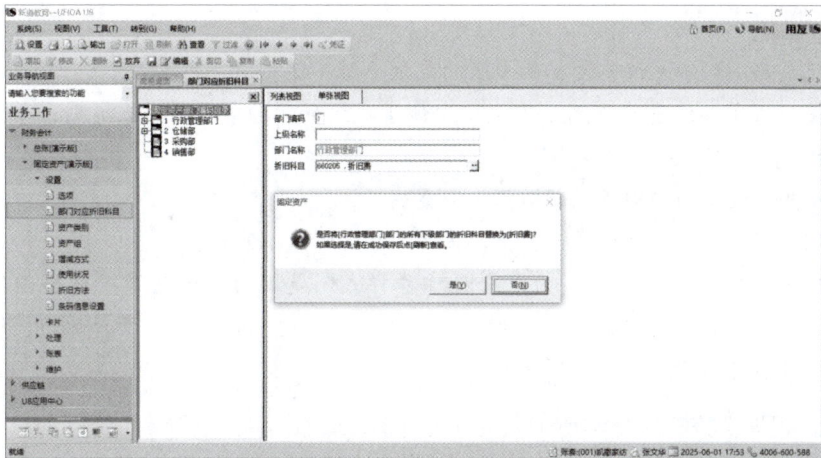

图4-6　设置行政管理部门对应折旧科目

④ 同理，根据实验资料表4-3所示完成其他部门折旧科目的设置，如图4-7所示。

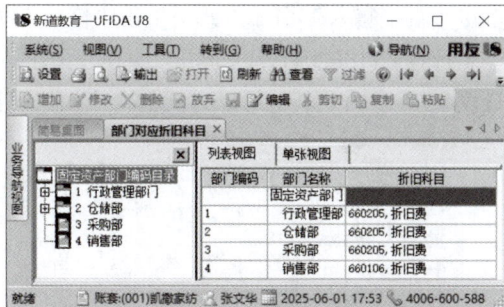

图4-7　设置固定资产部门对应折旧科目结果

5. 设置固定资产类别

① 在固定资产系统中，执行"设置"|"资产类别"命令，进入"类别编码表"窗口。

② 单击"增加"按钮，输入"类别名称"为"房屋及建筑物"，"使用年限"为"30年"，"净残值率"为"5%"，"计量单位"为"栋"；选择"计提属性"为"正常计提"，"折旧方法"为"平均年限法(一)"，"卡片样式"为"含税卡片样式"，单击"保存"按钮，如图4-8所示。

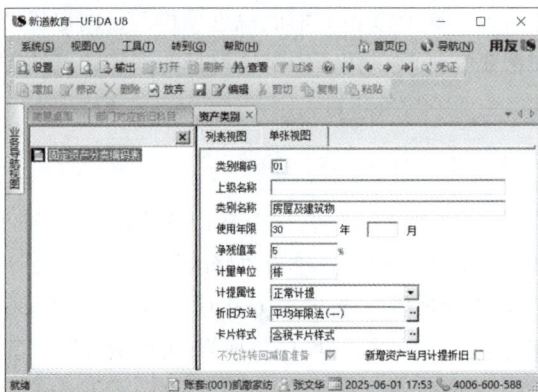

图 4-8 设置固定资产类别——房屋及建筑物

❖ **特别提醒:**

◇ 资产类别编码不允许重复,同一级的类别名称不能相同。

◇ 如需增加第二级资产类别,需选中左侧窗口树形结构中的第一级类别,单击"增加"按钮。

◇ 已使用过的资产类别不能新增下一级类别。

◇ 类别编码、名称、计提属性、折旧方法、卡片样式不能为空。

◇ 之所以选择"卡片样式"为"含税卡片样式"是因为当固定资产符合进项税抵扣范围,在"含税卡片样式"下,增加具体固定资产时可分别录入资产原值、增值税,保存卡片后可以生成带有进项税的会计分录。

③ 同理,根据实验资料表4-4所示完成办公设备、运输工具的设置。

6. 设置固定资产增减方式对应入账科目

① 在固定资产系统中,执行"设置"|"增减方式"命令,进入"增减方式"窗口。

② 在左侧列表框中,单击"直接购入"增加方式,单击"修改"按钮。

③ 输入对应入账科目"工行存款(100201)",单击"保存"按钮。

④ 同理,根据实验资料表4-5所示输入其他增减方式的对应入账科目,如图4-9所示。

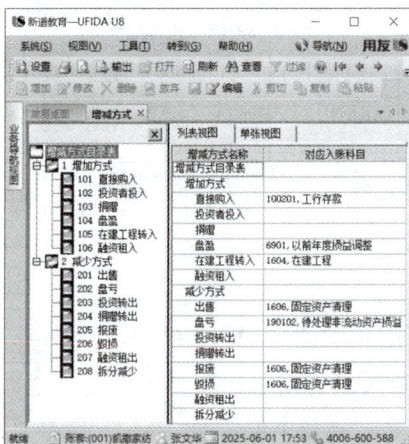

图 4-9 设置固定资产增减方式对应入账科目

❖ **特别提醒：**

◇ 此处设置的对应入账科目是为了在生成凭证时使用。

7. 录入原始卡片

① 执行"卡片"|"录入原始卡片"命令，进入"固定资产类别档案"窗口，如图4-10所示。

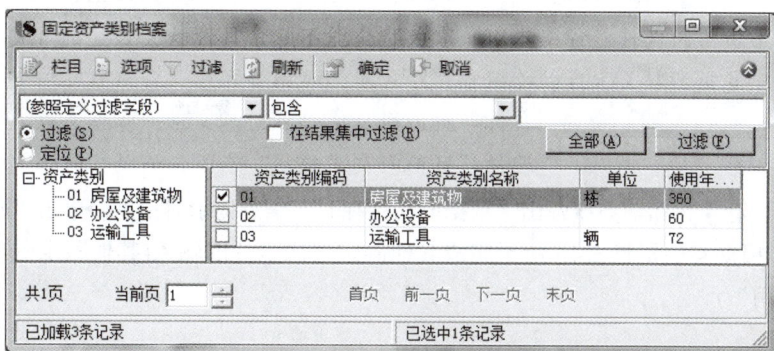

图4-10 固定资产类别档案

② 选择"固定资产类别"为"房屋及建筑物(01)"，单击"确定"按钮，进入"固定资产卡片录入"窗口。

③ 录入"固定资产名称"为"办公楼"；双击"使用部门"，打开"固定资产"对话框，设置本资产部门使用方式，选择"多部门使用"单选按钮，如图4-11所示。

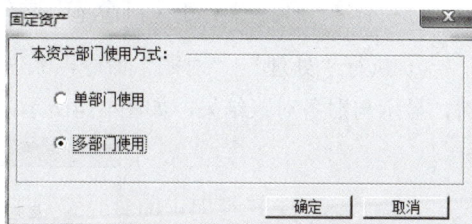

图4-11 本资产部门使用方式

④ 单击"确定"按钮，打开"使用部门"窗口，单击窗口下方的"增加"按钮，根据实验资料表4-6所示录入使用部门、使用比例，如图4-12所示。

❖ **特别提醒：**

◇ 各部门使用比例之和应为100%。

序号	使用部门	使用比例%	对应折旧科目	项目大类	对应项目	部门编码
1	总经理办公室	50.0000	660205,折旧费			101
2	财务部	25.0000	660205,折旧费			102
3	人力资源部	25.0000	660205,折旧费			103

图4-12 使用部门

⑤ 双击"增加方式"选择"在建工程转入"，双击"使用状况"选择"在用"；录入"开始使用日期"为"2024-05-01"；录入"原值"为"3 142 600.92"，"累计折旧"为"99 515.70"；其他信息自动算出，如图4-13所示。

99

固定资产卡片

卡片编号	00009		日期	2025-06-01
固定资产编号	01101002	固定资产名称		办公楼
类别编号	01	类别名称 房屋及建筑物	资产组名称	
规格型号		使用部门	总经理办公室/财务部/人力资源部	
增加方式	在建工程转入	存放地点		
使用状况	在用	使用年限(月) 360	折旧方法	平均年限法(一)
开始使用日期	2024-05-01	已计提月份 0	币种	人民币
原值	3 142 600.92	净残值率 0%	净残值	0.00
累计折旧	99 515.70	月折旧率 0.0028	本月计提折旧额	8 799.28
净值	3 043 085.22	对应折旧科目(660205,折旧费)	项目	
增值税	0.00	价税合计 3 142 600.92		
录入人	陈强		录入日期	2025-06-01

图 4-13   固定资产卡片——办公楼

⑥ 单击"保存"按钮,系统弹出"数据成功保存!"信息提示对话框,单击"确定"按钮。

⑦ 同理,根据实验资料表4-6所示完成其他固定资产卡片的输入(其他固定资产使用部门均为"单部门使用")。

❖ **特别提醒:**

◇ 卡片中"资产类别"默认选择上一项资产所属的资产类别,更换时在"固定资产类别档案"窗口中,单击"全选"按钮显示全部资产类别。

⑧ 执行"处理"|"对账"命令,系统将固定资产系统录入的明细资料数据汇总并与财务核对,显示与财务对账结果,如图4-14所示,单击"确定"按钮返回。

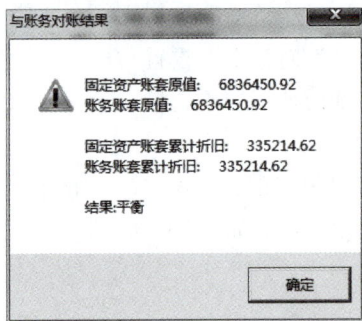

与账务对账结果

⚠ 固定资产账套原值: 6836450.92
   账务账套原值: 6836450.92

   固定资产账套累计折旧: 335214.62
   账务账套累计折旧: 335214.62

   结果:平衡

确定

图 4-14   与财务对账结果——期初

❖ **特别提醒:**

◇ 可通过执行"卡片"|"卡片管理"命令,查看已录入卡片。查看已录入原始卡片时,需取消"查询条件选择"对话框中"开始使用日期"栏中已勾选的日期。

实训二   固定资产增加业务

实训任务

凯撒家纺2025年6月份发生如下经济业务,具体内容见实训指引中的业务描述。请在U8中完成业务处理。

任务解析

以会计W02身份完成固定资产增加业务处理。

实训指引

1. 业务一：采购消费性固定资产

2025年6月3日，因业务需要，销售部购入3台联想台式机。相关原始凭证如图4-15～图4-17所示。

上海市增值税专用发票

3100172140　　　　　　开票日期：2025年6月3日　　　　No　10092348912

购货单位	名　　称：天津凯撒家纺股份有限公司						
	纳税人识别号：120101355203023526					密码区	31008978+*2><618//*464
	地址、电话：天津市河西区珠江道86号 022-28285566						64161145641/*-+4164><6
	开户行及账号：中国工商银行天津河西支行12001657901052500555						*-46></--2338990/*-526
							7812345/*980-><-9809>

货物或应税劳务名称	规格型号	单位	数量	单价	金额	税率	税额
520-24IKU 23.8英寸一体台式机 黑色	520-24IKU	台	3.00	5 100.00	15 300.00	13%	1 989.00
合　　计			3.00		¥15 300.00		¥1 989.00

价税合计(大写)　⊗ 壹万柒仟贰佰捌拾玖元整　　　　　　　　　(小写)¥17 289.00

销货单位	名　　称：联想(上海)电子科技有限公司	备注	联想(上海)电子科技有限公司 310141798971462 发票专用章
	纳税人识别号：310141798971462		
	地址、电话：上海市外高桥保税区芬菊路199号 021-50504500		
	开户行及账号：招商银行上海外高桥保税区支行6225156789098256767		

收款人：略　　　复核：略　　　开票人：略　　　销货单位：(章)

图 4-15　增值税专用发票——业务一

中国工商银行转账支票存根

支票号码：768904

科　　目：

对方科目：

签发日期：2025 年 6 月 3 日

收款人：	联想(上海)电子科技有限公司
金　额：	¥17 289.00
用　途：	购买电脑
备　注：	

单位主管：(略)　　　会计：(略)

复　核：(略)　　　记账：(略)

图 4-16　转账支票存根——业务一

固定资产卡片

使用单位：销售部　　　　　填表日期：2025年6月3日

类别	办公设备	出厂或交接验收日期	2025年1月10日	预计使用年限	5年
编号	024002	购入或使用日期	2025年6月3日	预计残值	1%
名称	联想一体机	放置或使用地址	销售部	预计清理费用	
型号规格	520-24IKU	负责人	王大国	月折旧率	
建造单位	联想(上海)电子科技有限公司	总造价	5 100.00	月大修理费用提存率	

设备主要技术参数或建筑物占地面积、建筑面积及结构	设备主要配件名称数量或建筑物附件设备	大修理记录		固定资产改变记录
		时间	项目	

图 4-17　固定资产卡片——联想一体机

(1) 批增固定资产卡片

① 以会计人员“W02 张文华”身份登录，注册时间为2025年6月3日。

② 在固定资产系统中，执行“卡片”|“资产增加”命令，进入“资产类别参照”窗口。选择“资产类别”为“办公设备(02)”，单击“确定”按钮，进入“固定资产卡片”窗口。

③ 输入“固定资产名称”为“联想一体机”；双击“使用部门”弹出“本资产部门使用方式”信息提示对话框，选择“单部门使用”选项，单击“确定”按钮，打开“部门参照”对话框，选择“销售部”选项；录入“规格型号”为“520-24IKU”，双击“增加方式”选择“直接购入”，双击“使用状况”选择“在用”，录入“原值”为“5 100.00”，“增值税”为“663.00”，“开始使用日期”为“2025-06-03”，如图4-18所示。

④ 单击“保存”按钮，系统提示“数据成功保存！”。

固定资产卡片

卡片编号　00010　　　　　日期　2025-06-03

固定资产编号	024002	固定资产名称	联想一体机		
类别编号	02	类别名称	办公设备	资产组名称	
规格型号	520-24IKU	使用部门	销售部		
增加方式	直接购入	存放地点			
使用状况	在用	使用年限(月)	60	折旧方法	平均年限法(一)
开始使用日期	2025-06-03	已计提月份	0	币种	人民币
原值	5100.00	净残值率	1%	净残值	51.00
累计折旧	0.00	月折旧率	0	本月计提折旧额	0.00
净值	5100.00	对应折旧科目	660106, 折旧费	项目	
增值税	663.00	价税合计	5763.00		

录入人　张文华　　　　　录入日期　2025-06-03

图 4-18　固定资产卡片——联想一体机

❖ 特别提醒：

✧ 新增资产卡片与原始资产卡片的区别在于资产开始使用日期的不同，原始资产卡片的开始使用日期在固定资产账套建立日期之前。

✧ 新增资产第一个月份不提折旧，故无须在新增资产卡片内录入累计折旧。

⑤ 单击"确定"按钮，进入"填制凭证"窗口。单击"退出"按钮，弹出"凭证"窗口。

⑥ 系统弹出"还有1张凭证没保存"提示框，单击"确定"按钮，继续弹出"还有没有保存的凭证，是否退出？"提示框，单击"是"按钮退出。

❖ **特别提醒：**

> ◇ 因在系统选项内选中了"业务发生后立即制单"复选框，故卡片保存后，系统自动生成凭证。但由于本业务购入3台电脑，所以需要将3张固定资产卡片全部录入完毕后再进行制单。

⑦ 在"固定资产卡片"窗口界面单击"复制"按钮，打开"固定资产"对话框，在"起始资产编号"栏录入"024003"，"终止资产编号"栏录入"024004"，"卡片复制数量"选择"2"，如图4-19所示。

⑧ 单击"确定"按钮，弹出"卡片批量复制完成"信息提示框，如图4-20所示。

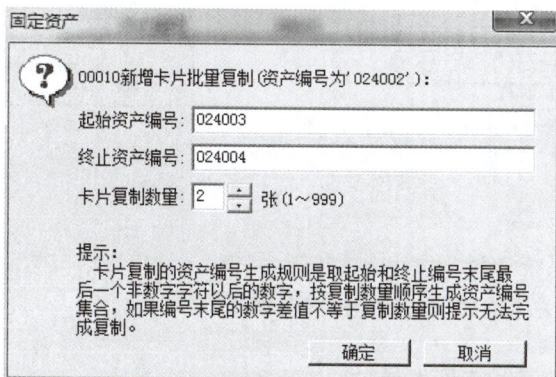

图 4-19 批量复制固定资产卡片

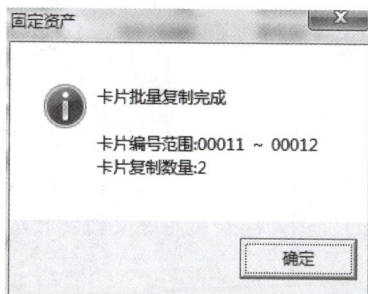

图 4-20 卡片复制成功提示

⑨ 单击"确定"按钮，关闭"固定资产卡片"窗口。

(2) 生成会计凭证

① 在固定资产系统中，执行"处理"|"批量制单"命令，弹出"批量制单"窗口。"常用条件"全部默认，单击"确定"按钮，打开"批量制单"对话框。

② 选择"制单选择"选项卡，双击"业务日期"为"2025-06-03"的3条待制单记录的"选择"栏，该栏标记"Y"标志后，单击"合并"按钮，此时3条记录的"合并号"一栏显示"1"，如图4-21所示。

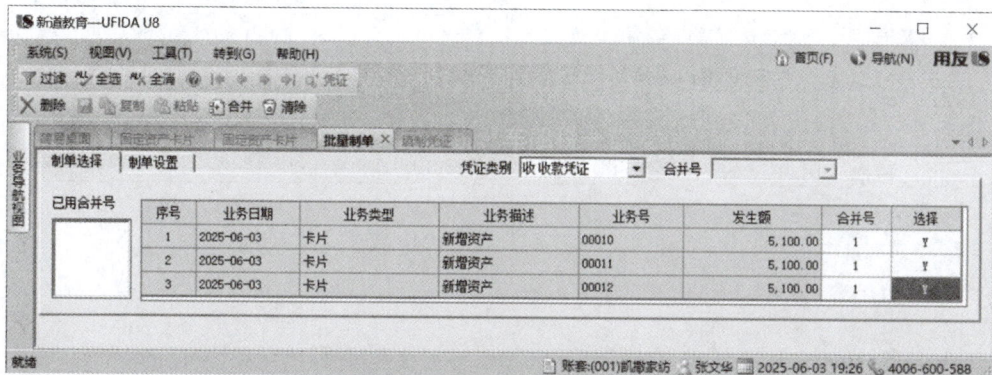

图 4-21 批量制单——制单选择

③ 单击"制单设置"选项卡，显示会计凭证列表。

④ 单击工具栏上的"凭证"按钮，系统自动生成会计凭证，根据实验资料图4-16所示，补录辅助项，单击"保存"按钮，凭证右上角显示"已生成"标志，如图4-22所示。

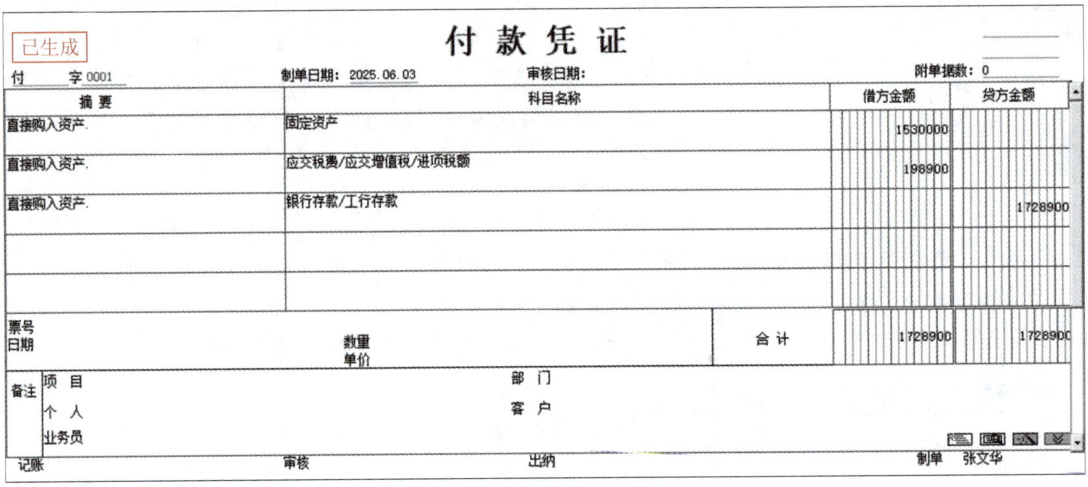

图4-22　增加资产生成凭证——业务一

2. 业务二：采购需要安装的固定资产

2025年6月15日，仓管部购入安防监控系统一套，预计使用年限为5年。6月17日，安防监控系统交付使用，向安装企业支付安装费。相关原始凭证如图4-23～图4-27所示。

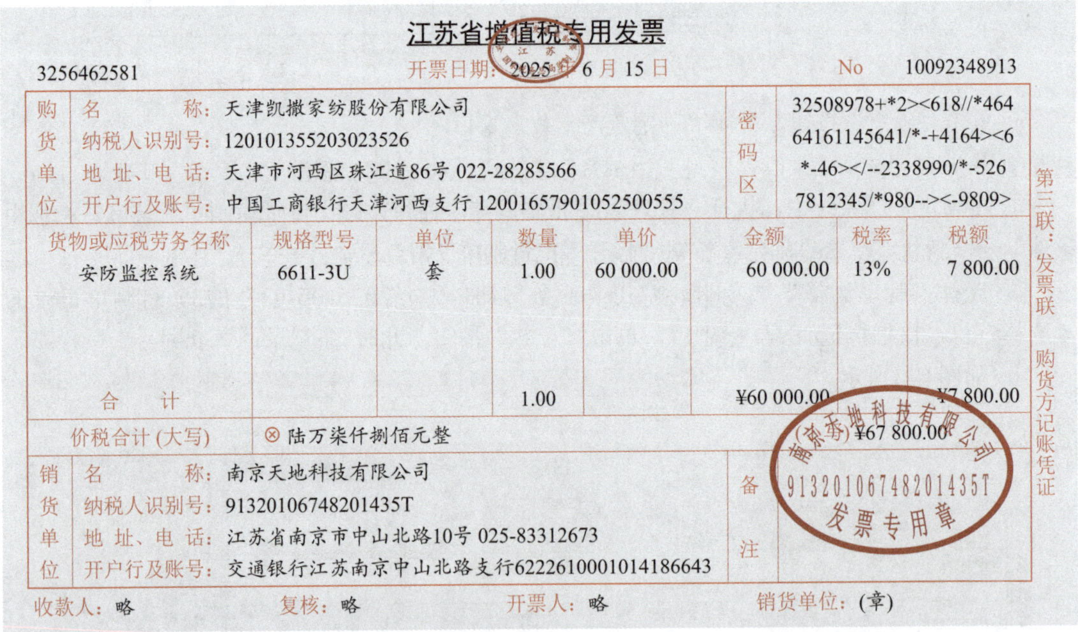

图4-23　安防监控系统增值税专用发票

中国工商银行电汇凭证(回单)　　1

委托日期：2025 年 6 月 15 日　　　　　NO.　1188907882

收款人	南京天地科技有限公司	汇款人	天津凯撒家纺股份有限公司
账号或地址	6222610001014186643	账号或地址	12001657901052500555
汇入地	江苏省南京市	汇入行 交通银行江苏南京中山北路支行	汇款用途　支付货款

汇款金额 人民币(大写)	陆万柒仟捌佰元整	千	百	十	万	千	百	十	元	角	分
				¥	6	7	8	0	0	0	0

支付密码

备注：

汇出行签章

中国工商银行天津河西支行 2025.06.15 转讫

此联是汇出行给汇款人的回单

图 4-24　安防监控系统电汇凭证

北京市增值税专用发票

1100143160　　　　开票日期：2025 年 6 月 17 日　　　　No 10092348914

购货单位	名　　　　称：天津凯撒家纺股份有限公司 纳税人识别号：12010135520303523526 地址、电话：天津市河西区珠江道86号 022-28285566 开户行及账号：中国工商银行天津河西支行 12001657901052500555	密码区	11008960+*2><618//*464 64161145641/*-+4164><6 *-46></--2338990/*-526 7812345/*980--><-9809>

货物或应税劳务名称	规格型号	单位	数量	单价	金额	税率	税额
安装费		次	1.00	3 000.00	3 000.00	6%	180.00
合　计			1.00		¥3 000.00		¥180.00

价税合计 (大写)	⊗ 叁仟壹佰捌拾元整	¥3 180.00

销货单位	名　　　　称：北京思维安防电子安装有限公司 纳税人识别号：110108762991632 地址、电话：北京市海淀区苏州街56号 010-64621598 开户行及账号：中国工商银行北京中关村支行 689682534628882233	备注	北京思维安防电子安装有限公司 110108762991632 发票专用章

收款人：略　　复核：略　　开票人：略　　　　销货单位：(章)

第三联：发票联　购货方记账凭证

图 4-25　安装费增值税专用发票

中国工商银行电汇凭证(回单)　　1

委托日期：2025 年 6 月 17 日　　　　　NO.　1188907883

收款人	北京思维安防电子安装有限公司	汇款人	天津凯撒家纺股份有限公司
账号或地址	689682534628882233	账号或地址	12001657901052500555
汇入地	北京市	汇入行 中国工商银行北京中关村支行	汇款用途　支付安装费

汇款金额 人民币(大写)	叁仟壹佰捌拾元整	千	百	十	万	千	百	十	元	角	分
						¥	3	1	8	0	0	0

支付密码

备注：

汇出行签章

中国工商银行天津河西支行 2025.06.17 转讫

此联是汇出行给汇款人的回单

图 4-26　安装费电汇凭证

固定资产卡片

使用单位：销售部　　　　填表日期：2025 年 6月 17日

类别	办公设备	出厂或交接验收日期	2025年02月01日	预计使用年限	5年
编号	02201001	购入或使用日期	2025年06月17日	预计残值	1%
名称	安防监控系统	放置或使用地址	仓管部	预计清理费用	
型号规格	6611-3U	负责人	林群	月折旧率	
建造单位	南京天地科技有限公司	总造价	63 000.00	月大修理费用提存率	

设备主要技术参数或建筑物占地面积、建筑面积及结构	设备主要配件名称数量或建筑物附件设备	大修理记录		固定资产改变记录
		时间	项目	

图 4-27　固定资产卡片——安防监控系统

(1) 在账务处理系统中录入增加在建工程的会计凭证

① 以会计人员“W02 张文华”身份登录，注册时间为2025年6月15日。

② 在总账管理系统中，执行“凭证”|“填制凭证”命令，打开“凭证”窗口。

③ 单击工具栏上的“增加”按钮，修改“凭证类别”为“付款凭证”，“凭证日期”为“2025-06-15”，录入“摘要”为“购入安防监控系统”，根据实验资料图4-23～图4-24所示填制凭证相关项目及辅助项。

④ 单击“保存”按钮，完成凭证保存，如图4-28所示。

付 款 凭 证

付　字 0002　　制单日期：2025.06.15　　审核日期：　　附单据数：

摘要	科目名称	借方金额	贷方金额
购入安防监控系统	在建工程	6000000	
购入安防监控系统	应交税费/应交增值税/进项税额	780000	
购入安防监控系统	银行存款/工行存款		6780000
票号 5 - 1188907882 日期 2025.06.15	数量 单价　　合计	6780000	6780000

备注　项　目　　　　部　门

　　　个　人　　　　客　户

　　　业务员

记账　　审核　　出纳　　制单　张文华

图 4-28　填制凭证结果——购入安防设备

(2) 在账务处理系统中录入支付固定资产安装费的会计凭证

① 以会计人员“W02 张文华”身份登录，注册时间为2025年6月17日。

② 在总账管理系统中，执行“凭证”|“填制凭证”命令，打开“凭证”窗口。

③ 单击“增加”按钮，修改“凭证类别”为“付款凭证”，“凭证日期”为“2025-06-17”，录入“摘要”为“支付安防监控系统安装费”，根据实验资料图4-25～图4-26所示填制凭证相关项目及辅助项。

④ 单击“保存”按钮，完成凭证保存，如图4-29所示。

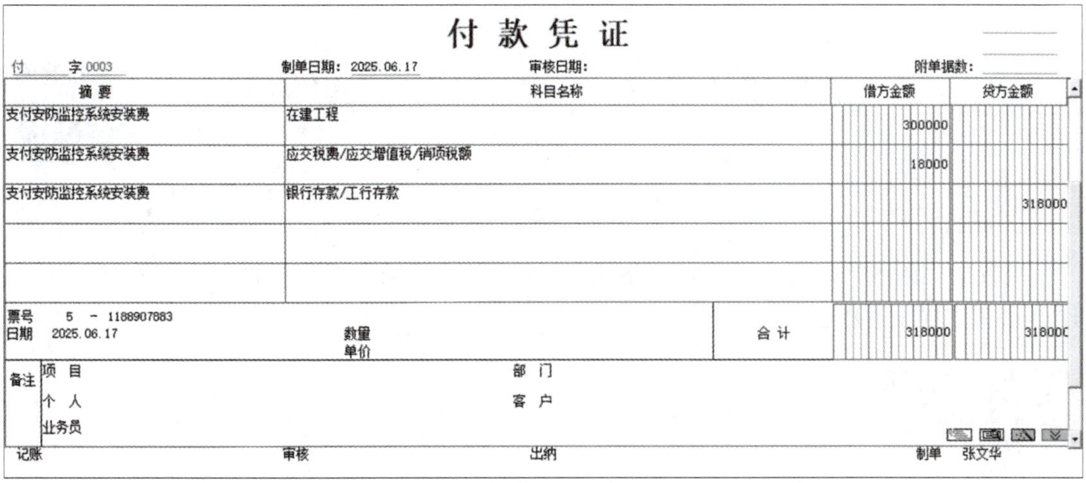

付款凭证

付 字 0003 制单日期：2025.06.17 审核日期： 附单据数：

摘要	科目名称	借方金额	贷方金额
支付安防监控系统安装费	在建工程	300000	
支付安防监控系统安装费	应交税费/应交增值税/销项税额	18000	
支付安防监控系统安装费	银行存款/工行存款		318000
票号 5 - 1188907883 日期 2025.06.17	数量 单价 合计	318000	318000

备注 项目 部门
个人 客户
业务员

记账 审核 出纳 制单 张文华

图 4-29 填制凭证结果——支付安装费

(3) 在固定资产处理系统中录入固定资产卡片并生成会计凭证

① 执行“固定资产”|“卡片”|“资产增加”命令，进入“资产类别参照”窗口。

② 选择“资产类别”为“办公设备(02)”，单击“确定”按钮，进入“固定资产卡片”窗口。

③ 输入“固定资产名称”为“安防监控系统”，双击“使用部门”弹出“本资产部门使用方式”信息提示对话框，选择“单部门使用”选项，单击“确定”按钮，打开“部门参照”对话框，选择“仓管部”选项；录入“规格型号”为6611-3U，双击“增加方式”选择“在建工程转入”，双击“使用状况”选择“在用”，“开始使用日期”为“2025-06-17”，录入“原值”为“63 000.00”，其他信息为默认。

④ 单击“保存”按钮，系统提示“数据成功保存！”。

⑤ 单击“确定”按钮，进入“填制凭证”窗口。

⑥ 选择“凭证类别”为“转账凭证”，修改“凭证日期”为“2025-06-17”，根据实验资料图4-33填制凭证相关项目，单击“保存”按钮，完成凭证保存，如图4-30所示。

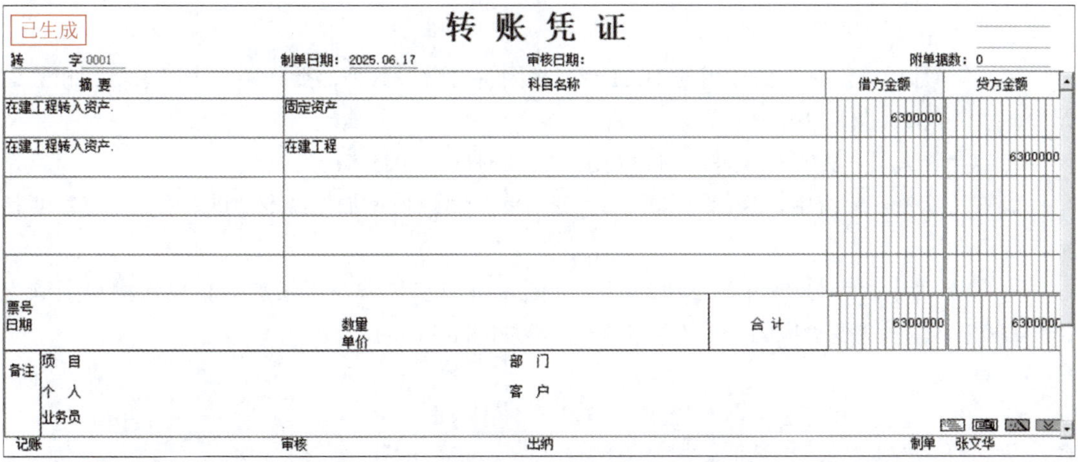

已生成

转账凭证

转 字 0001 制单日期：2025.06.17 审核日期： 附单据数：0

摘要	科目名称	借方金额	贷方金额
在建工程转入资产.	固定资产	6300000	
在建工程转入资产.	在建工程		6300000
票号 日期	数量 单价 合计	6300000	6300000

备注 项目 部门
个人 客户
业务员

记账 审核 出纳 制单 张文华

图 4-30 增加资产生成凭证——业务二

实训三　固定资产变动业务

实训任务

凯撒家纺2025年6月份发生如下经济业务，具体内容见实训指引中的业务描述。请在用友ERP-U8中完成业务处理。

任务解析

1. 背景知识

固定资产的变动包括价值信息变更和非价值信息变更两部分。

(1) 价值信息变更

该部分包括固定资产原值变动(包括原值增加和原值减少两部分)，以及使用年限调整、折旧方法调整、净残值(率)调整、工作总量调整、累计折旧调整在内的折旧要素变更。

(2) 非价值信息变更

该部分包括部门转移、使用状况调整和资产类别调整等。

资产变动要求输入相应的"变动单"来记录资产调整结果。固定资产管理系统的"变动单管理"功能，可以对系统制作的变动单进行查询、修改、制单、删除等处理。

2. 岗位说明

以会计W02身份完成固定资产变动业务处理。

实训指引

1. 业务一

2025年6月19日，财务部使用的DELL台式机因备份财务数据需要加装一个刻录机。相关原始凭证如图4-31、图4-32所示。

① 以会计人员"W02 张文华"身份登录，注册时间为2025年6月19日。

② 在固定资产系统中，执行"卡片"|"变动单"|"原值增加"命令，进入"固定资产变动单"窗口。

③ 选择"卡片编号"为"02102001"的固定资产卡片，在"增加"栏输入增加金额为"360.00"，输入"变动原因"为"增加配件"，如图4-33所示。

北京市增值税普通发票

1100143160　　　　　开票日期：2025 年 6 月 19 日　　　　No 10092348915

购货单位	名　　称：天津凯撒家纺股份有限公司 纳税人识别号：120101355203023526 地址、电话：天津市河西区珠江道86号 022-28285566 开户行及账号：中国工商银行天津河西支行 12001657901052500555	密码区	11001069+*2><610//*464 64161195641/*-+4164><6 *-46></--2338990/*-526 7812345/*980--><-9809>

货物或应税劳务名称	规格型号	单位	数量	单价	金额	税率	税额
刻录机		个	1.00	360.00	360.00		***
合　　计			1.00		￥360.00		***
价税合计(大写)		⊗ 叁佰陆拾元整					￥360.00

销货单位	名　　称：北京志强电子贸易有限公司 纳税人识别号：110108768391639 地址、电话：北京市海淀区苏州街69号 010-64623599 开户行及账号：中国工商银行北京中关村支行689682534628982233	备注	北京志强电子贸易有限公司 110108768391639 发票专用章

收款人：略　　　　复核：略　　　　开票人：略　　　　销货单位：(章)

第三联：发票联 购货方记账凭证

图 4-31　增值税普通发票

付 款 申 请 单

部门：财务部　　　　　　　　　　　　　　　　申请日期：2025 年 6 月 19 日

款项用途	购买刻录机		
付款金额	人民币(大写)：叁佰陆拾元整		￥360.00
支付方式	□银行转账　☑现金　□支票　□承兑汇票　□其他		现金付讫
收款单位	北京志强电子贸易有限公司	收款人开户行	
收款账号		开票情况	☑已开票　□未开票　□其他

申请人：黄宁　　　　部门审核：略　　　　财务负责人：略　　　　总经理：略

图 4-32　付款申请书

固定资产变动单

— 原值增加 —

变动单编号	00001			变动日期	2025-06-19
卡片编号	00004	资产编号	02102001	开始使用日期	2024-10-01
资产名称			DELL台式机	规格型号	
增加金额	360.00	币种	人民币	汇率	1
变动的净残值率	0%	变动的净残值			0.00
变动前原值	6490.00	变动后原值			6850.00
变动前净残值	0.00	变动后净残值			0.00
变动原因				增加配件	

经手人　张文华

图 4-33　固定资产变动单——原值增加

❖ **特别提醒：**

◇ "变动原因"不能为空。

◇ 变动单不可修改，只能在当月删除重做。

④ 单击"保存"按钮，进入"填制凭证"窗口。

⑤ 选择"凭证类型"为"付款凭证"，修改"贷方科目"为"库存现金"，单击"保存"按钮，完成凭证保存，如图4-34所示。

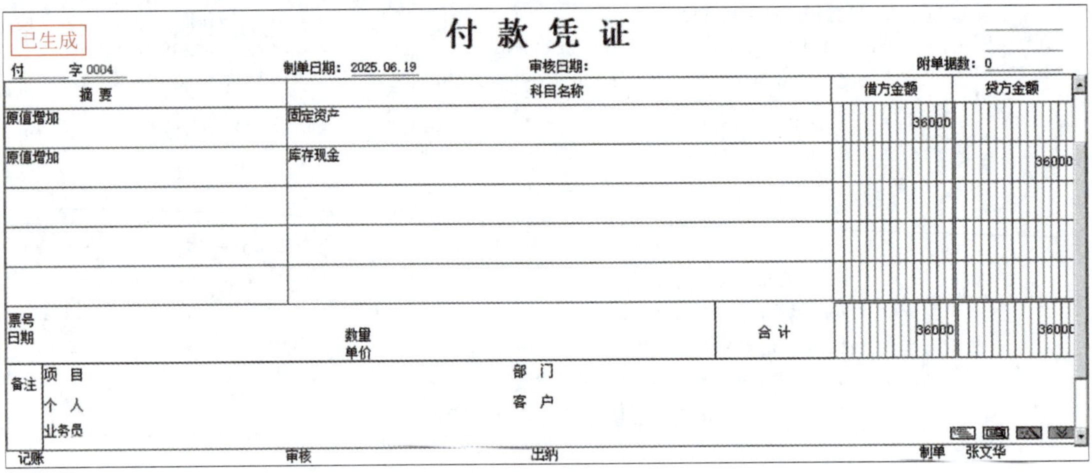

付 款 凭 证

已生成					
付 字 0004	制单日期：2025.06.19	审核日期：		附单据数：0	
摘 要	科目名称			借方金额	贷方金额
原值增加	固定资产			36000	
原值增加	库存现金				36000

票号日期　数量/单价　　合 计　36000　36000

备注　项目　部门　个人　客户　业务员

记账　审核　出纳　制单 张文华

图4-34 生成凭证结果——业务一

2. 业务二

2025年6月29日，对总经理办公室使用的轿车进行测试，测试其可回收金额为162 717.00元。相关原始凭证如图4-35所示。

固定资产减值准备批准报告

固定资产名称	购入时间	折旧年限(月)	净残值率	累计折旧	净值	可回收金额	已提减值准备	减值准备
轿车	2024-09-01	72	5%	22 743.00	192 717.00	162 717.00	0	30 000.00

月末，对本企业固定资产进行测试，测试结果表明总经理办公室使用的轿车其可收回金额低于账面价值，经公司董事会研究决定对其计提¥30 000.00(人民币叁万元整)减值准备。

天津凯撒家纺股份有限公司
2025年6月29日

图4-35 固定资产减值准备批准报告

① 以会计人员"W02 张文华"身份登录，注册时间为2026年6月29日。

② 在固定资产系统中，执行"卡片"|"变动单"|"计提减值准备"命令，进入"固定资产变动单"窗口。

❖ **特别提醒：**

◇ 打开"固定资产变动单"窗口之前，需关闭"填制凭证"窗口，否则系统提示"正在制单，请先退出制单窗口再进行操作"。

③ "卡片编号"栏选择"03101001"，输入"减值准备金额"为"30 000.00"，输入"减值原因"为"技术进步"，如图4-36所示。

图 4-36 固定资产变动单——计提减值准备

④ 单击"保存"按钮，进入"填制凭证"窗口。

⑤ 选择"凭证类别"为"转账凭证"，补充"借方科目"为"资产减值损失"，单击"保存"按钮，完成凭证保存，如图4-37所示。

图 4-37 生成凭证结果——业务二

实训四 计提当月折旧

实训任务

2025年6月30日，财务部对企业全部固定资产计提折旧。

任务解析

1. 背景知识

系统每期计提折旧一次，根据用户录入系统的资料自动计算每项资产的折旧，并自动生成折旧分配表，然后制作记账凭证，将本期的折旧费用自动登账。执行此功能后，系统将自动计提各个资产当期的折旧额，并将当期的折旧额自动累加到累计折旧项目。

2. 岗位说明

以会计W02身份完成计提固定资产折旧并生成相应的会计凭证。

实训指引

① 以会计人员"W02 张文华"身份登录,注册时间为2025年6月30日。

② 在固定资产系统中,执行"处理"|"计提本月折旧"命令,系统弹出"是否要查看折旧清单?"信息提示框,单击"否"按钮。

③ 系统继续弹出"本操作将计提本月折旧,并花费一定时间,是否要继续?"信息提示框,单击"是"按钮。

④ 系统计提折旧完成后,进入"折旧分配表"窗口,如图4-38所示;单击"凭证"按钮,进入"填制凭证"窗口。

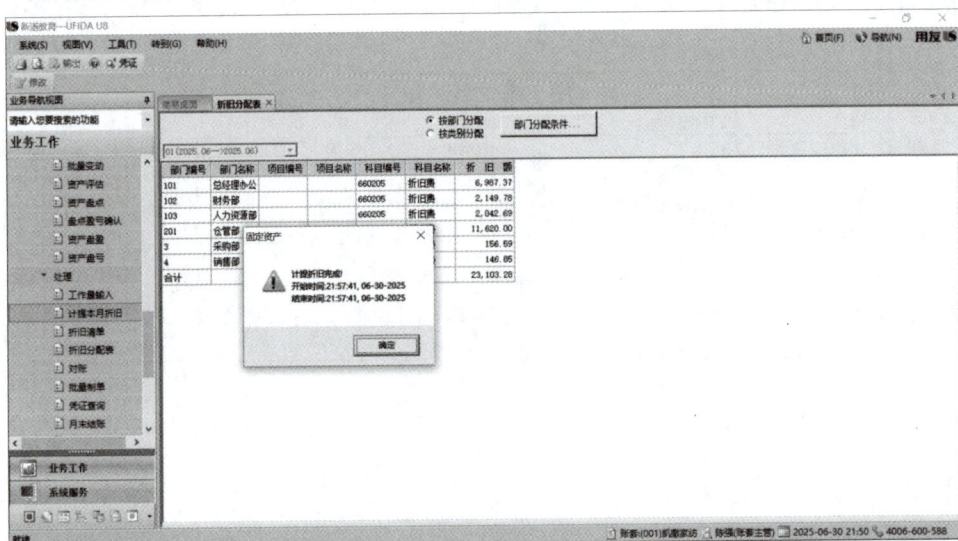

图 4-38　折旧分配表

⑤ 选择"凭证类别"为"转账凭证",修改"凭证日期"为"2025-06-30",单击"保存"按钮,完成凭证保存,如图4-39所示。

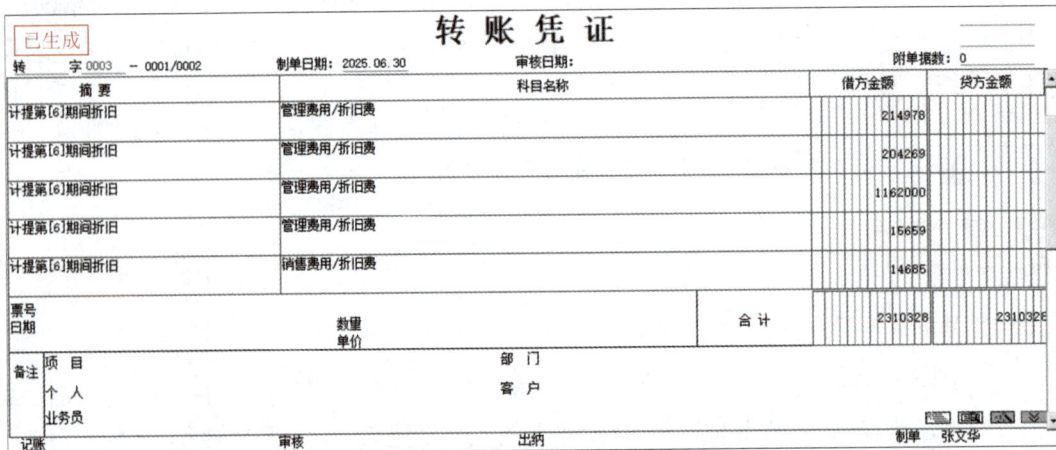

图 4-39　计提折旧生成凭证结果

❖ **特别提醒：**

◇ 自动计提折旧后，在"折旧分配表"处生成的凭证默认采用"按部门分配"方式分配费用。如需将同向会计科目合并显示，可以通过在"批量制单"的"制单设置"选项卡中选择"方向相同时合并分录""方向相反时合并分录"选项实现，生成凭证如图4-40所示。

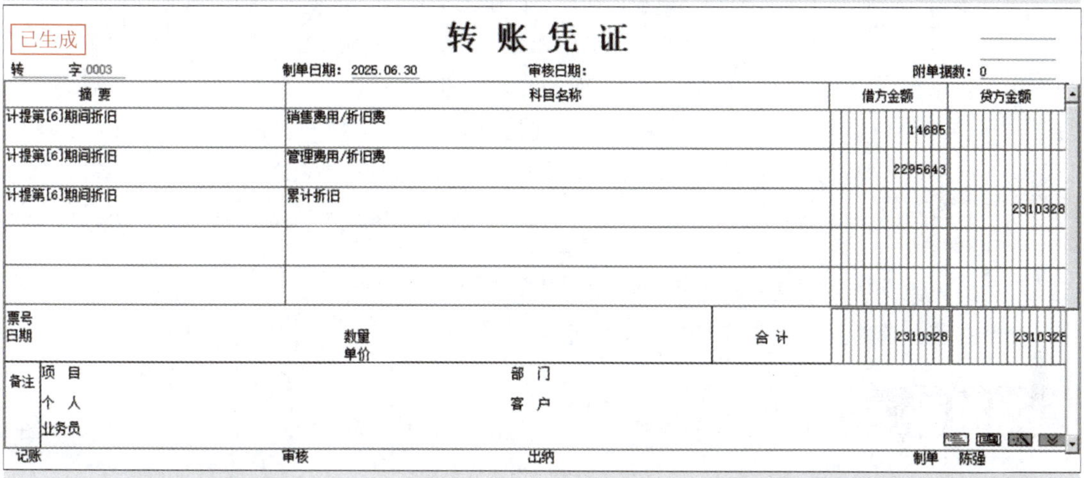

已生成	**转账凭证**			
转　字 0003	制单日期：2025.06.30	审核日期：		附单据数：0
摘要	科目名称		借方金额	贷方金额
计提第[6]期间折旧	销售费用/折旧费		14695	
计提第[6]期间折旧	管理费用/折旧费		2295643	
计提第[6]期间折旧	累计折旧			2310328
		合计	2310328	2310328
票号 日期	数量 单价			
备注 项目 个人 业务员	部门 客户			
记账	审核	出纳	制单　陈强	

图4-40　计提折旧生成凭证结果——方向相同时合并分录

◇ 如果上次计提折旧已经生成凭证，则需要通过执行"固定资产"|"处理"|"凭证查询"命令，删除已生成的凭证后才能重新计提折旧。

◇ 如果计提折旧的折旧方法为"工作量法"，则在计提折旧之前，要录入固定资产本月的工作量。

实训五　固定资产减少业务

实训任务

2025年6月30日，销售部由于使用的笔记本电脑配置过低不能满足实际工作需要，申请将其报废。相关原始凭证如图4-41、图4-42所示。

固定资产(报废、毁损)报告单
日期：2025 年 6 月 30 日

报废(毁损)固定资产名称及规格	资产编码	单位	数量	购买日期	已提折旧	资产净值	已使用年限(月)
笔记本电脑	024001	台	1	2020-11-01	8 076.75	823.25	55
报废(毁损)原因	笔记本电脑接近报废年限，配置过低无法满足业务处理需要，申请报废						
处理意见	申报部门主管意见 同意		设备主管鉴定意见 同意		固定资产管理部门意见 同意		主管部门审批 同意

审核：略　　　　　　　　　　制单：略

图4-41　固定资产(报废、毁损)报告单

收　据

日期：2025 年 6 月 30 日

今收到　董志强

金额(大写)　零佰零拾零万零仟陆佰柒拾零元零角零分　　現金付讫

收款事由　　　收购笔记本电脑货款

¥600.00　　　　　　　　　　　　　　　　　收款单位 (签章)

图 4-42　收款收据

任务解析

以会计W02身份在固定资产管理系统中完成固定资产减少处理并生成相应的会计凭证；在账务处理系统中录入固定资产清理收入及结转凭证。

实训指引

1. 在固定资产处理系统中完成固定资产减少处理并生成会计凭证

① 以会计人员"W02 张文华"身份登录，注册时间为2025年6月30日。

② 在固定资产系统中，执行"卡片"|"资产减少"命令，进入"资产减少"窗口。

③ "卡片编号"选择"024001"，单击"增加"按钮。

④ 选择"减少方式"为"报废"，"清理收入""栏输入"600"，"清理原因"栏输入"资产报废"，如图4-43所示。

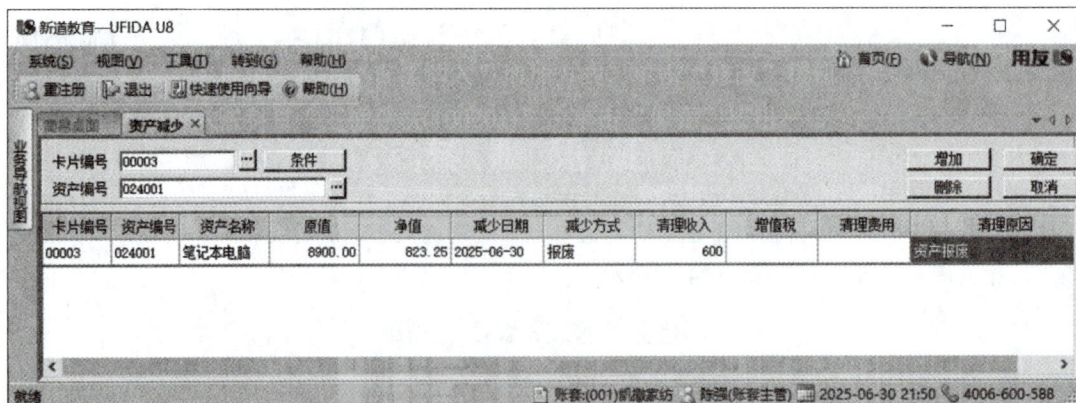

图 4-43　资产减少

⑤ 单击"确定"按钮，系统提示"所选卡片已经减少成功！"。

⑥ 关闭对话框后弹出"填制凭证"窗口，通过批量制单功能生成凭证，修改"凭证类别"为"收字凭证"，单击"保存"按钮，完成凭证保存，如图4-44所示。

收 款 凭 证

收 字 0001　　制单日期：2025.06.30　　审核日期：　　附单据数：0

摘要	科目名称	借方金额	贷方金额
资产减少	固定资产清理	82325	
资产减少－累计折旧	累计折旧	807675	
资产减少－清理收入	库存现金	60000	
资产减少－清理收入	固定资产清理		60000
资产减少－原值	固定资产		890000
票号 日期　　数量 单价	合计	950000	950000

备注　项目　　部门
个人　　客户
业务员

记账　　审核　　出纳　　制单　张文华

图 4-44　资产减少生成凭证结果

2. 在账务处理系统中录入固定资产清理收入及结转会计凭证

① 在总账管理系统中，执行“凭证”|“填制凭证”命令，打开“凭证”窗口。

② 单击“增加”按钮，修改“凭证类别”为“转账凭证”，“凭证日期”为“2025-06-30”，录入“摘要”为“结转固定资产清理”，根据实验资料图4-41、图4-42所示填制凭证，单击“保存”按钮，结转固定资产清理凭证保存成功，如图4-45所示。

转 账 凭 证

转 字 0005　　制单日期：2025.06.30　　审核日期：　　附单据数：

摘要	科目名称	借方金额	贷方金额
结转固定资产清理	营业外支出/非正常损失	22325	
结转固定资产清理	固定资产清理		22325
票号 日期　　数量 单价	合计	22325	22325

备注　项目　　部门
个人　　客户
业务员

记账　　审核　　出纳　　制单　张文华

图 4-45　填制凭证结果——结转固定资产清理

❖ 特别提醒：

✧ 固定资产清理科目余额计算过程为：823.25-600=223.25。

✧ 由于固定资产减少的当月仍需计提折旧，因此运行减少固定资产处理之前，必须完成本月折旧的计提工作。

实训六　固定资产管理系统对账与结账

实训任务

2025年6月30日，财务部对固定资产管理系统对账、结账。

任务解析

以出纳W03身份登录完成会计凭证的出纳签字；以会计W02身份登录完成凭证记账、固定资产管理系统与账务处理系统对账，以及固定资产管理系统结账；以财务经理W01身份进入总账管理系统完成凭证审核。

实训指引

1. 在账务处理系统中完成本月会计凭证的相关处理

① 以出纳人员"W03 黄宁"身份登录，注册时间为2025年6月30日。执行"财务会计"|"总账"|"凭证"|"出纳签字"命令，完成对本月凭证的出纳签字工作。

② 以财务经理"W01 汪小菲"身份登录，注册时间为2025年6月30日。执行"财务会计"|"总账"|"凭证"|"审核凭证"命令，完成对本月凭证的凭证审核工作。

③ 以会计人员"W02 张文华"身份登录，注册时间为2025年6月30日。执行"财务会计"|"总账"|"凭证"|"记账"命令，完成对本月凭证的记账工作。

❖ **特别提醒：**

◇ 如未通过"整理凭证"功能彻底删除首次计提折旧凭证，则在审核凭证时会提示有一张凭证编号为"转-3"的作废凭证，如图4-46所示。

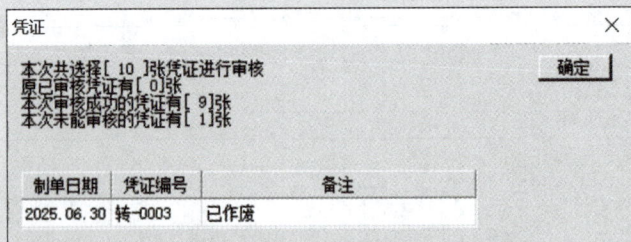

图 4-46　作废凭证未审核提示

2. 完成固定资产管理系统对账

在固定资产系统中，执行"处理"|"对账"命令，系统弹出"与财务对账结果"信息提示框，系统提示"结果：平衡"，单击"确定"按钮，如图4-47所示。

3. 完成固定资产管理系统结账

① 以会计人员"W02 张文华"身份登录，注册时间为2025年6月30日。在固定资产系统

中，执行"处理"|"月末结账"命令，打开"月末结账"对话框，如图4-48所示。

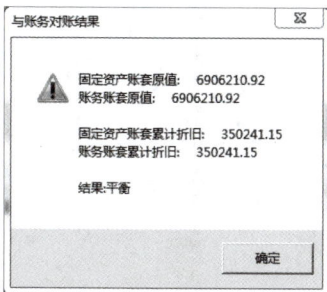

图 4-47 与财务对账结果——期末

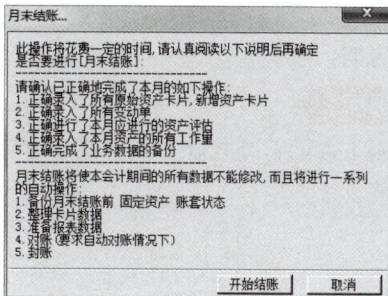

图 4-48 月末结账

② 单击"开始结账"按钮，打开"与账务对账结果"信息提示框。

③ 单击"确定"按钮，系统提示"月末结账成功完成！"，如图4-49所示。单击"确定"按钮，系统提示"本账套最新可修改日期已经更改为2025-07-01"。

图 4-49 月末结账成功提示

④ 将账套输出至"D:\凯撒家纺\4-1固定资产"。

拓展任务

取消资产减少

功能概要：实现已减少资产操作的撤销。

路径指引：

① 在固定资产系统中，执行"卡片"|"卡片管理"命令，在"卡片管理"界面选择"已减少资产"，如图4-50所示。

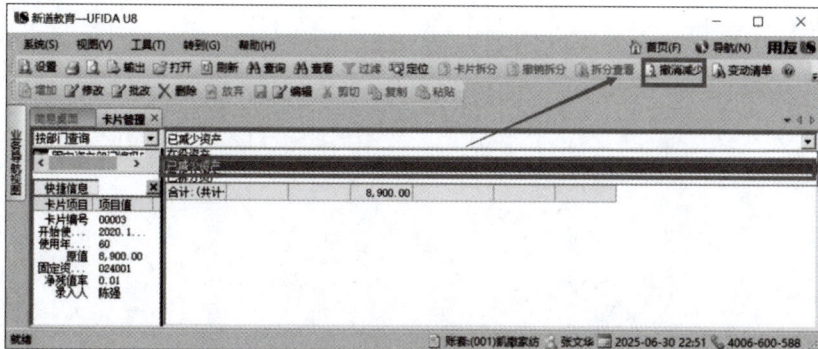

图 4-50 撤销已减少资产

② 选中需要恢复的资产，单击"撤销减少"按钮，提示是否恢复。

③ 单击"是"按钮，完成已减少资产的恢复。

岗位说明：账套主管。

❖ **特别提醒：**

◇ 如果在之前处理资产减少业务时已经生成凭证，则需将生成的凭证删除后，再撤销已
减少资产。

项目五 薪资管理

实训一 薪资管理系统初始化设置

实训任务

1. 启用薪资管理系统

启用凯撒家纺薪资管理系统，启用时间为2025年6月1日。

2. 建立薪资管理账套

凯撒家纺薪资管理系统的参数设置如表5-1所示。

表5-1 薪资管理系统参数

控制参数	参数设置
参数设置	工资类别个数：单个 核算币种：人民币RMB
扣税设置	要求代扣个人所得税
扣零设置	不进行扣零处理
人员编码	与公共平台的人员编码一致

3. 设置银行档案

凯撒家纺的银行档案设置如表5-2所示。

表5-2 银行档案

项目名称	参数设置
银行编码	01
银行名称	中国工商银行
账号长度	19
录入时自动带出的账号长度	15

4. 设置薪资管理系统人员档案

凯撒家纺薪资管理系统的人员档案设置如表5-3所示。

表5-3　人员档案

人员编号	人员姓名	性别	部门编码	部门名称	人员类别	账号
A01	陈　强	男	101	总经理办公室	企管人员	6222080302005462230
W01	汪小菲	男	102	财务部	企管人员	6222080302005462231
W02	张文华	女	102	财务部	企管人员	6222080302005462232
W03	黄　宁	男	102	财务部	企管人员	6222080302005462233
R01	李　霞	女	103	人力资源部	企管人员	6222080302005462234
C01	陈　晨	男	201	仓管部	企管人员	6222080302005462235
G01	林　群	男	3	采购部	企管人员	6222080302005462236
X01	王大国	男	4	销售部	销售人员	6222080302005462237
X02	刘　丽	女	4	销售部	销售人员	6222080302005462238

5. 设置工资项目

凯撒家纺的工资项目设置如表5-4所示。

表5-4　工资项目

项目名称	标记	类型	小数位数	增减项
基本工资	新增	10	2	增项
岗位工资	新增	10	2	增项
奖金	新增	10	2	增项
交补	新增	10	2	增项
加班费	新增	10	2	增项
应发合计		10	2	增项
社会保险费	新增	10	2	减项
住房公积金	新增	10	2	减项
缺勤扣款	新增	10	2	减项
代扣税		10	2	减项
扣款合计		10	2	减项
实发合计		10	2	增项
加班天数	新增	8	2	其他
缺勤天数	新增	8	2	其他
期初个税累计	新增	10	2	其他
期初收入累计	新增	10	2	其他
期初专项附加累计	新增	10	2	其他
本期应纳个税额	新增	10	2	其他
本期专项附加	新增	10	2	其他
期初累计减除费用	新增	10	2	其他
累计减除费用	新增	10	2	其他
个人所得税计提基数	新增	10	2	其他
预扣缴个税总额	新增	10	2	其他
五险一金计提基数	新增	10	2	其他
工资费用分配	新增	10	2	其他

6. 设置工资项目计算公式

凯撒家纺的工资项目计算公式设置如表5-5所示。

表5-5　工资项目计算公式

工资项目	定义公式
交补	"企管人员"500.00元/月、其他人员1 000.00元/月
缺勤扣款	如果缺勤天数≥5天，病假扣款=缺勤天数×100 如果2天≤缺勤天数<5天，病假扣款=病假天数×50 如果缺勤天数<2天，病假扣款=病假天数×30
加班费	加班天数×50
五险一金计提基数	基本工资+岗位工资
社会保险费(个人)	五险一金计提基数×10.2%
住房公积金	五险一金计提基数×12%
累计减除费用	期初累计减除费用+5000
个人所得税计提基数	期初收入累计+基本工资+岗位工资+交补+奖金+加班费-缺勤扣款-社会保险费-住房公积金-累计减除费用-期初专项附加累计-本期专项附加
本期应纳个税额	预扣缴个税总额-期初个税累计
工资费用分配	基本工资+岗位工资+交补+奖金+加班费-缺勤扣款

7. 设置薪资管理系统代扣个人所得税相关参数

自2019年1月1日起，依据正式施行新修订的《中华人民共和国个人所得税法》及其实施条例和《个人所得税专项附加扣除暂行办法》，以纳税人在本单位截至当前月份工资、薪金所得累计收入减除累计免税收入、累计减除费用、累计专项扣除、累计专项附加扣除和累计依法确定的其他扣除后的余额为累计预扣预缴应纳税所得额，适用个人所得税预扣率表如表5-6所示，计算累计应预扣预缴税额，再减除累计减免税额和累计已预扣预缴税额，其余额为本期应预扣预缴税额。

表5-6　2019年开始实行的7级超额累进个人所得税税率表

级数	累计预扣缴应纳税所得额(年收入)	税率(%)	速算扣除数
1	不超过36 000.00元	3	0
2	超过36 000.00元至144 000.00元的部分	10	2 520.00
3	超过144 000.00元至300 000.00元的部分	20	16 920.00
4	超过300 000.00元至420 000.00元的部分	25	31 920.00
5	超过420 000.00元至660 000.00元的部分	30	52 920.00
6	超过660 000.00元至960 000.00元的部分	35	85 920.00
7	超过960 000.00元的部分	45	181 920.00

任务解析

1. 背景知识

人力资源的核算和管理是企业管理的重要组成部分，其中对于企业员工的业绩考评和薪酬的确定正确与否更是关系到企业每一个职工的切身利益，对于调动每一个职工的工作积极性、正确处理企业与职工之间的经济关系具有重要意义。薪资管理是各企事业单位最经常使用的功能之一。在用友ERP-U8管理软件中,它作为人力资源管理系统的一个子系统存在。薪资管理系统与系统管理共享基础数据;薪资管理系统将工资分摊的结果生成转账凭证,传递到总账管理系统;另外,薪资管理系统向成本核算系统传送相关费用的合计数据。

(1) 建立工资账套

工资账套与企业核算账套是不同的概念,企业核算账套在系统管理中建立,是针对整个U8系统而言的,而工资账套只针对U8中的薪资管理子系统。可以说工资账套是企业核算账套的一个组成部分。要建立工资账套,前提是在系统管理中首先建立本单位的核算账套。

(2) 工资类别

如果企业按周或每月多次发放薪资,或者是企业中有多种不同类别的人员,这些人员工资发放项目不同,计算公式也不相同,但需要进行统一工资核算管理,那么在建立工资账套时应选择"多个"工资类别。

(3) 代扣个人所得税

依法纳税是每个公民的应尽义务。工资薪金所得是个人所得税的征税内容。U8薪资管理系统提供了是否在工资核算的同时代扣个人所得税选项设置。选择从工资中代扣个人所得税,系统将自动生成工资项目"代扣税",计算工资时自动进行代扣税金的计算。

(4) 人员档案设置

每个工资类别中都有归属于该类别的职工。在人员档案中,可以设置工资发放人员的姓名、职工编号、所在部门、人员类别等基本信息,也可以进行人员调离与停发等处理。此外,如果在人员附加信息设置中增加了职工职称、电话、身份证号等辅助信息,也可以管理人员的附加信息,使薪资管理系统具备简单的人事管理系统职能。

(5) 工资项目设置

工资项目设置即定义工资项目的名称、类型、宽度、小数、增减项。系统中预置了一些固定项目,是工资账中必不可少的,包括"应发合计""扣款合计""实发合计",这些项目不能删除和重命名。其他项目可根据实际情况定义或参照增加,如基本工资、奖励工资、请假天数等。

(6) 公式设置

定义某些工资项目的计算公式及工资项目之间的运算关系。例如:缺勤扣款=基本工资÷月工作日×缺勤天数。运用公式可直观地表达工资项目的实际运算过程,灵活地进行工资计算处理。定义公式可通过选择工资项目、运算符、关系符、函数等组合完成。

2. 岗位说明

以账套主管A01身份启用薪资管理系统并完成相关基础设置,以会计W02身份进行薪资管理系统初始化设置。

实训指引

以系统管理员身份在系统管理中引入"3-1总账初始化"账套作为基础数据。

1. 启用薪资管理系统

① 以账套主管"A01 陈强"身份登录企业应用平台,在"基础设置"中,执行"基本信

息"|"系统启用"命令，进入"系统启用"窗口。

② 选中"薪资管理"复选框，打开"日历"对话框，设置启用日期为"2025-06-01"，单击"确定"按钮。

2. 建立工资账套

① 以会计人员"W02张文华"身份登录平台，在"业务工作"中，执行"人力资源"|"薪资管理"命令，打开"建立工资套——参数设置"对话框。

② 在建账第一步"参数设置"中，选择本账套所需处理的工资类别个数为"单个"，默认的货币名称为"人民币"，如图5-1所示。

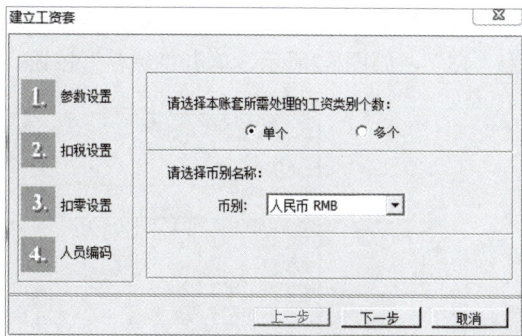

图5-1　建立工资套——参数设置

❖ **特别提醒：**

◇ 工资账套与企业核算账套是不同的概念，企业核算账套是针对整个用友U8系统的，在"系统管理"中建立；而工资账套仅针对于薪资管理子系统。企业核算账套包含工资账套。

◇ 如果企业在一个周期内多次发薪或是单位有不同类别人员，各类别工资项目与计算公式有所不同，但需要统一核算管理，则应选择工资类别个数为"多个"。

③ 单击"下一步"按钮，在建账第二步"扣税设置"中，勾选"是否从工资中代扣个人所得税"复选框。

❖ **特别提醒：**

◇ 选中"是否从工资中代扣个人所得税"复选框后，系统自动生成工资项目"代扣税"。

④ 单击"下一步"按钮，在建账第三步"扣零设置"中，不勾选"扣零"复选框。

❖ **特别提醒：**

◇ 所谓扣零是指将本月工资中的尾数留待下月合并处理。扣零方式各单位有所不同，有的单位将元以下扣零，有的单位将拾元以下扣零。扣零方式设置就是由使用单位确定进行扣零处理的工资数据单位。

◇ 若选择进行扣零处理，系统自动生成工资项目"本月扣零"和"上月扣零"，并在计算工资时将依据所选择的扣零类型将零头扣下，并在积累成整时补上。扣零的计算公式将由系统自动定义，无须设置。

⑤ 单击"下一步"按钮，在建账第四步"人员编码"中，系统要求和公共平台中的人员编码保持一致，单击"完成"按钮。

❖ **特别提醒：**

◇ 工资账套建账完毕后，部分参数可通过执行"设置"|"选项"命令进行修改。

3. 设置银行档案

① 以账套主管"A01 陈强"身份登录企业应用平台，在"基础设置"中，执行"基础档

案"|"收付结算"|"银行档案"命令，进入"银行档案"窗口。

② 单击"修改"按钮，打开"修改银行档案"对话框，增加"中国工商银行 (01)"，勾选"个人账户规则"中的"定长"复选框，"账号长度"为"19"，"自动带出个人账号长度"为"15"，如图5-2所示，单击"保存"按钮。

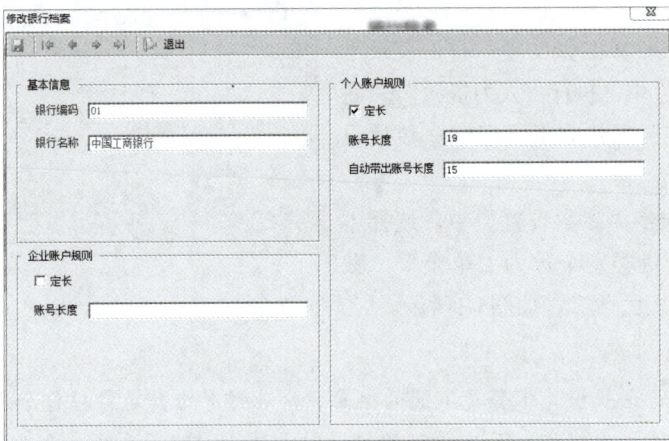

图 5-2　修改银行档案

4. 设置薪资管理系统人员档案

① 以会计人员"W02 张文华"身份登录平台，在薪资管理系统中，执行"设置"|"人员档案"命令，进入"人员档案"窗口。

② 单击"批增"按钮，打开"人员批量增加"对话框。

③ 在左侧的"人员类别"列表框中，选择所有部门，单击右侧"查询"按钮，所选人员类别下的人员档案出现在右侧列表框中，如图5-3所示。

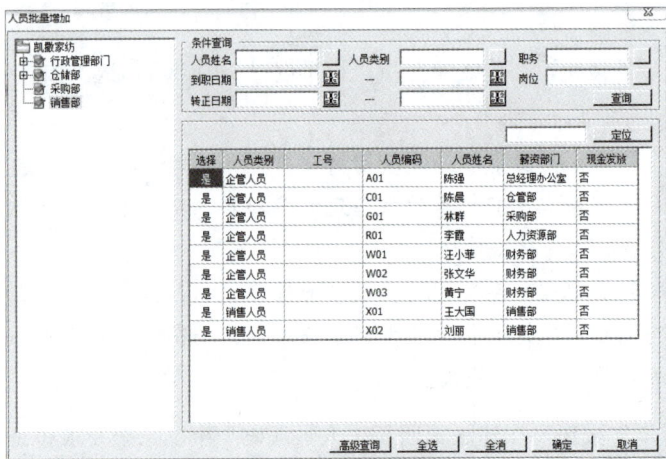

图 5-3　人员批量增加

④ 单击"确定"按钮返回。选中"A01 陈强"所在行，单击"修改"按钮，进入"人员档案明细"对话框，在"基本信息"选项卡中，修改人员档案信息。选择"银行名称"为"中国工商银行"，录入"银行账号"为"6222080302005462230"，单击"确定"按钮，系统提示"写入该人员档案信息吗？"，如图5-4所示。

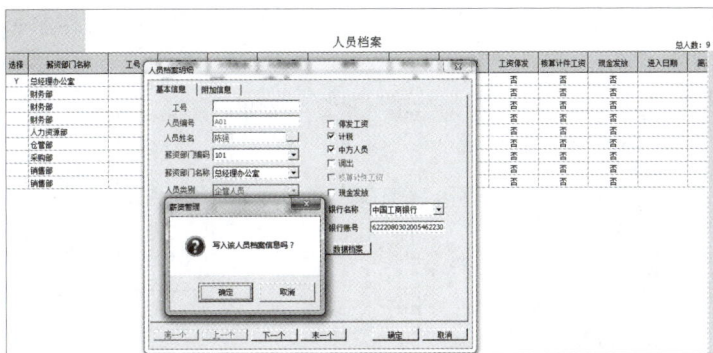

图 5-4　修改薪资管理系统人员档案

⑤ 单击"确定"按钮，系统自动跳转到下一人。根据实验资料表5-3完成其余人员档案信息修改，如图5-5所示。

选择	薪资部门名称	工号	人员编号	人员姓名	人员类别	账号	中方人员	是否计税	工资停发	核算计件工资	现金发放	进入日期
	总经理办公室		A01	陈强	企管人员	6222080302005462230	是	是	否	否	否	
	财务部		W01	汪小菲	企管人员	6222080302005462231	是	是	否	否	否	
	财务部		W02	张文华	企管人员	6222080302005462232	是	是	否	否	否	
	财务部		W03	黄宁	企管人员	6222080302005462233	是	是	否	否	否	
	人力资源部		R01	李霞	企管人员	6222080302005462234	是	是	否	否	否	
	仓管部		C01	陈晨	企管人员	6222080302005462235	是	是	否	否	否	
	采购部		G01	林群	企管人员	6222080302005462236	是	是	否	否	否	
	销售部		X01	王大国	销售人员	6222080302005462237	是	是	否	否	否	
	销售部		X02	刘丽	销售人员	6222080302005462238	是	是	否	否	否	

图 5-5　薪资管理系统人员档案

❖ **特别提醒：**

◇ 薪资管理系统各工资类别中的人员档案一定是来自企业应用平台基础档案设置中设置的人员档案。企业应用平台中设置的人员档案是企业全部职工信息，薪资管理系统中的人员档案是需要进行工资发放和管理的人员，它们之间是包含关系。

5. 设置工资项目

① 在薪资管理系统中，执行"设置"|"工资项目设置"命令，打开"工资项目设置"对话框。

② 在"工资项目"中，单击"增加"按钮，"工资项目"列表中增加一空行。

③ 单击"名称参照"下拉列表框，从下拉列表中选择"基本工资"选项，如图5-6所示。

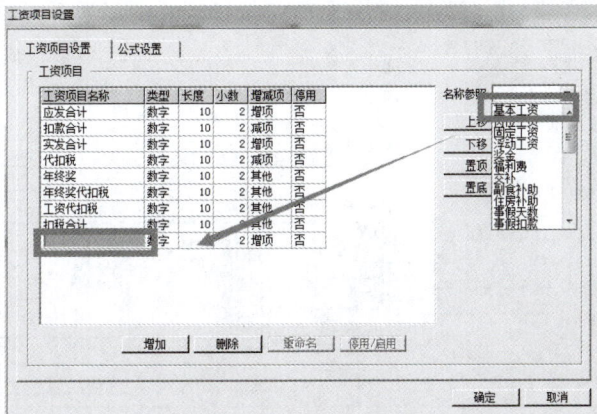

图 5-6　增加工资项目

④ 单击"增加"按钮,根据实验资料表5-4增加其他工资项目("名称参照"未涉及项目,请手工录入),如图5-7所示。

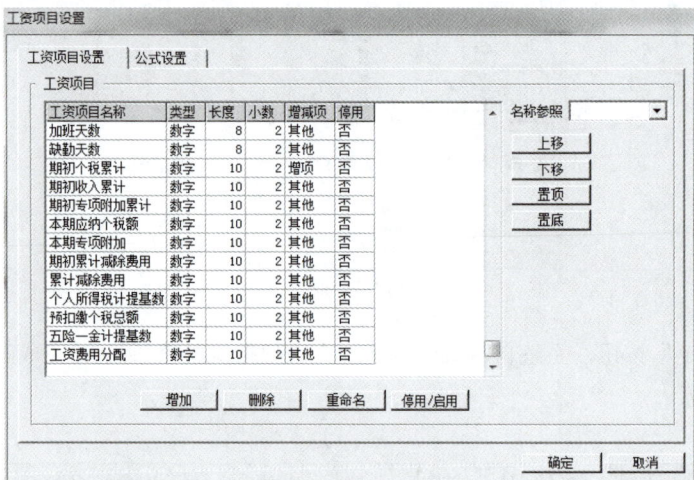

图 5-7 工资项目增加

❖ **特别提醒:**

◇ "个人所得税计提基数""五险一金计提基数"等新增工资项目是为了后续方便计算或计提相关费用而设立的过渡性项目,不参与职工应发、实发工资的计算,故务必选择"增减项"为"其他"。

◇ 工资项目不能重复选择。没有选择的工资项目不允许在计算公式中出现。不能删除已输入数据的工资项目和已设置计算公式的工资项目。

6. 设置工资项目计算公式

(1) 设置不含函数的计算公式

① 在"工资项目设置"对话框中,打开"公式设置"选项卡。

② 单击"增加"按钮,在"工资项目"列表中增加一空行,单击该行,在下拉列表中选择"加班费"选项,如图5-8所示。

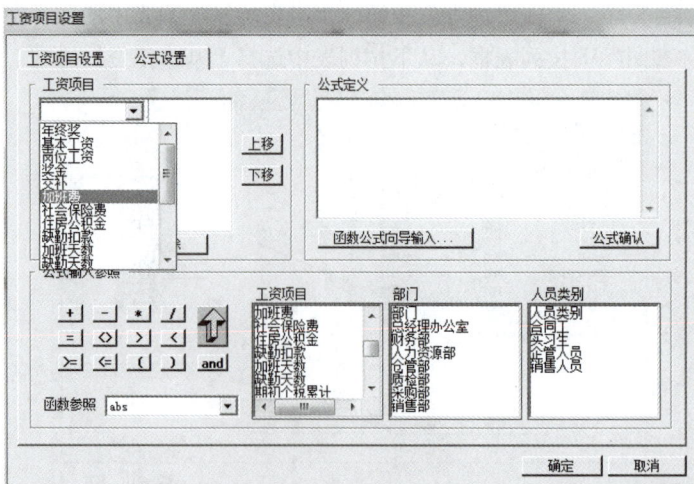

图 5-8 公式设置——加班费

③ 将光标定位在"公式定义"文本框中，单击"工资项目"列表中的"加班天数"。

④ 单击运算符"*"，在"加班费公式定义"文本框中录入"50"，如图5-9所示。

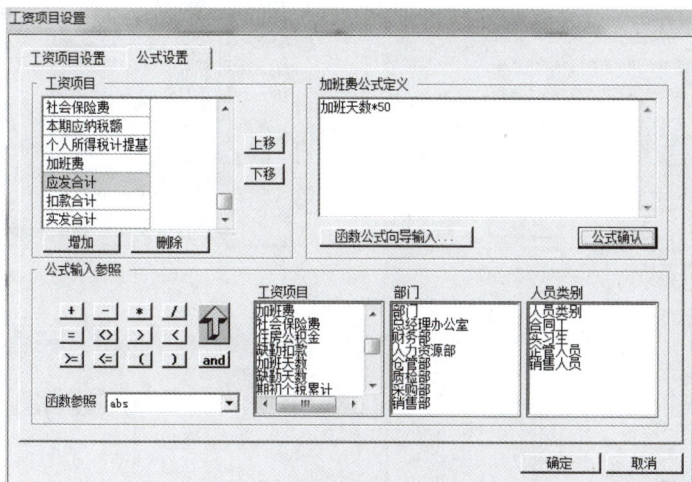

图 5-9　公式设置结果——加班费

⑤ 单击"公式确认"按钮，完成"加班费"项目的计算公式设置。

⑥ 同理，根据实验资料表5-5完成"五险一金计提基数""社会保险费""住房公积金""工资费用分配""个人所得税计提基数""本期应纳税额"项目的公式设置。

❖ **特别提醒：**

◇ 公式中如包含百分数，录入时需转换为小数形式。

◇ "应发合计""扣款合计""实发合计"为系统自动生成，不可修改。其中，"应发合计"项目公式为所有标记为"增项"工资项目求和；"扣款合计"为所有标记为"减项"工资项目求和。

◇ 没有设置的工资项目不允许在计算公式中出现。

◇ 相同的工资项目可以设置多个计算公式，按照定义公式的排序多次计算，以最后的计算结果为准。

(2) 设置包含函数的计算公式

① 单击"增加"按钮，在"工资项目"列表中增加一空行，单击该行，在弹出的下拉列表中选择"缺勤扣款"选项。

② 单击"函数公式向导输入"按钮，打开"函数向导——步骤之1"对话框，从"函数名"列表中选择"iff"，如图5-10所示。

③ 单击"下一步"按钮，打开"函数向导——步骤之2"对话框。

④ 单击"逻辑表达式"参照按钮，打开"参照"对话框，从"参照列表"中选择"缺勤天数"，单击"确定"按钮，如图5-11所示。

⑤ 在"算术表达式1"文本框中输入"缺勤天数*100"，如图5-12所示，单击"完成"按钮。

⑥ 返回"公式设置"选项卡。单击"缺勤扣款公式定义"文本框中iff函数的第一个参数位置，补录逻辑条件">=5"，如图5-13所示。

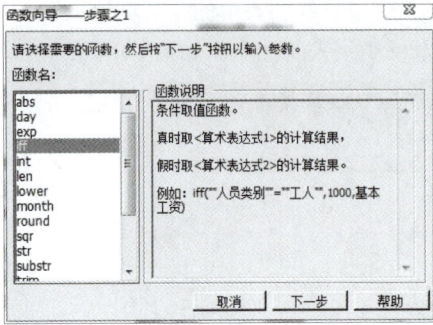

图 5-10 函数向导——步骤之 1

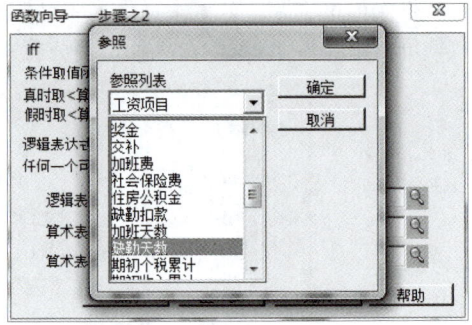

图 5-11 录入逻辑表达式

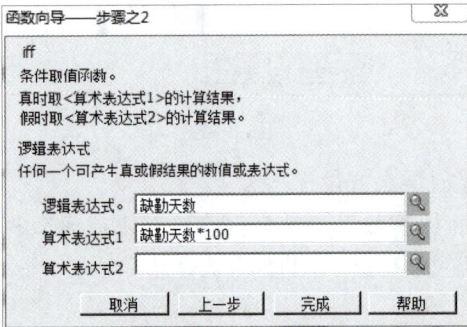

图 5-12 算术表达式 1

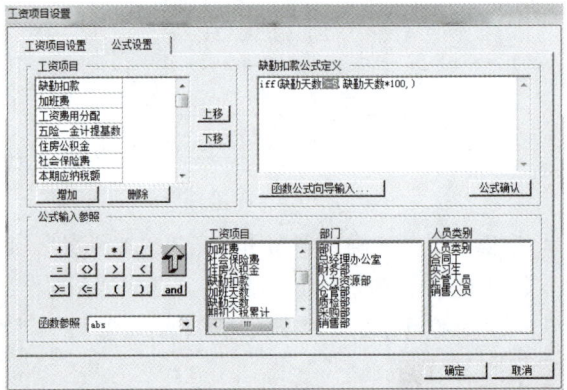

图 5-13 补录逻辑表达式条件

⑦ 在iff函数第三个参数位置，继续单击"函数公式向导输入"按钮，打开"函数向导——步骤之1"对话框。

⑧ 从"函数名"列表中选择"iff"，单击"下一步"按钮，打开"函数向导——步骤之2"对话框。

⑨ 同理，在"逻辑表达式"文本框中输入"缺勤天数"，在"算术表达式1"文本框中输入"缺勤天数*50"，在"算术表达式2"文本框中输入"缺勤天数*30"，单击"完成"按钮，返回"公式设置"选项卡。

⑩ 补录第二个iff函数逻辑条件">=2"，单击"公式确认"按钮，如图5-14所示。

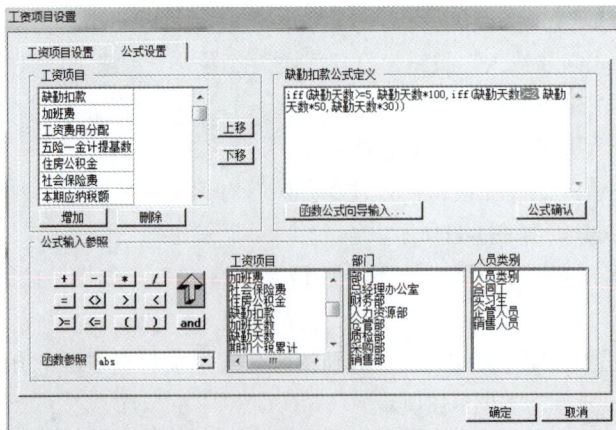

图 5-14 缺勤扣款计算公式

⑪ 同理，设置"交补"计算公式为"iff(人员类别="企管人员",500,1000)"。

❖ **特别提醒：**

◇ 参照录入"交补"计算公式逻辑条件时，需首先在"参照列表"中选中"人员类别"选项。

⑫ 单击"上移""下移"按钮，根据实验资料表5-5调整各工资项目计算公式的顺序。

❖ **特别提醒：**

◇ 计算公式是有先后顺序的。例如本例中"社会保险费"公式中包含有"五险一金计提基数"，故"五险一金计提基数"计算公式需排列在"社会保险费"之前，否则会导致计算结果不准确。

7. 设置薪资管理系统代扣个人所得税相关参数

① 执行"设置"|"选项"命令，打开"选项"对话框，单击"编辑"按钮。

② 单击"扣税设置"选项卡，将个人所得税申报表中"收入额合计"项对应的工资项目调整为"个人所得税计提基数"，如图5-15所示。

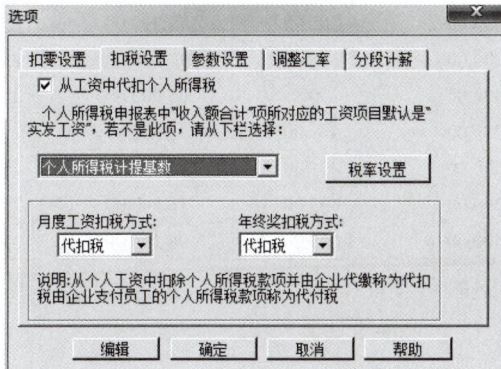

图 5-15　选项——扣税设置

③ 单击"税率设置"按钮，打开"个人所得税申报表——税率表"对话框。

④ 调整系统预置的所得税纳税基数为"0"，附加费用为"0"。根据实验资料表5-6按照国家现行规定调整税率表，如图5-16所示。

图 5-16　税率表

⑤ 单击"确定"按钮返回。

实训二　工资数据变动及计算

实训任务

1. 职工工资基本数据

凯撒家纺2025年6月初在职企业人员工资情况如表5-7所示。

表5-7　6月初企业人员工资

单位：元

姓名	基本工资	岗位工资	期初个税累计	期初收入累计	期初累计减除费用	期初专项附加累计
陈　强	18 000.00	12 000.00	2 480.00	110 000.00	25 000.00	
汪小菲	16 000.00	10 000.00	1 035.00	94 500.00	25 000.00	
张文华	15 000.00	6 000.00	405.00	74 700.00	25 000.00	2 000.00
黄　宁	13 000.00	5 000.00	345.00	71 500.00	25 000.00	
李　霞	15 000.00	6 000.00	0	65 000.00	25 000.00	15 000.00
陈　晨	13 000.00	5 000.00	480.00	76 000.00	25 000.00	
林　群	16 000.00	8 000.00	495.00	76 500.00	25 000.00	
王大国	16 000.00	8 000.00	495.00	76 500.00	25 000.00	
刘　丽	17 000.00	9 000.00	1 095.00	96 500.00	25 000.00	

本月张文华可抵扣专项附加(继续教育)400.00元，李霞可抵扣专项附加(赡养老人)3 000.00元。

2. 本月考勤情况

根据职工出勤表，录入2025年6月工作人员的考勤数据。原始凭证如图5-17所示。

职工出勤表

部　门	职　务	姓　名	加班天数	缺勤天数
总经理办公室	总经理	陈　强		
财务部	财务经理	汪小菲	2	1
	会计	张文华	5	
	出纳	黄　宁	5	6
人力资源部	经理	李　霞		2
仓管部	仓管员	陈　晨		
采购部	采购员	林　群	3	
销售部	销售经理	刘　丽	2	
	销售员	王大国	5	

部门经理：略　　　　　　　　　　　　　　　　　　　　　　　　　制表人：略

图 5-17　职工出勤表

3. 本月特别奖励

根据公司发布的奖励通知，调整工资数据并完成本月工资计算。原始凭证如图5-18所示。

天津凯撒家纺股份有限公司关于发放2025年度第一季度特别奖励的通知

各单位、各部门：

因2025年第一季度销售部推广产品业绩较好，为了激励先进，充分调动全体员工的工作积极性，经公司研究决定对销售部员工给予每人1000.00元奖励并于本月一次性发放。

天津凯撒家纺股份有限公司

2025 年 6 月 16 日

图 5-18　奖励通知

任务解析

1. 背景知识

薪资管理系统数据处理的基础是每个职工的各项基本工资数据。职工工资数据按输入频率，通常可分成：每月相对固定不变的部分，如基本工资；每月变动的部分，如病事假扣款。每月固定不变的数据在系统投入使用时一次输入，长期使用，只在提职、提薪、晋级时才进行修改；每月变动部分则需要在每月处理工资数据前进行编辑修改。

(1) 工资变动数据处理

在进行本月工资计算和汇总之前，需要将本月变动的工资数据录入系统，如本月请假天数与扣款有关、职务变动与职务津贴有关。

(2) 工资计算

U8系统按照事先定义好的计算公式计算职工的应发合计、扣款合计、实发合计，并按照个人所得税税率表相关设置同时完成代扣个人所得税的计算。

2. 岗位说明

以会计W02身份完成工资数据的录入及计算。

实训指引

1. 基本工资数据录入

① 以会计人员"W02 张文华"身份登录平台，在薪资管理系统中，执行"业务处理"|"工资变动"命令，进入"工资变动"窗口。

② 单击"过滤器"下拉列表框，从中选择"过滤设置"选项，打开"项目过滤"对话框。

③ 选择"工资项目"列表框中的"基本工资""岗位工资""期初个税累计""期初收入累计""期初专项附加累计""期初累计减除费用"和"本期专项附加"选项，单击">"按钮，将这7项选入"已选项目"列表框中，如图5-19所示。

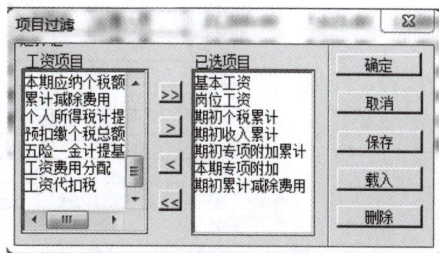

图 5-19　项目过滤

❖ **特别提醒：**

◇ 由于本例为年中启用薪资管理，缺少5个月工资数据，故"期初个税累计""期初收入累计""期初专项附加累计"三项数据采取手工录入方式。在下一月份，"期初个税累计"可通过执行"替换"|"函数"命令取上月"代扣税"金额；"期初收入累计"可通过执行"替换"|"函数"命令取上月"个人所得税计提基数"金额；"期初专项附加累计"可通过执行"替换"命令，定义公式"期初专项附加累计+本期专项附加"进行处理，也可通过LSSL( )函数计算本年度历史月份"本期专项附加"合计金额进行替换，如图5-20所示。

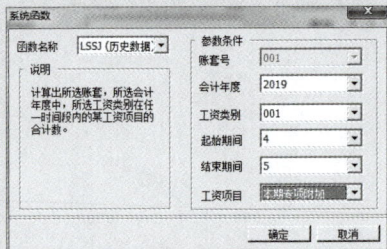

图 5-20 系统函数

④ 单击"确认"按钮，返回"工资变动"窗口，此时每个人的工资项目只显示7项。

⑤ 根据实验资料表5-7录入工作人员的基本工资数据，如图5-21所示。

选择	工号	人员编号	姓名	部门	人员类别	基本工资	岗位工资	期初个税累计	期初收入累计	期初专项附加累计	本期专项附加	期初累计减除费用
		A01	陈强	总经理办公室	企管人员	18,000.00	12,000.00	2,480.00	110,000.00			25,000.00
		W01	汪小菲	财务部	企管人员	16,000.00	10,000.00	1,035.00	94,500.00			25,000.00
		W02	张文华	财务部	企管人员	15,000.00	6,000.00	405.00	74,700.00	2,000.00	400.00	25,000.00
		W03	黄宁	财务部	企管人员	13,000.00	5,000.00	345.00	71,500.00			25,000.00
		R01	李霞	人力资源部	企管人员	15,000.00	6,000.00		65,000.00	15,000.00	3,000.00	25,000.00
		C01	陈晨	仓管部	企管人员	13,000.00	5,000.00	480.00	76,000.00			25,000.00
		G01	林群	采购部	企管人员	16,000.00	8,000.00	495.00	76,500.00			25,000.00
		X01	王大国	销售部	销售人员	16,000.00	8,000.00	495.00	76,500.00			25,000.00
		X02	刘丽	销售部	销售人员	17,000.00	9,000.00	1,095.00	96,500.00			25,000.00
合计						139,000.00	69,000.00	6,830.00	741,200.00	17,000.00	3,400.00	225,000.00

图 5-21 工资变动——基础数据

2. 录入本月考勤情况

① 在"工资变动"窗口中单击"过滤器"下拉列表框，从中选择"过滤设置"选项，打开"项目过滤"对话框。

② 选择"工资项目"列表框中的"加班天数"和"缺勤天数"选项，单击">"按钮，将这两项选入"已选项目"列表框中。

③ 单击"确认"按钮，返回"工资变动"窗口，此时每个人的工资项目只显示两项。

④ 根据实验资料图5-17录入工作人员的考勤数据，如图5-22所示。

工资变动

过滤器 □定位器

选择	工号	人员编号	姓名	部门	人员类别	加班天数	缺勤天数
		A01	陈强	总经理办公室	企管人员		
		W01	汪小菲	财务部	企管人员	2.00	1.00
		W02	张文华	财务部	企管人员	5.00	
		W03	黄宁	财务部	企管人员	5.00	6.00
		R01	李霞	人力资源部	企管人员		2.00
		C01	陈晨	仓管部	企管人员		
		G01	林群	采购部	企管人员	3.00	
		X01	王大国	销售部	销售人员	5.00	
		X02	刘丽	销售部	销售人员	2.00	
合计						22.00	9.00

图 5-22 工资变动——考勤数据

3. 工资计算及汇总

(1) 数据替换

① 在"工资变动"窗口中单击"全选"按钮，在所有人员记录的"选择"栏显示Y。

② 单击"替换"按钮，单击"工资项目"下拉列表框，从中选择"奖金"选项，在"替换成"文本框中输入"奖金+1000"。

③ 在"替换条件"文本框中分别选择"部门""=""销售部"，如图5-23所示。

④ 单击"确定"按钮，系统弹出"数据替换后将不可恢复。是否继续？"信息提示框，单击"是"按钮，系统弹出"2条记录被替换，是否重新计算？"信息提示框，单击"是"按钮，系统自动完成工资计算。

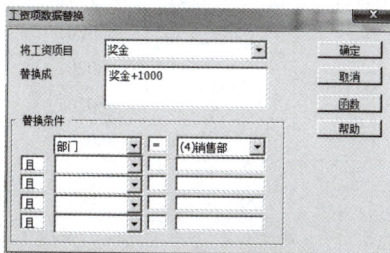

图 5-23　工资项数据替换——奖金

(2) 计算并汇总本月工资

① 在"工资变动"窗口中单击"计算"按钮，计算工资数据。

② 单击"汇总"按钮，汇总工资数据。

③ 选中全部人员，将"预扣缴个税总额"替换成为"代扣税"金额。

④ 依次单击"计算""汇总"按钮，结果如图5-24所示，退出"工资变动"窗口。

选择	工号	人员编号	姓名	部门	人员类别	岗位工资	奖金	交补	加班费	社会保险费	住房公积金	缺勤扣款	本期应纳个税额	个人所得税计提基数	工资费用分配
		A01	陈强	总经理办公室	企管人员	12,000.00		500.00		3,060.00	3,600.00		5,384.00	103,840.00	30,500.00
		W01	汪小华	财务部	企管人员	10,000.00		500.00	100.00	2,652.00	3,120.00	30.00	4,974.80	85,298.00	26,570.00
		W02	张文华	财务部	企管人员	6,000.00		500.00	250.00	2,142.00	2,520.00		3,013.80	59,388.00	21,750.00
		W03	黄宁	财务部	企管人员	5,000.00		500.00	250.00	1,836.00	2,160.00	600.00	2,700.40	55,654.00	18,150.00
		B01	李霞	人力资源部	企管人员	6,000.00		500.00		2,142.00	2,520.00	100.00	1,012.14	33,738.00	21,400.00
		C01	陈晨	仓管部	企管人员	5,000.00		500.00		1,836.00	2,160.00		3,050.40	60,504.00	18,500.00
		G01	林群	采购部	企管人员	8,000.00		500.00	150.00	2,448.00	2,880.00		3,567.20	65,822.00	24,650.00
		X01	王大国	销售部	销售人员	8,000.00	1,000.00	1,000.00	250.00	2,448.00	2,880.00		3,727.20	67,422.00	26,250.00
		X02	刘丽	销售部	销售人员	9,000.00	1,000.00	1,000.00	100.00	2,652.00	3,120.00		5,267.80	88,828.00	28,100.00
合计						69,000.00	2,000.00	5,500.00	1,100.00	21,216.00	24,960.00	730.00	32,697.74	620,494.00	215,870.00

图 5-24　工资变动计算结果

❖ **特别提醒：**

◇　"代扣税"为系统预设科目，不能够直接参与工资项目计算公式定义，故设置"预扣缴应纳个税总额"项目，通过替换"代扣税"金额，实现计算"本期应纳个税"金额的目的。

实训三　工资分摊设置

实训任务

凯撒家纺的工资费用分摊设置如表5-8所示。

表5-8　工资费用分摊

工资分摊 部门		应付工资(100%)		个人社会保险(10.2%)		公司社会保险(32.8%)	
		工资费用分配		五险一金计提基数		五险一金计提基数	
		借方科目	贷方科目	借方科目	贷方科目	借方科目	贷方科目
行政管理部门	企管人员	660201				660201	
仓管部	企管人员	660201	221101	221101	224102	660201	221103
采购部	企管人员	660201				660201	
销售部	销售人员	660104				660104	

工资分摊 部门		个人住房公积金(12%)		公司住房公积金(12%)		代扣个人所得税(100%)	
		五险一金计提基数		五险一金计提基数		本期应纳个税额	
		借方科目	贷方科目	借方科目	贷方科目	借方科目	贷方科目
行政管理部门	企管人员			660201		660201	
仓管部	企管人员	221101	224101	660201	221105	660201	222104
采购部	企管人员			660201		660201	
销售部	销售人员			660104		660104	

任务解析

1. 背景知识

与职工工资总额相关的费用计提及计算包括：个人所得税、从职工工资中代扣的个人应缴纳的三险一金、企业应为职工缴纳的社保和公积金、按工资总额的一定比例计提的工会经费、职工教育经费等。

由于不同类别的人员费用分摊入账科目不同，因此可按照人员类别事先定义转账凭证模板，每月进行工资分摊计算生成凭证即可。

2. 岗位说明

以会计W02身份完成工资费用分摊设置。

实训指引

① 以会计人员"W02 张文华"身份登录平台，在薪资管理系统中，执行"业务处理"|"工资分摊"命令，打开"工资分摊"对话框。

② 单击"工资分摊设置"按钮，打开"分摊类型设置"对话框。

③ 单击"增加"按钮，打开"分摊计提比例设置"对话框。

④ 输入"计提类型名称"为"应付工资"，如图5-25所示。

⑤ 单击"下一步"按钮，打开"分摊构成设置"对话框，根据实验资料表5-8进行设置，注意"工资项目"选择"工资费用分配"，如图5-26所示。

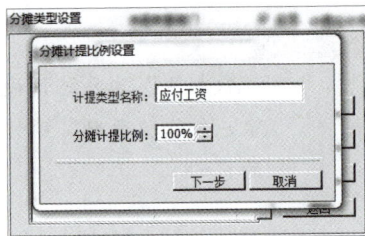

图 5-25　分摊计提比例设置

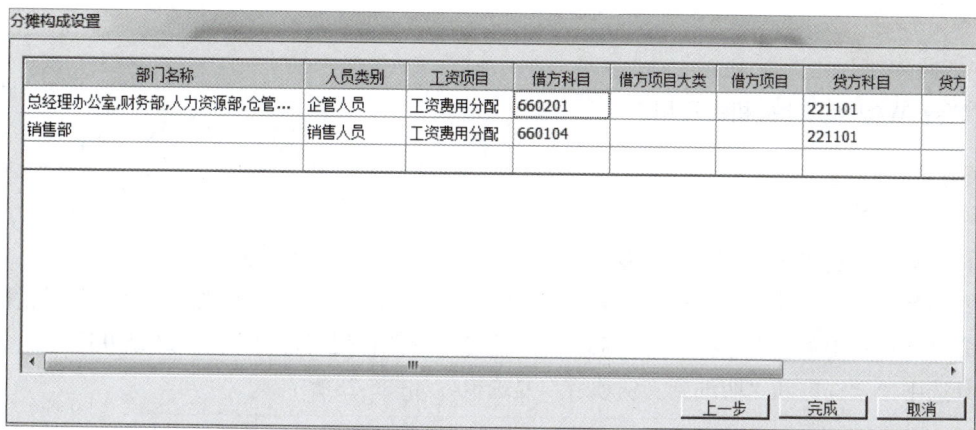

图 5-26　分摊构成设置

⑥ 返回"分摊类型设置"对话框。根据实验资料表5-8完成个人社会保险、代扣个人所得税等分摊计提项目的设置，如图5-27所示。

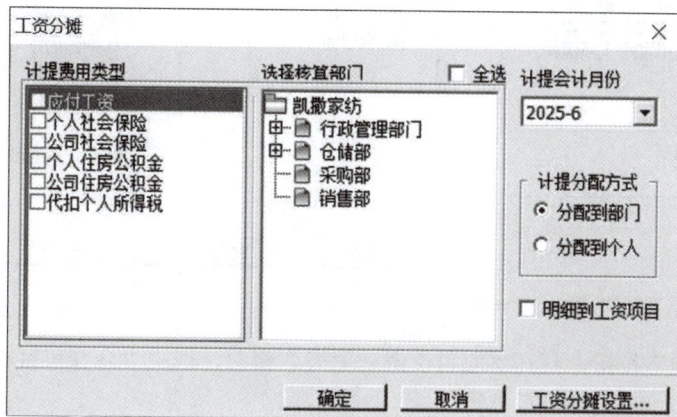

图 5-27　工资分摊

❖ **特别提醒：**

◇ "个人社会保险费"计提比例10.2%，涵盖由个人承担的养老保险8%、医疗保险2%及失业保险2‰。

◇ "公司社会保险费"计提比例为32.8%，涵盖由企业承担的养老保险20%、医疗保险10%、失业保险1%、工伤保险1%及生育保险8‰。

实训四　工资分摊相关账务处理

实训任务

2025年6月20日，财务部按规定计提本月应付职工工资、代扣个人所得税及三险一金，以及本月应交的五险一金(选中"合并科目相同、辅助项相同的分录"复选框，计提表略)。

任务解析

以会计W02身份计提相关费用。

实训指引

① 以会计人员"W02 张文华"身份登录，注册时间为2025年6月20日。

② 在薪资管理系统中，执行"业务处理"|"工资分摊"命令，打开"工资分摊"对话框。

③ "计提费用类型"选择"应付工资"，确定"分摊计提的月份"为"2025-06"。

④ 选中"全选"和"明细到工资项目"复选框，如图5-28所示。

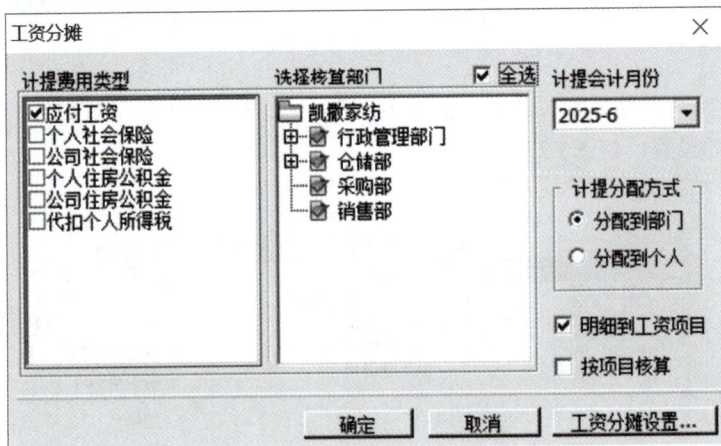

图 5-28　计提费用——应付工资

⑤ 单击"确定"按钮，打开"应付工资一览表"窗口，选中"合并科目相同、辅助项相同的分录"复选框，如图5-29所示。

应付工资一览表

□ 合并科目相同、辅助项相同的分录

类型 应付工资　　　　　　　　　　　　　　　　　　　　计提会计月份　　6月

部门名称	人员类别	工资费用分配		
		分配金额	借方科目	贷方科目
总经理办公室		30500.00	660201	221101
财务部		66470.00	660201	221101
人力资源部	企管人员	21400.00	660201	221101
仓管部		18500.00	660201	221101
采购部		24650.00	660201	221101
销售部	销售人员	54350.00	660104	221101

图 5-29　应付工资一览表

⑥ 单击工具栏上的"制单"按钮，即可生成记账凭证，选择凭证类别为"转账凭证"，如图5-30所示。

转 账 凭 证

已生成

| 转 字 0001 | 制单日期：2025.06.20 | 审核日期： | 附单据数：0 |

摘 要	科目名称	借方金额	贷方金额
应付工资	销售费用/职工薪酬	5435000	
应付工资	管理费用/职工薪酬	16152000	
应付工资	应付职工薪酬/工资		21587000

| 票号 日期 | 数量 单价 | 合 计 | 21587000 | 21587000 |

备注 项 目 部 门
个 人 客 户
业务员

记账 审核 出纳 制单 张文华

图 5-30 生成凭证结果——应付工资

⑦ 同理，完成其他费用类型的计提，如图5-31～图5-35所示。

转 账 凭 证

已生成

| 转 字 0002 | 制单日期：2025.06.20 | 审核日期： | 附单据数：0 |

摘 要	科目名称	借方金额	贷方金额
个人社会保险	应付职工薪酬/工资	2121600	
个人社会保险	其他应付款/社会保险费		2121600

| 票号 日期 | 数量 单价 | 合 计 | 2121600 | 2121600 |

备注 项 目 部 门
个 人 客 户
业务员

记账 审核 出纳 制单 张文华

图 5-31 生成凭证结果——个人社会保险

转 账 凭 证

已生成

| 转 字 0003 | 制单日期：2025.06.20 | 审核日期： | 附单据数：0 |

摘 要	科目名称	借方金额	贷方金额
公司社会保险	销售费用/职工薪酬	1640000	
公司社会保险	管理费用/职工薪酬	5182400	
公司社会保险	应付职工薪酬/社会保险费		6822400

| 票号 日期 | 数量 单价 | 合 计 | 6822400 | 6822400 |

备注 项 目 部 门
个 人 客 户
业务员

记账 审核 出纳 制单 张文华

图 5-32 生成凭证结果——公司社会保险

已生成

转 账 凭 证

转　字 0004		制单日期: 2025.06.20	审核日期:		附单据数: 0
摘　要	科目名称			借方金额	贷方金额
个人住房公积金	应付职工薪酬/工资			2496000	
个人住房公积金	其他应付款/住房公积金				2496000
票号 日期	数量 单价		合 计	2496000	2496000
备注	项　目	部　门			
	个　人	客　户			
	业务员				
记账	审核	出纳		制单 张文华	

图 5-33　生成凭证结果——个人住房公积金

已生成

转 账 凭 证

转　字 0005		制单日期: 2025.06.20	审核日期:		附单据数: 0
摘　要	科目名称			借方金额	贷方金额
公司住房公积金	销售费用/职工薪酬			600000	
公司住房公积金	管理费用/职工薪酬			1896000	
公司住房公积金	应付职工薪酬/住房公积金				2496000
票号 日期	数量 单价		合 计	2496000	2496000
备注	项　目	部　门			
	个　人	客　户			
	业务员				
记账	审核	出纳		制单 张文华	

图 5-34　生成凭证结果——公司住房公积金

已生成

转 账 凭 证

转　字 0006		制单日期: 2025.06.20	审核日期:		附单据数: 0
摘　要	科目名称			借方金额	贷方金额
代扣个人所得税	销售费用/职工薪酬			899500	
代扣个人所得税	管理费用/职工薪酬			2370274	
代扣个人所得税	应交税费/应交个人所得税				3269774
票号 日期	数量 单价		合 计	3269774	3269774
备注	项　目	部　门			
	个　人	客　户			
	业务员				
记账	审核	出纳		制单 张文华	

图 5-35　生成凭证结果——代扣个人所得税

实训五　缴纳社保业务

实训任务

2025年6月30日,财务部出纳黄宁缴纳本月五险一金。相关原始凭证如图5-36～图5-39所示。

天津市社会保险费专用收款票据
2025 年 6 月 30 日

流水号:1069656639　　　　　　　　　　　　　　　　　NO:120001605669

缴款单位:天津凯撒家纺股份有限公司　　　经济类别:私有有限责任(公司)　　单位:元

收费项目	起始年月	终止年月	人数	单位缴纳额	个人缴纳额	滞纳金	利息	合计金额
养老保险费	202506	202506	9	41 600.00	16 640.00	—		58 240.00
医疗保险费	202506	202506	9	20 800.00	4 160.00			24 960.00
失业保险费	202506	202506	9	2 080.00	416.00			2 496.00
工伤保险费	202506	202506	9	2 080.00	—			2 080.00
生育保险费	202506	202506	9	1 664.00				1 664.00
								—
								—
小计				68 224.00	21 216.00			89 440.00

人民币(大写):捌万玖仟肆佰肆拾元整　　　　　　　　¥89 440.00

收款单位(章)　　财务复核人:略　　业务复核人:略　　操作员:略　　开据时间:2025.06.30

图 5-36　社会保险费专用收据

中国工商银行转账支票存根
支票号码:768906

科　　目:

对方科目:

签发日期:2025 年 6 月 30 日

收款人	天津市社会保险基金管理中心
金　额	¥89 440.00
用　途	缴纳社会保险费
备　注	

单位主管:(略)　　　会计:(略)

复　核:(略)　　　记账:(略)

图 5-37　社会保险费转账支票存根

天津市住房公积金缴存收据

日期：2025 年 6 月 30 日　　　　　　　　　　　　　　　　NO　2460891691

缴款单位	天津凯撒家纺股份有限公司	公积金账号	1602215169	单位性质	民营企业
单位人数	9	汇缴时间	2025.06.01~2025.06.30	缴款方式	转账支票

人民币(大写)	肆万玖仟玖佰贰拾元整	千	百	十	万	千	百	十	元	角	分
				¥	4	9	9	2	0	0	0

备注　　　　　　　　　　　　　　　　　　住房公积金管理机构盖章

收款人：(略)　　　　　复核：(略)　　　　　开票人：(略)

图 5-38　住房公积金缴存收据

中国工商银行转账支票存根

支票号码：768907
科　　目：
对方科目：
签发日期：2025 年 6 月 30 日

收款人：	天津市住房公积金管理中心
金　额：	￥49 920.00
用　途：	缴纳住房公积金
备　注：	

单位主管：(略)　　　　会计：(略)
复　核：(略)　　　　记账：(略)

图 5-39　住房公积金转账支票存根

任务解析

以会计W02身份在总账管理系统中填制相关记账凭证。

实训指引

1. 填制缴纳社会保险记账凭证

① 以会计人员"W02　张文华"身份登录平台，注册时间为2025年6月30日。在总账管理系统中，执行"凭证"|"填制凭证"命令，打开"凭证"窗口。

② 单击"增加"按钮，录入"摘要"为"缴纳社会保险费"。根据实验资料图5-36～图5-37补录辅助项，完成缴纳社会保险记账凭证录入，如图5-40所示。

③ 单击"保存"按钮，完成支票登记，如图5-41所示。

2. 填制缴纳住房公积金记账凭证

① 继续单击"增加"按钮，录入"摘要"为"缴纳住房公积金"，根据实验资料图5-38～图5-39补录辅助项，完成缴纳住房公积金记账凭证录入，如图5-42所示。

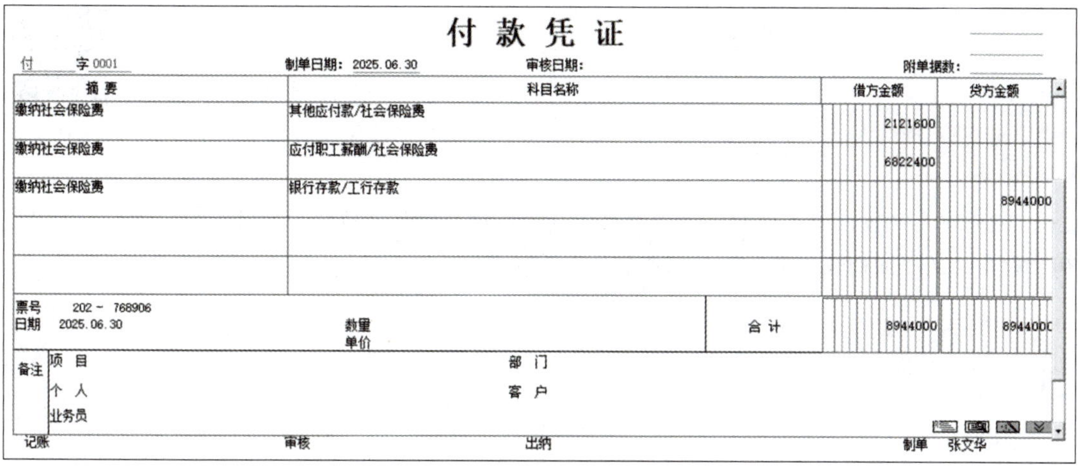

图 5-40　填制凭证结果——社会保险

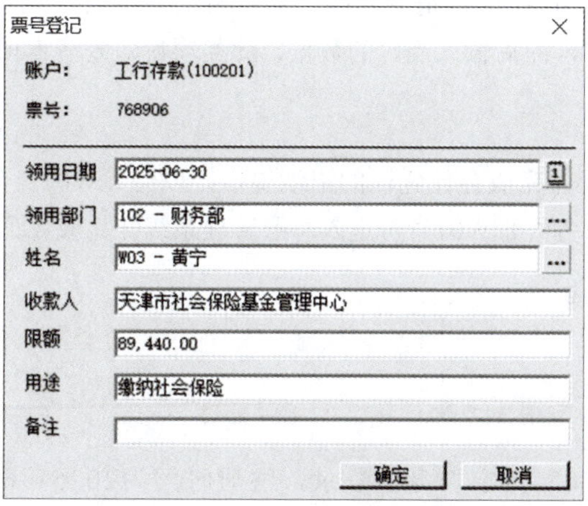

图 5-41　票号登记

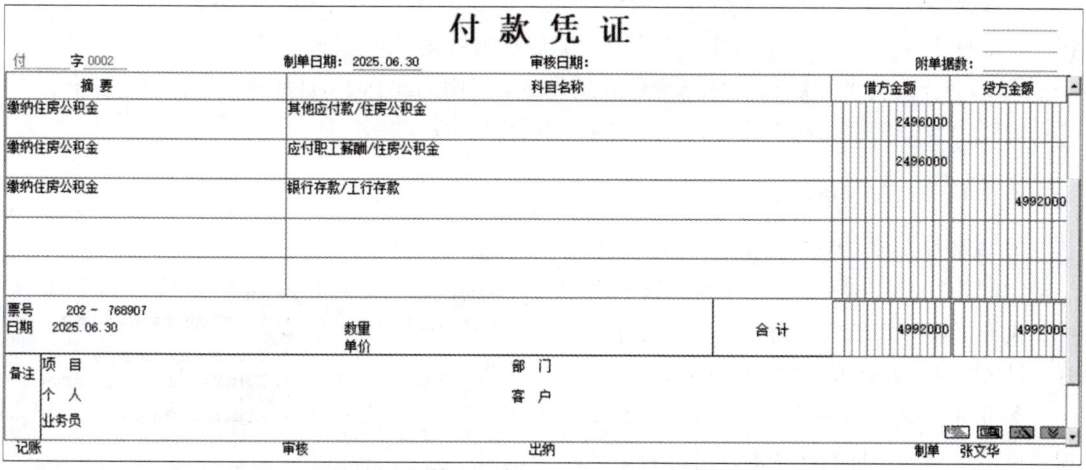

图 5-42　填制凭证结果——公积金

② 单击"保存"按钮，完成支票登记。

实训六　薪资管理系统结账

实训任务

2025年6月30日，财务部对薪资管理系统结账，将"缺勤天数""加班天数""奖金""期初个税累计""期初收入累计"及"代扣税"项目清零。

任务解析

1. 背景知识

月末处理是将当月数据经过处理后结转至下月。每月工资数据处理完毕后均可进行月末结转。由于在工资项目中，有的项目是变动的，即每月的数据均不相同，因此在每月工资处理时，均需将其数据清为零，而后输入当月的数据，此类项目即为清零项目。

2. 岗位说明

以出纳W03身份登录并完成会计凭证的出纳签字；以会计W02身份登录并完成凭证记账、薪资管理系统结账；以财务经理W01身份进入总账管理系统并完成凭证审核。

实训指引

1. 在账务处理系统中完成本月会计凭证的相关处理

① 以出纳人员"W03 黄宁"身份登录，注册时间为2025年6月30日。执行"财务会计"|"总账"|"凭证"|"出纳签字"命令，完成对本月凭证的出纳签字工作。

② 以财务经理"W01 汪小菲"身份登录，注册时间为2025年6月30日。执行"财务会计"|"总账"|"凭证"|"审核凭证"命令，完成对本月凭证的凭证审核工作。

③ 以会计人员"W02 张文华"身份登录，注册时间为2025年6月30日。执行"财务会计"|"总账"|"凭证"|"记账"命令，完成对本月凭证的记账工作。

2. 完成薪资管理系统结账

① 以会计人员"W02 张文华"身份登录，注册时间为2025年6月30日。在薪资管理系统中，执行"业务处理"|"月末处理"命令，打开"月末处理"对话框，如图5-43所示。

② 单击"确定"按钮，系统弹出"月末处理之后，本月工资将不许变动，继续月末处理吗？"信息提示框，单击"是"按钮，系统继续弹出"是否选择清零项？"信息提示框，单击"是"按钮，打开"选择清零项目"对话框。

③ 在"请选择清零项目"列表框中，单击">"按钮，根据实验资料将需清零项目移到右

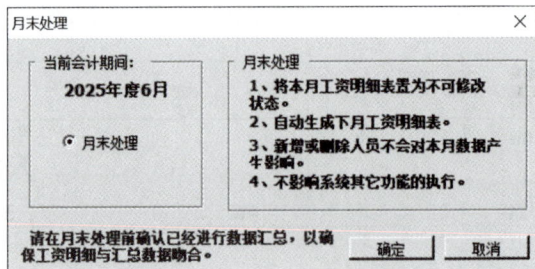

图 5-43　月末处理

侧的列表框中，如图5-44所示。

④ 单击"确定"按钮，系统弹出"月末处理完毕！"信息提示框，如图5-45所示。

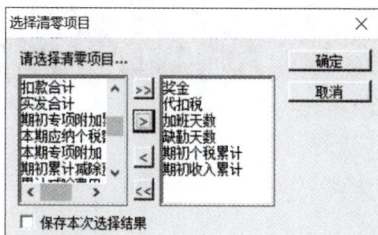

图 5-44　选择清零项目

图 5-45　薪资管理系统结账完毕信息提示框

⑤ 将账套输出至"D:\凯撒家纺\5-1薪资管理"。

❖ **特别提醒：**

◇ 薪资管理系统月末结账时，若设置了多个工资类别，则需分别打开每个工资类别进行月末处理。

◇ 执行"业务处理"｜"反结账"命令，可取消薪资管理系统结账。

项目六　供应链管理系统初始化

实训一　业务信息设置

实训任务

1. 启用系统

启用凯撒家纺供应链业务相关子系统，如表6-1所示。

表6-1　启用系统

系统编码	部门名称
AR	应收款管理
AP	应付款管理
SA	销售管理
PU	采购管理
ST	库存管理
IA	存货核算

注：启用时间均为2025年6月1日。

2. 设置仓库档案

凯撒家纺的仓库档案如表6-2所示。

表6-2　仓库档案

仓库编码	仓库名称	部门名称
01	床上用品仓库	仓管部
02	卫浴用品仓库	仓管部
03	不良品仓库	仓管部
04	受托代销商品库	仓管部
05	退货质检仓库	质检部

注：各仓库计价方式均为"先进先出法"，选中"计入成本"和"纳入可用量计算"复选框，其余选项默认。

3. 设置收发类别

凯撒家纺的收发类别划分如表6-3所示。

表6-3　收发类别

收发类别编码	收发类别名称	收发标志	收发类别编码	收发类别名称	收发标志
1	入库	收	2	出库	发
101	采购入库	收	201	销售出库	发
102	盘盈入库	收	202	盘亏出库	发
103	受托代销入库	收	203	委托代销出库	发
104	以旧换新入库	收	204	以旧换新出库	发
105	资产置换入库	收	205	资产置换出库	发
106	退货入库	收	206	分期收款出库	发
107	返修入库	收	207	废品损失	发
			208	返修出库	发
			209	发放福利	发

4. 设置采购类型

凯撒家纺的采购类型设置如表6-4所示。

表6-4　采购类型

采购类型编码	采购类型名称	入库类别	是否默认值
1	直接采购	采购入库	是
2	受托代销	受托代销入库	否
3	资产置换	资产置换入库	否
4	以旧换新	以旧换新入库	否

5. 设置销售类型

凯撒家纺的销售类型设置如表6-5所示。

表6-5　销售类型

销售类型编码	销售类型名称	出库类别	是否默认值	是否列入MPS/MRP计划
1	直接销售	销售出库	是	否
2	委托代销	委托代销出库	否	否
3	以旧换新	以旧换新出库	否	是
4	资产置换	资产置换出库	否	否
5	分期收款销售	分期收款出库	否	否

6. 设置费用项目分类

凯撒家纺的费用项目分类设置如表6-6所示。

表6-6　费用项目分类

分类编码	分类名称
1	运杂费
2	销售费用

7. 设置费用项目

凯撒家纺的费用项目设置如表6-7所示。

表6-7　费用项目

费用项目编码	费用项目名称	费用项目分类名称
101	代垫运杂费	运杂费
201	运费	销售费用
202	包装费用	销售费用
203	代销手续费	销售费用

8. 设置非合理损耗类型

凯撒家纺的非合理损耗类型设置如表6-8所示。

表6-8　非合理损耗类型

非合理损耗类型编码	非合理损耗类型名称	是否默认值
01	货物短缺	是

任务解析

1. 背景知识

与财务会计类似，供应链管理在U8系统中也是一个功能组，其中包含着若干个子系统，将企业内部产品生产与流通过程中所涉及的采购部门、生产部门、仓储部门、销售部门等组成供需网络，通过计划、协调、控制、优化，使供应链成本最低。由于教材中案例的企业为商业企业，故实验中未涉及生产环节。

2. 岗位说明

以账套主管A01身份启用子系统并设置业务信息。

实训指引

以系统管理员身份在系统管理中引入"3-1总账初始化"账套作为基础数据。

1. 以账套主管 A01 身份登录企业应用平台

① 以账套主管"A01 陈强"身份登录企业应用平台，在"基础设置"中，执行"基本信息"|"系统启用"命令，进入"系统启用"窗口。

② 选中"应收款管理""应付款管理""销售管理""采购管理""库存管理""存货核算"复选框，设置启用日期均为"2025-06-01"。

❖ **特别提醒：**
- ◇ "采购管理"已在项目二的实验中启用过，无须再次启用。
- ◇ "应收款管理""应付款管理"属于财务会计系统，此时与供应链管理子系统同时启用的原因在于：供应链管理中销售与采购业务产生的应收款与应付款需要与"应收款管理""应付款管理"集成处理。

2. 设置仓库档案

① 在企业应用平台中，执行"基础设置"|"基础档案"|"业务"|"仓库档案"命令，进

入"仓库档案"设置界面。

② 根据实验资料表6-2完成仓库档案设置，如图6-1所示。

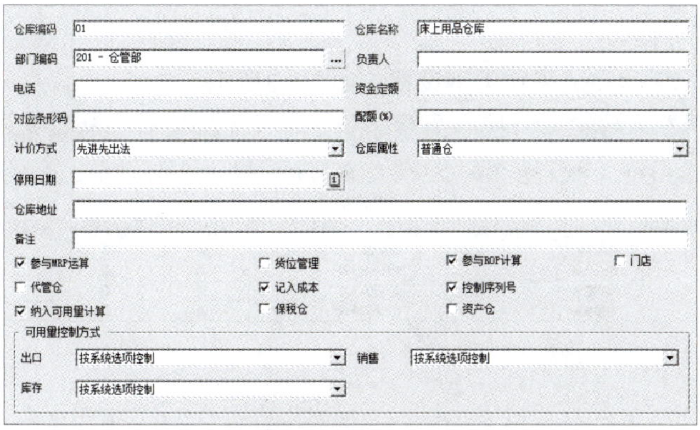

图 6-1 增加仓库档案

栏目说明：

- 仓库编码：必须录入且必须唯一，编码不能重复。一旦保存，不能修改。
- 仓库名称：必须录入，名称可重复。
- 计价方式：系统提供多种计价方式。工业企业有计划价法、全月平均法、移动平均法、先进先出法、后进先出法、个别计价法；商业企业有售价法、全月平均法、移动平均法、先进先出法、后进先出法、个别计价法。每个仓库必须选择一种计价方式。

特别提醒：

- 我国现行存货计价方式不包括"后进先出法"。

3. 设置收发类别

收发类别设置，是为了用户对材料的出入库情况进行分类汇总统计而设置的，表示材料的出入库类型。

① 在企业应用平台中，执行"基础设置"|"基础档案"|"业务"|"收发类别"命令，进入"收发类别"设置界面。

② 根据实验资料表6-3完成收发类别设置，如图6-2所示。

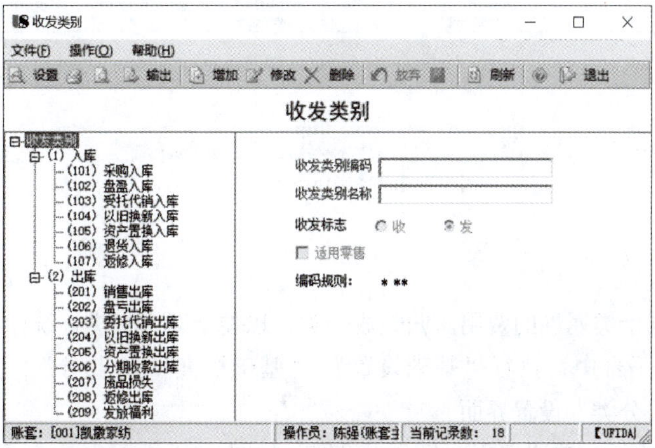

图 6-2 增加收发类别

4. 设置采购类型

① 在企业应用平台中，执行"基础设置"|"基础档案"|"业务"|"采购类型"命令，进入"采购类型"设置界面。

② 根据实验资料表6-4完成采购类型设置，如图6-3所示。

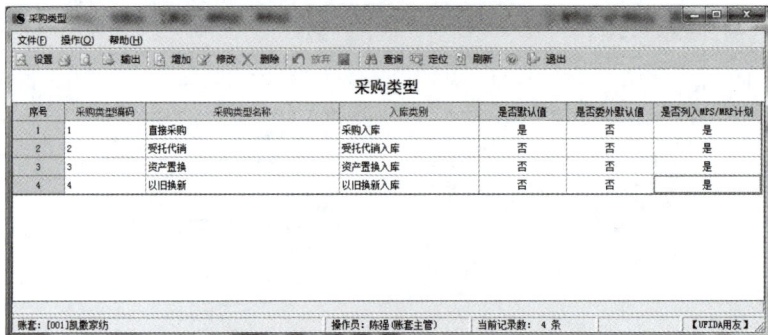

序号	采购类型编码	采购类型名称	入库类别	是否默认值	是否委外默认值	是否列入MPS/MRP计划
1	1	直接采购	采购入库	是	否	是
2	2	委托代销	委托代销入库	否	否	是
3	3	资产置换	资产置换入库	否	否	是
4	4	以旧换新	以旧换新入库	否	否	是

图 6-3 增加采购类型

❖ **特别提醒：**

◇ 在采购管理系统中填制采购入库单等单据时，会涉及录入采购类型栏目。

◇ 类型编码、类型名称、入库类别必须输入，类型编码、类型名称不允许重复。

◇ 采购类型保存后，可修改采购类型名称等项，采购类型编码不可修改。

◇ 已经使用的采购类型记录不可删除。

5. 设置销售类型

① 在企业应用平台中，执行"基础设置"|"基础档案"|"业务"|"销售类型"命令，进入"销售类型"设置界面。

② 根据实验资料表6-5完成销售类型设置，如图6-4所示。

序号	销售类型编码	销售类型名称	出库类别	是否默认值	是否列入MPS/MRP计划
1	1	直接销售	销售出库	是	否
2	2	委托代销	委托代销出库	否	否
3	3	以旧换新	以旧换新出库	否	是
4	4	资产置换	资产置换出库	否	否
5	5	分期收款销售	分期收款出库	否	否

图 6-4 增加销售类型

6. 设置费用项目分类

费用分类是将同一类属性的费用，归集成一类，以便于对它们进行统计和分析。

① 在企业应用平台中，执行"基础设置"|"基础档案"|"业务"|"费用项目分类"命令，进入"费用项目分类"设置界面。

② 根据实验资料表6-6完成费用项目分类设置，如图6-5所示。

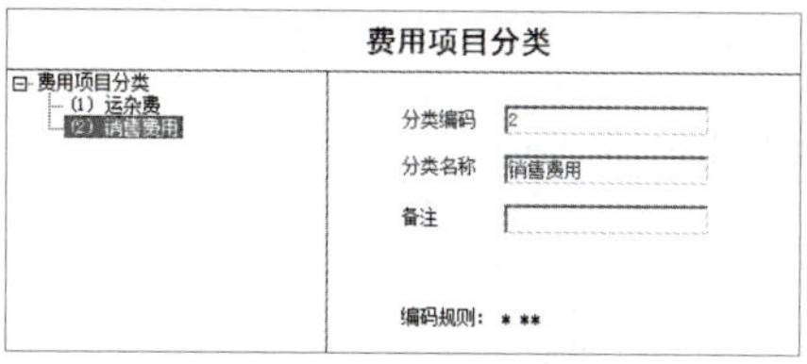

图 6-5　增加费用项目分类

7. 设置费用项目

① 在企业应用平台中，执行“基础设置”|“基础档案”|“业务”|“费用项目”命令，进入“费用项目”设置界面。

② 根据实验资料表6-7完成费用项目设置，如图6-6所示。

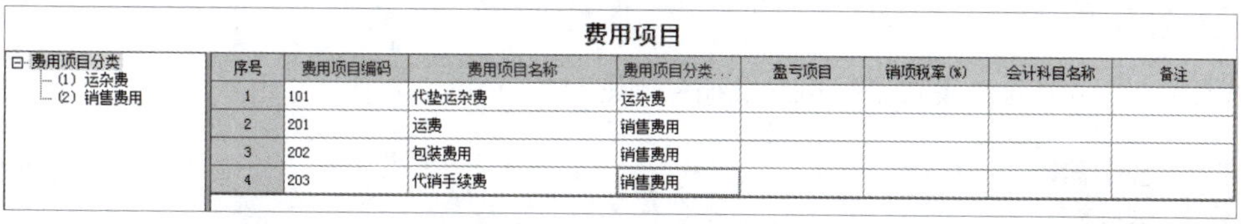

费用项目

序号	费用项目编码	费用项目名称	费用项目分类...	盈亏项目	销项税率(%)	会计科目名称	备注
1	101	代垫运杂费	运杂费				
2	201	运费	销售费用				
3	202	包装费用	销售费用				
4	203	代销手续费	销售费用				

图 6-6　增加费用项目

8. 设置非合理损耗类型

① 在企业应用平台中，执行“基础设置”|“基础档案”|“业务”|“非合理损耗类型”命令，进入“非合理损耗类型”设置界面。

② 根据实验资料表6-8完成非合理损耗类型设置，如图6-7所示。

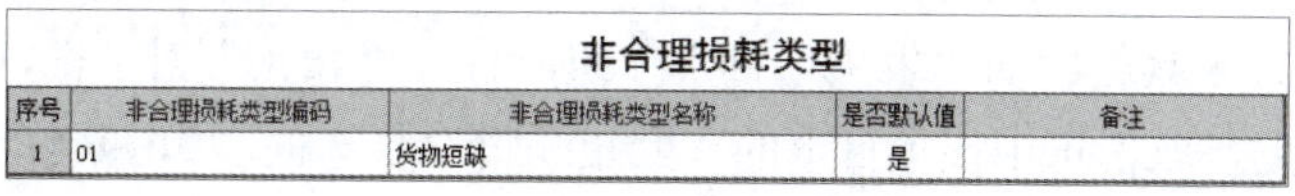

非合理损耗类型

序号	非合理损耗类型编码	非合理损耗类型名称	是否默认值	备注
1	01	货物短缺	是	

图 6-7　增加非合理损耗类型

实训二　单据设置

实训任务

1. 设置单据格式

凯撒家纺的单据格式设置如表6-9所示。

表6-9　单据格式

单据名称	格式要求
销售订单	设置表头项目“32 汇率”可编辑
销售专用发票	增加表体项目“40 退补标志”
委托代销结算单	增加表头项目“31 发票号”
销售费用支出单	增加表头项目“61 费用供应商名称” 增加表头项目“62 单据流向”

2. 设置单据编号

凯撒家纺的单据编号设置如表6-10所示。

表6-10　单据编号

单据名称	编号规则
采购订单	完全手工编号
采购专用发票	
销售订单	
销售专用发票	
销售支出	手工改动，重号时自动重取

任务解析

以账套主管A01身份设置单据格式及编号规则。

实训指引

1. 设置单据格式

① 以账套主管"A01 陈强"身份登录企业应用平台，执行"基础档案"|"单据设置"|"单据格式设置"命令，打开"单据格式设置"窗口。

② 在左侧树形结构中，依次执行"销售管理"|"销售订单"|"显示"|"销售订单"命令，打开"销售订单"窗口。

③ 单击窗口上方工具栏中的"表头项目"按钮，打开"表头"对话框，在上方列表框内选中"32 汇率"复选框，取消选中该项目下的"禁止编辑"复选框，如图6-8所示。

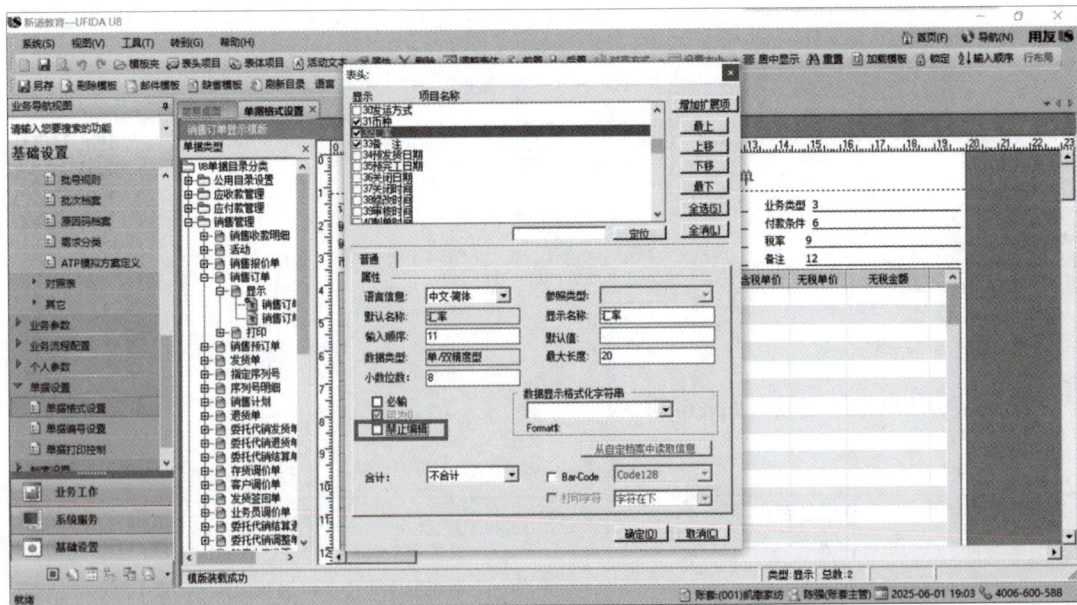

图 6-8　设置单据格式——销售订单

④ 单击"确定"按钮，再单击"保存"按钮，完成销售订单格式设置。

⑤ 同理，分别单击"表体项目""表头项目"按钮，在弹出的对话框中勾选相应项目，可实现单据相应项目的增加。根据实验资料表6-9完成其他单据格式设置，如图6-9、图6-10所示。

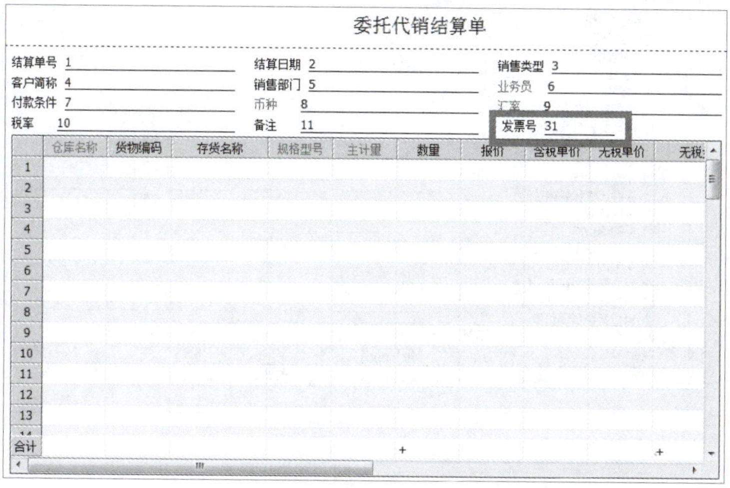

图 6-9　设置单据格式——委托代销结算单

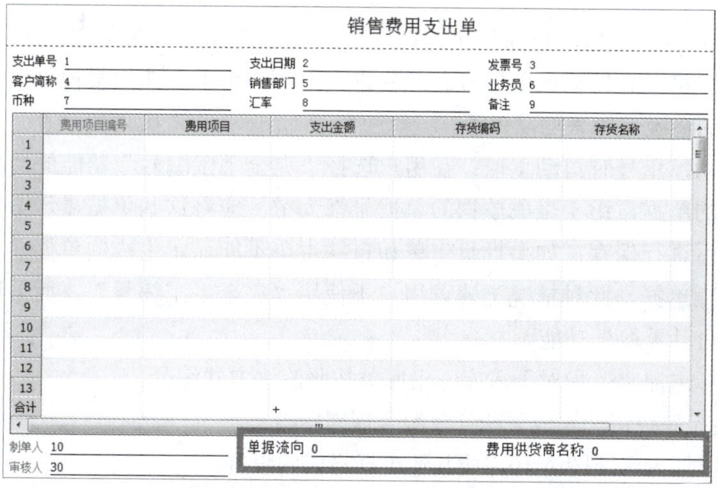

图 6-10　设置单据格式——销售费用支出单

❖ **特别提醒：**

◇ 增加单据项目时，若不清楚项目编号，可在"表头"对话框中录入项目名称，单击"定位"按钮，迅速查找相应表头项目。

◇ 增加的表头项目显示位置可能隐藏在已有项目之后。通过鼠标拖拽方式，可以任意调整项目显示位置及长短。

2. 设置单据编号

① 执行"基础档案"|"单据设置"|"单据编号设置"命令，打开"单据编号设置"对话框，选择"编号设置"选项卡。

②在左侧树形结构中，依次单击"采购管理"|"采购订单"选项，单击 ✎ 按钮。

③选中"完全手工编号"复选框，如图6-11所示。

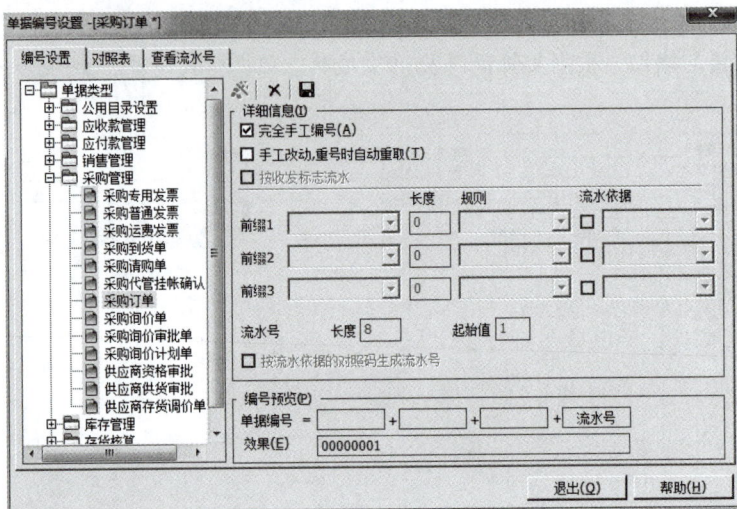

图6-11　设置单据编号——采购订单

栏目说明:

- 完全手工编号:指用户新增单据时,不自动带入用户设置的单据流水号,单据号为空,用户可以直接输入单据号。此种方式主要应用于企业的某种单据号之间无关联或不连续的情况,如采购发票等。

- 手工改动,重号时自动重取:在用户选择"完全手工编号"功能的情况下,有推式生单功能的单据,由于生成单据的单据号都为空,应将这些单据显示给用户,以便输入单据号后进行保存;如果批量生单和自动生单不能显示生成的单据并填入单据号,则无法保存单据,此种情况下建议用户不使用"完全手工编号",而采用"手工改动,重号时自动重取"功能。

- 按收发标志流水:指对于入库、出库单按照流水方式编号。

④ 单击"保存"按钮,完成采购订单编号规则修改。

⑤ 同理,根据实验资料表6-10完成其他单据格式的设置。

实训三　设置业务子系统凭证科目

实训任务

1. 设置应付账款管理相关科目

凯撒家纺应付账款管理子系统相关凭证科目的设置如表6-11~表6-12所示。

表6-11　应付款管理基本科目

基础科目种类	科目	币种
应付科目	220202	人民币
预付科目	1123	人民币

(续表)

基础科目种类	科目	币种
采购科目	1402	人民币
税金科目	22210101	人民币
汇兑损益科目	6061	人民币
商业承兑科目	220102	人民币
银行承兑科目	220101	人民币
票据利息科目	6603	人民币
现金折扣科目	6603	人民币

表6-12 应付款管理结算方式科目

结算方式	币种	本单位账号	科目
1 现金	人民币	12001657901052500555	1001
201 现金支票	人民币	12001657901052500555	100201
202 转账支票	人民币	12001657901052500555	100201
5 电汇	人民币	12001657901052500555	100201
7 委托收款	人民币	12001657901052500555	100201
8 托收承付	人民币	12001657901052500555	100201

2. 设置应收账款管理相关科目

凯撒家纺应收账款管理子系统相关凭证科目的设置如表6-13～表6-14所示。

表6-13 应收款管理基本科目

基础科目种类	科目	币种
应收科目	1122	人民币
预收科目	220302	人民币
坏账入账科目	1231	人民币
商业承兑科目	112102	人民币
银行承兑科目	112101	人民币
销售收入科目	6001	人民币
销售退回科目	6001	人民币
票据利息科目	6603	人民币
票据费用科目	6603	人民币
现金折扣科目	6603	人民币
税金科目	22210103	人民币

表6-14 应收款管理结算方式科目

结算方式	币种	本单位账号	科目
1 现金	人民币	12001657901052500555	1001
201 现金支票	人民币	12001657901052500555	100201
202 转账支票	人民币	12001657901052500555	100201
5 电汇	人民币	12001657901052500555	100201
8 托收承付	人民币	12001657901052500555	100201

3. 设置存货核算相关科目

凯撒家纺存货核算子系统相关凭证科目的设置如表6-15～表6-17所示。

表6-15　按照仓库设置存货科目

仓库	存货科目	分期收款发出商品科目名称	委托代销发出商品科目名称
01床上用品仓库	库存商品(1405)	分期收款发出商品(140601)	其他销售发出商品(140602)
02卫浴用品仓库	库存商品(1405)	分期收款发出商品(140601)	其他销售发出商品(140602)
03不良品仓库	库存商品(1405)		
04受托代销商品库	受托代销商品(1431)		
05退货质检仓库	库存商品(1405)		

表6-16　按收发类别设置对方科目

收发类别	对方科目
101采购入库	在途物资(1402)
102盘盈入库	待处理流动资产损溢(190101)
103受托代销入库	受托代销商品款(2314)
201销售出库	主营业务成本(6401)
202盘亏出库	待处理流动资产损溢(190101)
203受托代销出库	主营业务成本(6401)
206分期收款出库	主营业务成本(6401)

表6-17　存货跌价准备科目及费用计提科目

存货分类编码	存货分类名称	跌价准备科目	计提费用科目
01	床上用品	存货跌价准备(1471)	资产减值损失(6701)
02	卫浴用品	存货跌价准备(1471)	资产减值损失(6701)

任务解析

以账套主管A01身份设置各业务子系统相关凭证科目。

实训指引

1. 设置应付账款管理相关科目

① 以账套主管"A01 陈强"身份登录企业应用平台,进入应付款管理系统。

② 执行"设置"|"初始设置"|"设置科目"|"基础科目设置"命令,单击"增加"按钮,根据实验资料表6-11设置应付款管理子系统的基础科目,如图6-12所示。

基础科目种类	科目	币种
应付科目	220202	人民币
预付科目	1123	人民币
采购科目	1402	人民币
商业承兑科目	220102	人民币
银行承兑科目	220101	人民币
票据利息科目	6603	人民币
税金科目	22210101	人民币
汇兑损益科目	6061	人民币
现金折扣科目	6603	人民币

图 6-12　基础科目——应付款

③ 同理,根据实验资料表6-12设置应付款管理子系统的结算方式科目,如图6-13所示。

结算方式	币　种	本单位账号	科...
1 现金	人民币	120016579...	1001
201 现金支票	人民币	120016579...	100201
202 转账支票	人民币	120016579...	100201
5 电汇	人民币	120016579...	100201
7 委托收款	人民币	120016579...	100201
8 托收承付	人民币	120016579...	100201

图 6-13　结算方式科目——应付款

❖ **特别提醒：**

◇ 基本科目是应收款管理与应付款管理子系统凭证制单所需要的常用科目。若用户未在单据中指定科目，且控制科目设置与产品科目设置中没有明细科目的设置，则系统制单依据制单规则取基本科目设置中的科目设置。

◇ 基本科目中"应付科目""预付科目"选用的会计科目需预先在定义会计科目时指定"受控系统"。若选取的科目未指定受控系统，系统提示"本科目应为应付受控科目"，如图6-14所示。此时，应返回"基础设置"中修改相关会计科目，指定受控系统为应付系统。

图 6-14　应付受控科目提示

◇ 设置结算方式科目后，对于现结的发票及收、付款单，系统依据单据上的结算方式查找对应的结算科目，系统制单时自动带出。

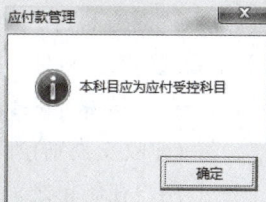

2. 设置应收账款管理相关科目

① 在应收款管理系统中，执行"设置"|"初始设置"|"设置科目"|"基础科目设置"命令，单击"增加"按钮，根据实验资料表6-13设置应收款管理子系统的基础科目，如图6-15所示。

② 同理，根据实验资料表6-14设置应收款管理子系统的结算方式科目，如图6-16所示。

基础科目种类	科目	币种
应收科目	1122	人民币
预收科目	220302	人民币
坏账入账科目	1231	人民币
商业承兑科目	112102	人民币
银行承兑科目	112101	人民币
销售收入科目	6001	人民币
销售退回科目	6001	人民币
票据利息科目	6603	人民币
票据费用科目	6603	人民币
现金折扣科目	6603	人民币
税金科目	22210103	人民币

图 6-15　基础科目——应收款

结算方式	币　种	本单位账号	科...
1 现金	人民币		1001
201 现金支票	人民币		100201
202 转账支票	人民币		100201
5 电汇	人民币		100201
8 托收承付	人民币		100201

图 6-16　结算方式科目——应收款

❖ **特别提醒：**

◇ 基本科目中"应收科目""预收科目"选用的会计科目需预先在定义会计科目时指定"受控系统"。若选取的科目未指定受控系统，系统提示"本科目应为应收受控科目"。此时，应返回"基础设置"中修改相关会计科目，指定受控系统为应收系统。

3. 设置存货核算相关科目

① 在存货核算系统中，执行"初始设置"|"科目设置"|"存货科目"命令，进入"存货科

目”窗口，根据实验资料表6-15设置存货核算子系统的存货科目，如图6-17所示。

存货科目

仓库编码	仓库名称	存货科目编码	存货科目名称	分期收款发出...	分期收款发出...	委托代销发出...	委托代销发出...
01	床上用品仓库	1405	库存商品	140601	分期收款发出...	140602	其他销售发出...
02	卫浴用品仓库	1405	库存商品	140601	分期收款发出...	140602	其他销售发出...
03	不良品仓库	1405	库存商品				
04	受托代销商品库	1431	受托代销商品				
05	退货质检仓库	1405	库存商品				

图 6-17　存货科目

❖ 特别提醒：

✧ “存货科目”窗口中栏目较多，可通过单击工具栏中的“栏目”按钮缩减显示栏目。

② 执行“初始设置”|“科目设置”|“对方科目”命令，进入“对方科目”窗口，根据实验资料表6-16设置存货核算子系统的对方科目，如图6-18所示。

❍ 存货核算子系统生成凭证所需要的存货对方科目(即收发类别)所对应的会计科目从此处调取。因此用户在制单之前应先将存货对方科目设置正确、完整，否则无法生成科目完整的凭证。

对方科目

收发类别编码	收发类别名称	对方科目编码	对方科目名称
101	采购入库	1402	在途物资
102	盘盈入库	190101	待处理流动资产损溢
103	受托代销入库	2314	受托代销商品款
201	销售出库	6401	主营业务成本
202	盘亏出库	190101	待处理流动资产损溢
203	受托代销出库	6401	主营业务成本
206	分期收款出库	6401	主营业务成本

图 6-18　对方科目

③ 执行“跌价准备”|“跌价准备设置”命令，进入“跌价准备设置”窗口，根据实验资料表6-17设置存货核算子系统计提存货跌价准备科目，如图6-19所示。

跌价准备设置

存货分类编码	存货分类名称	跌价准备科目编码	跌价准备科目名称	计提费用科目编码	计提费用科目名称
01	床上用品	1471	存货跌价准备	6701	资产减值损失
02	卫浴用品	1471	存货跌价准备	6701	资产减值损失

图 6-19　跌价准备科目

❍ 存货核算子系统生成存货跌价业务凭证所需要的科目从此处调取。因此用户在制单之前应先将存货对方科目设置正确、完整，否则无法生成科目完整的凭证。

实训四　录入业务子系统期初数据

实训任务

1. 应付款管理子系统期初数据

2025年6月1日，凯撒家纺尚有一批采购入库货物未支付货款，原始凭证如图6-20所示。

陕西省增值税专用发票

3100142140			开票日期：2025年4月11日				No　10092348916	

购货单位	名　称：	天津凯撒家纺股份有限公司					密码区	31008969+*2><618//*464 64161145641/*-+4164><6 *-46></--2338990/*-526 7812345/*980-><-9809>
	纳税人识别号：	12010135520323526						
	地址、电话：	天津市河西区珠江道86号 022-28285566						
	开户行及账号：	中国工商银行天津河西支行12001657901052500555						

货物或应税劳务名称	规格型号	单位	数量	单价	金额	税率	税额
空调被(美梦)	1.8M	件	320.00	180.00	57 600.00	13%	7 488.00
蚕丝被(美梦)	1.8M	件	500.00	240.00	120 000.00	13%	15 600.00
印花床上四件套	1.8M	套	300.00	300.00	90 000.00	13%	11 700.00
(曼陀林)							
合　计			1 120.00		¥267 600.00		¥34 788.00

价税合计(大写)	⊗ 叁拾万贰仟叁佰捌拾捌元整	(小写)¥302 388.00

销货单位	名　称：	西安爱家家居用品制造有限公司	备注
	纳税人识别号：	610132220660755668	
	地址、电话：	西安市新城区长乐西路66号 029-86962998	
	开户行及账号：	中国建设银行西安长乐支行62270098675672399601	

收款人：略	复核：略	开票人：略	销货单位：(章)

图 6-20　期初采购专用发票

2. 应收款管理子系统期初数据

2025年6月1日，凯撒家纺尚有一笔销售业务货款尚未进账，原始凭证于2025年3月5日收到，如图6-21所示。

银行承兑汇票

1108989

出票日期　贰零贰伍 年 零叁 月 零肆 日

出票人全称	北京仁智百货有限公司	收款人	全称	天津凯撒家纺股份有限公司
出票人账号	62272216993562377890		账号	12001657901052500555
付款行全称	中国建设银行北京金融街支行		开户银行	中国工商银行天津河西支行

出票金额	人民币(大写) 壹拾叁万捌仟元整	百	十	万	千	百	十	元	角	分
		¥	1	3	8	0	0	0	0	0

承兑协议编号		票面利率：10%	付款行号	1100235910699
本汇票请你行承兑，到期无条件付款	本汇票已经承兑，到期日由本行付款		付款行地址	北京市西城区金融大街36号
	行号-1100235910699 承兑行签章		汇票到期日	贰零贰伍年 捌月 零肆日

图 6-21　期初银行承兑汇票

3. 采购管理子系统期初数据

2025年6月初，凯撒家纺无暂估业务及在途业务。

4. 销售管理子系统期初数据

2025年6月初，凯撒家纺所有销售业务均已开出销售发票。

5. 库存管理子系统期初数据

2025年5月31日，凯撒家纺对各个仓库进行盘点，结果如表6-18所示(单位：元)。

表6-18　录入期初数据

仓库名称	存货名称	规格	数量	结存单价	金额
床上用品仓库	床垫(秋天)	1.8M	500	180.00	90 000.00
床上用品仓库	空调被(美梦)	1.8M	350	180.00	63 000.00
床上用品仓库	床笠(秋天)	1.8M	600	80.00	48 000.00
床上用品仓库	蚕丝被(美梦)	1.8M	300	240.00	72 000.00
床上用品仓库	被芯(泰国产)	1.8M	620	120.00	74 400.00
床上用品仓库	印花床上四件套(曼陀林)	1.8M	600	300.00	18 000.00
床上用品仓库	儿童床上四件套(卡通)	1.5M	600	160.00	96 000.00
卫浴用品仓库	纯棉浴巾(晚安)	70cm×40cm	800	90.00	72 000.00
卫浴用品仓库	纯棉浴巾(春天)	70cm×140cm	800	25.00	20 000.00
卫浴用品仓库	沐浴防滑拖鞋女(春天)	37～40码	900	18.00	16 200.00

6. 存货核算子系统期初数据

凯撒家纺存货核算子系统的期初余额由库存管理子系统取数。

任务解析

1. 背景知识

在供应链管理系统中，期初数据录入是一个非常关键的环节，用户需要将正式启用账套前的尚未处理完成的所有业务数据录入系统中。作为期初建账的数据，系统可对其进行管理的同时，又保证了数据的完整性。

(1) 应付账款管理子系统期初数据

应付账款管理子系统期初数据通过各类期初单据输入系统中。期初采购发票是指还未核销的应付账款，在应付款管理系统中以发票的形式列示，已核销部分金额不显示。期初应付单是指还未结算的其他应付单，在应付款管理系统中以应付单的形式列示，已核销部分金额不显示。期初预付单是指提前支付的供应商款项，在系统中以付款单的形式列示。期初票据是指还未结算的票据。

(2) 应收款管理子系统期初数据

应收账款管理子系统期初数据通过各类期初单据输入系统中。期初销售发票是指还未核销的应收账款，在应收款管理系统中以发票的形式列示，已核销部分金额不显示。期初应收单是指还未结算的其他应收单，在应收款管理系统中以应收单的形式列示，已核销部分金额不显示。期初预收单是指提前收取的客户款项，在系统中以收款单的形式列示。期初票据是指还未结算的票据。

(3) 采购管理子系统期初数据

采购管理子系统有可能存在两类期初数据：一类是货到票未到，即暂估入库业务，对于这类业务应调用期初采购入库单录入；另一类是票到货未到，即在途业务，对于这类业务应调用期初采购发票功能录入。

(4) 销售管理子系统期初数据

销售管理子系统期初数据是指销售系统启用日期之前已经发货、出库但未开具销售发票的存货。如果企业有委托代销业务，则已经发生但未完全结算的存货也需要在期初数据中录入。

(5) 库存管理子系统期初数据

初次使用库存管理子系统时，应先输入全部存货的期初数据。重新初始化时，可将上年度12月份的库存结存结转到下年度的期初余额中。期初数据包括仓库的期初库存数据、期初未处理的不合格品结存量。

(6) 存货核算子系统期初数据

初次使用存货核算子系统时，应录入全部末级存货的期初数据，以保证其数据的连贯性。存货核算子系统的期初余额可以取数自库存管理子系统，并与库存管理子系统进行对账。

2. 岗位说明

以账套主管A01身份录入各业务子系统期初数据。

实训指引

1. 录入应付款管理子系统期初余额

① 以账套主管"A01 陈强"身份登录企业应用平台，进入应付款管理系统。

② 执行"设置"|"期初余额"命令，打开"期初余额—查询"对话框，单击"确认"按钮，进入"期初余额明细表"窗口。

③ 单击"增加"按钮，打开"单据类别"对话框，"单据名称"选择"采购发票"，"单据类型"选择"采购专用发票"，单击"确认"按钮，进入"采购专用发票"窗口。

④ 根据实验资料图6-20录入应付款管理子系统期初余额，如图6-22所示。

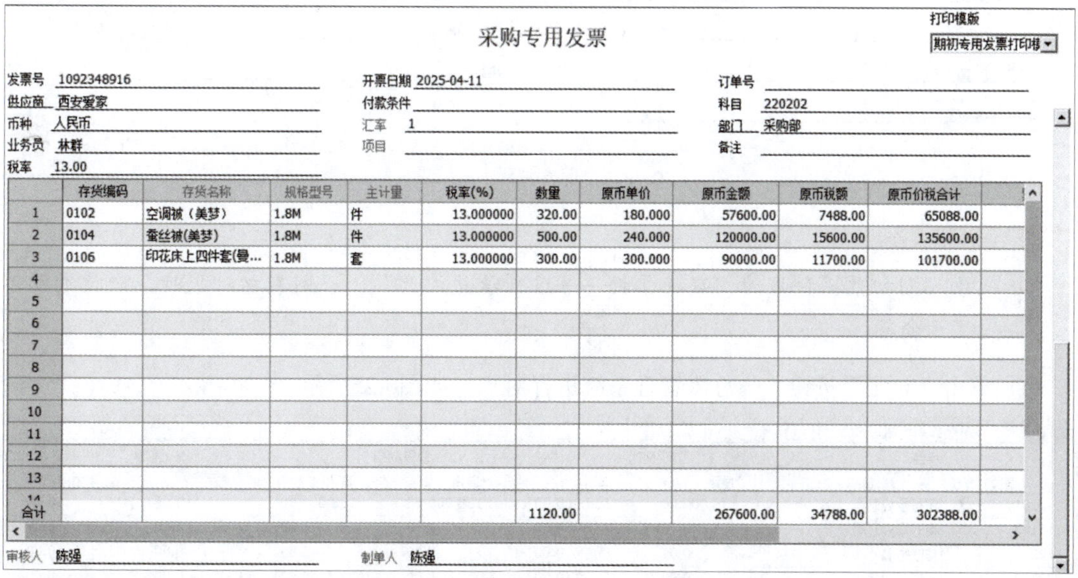

图6-22　期初采购发票录入结果

⑤ 单击"对账"按钮，与总账管理系统进行对账，如图6-23所示。

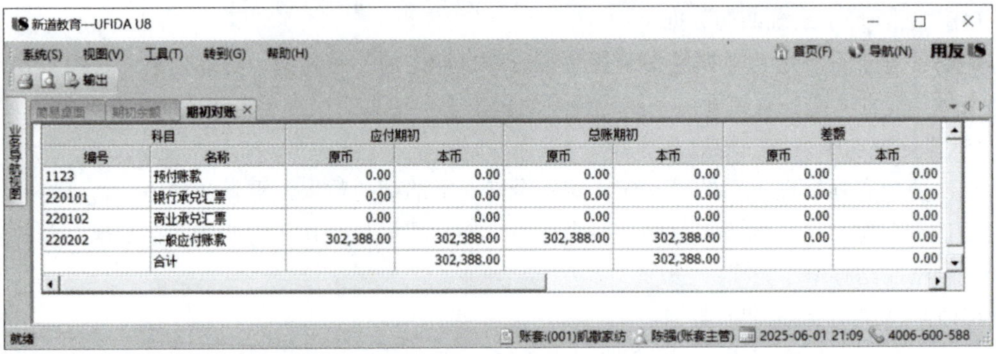

科目		应付期初		总账期初		差额	
编号	名称	原币	本币	原币	本币	原币	本币
1123	预付账款	0.00	0.00	0.00	0.00	0.00	0.00
220101	银行承兑汇票	0.00	0.00	0.00	0.00	0.00	0.00
220102	商业承兑汇票	0.00	0.00	0.00	0.00	0.00	0.00
220202	一般应付账款	302,388.00	302,388.00	302,388.00	302,388.00	0.00	0.00
	合计		302,388.00		302,388.00		0.00

图 6-23 应付款期初对账

2. 录入应收款管理子系统期初余额

① 在应收款管理系统中，执行“设置”|“期初余额”命令，打开“期初余额—查询”对话框，单击“确认”按钮，进入“期初余额明细表”窗口。

② 单击工具栏上的“增加”按钮，打开“单据类别”对话框，“单据名称”选择“应收票据”，“单据类型”选择“银行承兑汇票”，单击“确认”按钮，进入“期初票据”窗口。

③ 根据实验资料图6-21录入应收款管理子系统期初余额，如图6-24所示。

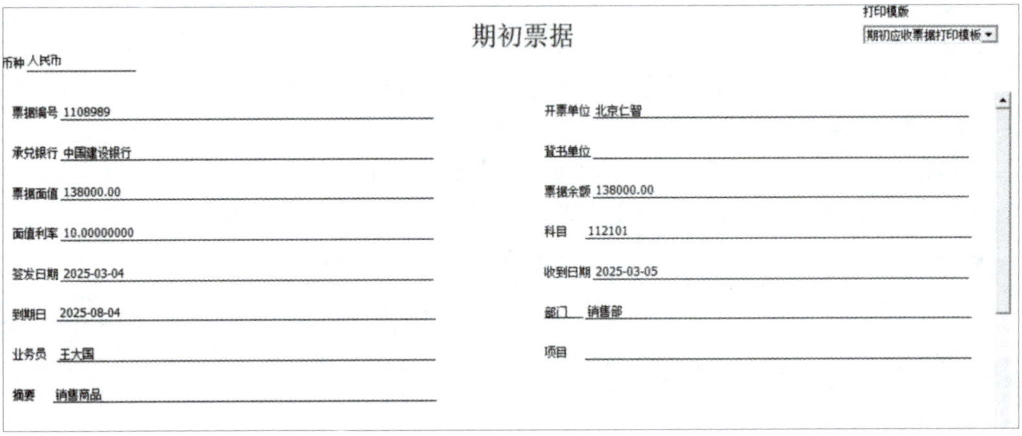

图 6-24 期初票据录入结果

❖ 特别提醒：

✧ 录入期初票据科目为“应收票据——银行承兑汇票”，否则期初对账时，应收期初不显示金额。

④ 单击“对账”按钮，与总账管理系统进行对账，如图6-25所示。

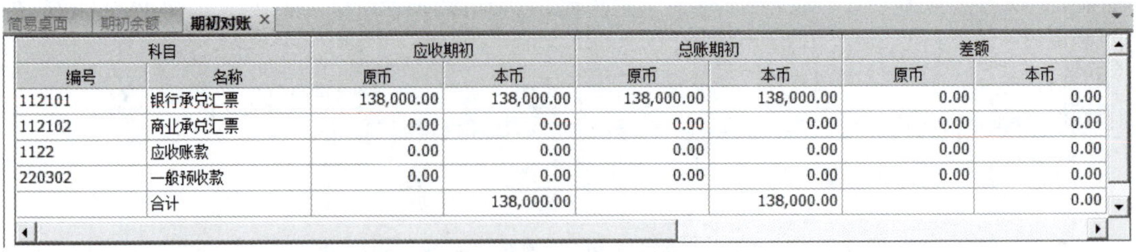

科目		应收期初		总账期初		差额	
编号	名称	原币	本币	原币	本币	原币	本币
112101	银行承兑汇票	138,000.00	138,000.00	138,000.00	138,000.00	0.00	0.00
112102	商业承兑汇票	0.00	0.00	0.00	0.00	0.00	0.00
1122	应收账款	0.00	0.00	0.00	0.00	0.00	0.00
220302	一般预收款	0.00	0.00	0.00	0.00	0.00	0.00
	合计		138,000.00		138,000.00		0.00

图 6-25 应收款期初对账

3. 录入采购管理子系统期初记账

由于企业期初无暂估业务及在途业务，故无须录入采购管理子系统期初数据，仅需期初记账。

① 在采购管理系统中，执行"设置"|"采购期初记账"命令，系统弹出"期初记账"信息提示对话框。

② 单击"记账"按钮，稍候片刻，系统弹出"期初记账完毕！"信息提示框。

③ 单击"确定"按钮，返回采购管理系统。

❖ 特别提醒：

◇ 采购管理系统如果不执行期初记账，无法开始日常业务处理。

◇ 没有期初数据，也要执行期初记账。

◇ 采购管理系统如果不执行期初记账，库存管理系统和存货核算系统不能记账。

◇ 采购管理若要取消期初记账，则执行"设置"|"采购期初记账"命令，在打开的窗口中单击其中的"取消记账"按钮即可。

4. 录入销售管理子系统期初数据

由于企业期初所有销售业务均已开票完毕，故无须录入销售管理子系统期初数据。

5. 录入库存管理子系统期初数据

① 在库存管理系统中，执行"初始设置"|"期初结存"命令，进入"期初结存"窗口。

② 在右上角"仓库"下拉列表中选择"床上用品仓库"，单击"修改"按钮，根据实验资料表6-18录入库存管理子系统期初余额，如图6-26所示。录入完成后，单击"保存"按钮。

	仓库	仓库编码	存货编码	存货名称	规格型号	主计量单位	数量	单价	金额
1	床上用品仓库	01	0103	床罩(秋天)	1.8M	件	600.00	80.00	48000.00
2	床上用品仓库	01	0101	床垫(秋天)	1.8M	件	500.00	180.00	90000.00
3	床上用品仓库	01	0102	空调被(美梦)	1.8M	件	350.00	180.00	63000.00
4	床上用品仓库	01	0104	蚕丝被(美梦)	1.8M	件	300.00	240.00	72000.00
5	床上用品仓库	01	0105	被芯(泰国产)	1.8M	件	620.00	120.00	74400.00
6	床上用品仓库	01	0106	印花床上四件套(普陀床)	1.8M	套	600.00	300.00	180000.00
7	床上用品仓库	01	0107	儿童床上四件套(卡通)	1.5M	套	600.00	160.00	96000.00

图 6-26 库存期初——床上用品库

③ 单击"批审"按钮，系统弹出"批量审核成功！"信息提示框，单击"确定"按钮。

④ 同理，根据实验资料表6-18录入卫浴用品仓库的存货期初数据并审核，如图6-27所示。

	仓库	仓库编码	存货编码	存货名称	规格型号	主计量单位	数量	单价	金额
1	卫浴用品仓库	02	0201	纯棉浴巾(晚安)	70cm*40cm	条	800.00	90.00	72000.00
2	卫浴用品仓库	02	0202	纯棉浴巾(春天)	70cm*140cm	条	800.00	25.00	20000.00
3	卫浴用品仓库	02	0203	沐浴防滑拖鞋女(春天)	37-40码	双	900.00	18.00	16200.00

图 6-27 库存期初——卫浴用品库

⑤ 单击"确定"按钮返回。

❖ 特别提醒：

◇ 各个仓库存货的期初余额既可以在库存管理系统中录入，也可以在存货核算系统中录入。若由存货核算系统录入，则库存管理系统通过"取数"功能，直接获取数据，无须重复录入。

6. 录入存货核算子系统期初数据

(1) 期初数据录入

① 在存货核算系统中,执行"初始设置"|"期初数据"|"期初余额"命令,进入"期初余额"窗口。

② 在右上角"仓库"下拉列表中选择"床上用品仓库",单击"取数"按钮,从库存管理系统中读入已录入的床上用品仓库存货期初数据,如图6-28所示。

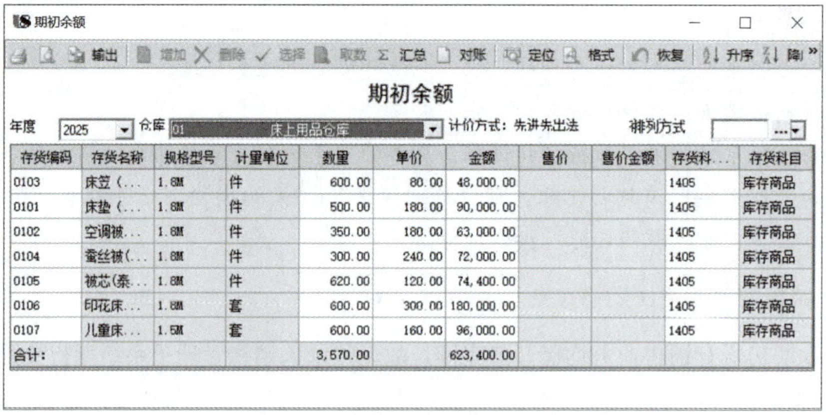

图 6-28　期初余额——床上用品库

③ 同理,读入已录入的卫浴用品仓库存货期初数据,如图6-29所示。

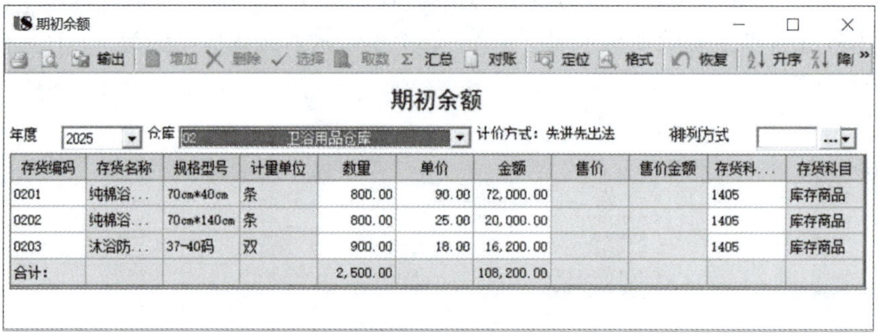

图 6-29　期初余额——卫浴用品库

④ 所有仓库取数完成后,单击"对账"按钮,弹出"库存与存货期初对账查询条件"对话框。

⑤ 单击"全选"按钮选择全部仓库,单击"确定"按钮,系统自动对存货核算系统与库存管理系统的存货数据进行核对,完成后弹出"对账成功"信息提示框,单击"确定"按钮。

(2) 期初记账

在"期初余额"界面,单击"记账"按钮,系统对所有仓库进行记账,稍候,系统提示"期初记账成功!"信息。

❖ **特别提醒:**

◇　存货核算系统必须期初记账,否则无法处理日常业务。

◇　若要取消期初记账,则单击"恢复"按钮即可。

实训五　设置业务子系统参数

实训任务

1. 设置应付账款管理子系统参数

凯撒家纺应付款管理系统的参数设置如表6-19所示。

表6-19　应付款管理系统

选项卡	参数设置
常规	单据审核日期依据：单据日期 自动计算现金折扣
凭证	核销生成凭证

2. 设置应收账款管理子系统参数

凯撒家纺应收款管理系统的参数设置如表6-20～表6-21所示。

表6-20　应收款管理系统

选项卡	参数设置
常规	单据审核日期：依据单据日期 坏账处理方式：应收余额百分比法 自动计算现金折扣
凭证	核销生成凭证

表6-21　坏账准备

项　目	参数设置
提取比率	0.5%
期初余额	0
科目	1231 坏账准备
对方科目	6702 信用减值损失

3. 设置采购管理子系统参数

凯撒家纺采购管理系统的参数设置如表6-22所示。

表6-22　采购管理系统

选项卡	参数设置
业务及权限控制	允许超订单到货及入库 启用受托代销
公共及参照控制	单据默认税率：13

4. 设置销售管理子系统参数

凯撒家纺销售管理系统的参数设置如表6-23所示。

表6-23　销售管理系统

选项卡	参数设置
业务控制	有委托代销业务 有分期收款业务 有直运销售业务 取消销售生成出库单

5. 设置库存管理子系统参数

凯撒家纺库存管理系统的参数设置如表6-24所示。

表6-24　库存管理系统

选项卡	参数设置
通用设置	修改现存量时点： 采购入库审核时改现存量 销售出库审核时改现存量 其他出入库审核时改现存量

6. 设置存货核算子系统参数

凯撒家纺存货核算系统的参数设置如表6-25所示。

表6-25　存货核算系统

选项卡	参数设置
核算方式	核算方式：按仓库核算 销售成本核算方式：销售出库单 委托代售成本核算方式：按发出商品核算 暂估方式：月初回冲 红字出库单成本：上次出库成本 入库单成本选择：上次出库成本 结存负单价成本选择：上次出库成本

任务解析

以账套主管A01身份修改各业务子系统选项参数。

实训指引

1. 设置应付账款管理系统参数

① 以账套主管"A01 陈强"身份登录企业应用平台，进入应付款管理系统。

② 执行"设置"|"选项"命令，打开"账套参数设置"对话框。

③ 单击"编辑"按钮，系统提示"选项修改需要重新登录才能生效"，单击"确定"按钮。根据实验资料表6-19完成"常规"选项卡参数设置，如图6-30所示。

❖ **特别提醒：**

◇ 系统提供两种确认单据审核日期的依据：单据日期和业务日期。两者差别在于：前者在单据处理功能中进行单据审核时，自动将单据的审核日期(即入账日期)记为该单据的单据日期；后者在单据处理功能中进行单据审核时，自动将单据的审核日期(即入账日期)记为当前业务日期(即登录日期)。

◇ 选中"自动计算现金折扣"复选框后，如果供应商提供了在信用期间内提前付款可以优惠的政策，系统可在核销界面显示可享受折扣和本次折扣。

④ 同理，根据实验资料表6-19完成"凭证"选项卡参数设置，如图6-31所示。

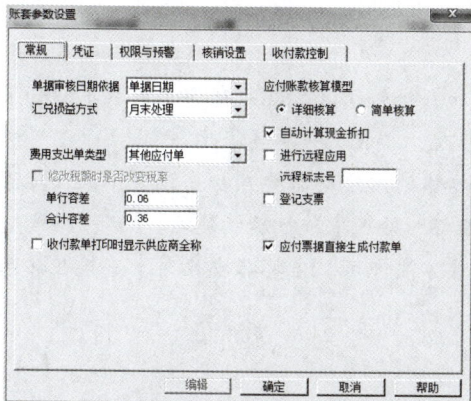

图6-30 应付款管理系统选项——常规

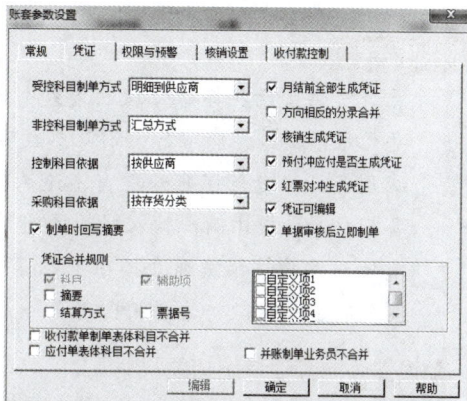

图6-31 应付款管理系统选项——凭证

⑤ 单击"确定"按钮，退出设置。

2. 设置应收账款管理系统相关科目

① 系统选项参数设置。在应收款管理系统中，执行"设置"|"选项"命令，打开"账套参数设置"对话框。单击"编辑"按钮，系统提示"选项修改需要重新登录才能生效"，单击"确定"按钮。根据实验资料表6-20完成"常规"和"凭证"选项卡的参数设置，如图6-32、图6-33所示。

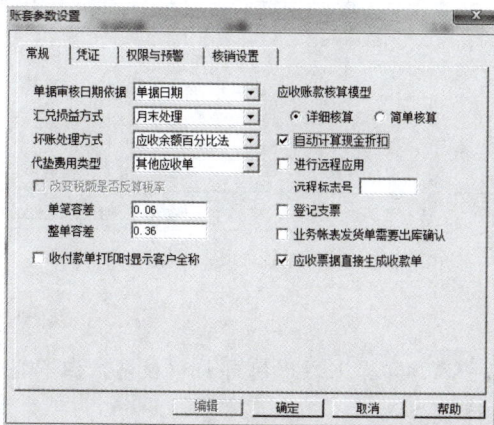

图6-32 应收款管理系统选项——常规

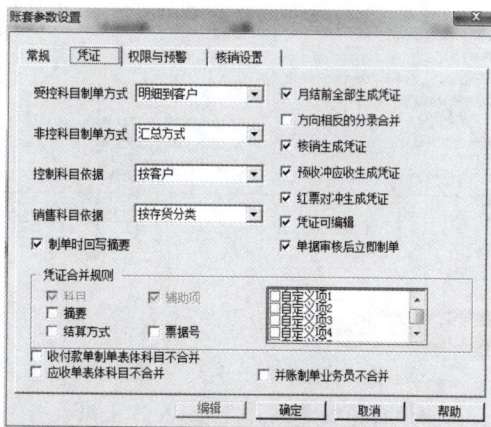

图6-33 应收款管理系统选项——凭证

② 坏账准备设置。执行"初始设置"|"设置科目"|"基础科目设置"命令，单击左上角的"增加"按钮，根据实验资料表6-21完成坏账准备设置，如图6-34所示。单击"确定"按钮，提示"存储完毕"。

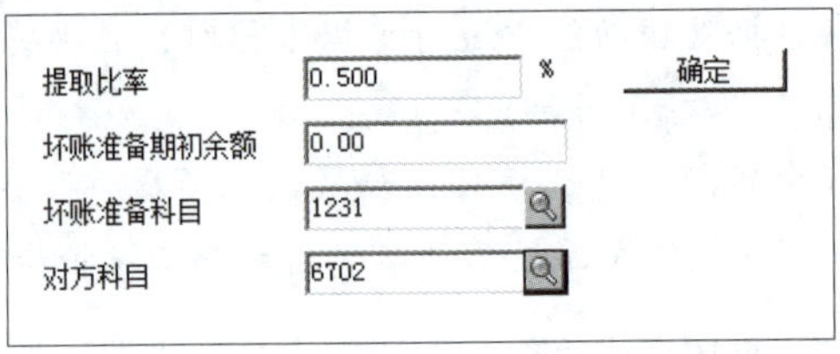

图 6-34　坏账准备设置

❖ **特别提醒：**

◇ 系统提供了两种坏账处理的方式：备抵法和直接转销法。在账套使用过程中，如果当年已经计提过坏账准备，则此参数不可以修改，只能下一年度修改。

◇ 应用备抵法进行坏账处理，不论选择何种具体的方法均需要在初始设置中录入坏账准备期初和计提比例或输入账龄区间等，并在坏账处理中进行后续处理。

◇ 要使用直接转销法则直接在下拉框中选择该方法即可。当坏账发生时，直接在坏账发生处将应收账款转为费用即可。

3. 设置采购管理系统相关科目

① 在采购管理系统中，执行"设置"│"采购选项"命令，打开"采购选项"对话框。

② 分别打开"业务及权限控制"和"公共及参照控制"选项卡，根据实验资料表6-22完成参数设置，如图6-35、图6-36所示。

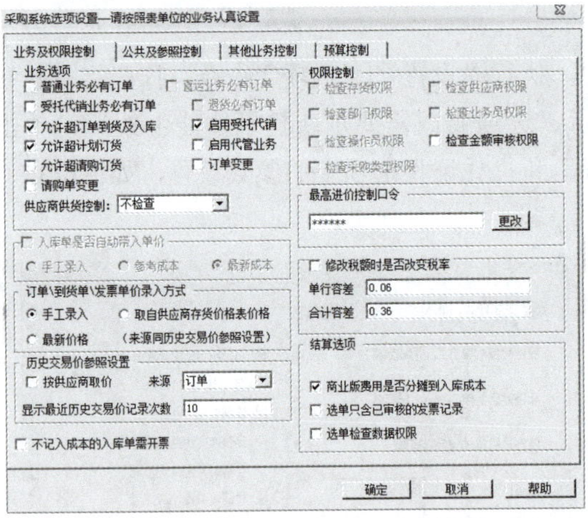

图 6-35　采购管理系统选项——业务及权限控制

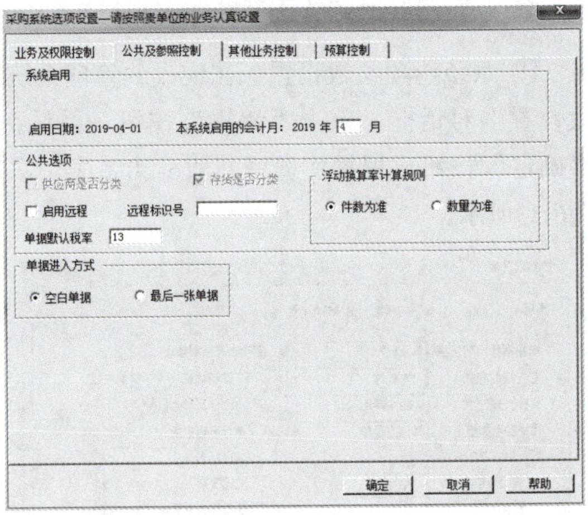

图 6-36　采购管理系统选项——公共及参照控制

❖ **特别提醒：**

◇ 选中"允许超订单到货及入库"复选框后，入库单录入数量可超订单数量，但不能超过订单数量入库上限(入库上限在存货档案中设置)。

◇ 填入单据默认税率后，在填制采购单据时可自动带入单据(订单、到货单、专用发票)的表头税率。

4. 设置销售管理系统相关科目

① 在销售管理系统中，执行"设置"│"销售选项"命令，打开"销售选项"对话框。

② 打开"业务控制"选项卡，根据实验资料表6-23完成参数设置，如图6-37所示。

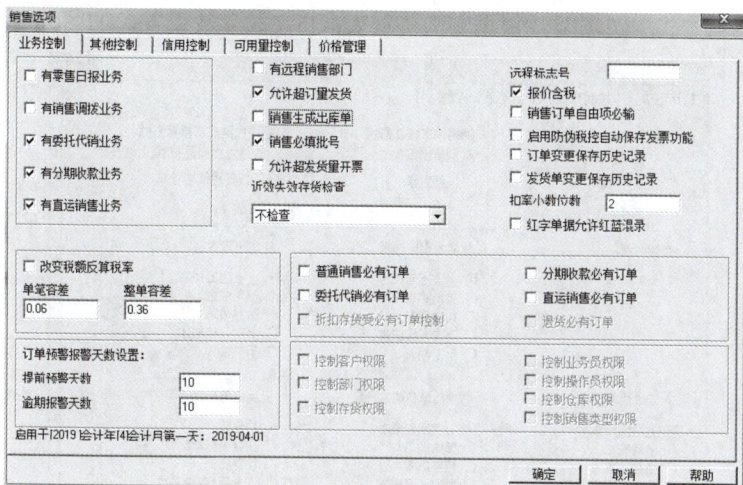

图 6-37 销售管理系统选项

❖ **特别提醒：**

◇ 取消选中"销售生成出库单"复选框后，销售出库单由库存管理系统参照销售发货单生成；在参照时，可以修改本次出库数量，即能够实现一次发货多次出库。

5. 设置库存管理系统相关科目

① 在库存管理系统中，执行"初始设置"|"选项"命令，打开"库存选项设置"对话框。

② 打开"通用设置"选项卡，根据实验资料表6-24完成参数设置，如图6-38所示。

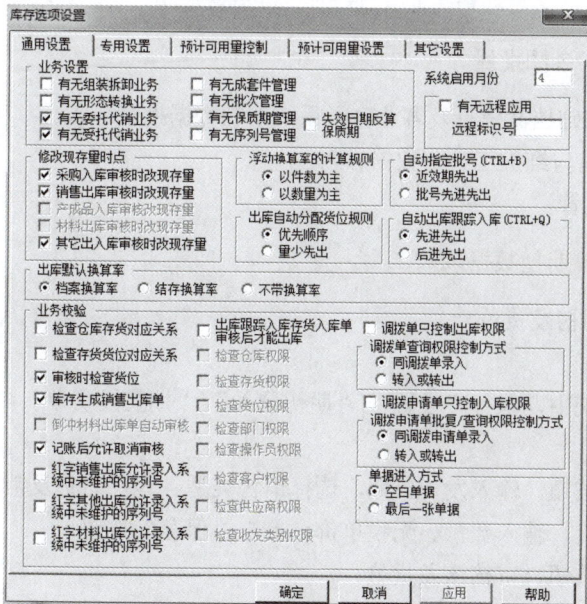

图 6-38 库存管理系统选项

6. 设置存货核算系统相关科目

① 在存货核算系统中，执行"初始设置"|"选项"|"选项录入"命令，打开"选项录入"对话框。

② 打开"核算方式"选项卡,根据实验资料表6-25完成参数设置,如图6-39所示。

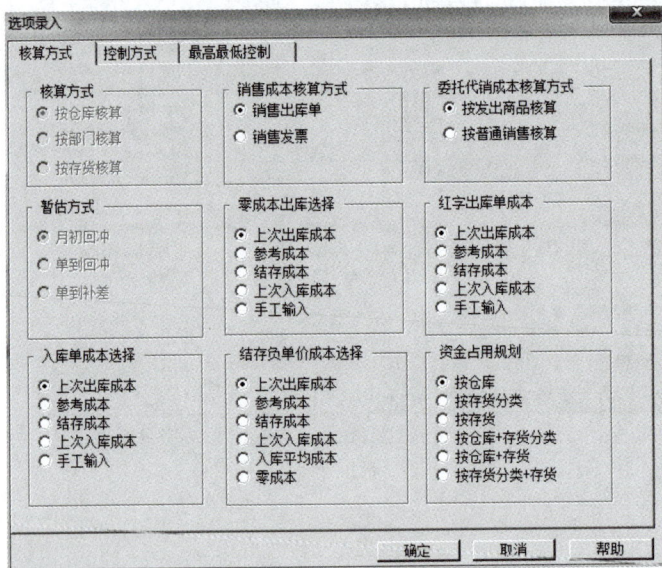

图 6-39 存货核算系统选项

③ 单击"确定"按钮,系统提示"是否保存当前设置",单击"是"按钮退出。

④ 将账套输出至"D:\凯撒家纺\6-1供应链初始化"。

拓展任务

1. 基础档案及期初余额批量导入

功能概要:实现基础档案信息及各业务子系统期初数据批量导入。

路径指引:U8实施与维护工具→数据导入。

岗位说明:账套主管。

2. 销售管理子系统期初数据录入

功能概要:录入期初发货单。

路径指引:

① 在销售管理系统中,执行"设置"|"期初录入"|"期初发货单"命令,进入"期初发货单"窗口。

② 单击"增加"按钮,输入发货日期,选择销售类型、客户名称及销售部门。

③ 选择仓库、存货,输入数量、无税单价,单击"保存"按钮。

④ 单击"审核"按钮,审核该发货单。

岗位说明:账套主管。

3. 采购管理系统期初数据录入

功能概要:录入期初发货单。

路径指引:

(1) 票到货未到业务的处理

① 在应付款管理系统中，执行"设置"|"期初余额"命令，打开"期初余额—查询"对话框，单击"确认"按钮，进入"期初余额明细表"窗口。

② 单击工具栏上的"增加"按钮，打开"单据类别"对话框，选择"采购发票"|"采购专用发票"选项，单击"确定"按钮。

③ 在"采购专用发票"窗口中单击"增加"按钮，按原始凭证增加采购专用发票。

④ 与应收款管理系统相同，录入应付款管理系统期初数据并与总账对账。

(2) 货到票未到业务的处理

① 在采购管理系统中，执行"采购入库"|"入库单"命令，进入"期初采购入库单"窗口。

② 单击"增加"按钮，输入入库日期，选择仓库、供货单位、部门，"入库类别"选择"采购入库"，"采购类型"选择"普通采购"。

③ 选择存货编码，输入数量，暂估单价，单击"保存"按钮。

④ 录入完成后，单击"退出"按钮。

岗位说明：账套主管。

项目七　采购与应付款管理

实训一　普通采购业务

实训任务

2025年6月3日，天津凯撒家纺股份有限公司与山西春天家居用品制造有限公司签订采购合同。原始凭证如图7-1～图7-3所示。

购销合同

合同编号：CG0001

卖方：山西春天家居用品制造有限公司

买方：天津凯撒家纺股份有限公司

为保护买卖双方的合法权益，买卖双方根据《中华人民共和国民法典》的有关规定，经友好协商，一致同意签订本合同并共同遵守。

一、货物的名称、数量及金额

货物名称	规格型号	计量单位	数量	单价(不含税)	金额(不含税)	税率	税额
空调被(美梦)	1.8M	件	300	300.00	90 000.00	13%	11 700.00
合　计					¥90 000.00		¥11 700.00

二、合同总金额：人民币壹拾万壹仟柒佰元整(¥101 700.00)。

三、收款时间：买方于收到货物1个月内向卖方支付货款。

四、至付清所有合同款项，卖方按买方未付款项与合同总价款的比例保留对合同标的物的所有权。

五、发货时间：卖方于签订合同当日发出全部商品。

六、发运方式：买方自提。

卖　方：山西春天家居用品制造有限公司　　　　买　方：天津凯撒家纺股份有限公司

授权代表：赵　跃　　　　　　　　　　　　　　授权代表：林　群

日　期：2025年6月3日　　　　　　　　　　　日　期：2025年6月3日

图 7-1　购销合同—实训一

山西省增值税专用发票

1401946562　　　　　　　　开票日期：2025 年 6 月 3 日　　　　　No 10092348917

购货单位	名　　称：天津凯撒家纺股份有限公司 纳税人识别号：12010135520302526 地址、电话：天津市河西区珠江道86号 022-28285566 开户行及账号：中国工商银行天津河西支行12001657901052500555	密码区	14008960+*2><618//*464 64161145641/*-+4164><6 *-46></--2338990/*-526 7812345/*980-->< -9809)

货物或应税劳务名称	规格型号	单位	数量	单价	金额	税率	税额
空调被(美梦)	1.8M	件	300.00	300.00	90 000.00	13%	11 700.00
合　计			300.00		￥90 000.00		￥11 700.00

价税合计(大写)	⊗ 壹拾万壹仟柒佰元整	(小写) ￥101 700.00

销货单位	名　　称：山西春天家居用品制造有限公司 纳税人识别号：140103789256478131 地址、电话：山西运城市万容县西贾工业园西座 0359-86962998 开户行及账号：中国建设银行山西运城万容支行6722715678909825 6767	备注	山西春天家居用品制造有限公司 140103789256478131 发票专用章

收款人：略　　　复核：略　　　开票人：略　　　销货单位：(章)

图 7-2　增值税专用发票——实训一

商品入库单

验收仓库：床上用品仓库　　　　　　　　2025 年 6 月 3 日

商品名称	型号	应收数量	实收数量	单价	核对结果	原因	处理结果
空调被(美梦)	1.8M	300.00	300.00	300.00	无误		
合计		300.00	300.00	供货单位	山西春天家居用品制造有限公司		

部门经理：略　　　会计：略　　　仓库：略　　　制单人：略

图 7-3　商品入库单——实训一

2025年6月6日，按发票金额以电汇的形式向山西春天家居用品制造有限公司付款。原始凭证如图7-4所示。

中国工商银行电汇凭证(回单)　　1

委托日期：2025 年 6 月 6 日　　　NO. 1188907884

收款人	山西春天家居用品制造有限公司	汇款人	天津凯撒家纺股份有限公司
账号或地址	6722715678909825 6767	账号或地址	12001657901052500555
汇入地	山西运城市	汇入行	中国建设银行山西运城万容支行	汇款用途	支付货款

汇款金额 人民币(大写)	壹拾万壹仟柒佰元整	千	百	十	万	千	百	十	元	角	分
			￥	1	0	1	7	0	0	0	0

支付密码　　　　备注

中国工商银行天津河西支行
2025.06.06
汇出行签章

图 7-4　电汇凭证——实训一

任务解析

1. 背景知识

(1) 普通采购业务

普通采购业务是指所有正常的采购业务，适用于一般工商企业的采购业务。普通采购业务主要包括采购订货、采购到货、采购入库、采购发票、采购成本核算、采购付款等环节。其中采购到货是采购订货和采购入库的中间环节，在采购业务流程中，到货处理可以省略。普通采购业务处理流程如图7-5所示。

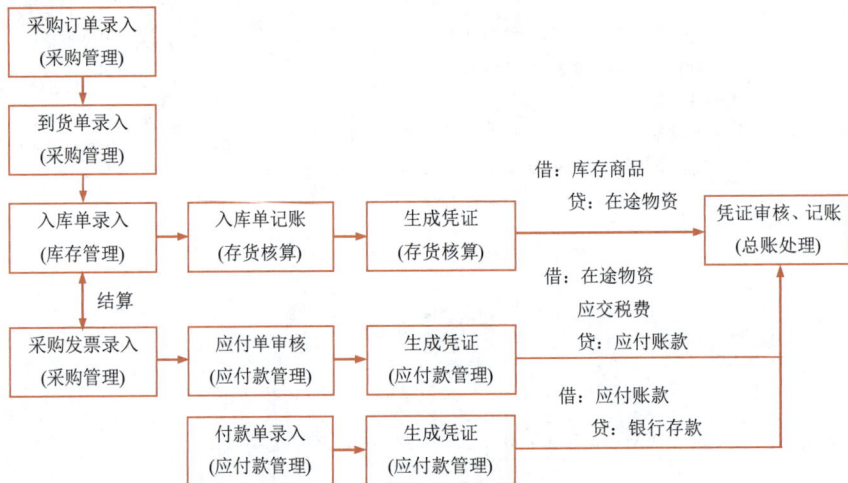

图 7-5　普通采购业务处理流程图

(2) 采购结算

采购结算也叫采购报账，在手工业务中，采购业务员拿着经主管领导审批过的采购发票和仓库确认的入库单到财务部门报账，由财务人员确认采购成本并进行相应的账务处理。

(3) 核销处理

应付账款的核销是指确定付款单与原始的采购发票、应付单之间的对应关系的操作，即需要指明每一次付款是付的哪几笔采购业务的款项。明确核销关系后，可以进行精确的账龄分析，以更好地管理应付账款。

2. 岗位说明

以业务员G01身份完成采购管理系统业务处理；以业务员C01身份完成库存管理系统业务处理；以出纳W03身份完成付款单录入；以会计W02身份完成存货核算系统业务处理，完成应付款管理系统单据审核、核销及制单处理。

实训指引

以系统管理员身份在系统管理中引入"6-1供应链初始化"账套作为基础数据。

(1) 在采购管理系统中录入"采购订单"

① 以采购人员"G01 林群"身份登录，修改"注册日期"为"2025年6月3日"。

② 执行"供应链"|"采购管理"|"采购订货"|"采购订单"命令，打开"采购订单"窗口。单击"增加"按钮，"订单编号"录入"CG0001"，"供应商"选择"001 山西春天家居用品制造有限公司"，"部门"选择"采购部"，表体内"存货编码"选择"0102空调被(美梦)"，"数量"栏录入"300"，"原币单价"录入"300.00"，依次单击"保存""审核"按钮，如图7-6所示。

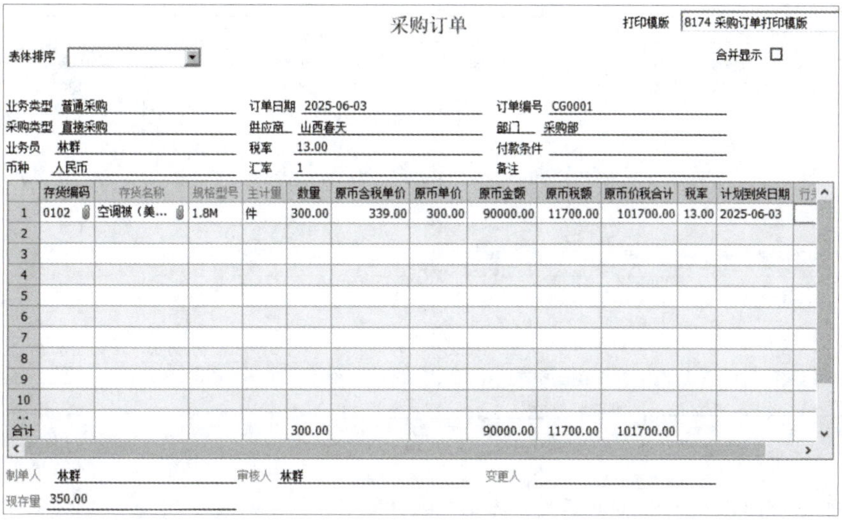

图 7-6　采购订单——实训一

❖ **特别提醒：**

◇ "原币单价"指无税单价。

◇ 审核日期在单据审核时带入，不可修改。登录日期大于或等于单据日期时，审核日期取登录日期；登录日期小于单据日期时取单据日期。

(2) 在采购管理系统中生成"采购到货单"

① 在采购管理系统中，执行"采购到货"|"到货单"命令，打开"到货单"窗口，单击"增加"按钮，再单击"生单"按钮。

② 选择"采购订单"，在弹出的"查询条件"对话框中单击"确定"按钮。在"拷贝并执行"窗口中单击"全选"按钮，选择相应采购信息，如图7-7所示，单击"确定"按钮。

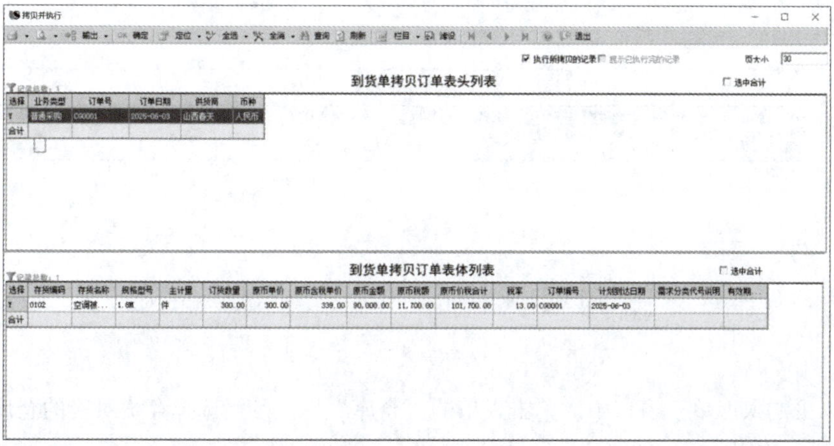

图 7-7　到货单"拷贝并执行"窗口——实训一

③ 在"到货单"界面中，依次单击"保存""审核"按钮，如图7-8所示。

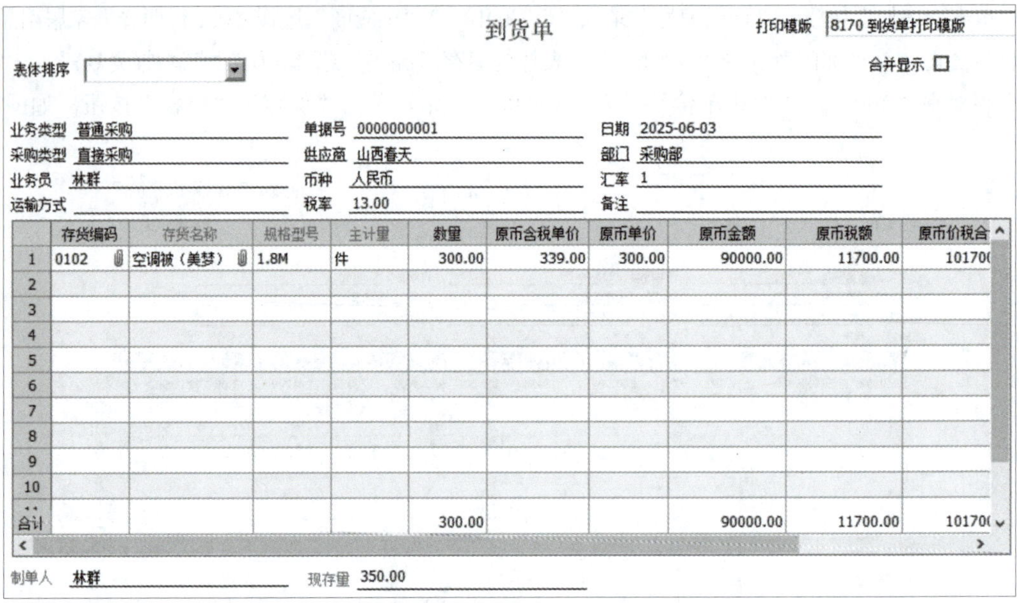

图 7-8 到货单——实训一

(3) 在库存管理系统中生成"采购入库单"

① 以仓管人员"C01 陈晨"身份登录，修改"注册日期"为"2025年6月3日"。

② 执行"供应链"|"库存管理"|"入库业务"|"采购入库单"命令，打开"采购入库单"窗口，单击"生单"按钮，选择"采购到货单(蓝字)"选项，在弹出的"查询条件选择"对话框中单击"确定"按钮。在"到货单生单列表"窗口中单击"全选"按钮，选择相应采购信息，如图7-9所示，单击"确定"按钮。

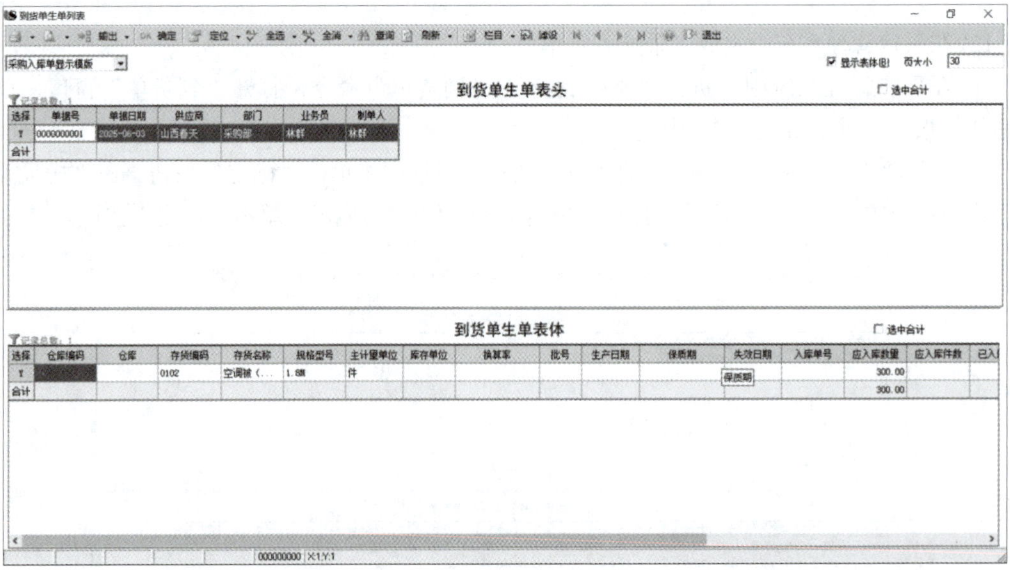

图 7-9 到货单生单列表——实训一

③ 在"采购入库单"窗口中，单击表单的"仓库"栏，参照选择存货对应的仓库为"01 床上用品仓库"，依次单击"保存""审核"按钮，如图7-10所示。

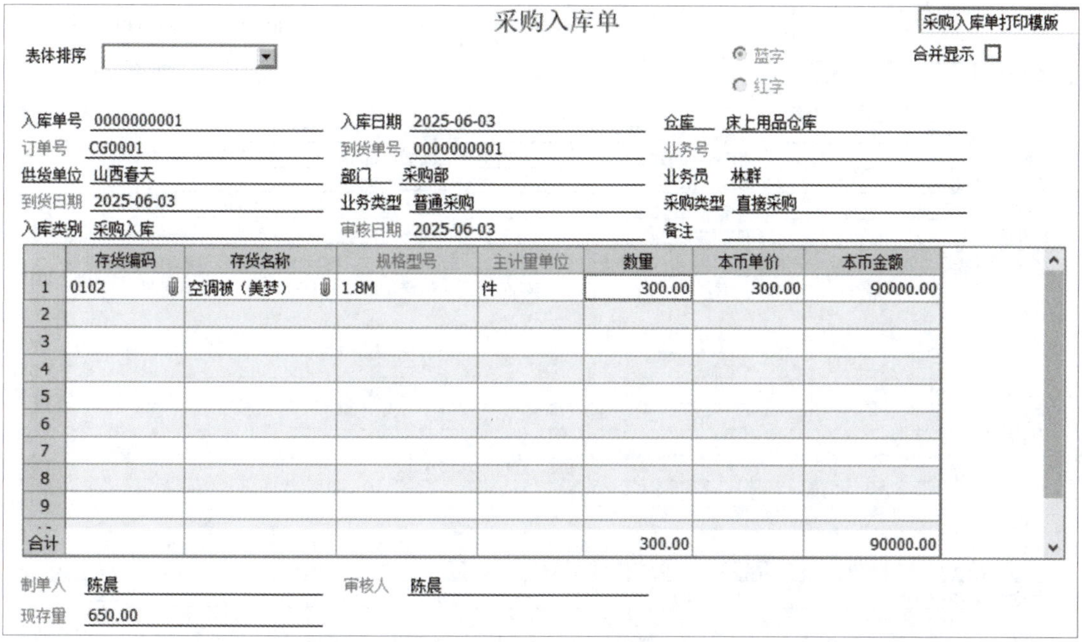

图 7-10　采购入库单——实训一

(4) 在采购管理系统中生成"采购发票"

① 以采购人员"G01 林群"身份登录，修改"注册日期"为"2025年6月3日"。

② 在采购管理系统中，执行"采购发票"|"专用采购发票"命令，单击"增加"按钮，使"生单"变成实色。单击"生单"旁边的向下箭头，选择"入库单"选项，在弹出的"查询条件选择"对话框中单击"确定"按钮。在"拷贝并执行"对话框中依次单击"全选""确定"按钮，如图7-11所示。

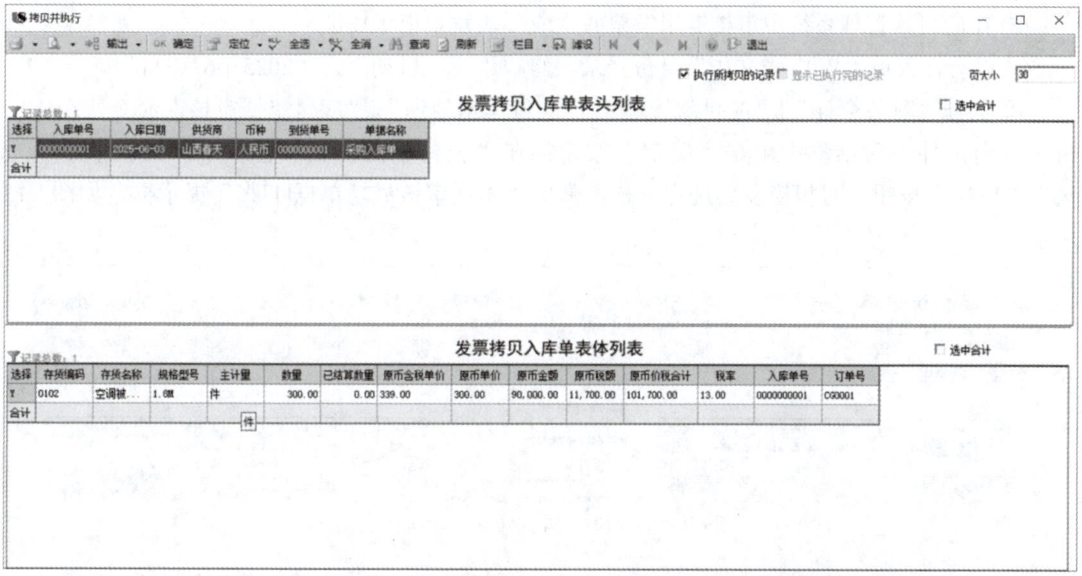

图 7-11　采购专用发票"拷贝并执行"窗口——实训一

③ 在生成的专用发票界面，录入"发票号"为"10092348917"，依次单击"保存""结算"按钮，专用发票左上角随即显示"已结算"图标，如图7-12所示。

图 7-12 采购专用发票——实训一

❖ **特别提醒：**

◇ 相同供货单位的、存货相同且数量相等的采购入库单和采购发票进行结算可由系统自动结算。自动结算可通过在发票界面单击"结算"按钮完成，亦可在采购管理系统中执行"采购结算"|"自动结算"命令，选择结算模式为"入库单和发票"实现。

◇ 如需取消结算，可以通过执行"采购结算"|"结算单列表"命令，选择相应结算记录，单击"删除"按钮，删除采购结算单。

(5) 在应付款管理系统中审核专用发票并生成采购发票记账凭证

① 以会计人员"W02 张文华"身份登录，修改"注册日期"为"2025年6月3日"。

② 执行"财务会计"|"应付款管理"|"应付单据处理"|"应付单据审核"命令，在"应付单查询条件"对话框中单击"确定"按钮；在"应付单据列表"窗口中，依次单击"全选""审核"按钮，对相应发票进行审核，弹出"本次审核成功单据[1]张"提示框，如图7-13所示。

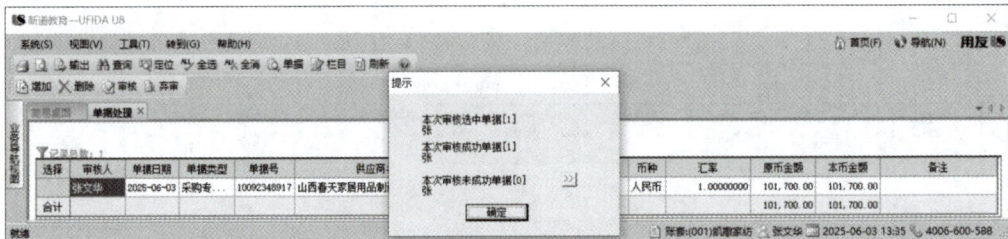

图 7-13 应付单据审核——实训一

③ 执行"制单处理"命令，在"制单查询"对话框中选择"发票制单"复选框，如图7-14所示，单击"确定"按钮。

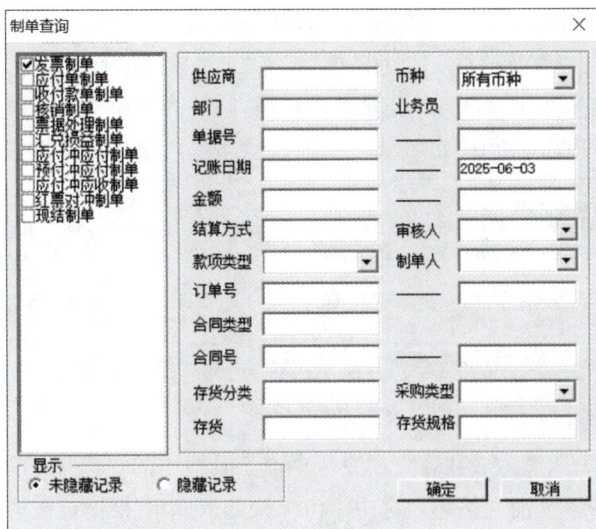

图 7-14 制单查询——实训一

④ 在"采购发票制单"界面中，单击"全选"按钮，选择"凭证类别"为"转账凭证"，如图7-15所示。

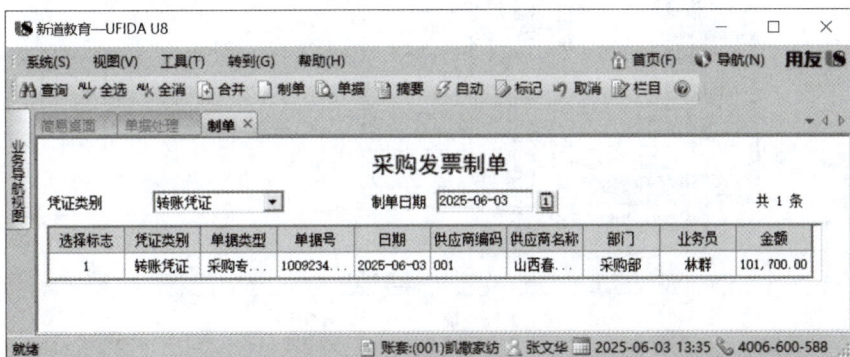

图 7-15 采购发票制单——实训一

⑤ 单击"制单"按钮，生成相应的记账凭证，单击"保存"按钮，如图7-16所示。

图 7-16 生成凭证结果——实训一

(6) 在存货核算系统中完成存货记账并生成入库凭证

① 执行"供应链"|"存货核算"|"业务核算"|"正常单据记账"命令，在"查询条件选择"对话框中，单击"确定"按钮，打开"正常单据记账列表"窗口，依次单击"全选""记账"按钮，对采购入库单进行记账，如图7-17所示。弹出"记账成功"提示框，单击"确定"按钮关闭。

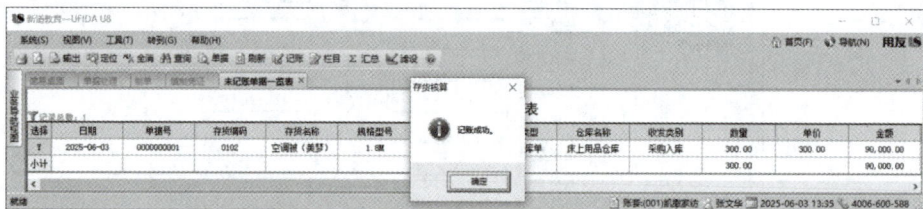

图 7-17　正常单据记账——实训一

② 执行"财务核算"|"生成凭证"命令，单击工具栏中的"选择"按钮，在打开的"查询条件"对话框中，单击"全消"按钮，选中"(01)采购入库单(报销记账)"复选框，如图7-18所示，单击"确定"按钮。

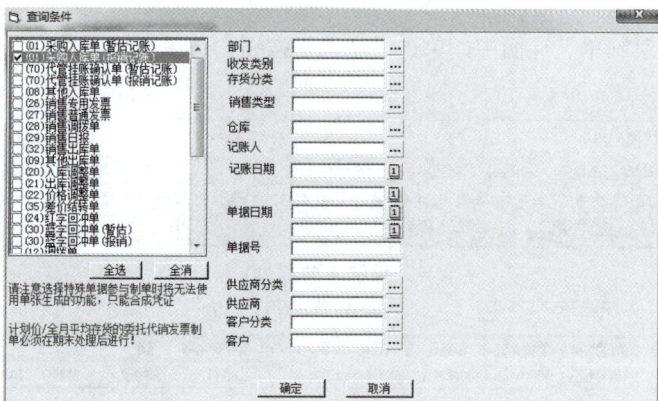

图 7-18　生成凭证查询条件——实训一

③ 在"未生成凭证单据一览表"窗口中，选择对应单据，单击"确定"按钮，如图7-19所示。

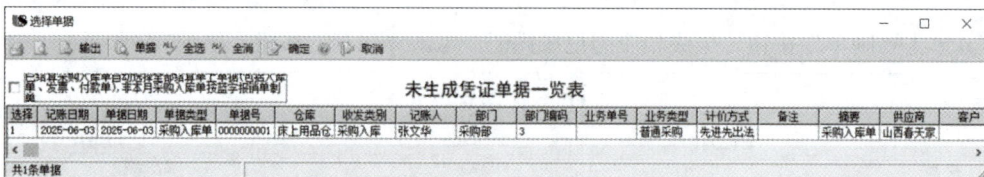

图 7-19　未生成凭证一览表——实训一

④ 在"生成凭证"界面中，选择"凭证类别"为"转账凭证"，如图7-20所示。

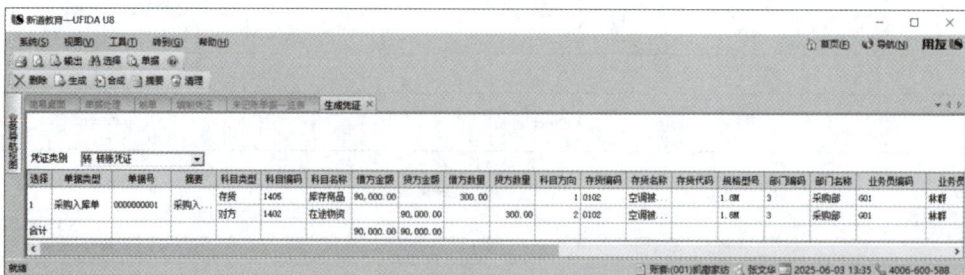

图 7-20　生成凭证——实训一

⑤ 单击"生成"按钮，生成相应的记账凭证，单击"保存"按钮，如图7-21所示。

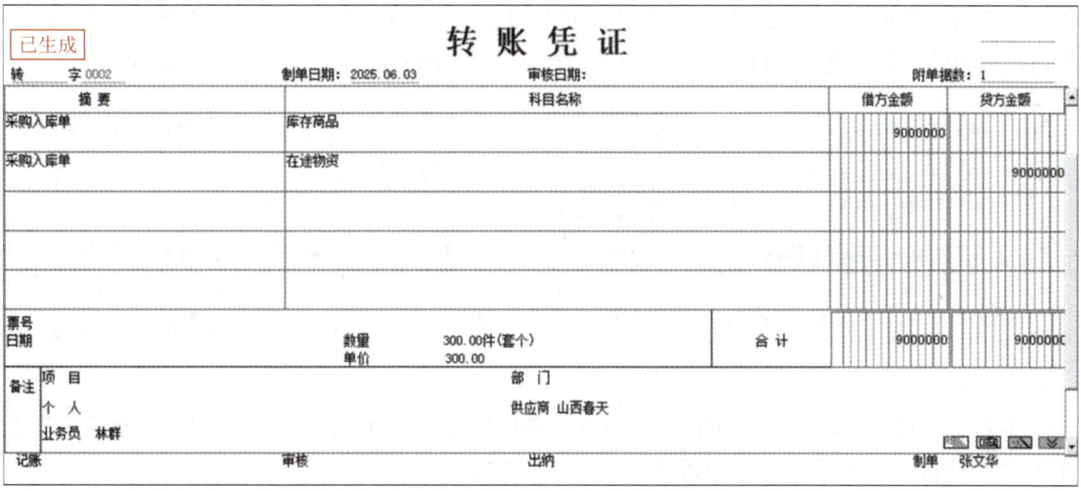

图 7-21　生成凭证结果——实训一

❖ **特别提醒：**

◇ 如需删除已生成的采购入库凭证，可以通过执行"财务核算"|"凭证列表"命令，选择相应凭证记录，删除已生成凭证。

(7) 在应付款管理系统中录入"付款单"

① 以出纳人员"W03 黄宁"身份登录，修改"注册日期"为"2025年6月6日"。

② 执行"财务会计"|"应付款管理"|"付款单据处理"|"付款单据录入"命令，在"付款单"界面中单击"增加"按钮，"供应商"选择"001 山西春天家居用品制造有限公司"、"结算方式"选择"5 电汇"、"金额"录入"101 700.00"、"票据号"录入"1188907884"。"付款单"表头录入完毕后，单击"保存"按钮，如图7-22所示。

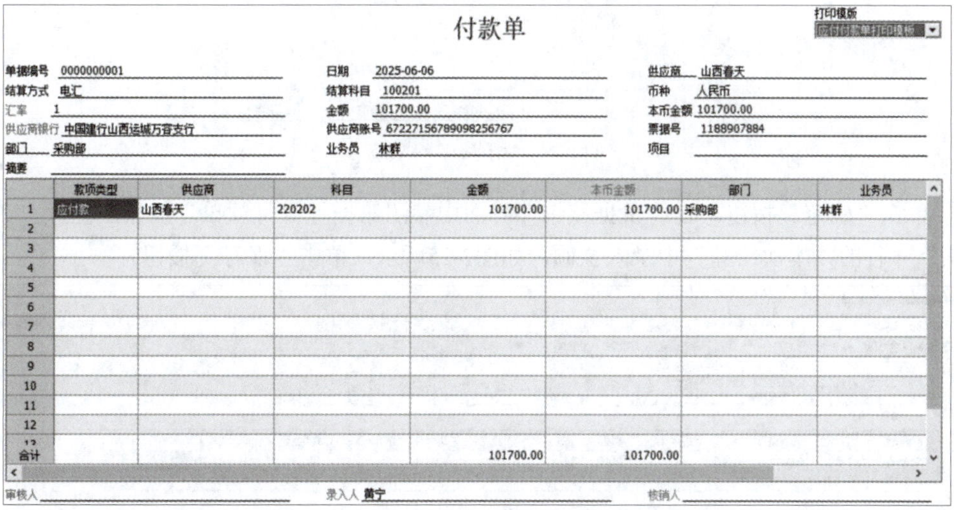

图 7-22　付款单——实训一

(8) 在应付款管理系统中审核付款单并生成付款单记账凭证

① 以会计人员"W02 张文华"身份登录，修改"注册日期"为"2025年6月6日"。

② 在应付款管理系统中，执行"付款单据处理"|"付款单据审核"命令，在"付款单查询条件"对话框中单击"确定"按钮。在"收付款单列表"窗口中，依次单击"全选""审核"按钮，对相应付款单进行审核，弹出"本次审核成功单据[1]张"提示框，如图7-23所示。

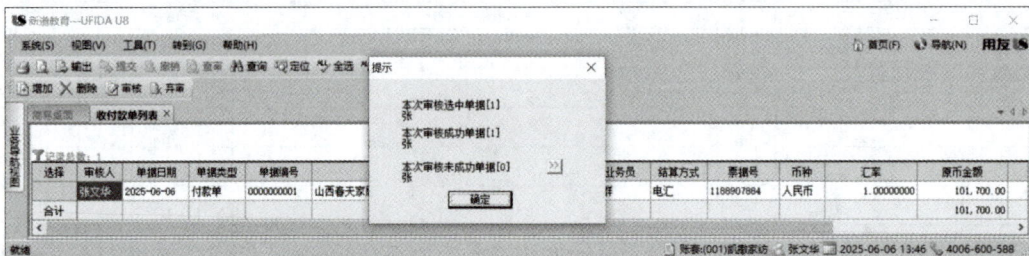

图 7-23 付款单审核——实训一

③ 执行"核销处理"|"手工核销"命令，在打开的"核销条件"对话框中，"供应商"选择"001 山西春天家居用品制造有限公司"，如图7-24所示。

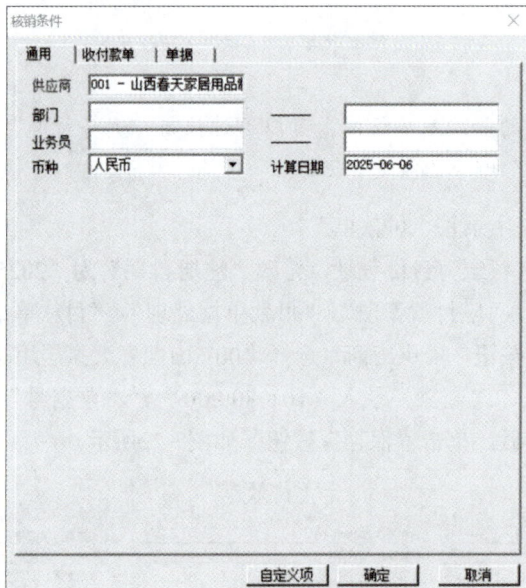

图 7-24 核销条件——实训一

④ 单击"确定"按钮，在"单据核销"界面中参照第一行"付款单"的相应金额，在"采购发票"一行的"本次结算"中录入金额，如图7-25所示，单击"保存"按钮。

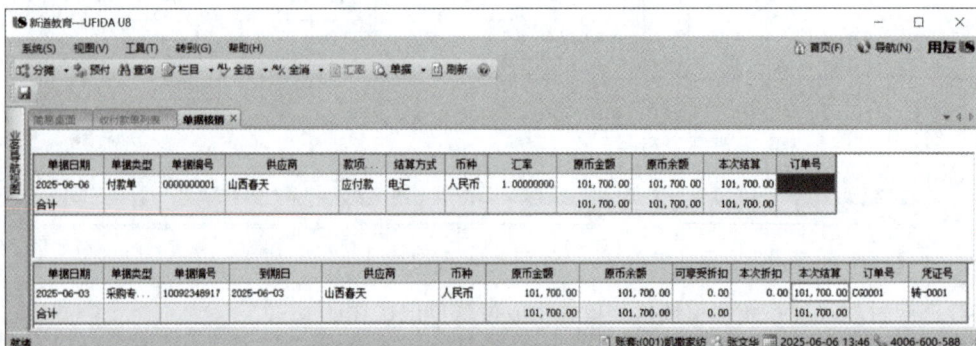

图 7-25 单据核销——实训一

⑤ 执行"制单处理"命令，在"制单查询"对话框中选中"收付款单制单""核销制单"复选框，如图7-26所示，单击"确定"按钮。

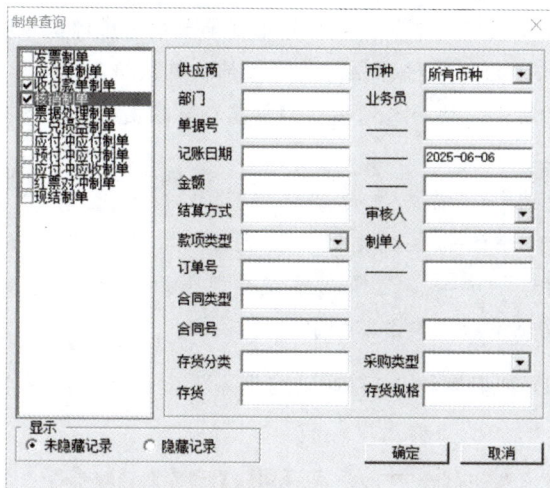

图 7-26　制单查询——实训一

⑥ 在"应付制单"界面中单击"合并"按钮，选择"凭证类别"为"付款凭证"，如图7-27所示。

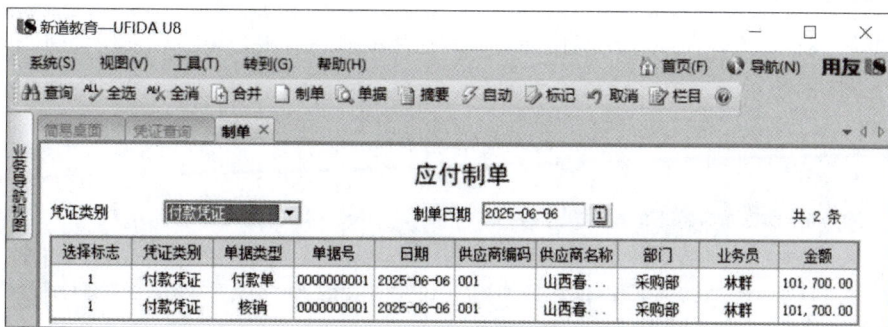

图 7-27　应付制单——实训一

⑦ 单击"制单"按钮，生成相应的记账凭证，单击"保存"按钮，如图7-28所示。

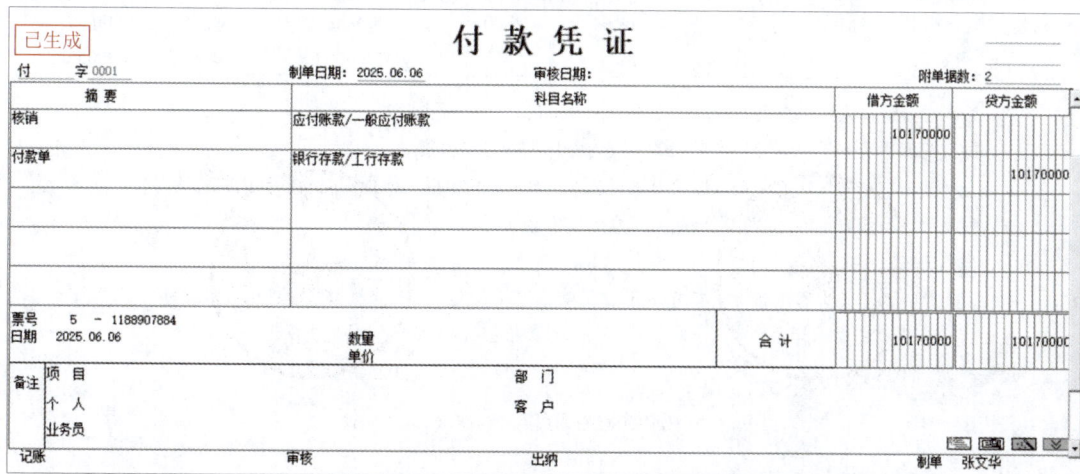

图 7-28　生成凭证结果——实训一

❖ **特别提醒:**

◇ "收付款单核销制单"功能受系统初始选项的控制,由于设置应付款管理系统选项
时,勾选了"核销生成凭证",故核销不制单会影响应付款管理系统月末结账。

◇ 由于本例核销双方的入账科目相同,"收付款单核销制单"单独制单时,系统会提示
错误,如图7-29所示。故而本例核销制单需与货款支付
凭证合并制单。

◇ 如需取消"核销",首先执行"单据查询" | "凭
证查询"命令,删除已生成凭证;再执行"其他处
理" | "取消操作"命令,选择"操作类型"为"核
销",选择核销记录后,单击"OK确认"按钮。

图7-29 有效分录数为0提示框

(9) 将账套输出至"D:\凯撒家纺\7-1普通采购业务"。

实训二 采购现结业务

实训任务

2025年6月8日,天津凯撒家纺与山西春天家居用品制造有限公司签订采购合同。原始凭证
如图7-30~图7-31所示。

购销合同

合同编号: CG0002

卖方: 山西春天家居用品制造有限公司

买方: 天津凯撒家纺股份有限公司

为保护买卖双方的合法权益,买卖双方根据《中华人民共和国民法典》的有关规定,经友好协商,一致同意
签订本合同并共同遵守。

一、货物的名称、数量及金额

货物名称	规格型号	计量单位	数量	单价(不含税)	金额(不含税)	税率	税额
被芯(泰国产)	1.8M	件	300	100.00	30 000.00	13%	3 900.00
合计					¥30 000.00		¥3 900.00

二、合同总金额:人民币叁万叁仟玖佰元整(¥33 900.00)。

三、收款时间:买方于收到货物当天(2025年6月8日)向卖方支付货款。

四、至付清所有合同款项前,卖方按买方未付款项与合同总价款的比例保留相应合同标示的物的所有权。

五、发货时间:卖方于签订合同当日从天津仓库发出全部商品。

六、发运方式:买方自提。

卖 方: 山西春天家居用品制造有限公司   买 方: 天津凯撒家纺股份有限公司

授权代表: 赵   授权代表: 林

日 期: 2025年6月8日   日 期: 2025年6月8日

图 7-30 购销合同——实训二

商品入库单

验收仓库：床上用品仓库　　　　　　　　2025 年 6 月 8 日

商品名称	型号	应收数量	实收数量	单价	核对结果	原因	处理结果
被芯(泰国产)	1.8M	300.00	300.00	100.00	无误		
合计		300.00	300.00		供货单位	山西春天家居用品制造有限公司	

部门经理：略　　　　会计：略　　　　仓库：略　　　　制单人：略

图 7-31　商品入库单——实训二

2025年6月8日，按合同金额以电汇的形式向山西春天家居用品制造有限公司付款，并收到对方公司邮寄的发票。原始凭证如图7-32～图7-33所示。

山西省增值税专用发票

1401946562　　　　　　　开票日期：2025 年 6 月 8 日　　　　No.　10092348918

购货单位	名称：天津凯撒家纺股份有限公司						密码区	14008960+*2><618//*464 64161145641/*-+4164><6 *-46></--2338990/*-526 7812345/*980--><-9809>
	纳税人识别号：120101355203023526							
	地址、电话：天津市河西区珠江道86号 022-28285566							
	开户行及账号：中国工商银行天津河西支行12001657901052500555							

货物或应税劳务名称	规格型号	单位	数量	单价	金额	税率	税额
被芯(泰国产)	1.8M	件	300.00	300.00	30 000.00	13%	3 900.00
合计			300.00		¥ 30 000.00		¥ 3 900.00

价税合计(大写)	⊗ 叁万叁仟玖佰元整	(小写)¥ 33 900.00

销货单位	名称：山西春天家居用品制造有限公司	备注
	纳税人识别号：140103789256478131	
	地址、电话：山西运城市万客县西贾工业园西座 0359-86962998	
	开户行及账号：中国建设银行山西运城万容支行6722715678909825676	

收款人：略　　　　复核：略　　　　开票人：略　　　　销货单位：(章)

图 7-32　增值税专用发票——实训二

中国工商银行电汇凭证(回单)　　1

委托日期：2025 年 6 月 8 日　　　　NO.　1188907885

收款人	山西春天家居用品制造有限公司	汇款人	天津凯撒家纺股份有限公司
账号或地址	6722715678909825676	账号或地址	12001657901052500555
汇入地	山西省运城市	汇入行　中国建设银行山西运城万容支行	汇款用途　支付货款

汇款金额 人民币(大写)	叁万叁仟玖佰元整	千	百	十	万	千	百	十	元	角	分
			¥	3	3	9	0	0	0	0	0

支付密码

备注：

汇出行签章

图 7-33　电汇凭证——实训二

任务解析

1. 背景知识

采购现付业务是指当采购业务发生时，企业立即付款，由供货单位开具发票，在企业货款全部付清情况下，不形成应付账款。当然，有时企业不是全额支付，只是部分现结，在这种情况下，尚未支付的部分形成应付账款，财会人员需要将这些业务入账。采购现付业务处理流程与普通采购业务流程类似，现付业务处理流程如图7-34所示。

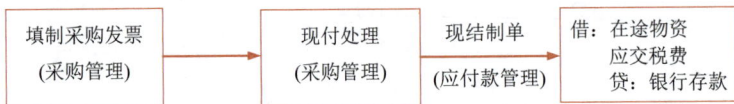

图 7-34　现付业务处理流程图

2. 岗位说明

以业务员G01身份完成采购管理系统业务处理；以业务员C01身份完成库存管理系统业务处理；以会计W02身份完成存货核算系统业务处理，完成应付款管理系统单据审核及制单处理。

实训指引

(1) 在采购管理系统中录入"采购订单"

① 以采购人员"G01 林群"身份登录，修改"注册日期"为"2025年6月8日"。

② 在采购管理系统中，根据实验资料图7-30填制采购订单，如图7-35所示。

图 7-35　采购订单——实训二

(2) 在采购管理系统中生成"采购到货单"

在采购管理系统中，根据实验资料图7-31生成采购到货单并审核，如图7-36所示。

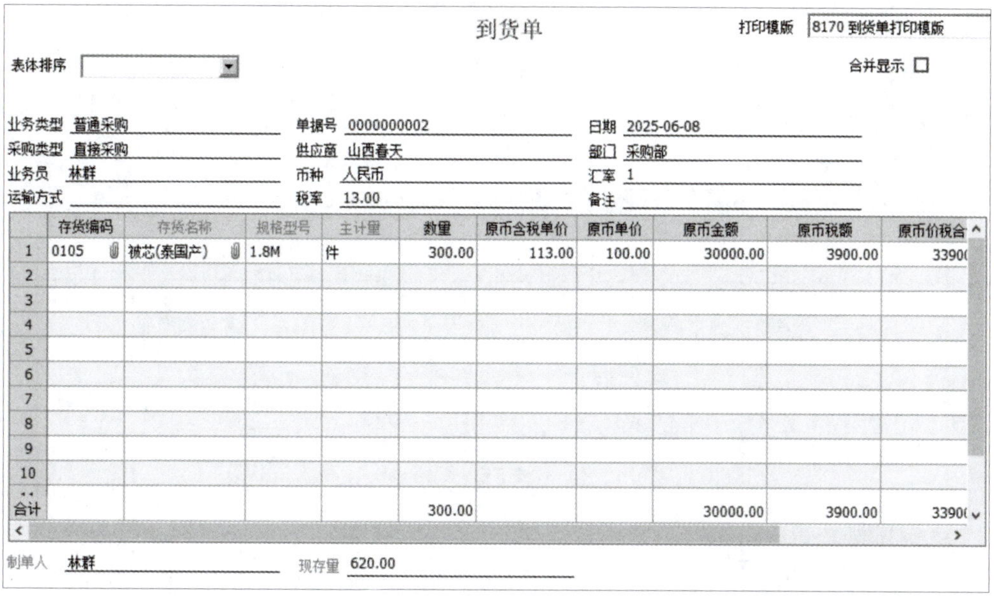

到货单

打印模版 8170 到货单打印模版

表体排序　　　合并显示 ☐

业务类型 普通采购　单据号 0000000002　日期 2025-06-08
采购类型 直接采购　供应商 山西春天　部门 采购部
业务员 林群　币种 人民币　汇率 1
运输方式　税率 13.00　备注

	存货编码	存货名称	规格型号	主计量	数量	原币含税单价	原币单价	原币金额	原币税额	原币价税合
1	0105	被芯(泰国产)	1.8M	件	300.00	113.00	100.00	30000.00	3900.00	3390(
2										
3										
4										
5										
6										
7										
8										
9										
10										
合计					300.00			30000.00	3900.00	3390(

制单人 林群　现存量 620.00

图 7-36　到货单——实训二

(3) 在库存管理系统中生成“采购入库单”

① 以仓管人员“C01 陈晨”身份登录，修改“注册日期”为“2025年6月8日”。

② 在库存管理系统中，根据实验资料图7-31生成采购入库单并审核，如图7-37所示。

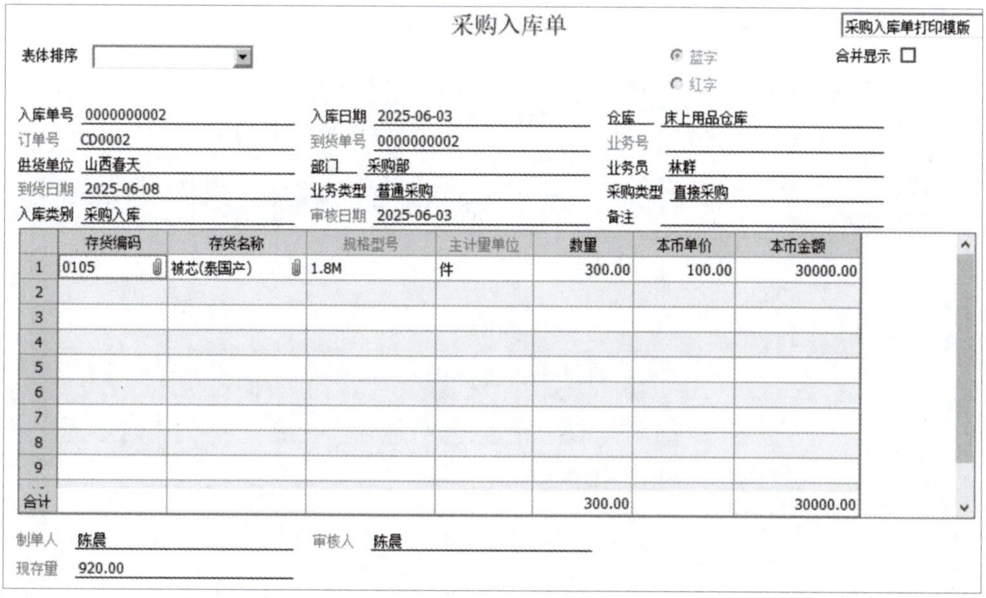

采购入库单

采购入库单打印模版

表体排序　　◉ 蓝字 ○ 红字　合并显示 ☐

入库单号 0000000002　入库日期 2025-06-03　仓库 床上用品仓库
订单号 CD0002　到货单号 0000000002　业务号
供货单位 山西春天　部门 采购部　业务员 林群
到货日期 2025-06-08　业务类型 普通采购　采购类型 直接采购
入库类别 采购入库　审核日期 2025-06-03　备注

	存货编码	存货名称	规格型号	主计量单位	数量	本币单价	本币金额
1	0105	被芯(泰国产)	1.8M	件	300.00	100.00	30000.00
2							
3							
4							
5							
6							
7							
8							
9							
合计					300.00		30000.00

制单人 陈晨　审核人 陈晨
现存量 920.00

图 7-37　采购入库单——实训二

(4) 在采购管理系统中生成“采购发票”并现付

① 以采购人员“G01 林群”身份登录，修改“注册日期”为“2025年6月8日”。

② 在采购管理系统中，根据实验资料图7-32生成采购专用发票，单击“现付”按钮，在弹出的“采购现付”界面中，根据实验资料图7-33录入“结算方式”为“电汇”，“原币金额”为“33 900.00”，“票据号”为“1188907885”，如图7-38所示。

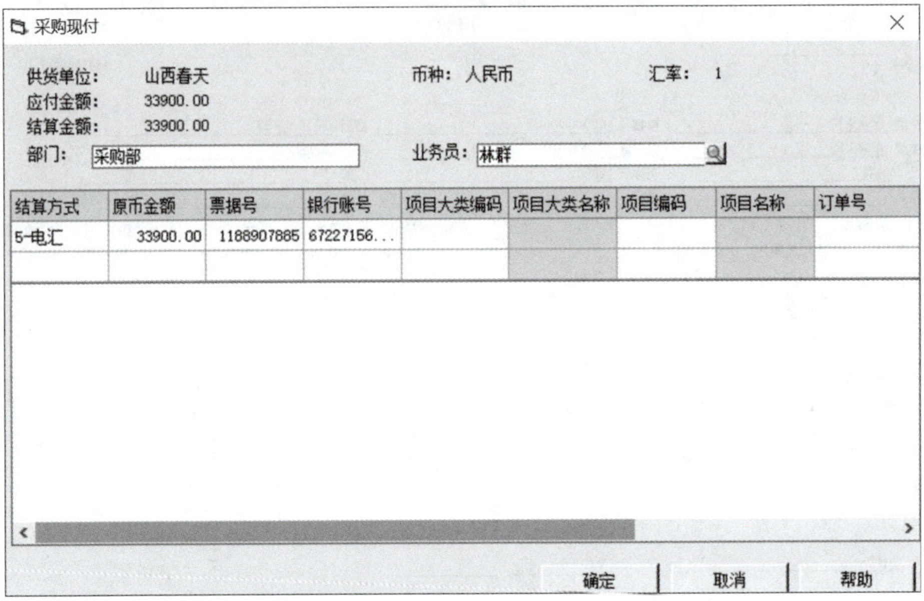

图 7-38　采购现付——实训二

③ 单击"确定"按钮，完成采购发票现付。

④ 单击"结算"按钮，完成采购发票与采购入库单结算，如图7-39所示。

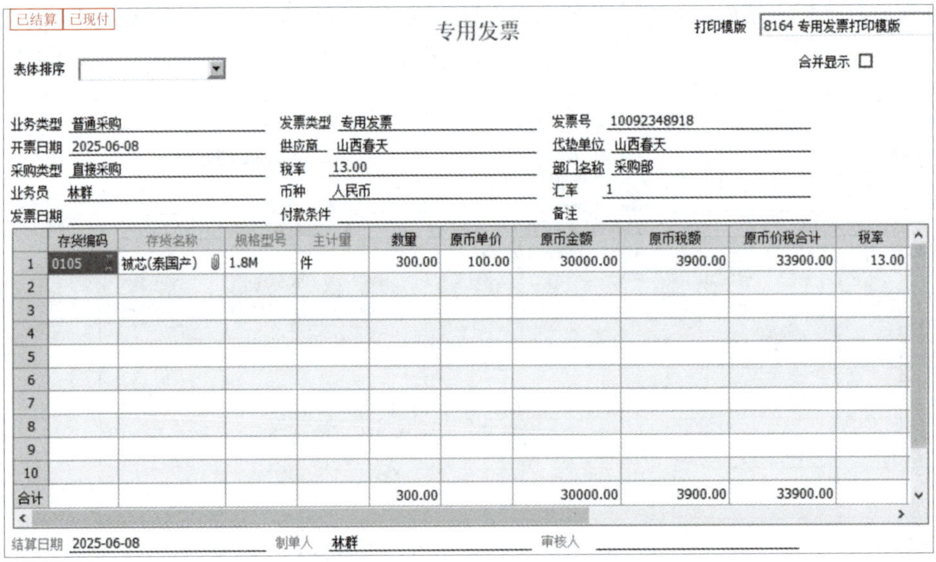

图 7-39　采购专用发票——实训二

❖ **特别提醒：**

◇ 单击"弃付"按钮可取消现付，现结处理与采购结算不存在先后顺序。

◇ 在采购发票保存后就可以进行现付款处理，已在应付款管理系统中审核的发票不能再做现付处理。

(5) 在应付款管理系统中审核专用发票并生成现付凭证

① 以会计人员"W02 张文华"身份登录，修改"注册日期"为"2025年6月8日"。

② 在应付款管理系统中，执行"应付款管理"|"应付单据处理"|"应付单据审核"命令，

在"应付单查询条件"对话框中选中"包含已现结发票"复选框,单击"确定"按钮,如图7-40所示。在"应付单据列表"窗口中,审核采购发票。

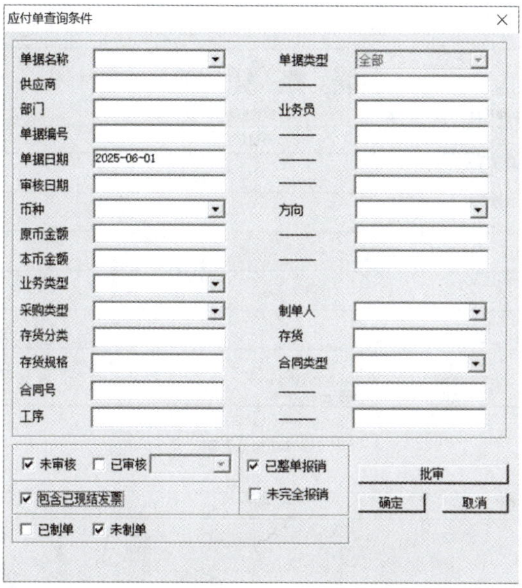

图 7-40 应付单查询条件——实训二

❖ **特别提醒:**

◇ 如不选中"包含已现结发票"复选框,则无法查询到标记现付后的采购发票。

◇ 本例为全额现付,不形成应付账款,故无须核销处理。

③ 执行"制单处理"命令,在"制单查询"对话框中选择"现结制单"选项,单击"确定"按钮。

④ 在"采购发票制单"界面中单击"全选"按钮,选择"凭证类别"为"付款凭证",生成相应的记账凭证,如图7-41所示。

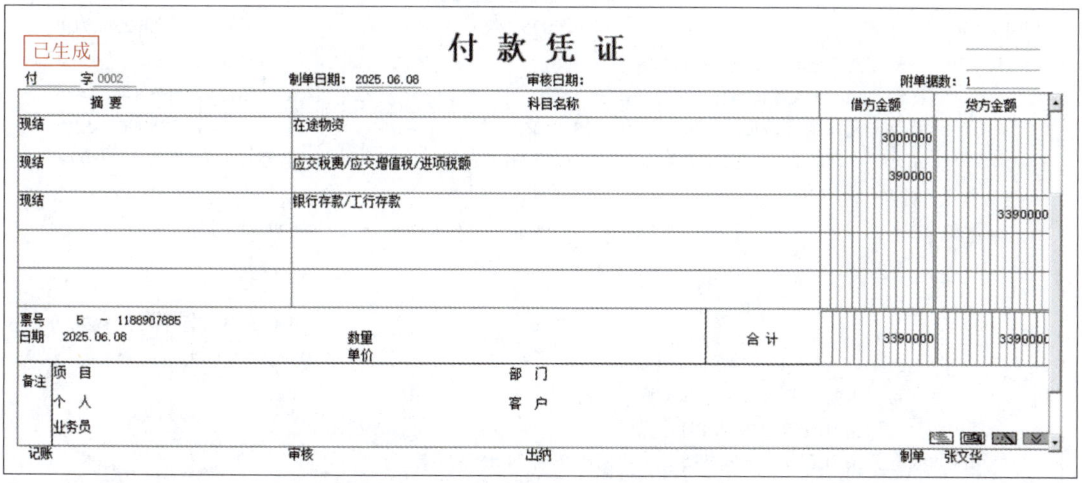

图 7-41 生成凭证结果——实训二

(6) 在存货核算系统中完成存货记账并生成入库凭证

① 在存货核算系统中,对采购入库单进行记账。

② 执行“财务核算”|“生成凭证”命令，单击“选择”按钮，在打开的“查询条件”对话框中，单击“全消”按钮，选中“(01) 采购入库单(报销记账)”复选框，生成采购入库凭证，单击“保存”按钮，如图7-42所示。

已生成

转 账 凭 证

转 字 0003　　制单日期：2025.06.08　　审核日期：　　附单据数：1

摘要	科目名称	借方金额	贷方金额
采购入库单	库存商品	3000000	
采购入库单	在途物资		3000000
票号 日期　　数量 300.00件(套个) 单价 100.00	合计	3000000	3000000

备注　项目　　部门
个人　　供应商 山西春天
业务员 林群

记账　　审核　　出纳　　制单 张文华

图 7-42　生成凭证结果——实训二

实训三　采购退货业务

实训任务

2025年6月10日，发现采购的空调被有2件存在质量问题，需做退货处理。原始凭证如图7-43、图7-44所示。

山西省增值税专用发票

1401946562　　开票日期：2025年6月10日　　No 10092348919

购货单位	名称：天津凯撒家纺股份有限公司 纳税人识别号：120101355203023526 地址、电话：天津市河西区珠江道86号 022-28285566 开户行及账号：中国工商银行天津河西支行12001657901052500555			密码区	14008960+*2><618//*464 64161145641/*-+4164><6 *-46></--2338990/*-526 7812345/*980--><-9809>		
货物或应税劳务名称	规格型号	单位	数量	单价	金额	税率	税额
空调被(美梦)	1.8M	件	2.00	-300.00	-600.00	13%	-78.00
合计			2.00		¥600.00		¥78.00
价税合计(大写)	⊗(负数)陆佰柒拾捌元整				(小写)¥678.00		
销货单位	名称：山西春天家居用品制造有限公司 纳税人识别号：140103789256478131 地址、电话：山西运城市万容县西贾工业园西座 0359-86962998 开户行及账号：中国建设银行山西运城万容支行67227156789098256767			备注	山西春天家居用品制造有限公司 140103789256478131 发票专用章		

收款人：略　　复核：略　　开票人：略　　销货单位：(章)

第三联：发票联 购货方记账凭证

图 7-43　增值税专用发票——实训三

商品入库单

验收仓库：床上用品仓库   2025 年 6 月 10 日

商品名称	型号	应收数量	实收数量	单价	核对结果	原因	处理结果
空调被(美梦)	1.8M	-2.00	-2.00	300.00	无误		
合计		-2.00	-2.00	供货单位	山西春天家居用品制造有限公司		

部门经理：略   会计：略   仓库：略   制单人：略

图 7-44　商品入库单——实训三

任务解析

1. 背景知识

在实务中，由于材料质量不合格、企业转产等原因，企业可能发生采购退货业务。当企业尚未录入采购入库单发生退货时，只要把货退还给供应商即可，在采购管理系统中不做任何处理。故而，采购退货业务一般指入库后的退货。采购退货业务可以分为3种情况：结算前全额退货、结算前部分退货和结算后退货。

(1) 结算前全额退货

在已录入采购入库单，但未进行采购结算，并且全额退货的情况下，需要填制一张全额数量的红字采购入库单；把这张红字采购入库单与原入库单进行结算，冲抵原入库单数据。结算前全额退货主要业务处理流程如图7-45所示。

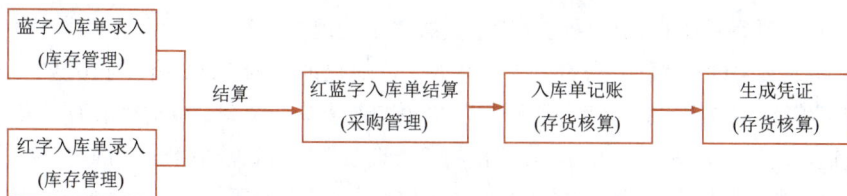

图 7-45　结算前全额退货业务处理流程图

(2) 结算前部分退货

在已录入采购入库单，但未进行采购结算，并且部分退货的情况下，需要填制一张部分数量的红字采购入库单并填制一张相对应的采购发票，其中发票上的数量＝原入库单数量－红字入库单数量。最后，把这张红字入库单与原入库单、采购发票进行结算，冲抵原入库单数据。结算前部分退货主要业务处理流程如图7-46所示。

(3) 结算后退货

在已录入采购入库单、采购发票，并且已进行采购结算的情况下，需要填制一张红字采购入库单，再填制一张红字发票，最后把这张红字采购入库单与红字发票进行结算，冲抵原入库单数据。结算后退货主要业务处理流程如图7-47所示。

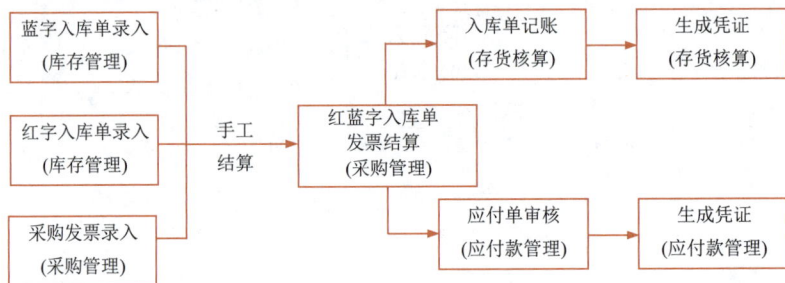

图 7-46　结算前部分退货业务处理流程图

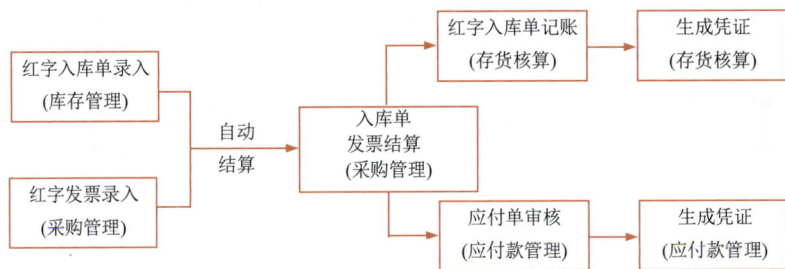

图 7-47　结算后退货业务处理流程图

2. 岗位说明

以业务员G01身份完成采购管理系统业务处理；以业务员C01身份完成库存管理系统业务处理；以会计W02身份完成存货核算系统业务处理，完成应付款管理系统单据审核及制单处理。

实训指引

(1) 在采购管理系统中根据原采购到货单生成"采购退货单"

① 以采购人员"G01林群"身份登录，修改"注册日期"为"2025年6月10日"。

② 在采购管理系统中，执行"采购到货"|"采购退货单"命令，单击"增加"按钮，再单击"生单"按钮，选择"到货单"选项，在弹出的"查询条件"对话框中单击"确定"按钮。在"拷贝并执行"窗口中选择相应需要退货的采购到货单信息，如图7-48所示，单击"确定"按钮。

图 7-48　到货单拷贝到货单表头列表——实训三

③ 在“采购退货单”窗口中修改表体中的“退货数量”为“-2”，依次单击“保存”“审核”按钮，如图7-49所示。

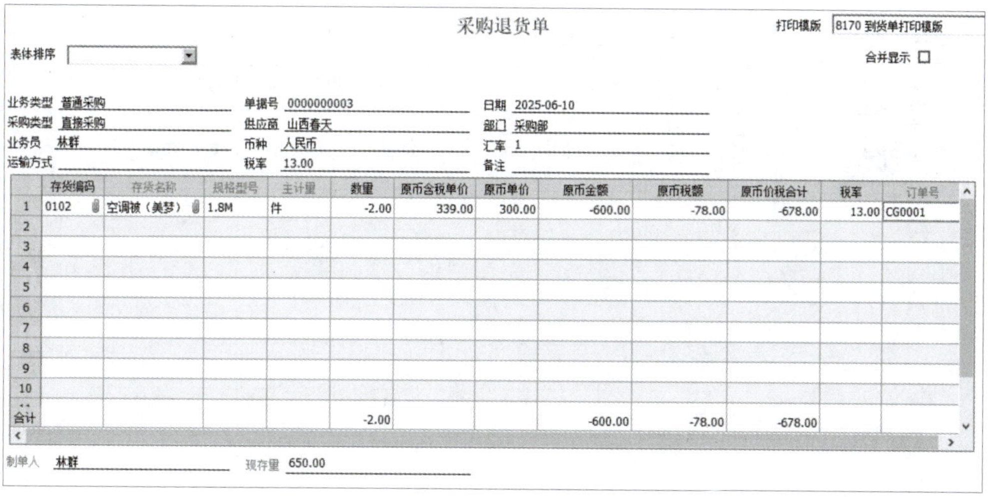
采购退货单

打印模版 8170 到货单打印模版

表体排序

合并显示 □

业务类型 普通采购　单据号 0000000003　日期 2025-06-10
采购类型 直接采购　供应商 山西春天　部门 采购部
业务员 林群　币种 人民币　汇率 1
运输方式　税率 13.00　备注

	存货编码	存货名称	规格型号	主计量	数量	原币含税单价	原币单价	原币金额	原币税额	原币价税合计	税率	订单号
1	0102	空调被（美梦）	1.8M	件	-2.00	339.00	300.00	-600.00	-78.00	-678.00	13.00	CG0001
2												
3												
4												
5												
6												
7												
8												
9												
10												
合计					-2.00			-600.00	-78.00	-678.00		

制单人 林群　现存量 650.00

图 7-49　采购退货单——实训三

(2) 在库存管理系统中生成“红字采购入库单”

① 以仓管人员“C01 陈晨”身份登录，修改“注册日期”为“2025年6月10日”。

② 在库存管理系统中，执行“入库业务”|“采购入库单”命令，在“采购入库单”窗口中单击“生单”按钮，选择“采购到货单(红字)”选项，根据实验资料图7-44生成红字采购入库单并进行审核，如图7-50所示。

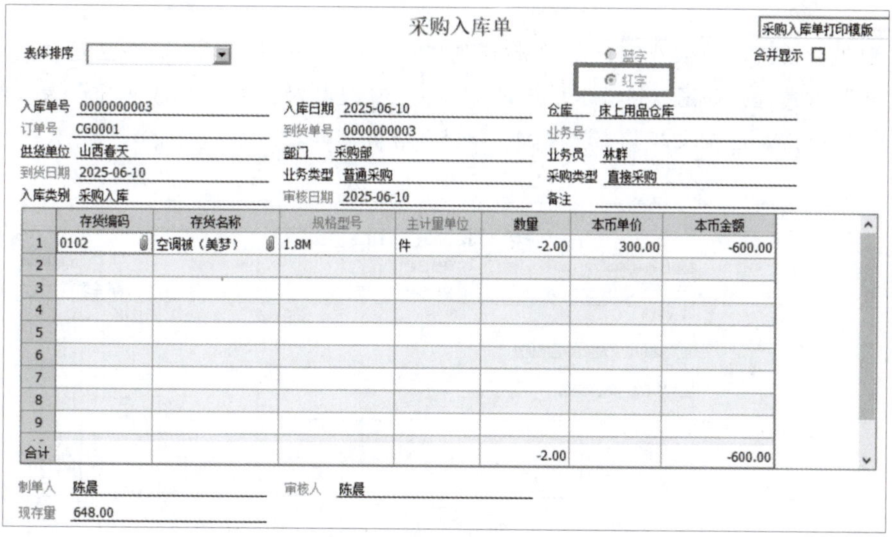
采购入库单

采购入库单打印模版

表体排序

○ 蓝字
◉ 红字

合并显示 □

入库单号 0000000003　入库日期 2025-06-10　仓库 床上用品仓库
订单号 CG0001　到货单号 0000000003　业务号
供货单位 山西春天　部门 采购部　业务员 林群
到货日期 2025-06-10　业务类型 普通采购　采购类型 直接采购
入库类别 采购入库　审核日期 2025-06-10　备注

	存货编码	存货名称	规格型号	主计量单位	数量	本币单价	本币金额
1	0102	空调被（美梦）	1.8M	件	-2.00	300.00	-600.00
2							
3							
4							
5							
6							
7							
8							
9							
合计					-2.00		-600.00

制单人 陈晨　审核人 陈晨
现存量 648.00

图7-50　采购入库单(红字)——实训三

(3) 在采购管理系统中生成“红字采购发票”

① 以采购人员“G01 林群”身份登录，修改“注册日期”为“2025年6月10日”。

② 在采购管理系统中，执行“采购发票”|“红字专用采购发票”命令，根据实验资料图7-43生成红字采购专用发票并结算，如图7-51所示。

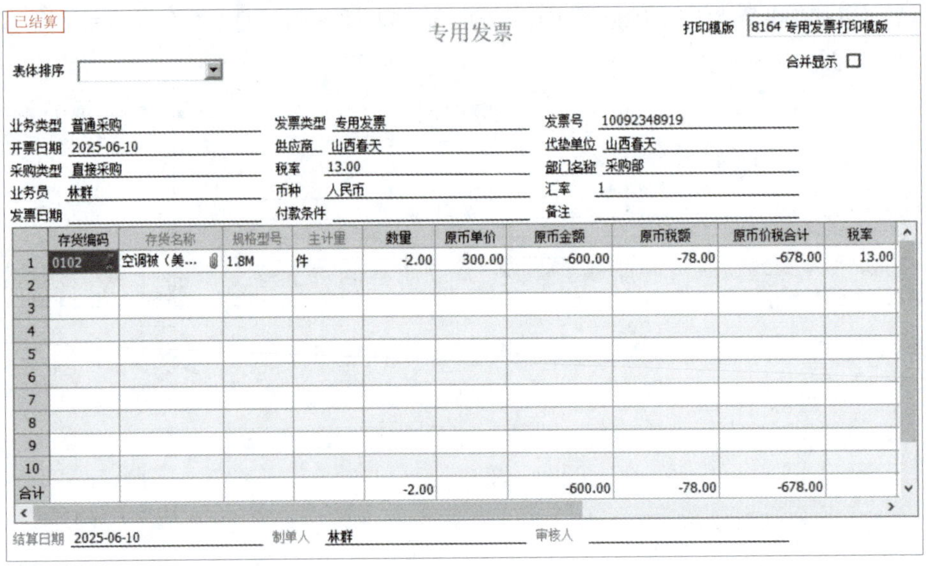
已结算

专用发票

打印模版 8164 专用发票打印模版

表体排序

合并显示 □

业务类型 普通采购　发票类型 专用发票　发票号 10092348919

开票日期 2025-06-10　供应商 山西春天　代垫单位 山西春天

采购类型 直接采购　税率 13.00　部门名称 采购部

业务员 林群　币种 人民币　汇率 1

发票日期　付款条件　备注

	存货编码	存货名称	规格型号	主计量	数量	原币单价	原币金额	原币税额	原币价税合计	税率
1	0102	空调被（美…	1.8M	件	-2.00	300.00	-600.00	-78.00	-678.00	13.00
2										
3										
4										
5										
6										
7										
8										
9										
10										
合计					-2.00		-600.00	-78.00	-678.00	

结算日期 2025-06-10　制单人 林群　审核人

图7-51　采购专用发票(红字)——实训三

(4) 在应付款管理系统中审核红字专用发票并生成红字退货记账凭证

① 以会计人员“W02 张文华”身份登录，修改“注册日期”为“2025年6月10日”。

② 在应付款管理系统中，审核红字采购专用发票。

③ 执行“制单处理”命令，选择“发票制单”选项，生成红字退货记账凭证，如图7-52所示。

❖ 特别提醒：

✧ 因退货前，已向供应商付清货款(详见实训一)，故而保存凭证时会显示“凭证赤字提示”信息框，如图7-53所示。后续收回供应商退款时，由“W03 黄宁”录入红字收款单，由“W02 张文华”审核单据、核销并合并制单。

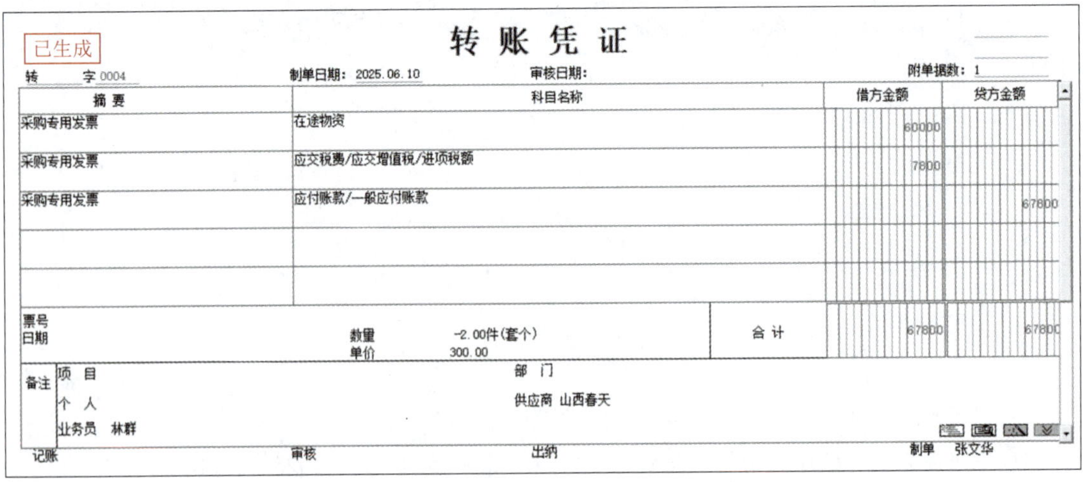
已生成

转 账 凭 证

转 字 0004　制单日期：2025.06.10　审核日期：　附单据数：1

摘 要	科目名称	借方金额	贷方金额
采购专用发票	在途物资	60000	
采购专用发票	应交税费/应交增值税/进项税额	7800	
采购专用发票	应付账款/一般应付账款		67800
票号 日期	数量 -2.00件(套个) 单价 300.00　合 计	67800	67800

备注　项 目　部 门

个 人　供应商 山西春天

业务员 林群

记账　审核　出纳　制单 张文华

图 7-52　生成凭证结果——实训三

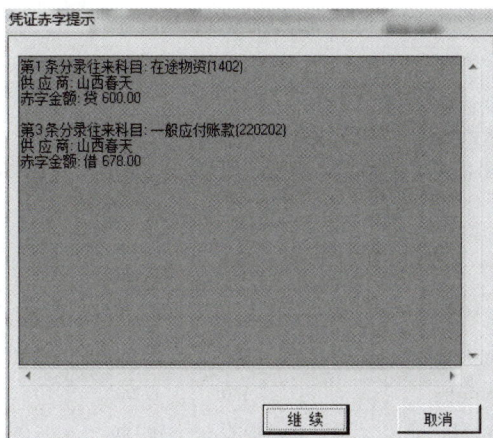

图 7-53　凭证赤字提示——实训三

(5) 在存货核算系统中完成存货记账并生成红字入库凭证

① 在存货核算系统中，对红字采购入库单进行记账。

② 执行"财务核算"|"生成凭证"命令，单击"选择"按钮，在打开的"查询条件"对话框中，单击"全消"按钮，选中"(01) 采购入库单(报销记账)"复选框，生成红字采购入库凭证，单击"保存"按钮，如图7-54所示。

图 7-54　生成凭证结果——实训三

实训四　含现金折扣的采购业务

实训任务

2025年6月16日，天津凯撒家纺向山西春天家居用品制造有限公司采购商品。原始凭证如图7-55～图7-59所示。

购 销 合 同

合同编号：CG0003

卖方：山西春天家居用品制造有限公司

买方：天津凯撒家纺股份有限公司

为保护买卖双方的合法权益，买卖双方根据《中华人民共和国民法典》的有关规定，经友好协商，一致同意签订本合同并共同遵守。

一、货物的名称、数量及金额

货物名称	规格型号	计量单位	数量	单价(不含税)	金额(不含税)	税率	税额
纯棉浴巾(春天)	70cm*140cm	条	500	25.00	12 500.00		1 625.00
沐浴防滑拖鞋女(春天)	37~40码	双	600	18.00	10 800.00	13%	1 404.00
儿童床上四件套(春天)	1.5M	套	400	160.00	64 000.00		8 320.00
合 计					¥87 300.00		¥11 349.00

二、合同总金额：人民币玖万捌仟陆佰肆拾玖元整(¥98 649.00)。

三、收款方式：买卖双欠支付方式完成货款结算。现金折扣条件：2/10,1/20,0/30(付款)。按不含税金额约定折扣基数。

四、发货时间：卖方于签订合同当天由天津仓库发出所有商品。本月30日前买方有权因商品质量问题退货。

五、发运方式：买方自提。

卖　方：山西春天家居用品制造有限公司　　　　买　方：天津凯撒家纺股份有限公司

授权代表：赵　跎同专用章　　　　　　　　　　授权代表：林　跎同专用章

日　　期：2025年6月16日　　　　　　　　　　日　　期：2025年6月16日

图 7-55　购销合同——实训四

山西省增值税专用发票

1401963592　　　　开票日期：2025年6月16日　　　　No　10092348920

购货单位	名　称：	天津凯撒家纺股份有限公司			密码区	14018969+*2><698//*464 64161145641/*-+4164><6 *-46></--2338990/*-526 7812345/*980--><-9809>
	纳税人识别号：	120101355203023526				
	地址、电话：	天津市河西区珠江道86号 022-28285566				
	开户行及账号：	中国工商银行天津河西支行12001657901052500555				

货物或应税劳务名称	规格型号	单位	数量	单价	金额	税率	税额
纯棉浴巾(春天)	70cm*140cm	条	500.00	25.00	12 500.00	13%	1 625.00
沐浴防滑拖鞋女(春天)	37~40码	双	600.00	18.00	10 800.00	13%	1 404.00
儿童床上四件套(春天)	1.5M	套	400.00	160.00	64 000.00	13%	8 320.00
合 计			1 500.00		¥87 300.00		¥11 349.00

价税合计(大写)	⊗ 玖万捌仟陆佰肆拾玖元整	(小写)¥98 649.00

销货单位	名　称：	山西春天家居用品制造有限公司	备注
	纳税人识别号：	140103789256478131	
	地址、电话：	山西运城市万容县西贾工业园西座 0359-86962998	
	开户行及账号：	中国建设银行山西运城万容支行67227156789098256767	

收款人：略　　　　复核：略　　　　开票人：略　　　　销货单位：(章)

图 7-56　增值税专用发票——实训四

商品入库单

验收仓库：卫浴用品仓库　　　　　　　2025 年 6 月 16 日

商品名称	型号	应收数量	实收数量	单价	核对结果	原因	处理结果
纯棉浴巾(春天)	70cm*140cm	500.00	500.00	25.00	无误		
沐浴防滑拖鞋女(春天)	37~40码	600.00	600.00	18.00	无误		
合计		1 100.00	1 100.00	供货单位	山西春天家居用品制造有限公司		

部门经理：略　　　　会计：略　　　　　　仓库：略　　　　　　制单人：略

图7-57　商品入库单(卫浴用品)——业务四

商品入库单

验收仓库：床上用品仓库　　　　　　　2025 年 6 月 16 日

商品名称	型号	应收数量	实收数量	单价	核对结果	原因	处理结果
儿童床上四件套(春天)	1.5M	400.00	400.00	160.00	无误		
合计		400.00	400.00	供货单位	山西春天家居用品制造有限公司		

部门经理：略　　　　会计：略　　　　　　仓库：略　　　　　　制单人：略

图7-58　商品入库单(床上用品)——实训四

中国工商银行托收承付结算凭证(付款凭证)

委托日期 2025 年 6 月 17 日

	全　称	山西春天家居用品制造有限公司		全称	天津凯撒家纺股份有限公司										
收款单位	账　号或地址	中国建设银行山西运城万容支行 6722715678909825676767	付款单位	账号或地址	中国工商银行天津河西支行 12001657901052500555										
	汇入地点	运城市	汇入行名　称	建行运城万容支行		汇出地点	天津市		汇出行名　称		工行天津河西支行					
						千	百	十	万	千	百	十	元	角	分
金额	(大写)人民币玖万陆仟玖佰零叁元整						9	6	9	0	3	0	0		
附　　　件				商品发运情况 2025.06.17		合同名称号码									
附寄单证张数或册数				自　提											
备注						付款单位注意：									

单位主管(略)　　　会计(略)　　　复核(略)　　　记账(略)　　　付款单位开户行盖章　　　2025年6月17日

图 7-59　托收承兑结算凭证——实训四

任务解析

1. 背景知识

供应商采用赊销方式进行销售时，为了促使客户及时支付货款，当客户能够在一定的期限内付款时，供应商可以给客户一定的折扣。例如，供应商给出的付款条件为"5/10,2/20,n/30"，这表示：客户在10天内偿还货款，可得到5%的折扣，只要付原价95%的货款；在20天内偿还货款，可得到2%的折扣，只要付原价98%的货款；在30天内偿还货款，则须按照全额支付货款。

2. 岗位说明

以业务员G01身份完成采购管理系统业务处理；以业务员C01身份完成库存管理系统业务处理；以出纳W03身份完成选择付款处理；以会计W02身份完成存货核算系统业务处理，完成应付款管理系统单据审核、核销及制单处理。

实训指引

(1) 在采购管理系统中录入“采购订单”

① 以采购人员“G01 林群”身份登录，修改“注册日期”为“2025年6月16日”。

② 在采购管理系统中，执行“采购订货”|“采购订单”命令，根据实验资料图7-55填制采购订单，注意订单表头项目的“付款条件”选择“2/10,1/20,n/30”，如图7-60所示。

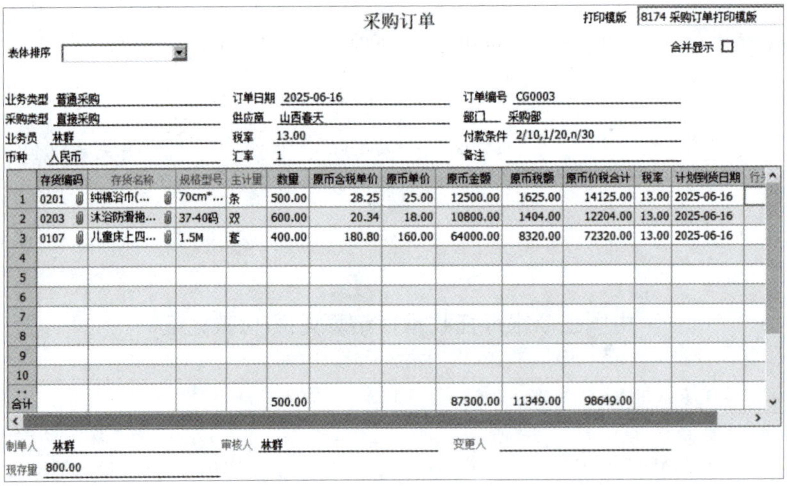

采购订单

打印模版 8174 采购订单打印模版

表体排序　　合并显示 □

业务类型 普通采购　订单日期 2025-06-16　订单编号 CG0003

采购类型 直接采购　供应商 山西春天　部门 采购部

业务员 林群　税率 13.00　付款条件 2/10,1/20,n/30

币种 人民币　汇率 1　备注

	存货编码	存货名称	规格型号	主计量	数量	原币含税单价	原币单价	原币金额	原币税额	原币价税合计	税率	计划到货日期	行
1	0201	纯棉浴巾(...	70cm*...	条	500.00	28.25	25.00	12500.00	1625.00	14125.00	13.00	2025-06-16	
2	0203	沐浴防滑拖...	37-40码	双	600.00	20.34	18.00	10800.00	1404.00	12204.00	13.00	2025-06-16	
3	0107	儿童床上四...	1.5M	套	400.00	180.80	160.00	64000.00	8320.00	72320.00	13.00	2025-06-16	
4													
5													
6													
7													
8													
9													
10													
合计					500.00			87300.00	11349.00	98649.00			

制单人 林群　审核人 林群　变更人

现存量 800.00

图 7-60　采购订单——实训四

(2) 在采购管理系统中生成“采购到货单”

在采购管理系统中，根据实验资料图7-57、图7-58生成采购到货单并进行审核，如图7-61所示。

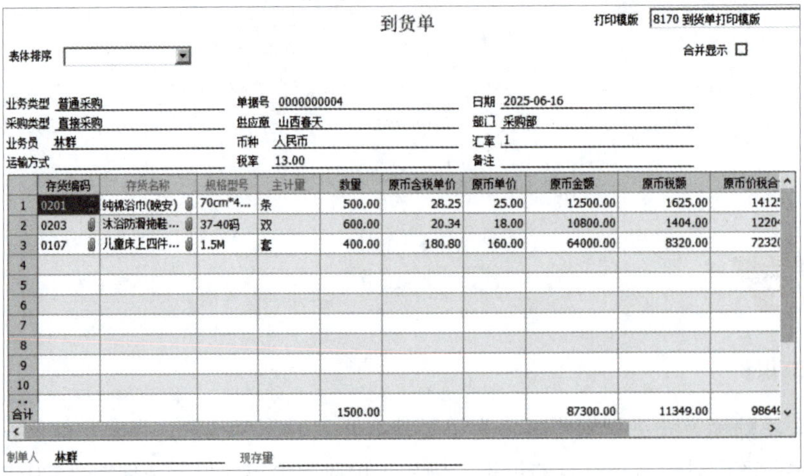

到货单

打印模版 8170 到货单打印模版

表体排序　　合并显示 □

业务类型 普通采购　单据号 0000000004　日期 2025-06-16

采购类型 直接采购　供应商 山西春天　部门 采购部

业务员 林群　币种 人民币　汇率 1

运输方式　税率 13.00　备注

	存货编码	存货名称	规格型号	主计量	数量	原币含税单价	原币单价	原币金额	原币税额	原币价税合
1	0201	纯棉浴巾(晚安)	70cm*4...	条	500.00	28.25	25.00	12500.00	1625.00	1412
2	0203	沐浴防滑拖鞋...	37-40码	双	600.00	20.34	18.00	10800.00	1404.00	1220
3	0107	儿童床上四件...	1.5M	套	400.00	180.80	160.00	64000.00	8320.00	7232
4										
5										
6										
7										
8										
9										
10										
合计					1500.00			87300.00	11349.00	9864

制单人 林群　现存量

图 7-61　采购到货单——实训四

（3）在库存管理系统中生成"采购入库单"

① 以仓管人员"C01 陈晨"身份登录，修改"注册日期"为"2025年6月16日"。

② 在库存管理系统中，根据实验资料图7-57生成卫浴用品仓库采购入库单并审核，如图7-62所示。

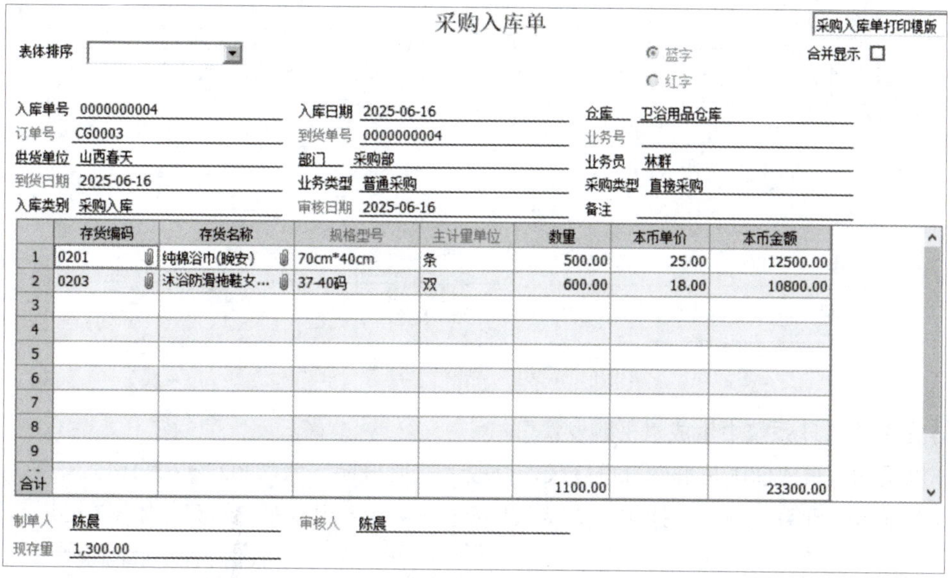

图 7-62　卫浴用品仓库入库单——实训四

❖ **特别提醒：**

◇ 依据"采购到货单(蓝字)"生成第一张卫浴用品仓库入库单时，在"到货单生成列表"中取消选中"0107 儿童床上四件套(卡通)"，如图7-63所示。否则会将本次采购的所有货物带入到入库单表体中。

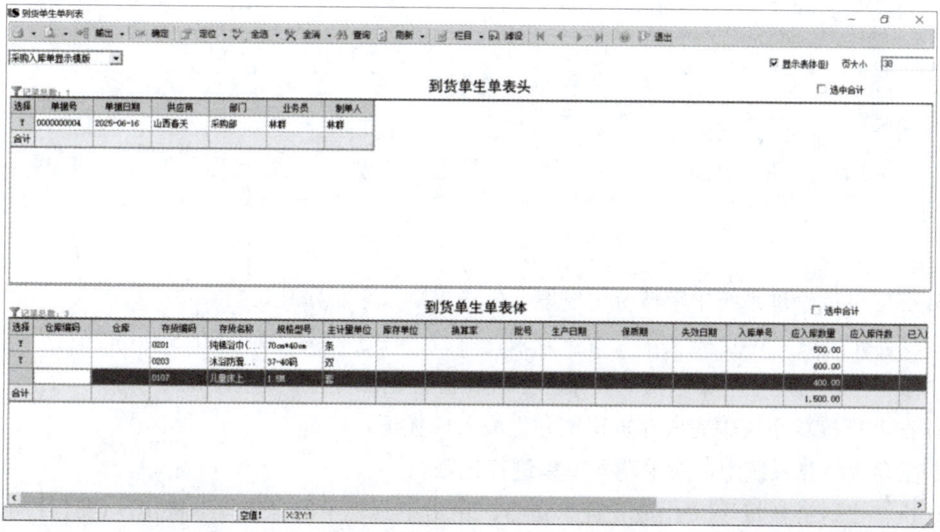

图 7-63　到货单生成列表——实训四

③ 同理，根据实验资料图7-58生成床上用品仓库入库单并审核，如图7-64所示。

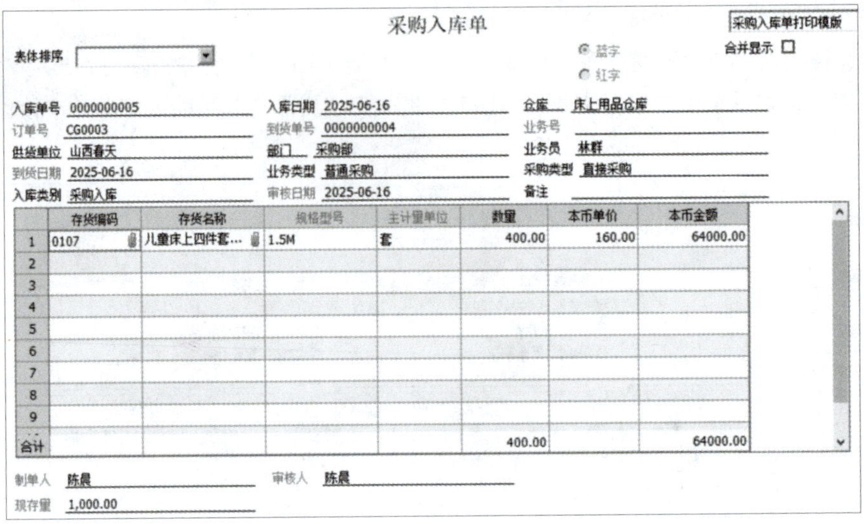

采购入库单　　采购入库单打印模版

表体排序　　◉ 蓝字　○ 红字　　合并显示 □

入库单号 0000000005　入库日期 2025-06-16　仓库 床上用品仓库

订单号 CG0003　到货单号 0000000004　业务号

供货单位 山西春天　部门 采购部　业务员 林群

到货日期 2025-06-16　业务类型 普通采购　采购类型 直接采购

入库类别 采购入库　审核日期 2025-06-16　备注

	存货编码	存货名称	规格型号	主计量单位	数量	本币单价	本币金额
1	0107	儿童床上四件套…	1.5M	套	400.00	160.00	64000.00
2							
3							
4							
5							
6							
7							
8							
9							
合计					400.00		64000.00

制单人 陈晨　审核人 陈晨

现存量 1,000.00

图 7-64　床上用品仓库入库单——实训四

(4) 在采购管理系统中生成“采购发票”

① 以采购人员“G01 林群”身份登录，修改“注册日期”为“2025年6月16日”。

② 在采购管理系统中，根据实验资料图7-56生成采购专用发票并结算，如图7-65所示。

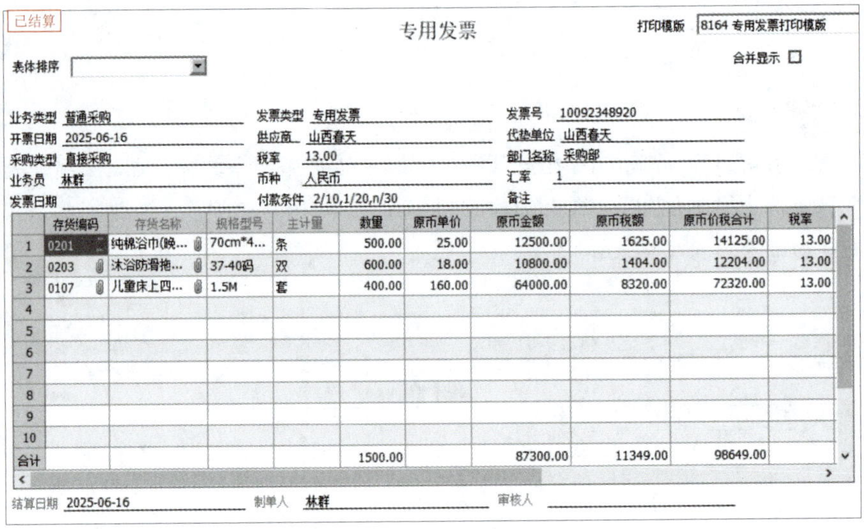

已结算　　专用发票　　打印模版 8164 专用发票打印模版

表体排序　　合并显示 □

业务类型 普通采购　发票类型 专用发票　发票号 10092348920

开票日期 2025-06-16　供应商 山西春天　代垫单位 山西春天

采购类型 直接采购　税率 13.00　部门名称 采购部

业务员 林群　币种 人民币　汇率 1

发票日期　付款条件 2/10,1/20,n/30　备注

	存货编码	存货名称	规格型号	主计量	数量	原币单价	原币金额	原币税额	原币价税合计	税率
1	0201	纯棉浴巾(晚…	70cm*4…	条	500.00	25.00	12500.00	1625.00	14125.00	13.00
2	0203	沐浴防滑拖…	37-40码	双	600.00	18.00	10800.00	1404.00	12204.00	13.00
3	0107	儿童床上四…	1.5M	套	400.00	160.00	64000.00	8320.00	72320.00	13.00
4										
5										
6										
7										
8										
9										
10										
合计					1500.00		87300.00	11349.00	98649.00	

结算日期 2025-06-16　制单人 林群　审核人

图 7-65　采购专用发票——实训四

(5) 在应付款管理系统中审核专用发票并生成采购发票记账凭证。

① 以会计人员“W02 张文华”身份登录，修改“注册日期”为“2025年6月16日”。

② 在应付款管理中，审核采购发票并生成相应的记账凭证，如图7-66所示。

(6) 在存货核算系统中完成存货记账并生成入库凭证

① 在存货核算系统中，对采购入库单进行记账。

② 执行“财务核算”|“生成凭证”命令，单击工具栏中的“选择”按钮，在打开的“查询条件”对话框中，单击“全消”按钮，选中“(01) 采购入库单(报销记账)”复选框，按所入仓库不同分别生成采购入库凭证，单击“保存”按钮，如图7-67、图7-68所示。

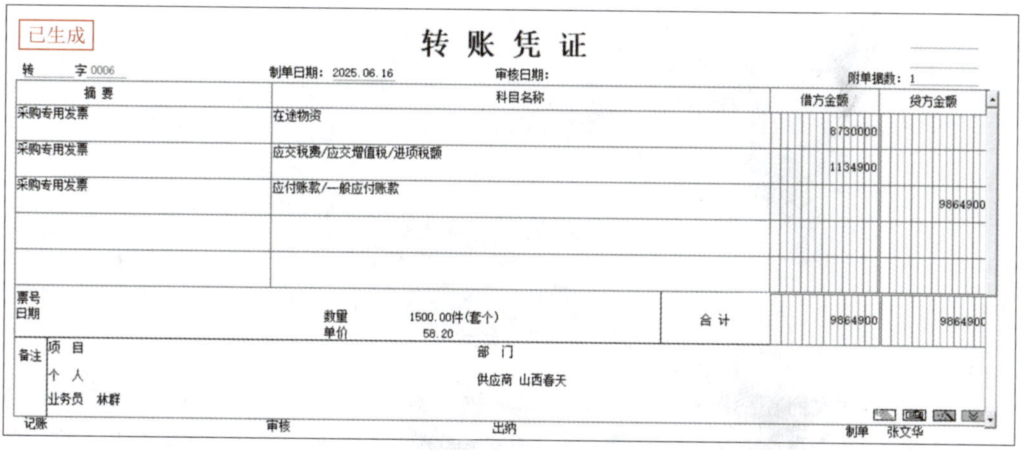

已生成

转账凭证

转 字 0006 制单日期：2025.06.16 审核日期： 附单据数：1

摘要	科目名称	借方金额	贷方金额
采购专用发票	在途物资	8730000	
采购专用发票	应交税费/应交增值税/进项税额	1134900	
采购专用发票	应付账款/一般应付账款		9864900
票号 日期	数量 1500.00件(套个) 单价 58.20 合计	9864900	9864900

备注 项目 部门

个人 供应商 山西春天

业务员 林群

记账 审核 出纳 制单 张文华

图 7-66　生成凭证结果——实训四

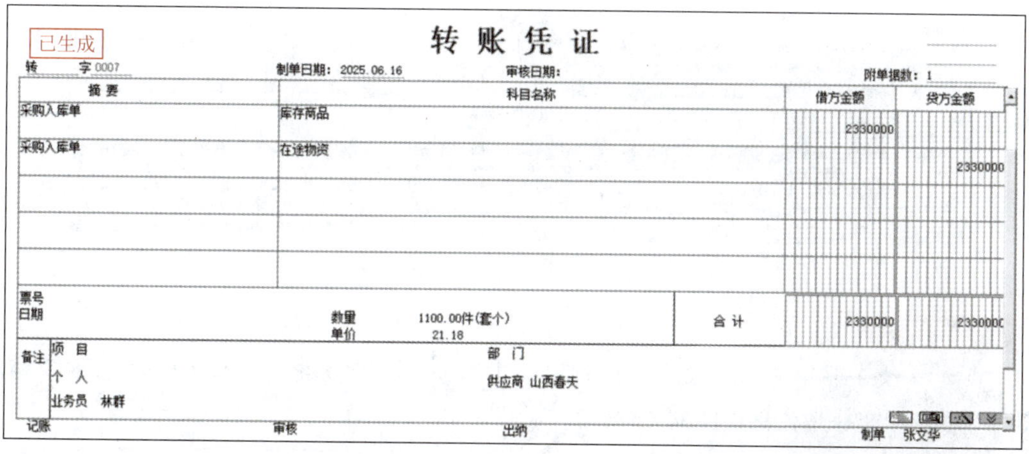

已生成

转账凭证

转 字 0007 制单日期：2025.06.16 审核日期： 附单据数：1

摘要	科目名称	借方金额	贷方金额
采购入库单	库存商品	2330000	
采购入库单	在途物资		2330000
票号 日期	数量 1100.00件(套个) 单价 21.18 合计	2330000	2330000

备注 项目 部门

个人 供应商 山西春天

业务员 林群

记账 审核 出纳 制单 张文华

图 7-67　生成凭证结果——卫浴用品库

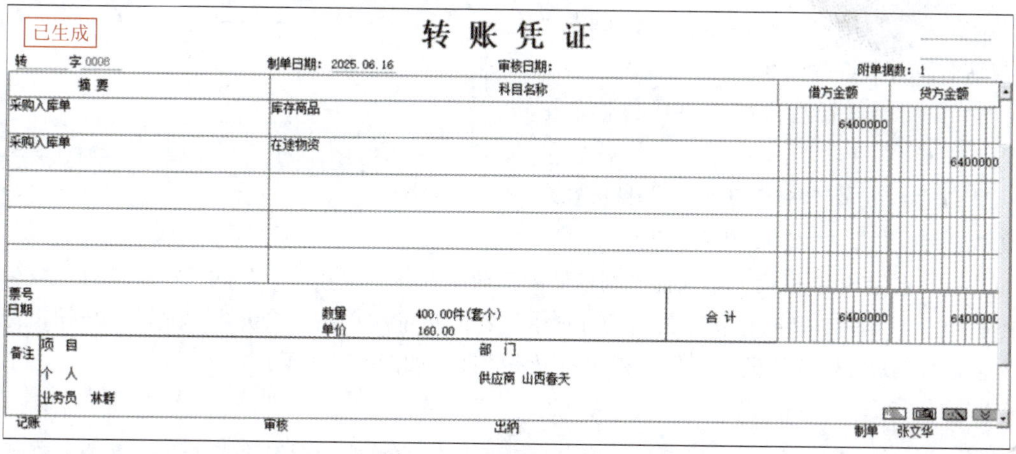

已生成

转账凭证

转 字 0008 制单日期：2025.06.16 审核日期： 附单据数：1

摘要	科目名称	借方金额	贷方金额
采购入库单	库存商品	6400000	
采购入库单	在途物资		6400000
票号 日期	数量 400.00件(套个) 单价 160.00 合计	6400000	6400000

备注 项目 部门

个人 供应商 山西春天

业务员 林群

记账 审核 出纳 制单 张文华

图 7-68　生成凭证结果——床上用品库

(7) 在应付款管理系统中完成“选择付款”处理

① 以出纳人员“W03 黄宁”身份登录，修改“注册日期”为“2025年6月17日”。

② 在应付款管理中，执行“选择付款”命令，打开“选择付款—条件”对话框，选择“供应商”为“001 山西春天家居用品制造有限公司”，如图7-69所示，单击“确定”按钮。

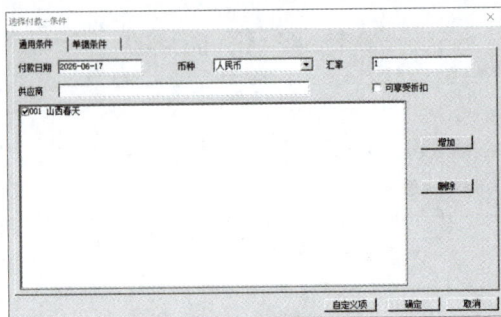

图7-69 选择付款条件——实训四

③ 在"选择付款列表"界面的"本次折扣"栏中录入"1 746.00","付款金额"自动计算为"99 522.00",如图7-70所示。录入完毕,单击"OK确定"按钮,弹出"选择付款—付款单"对话框。

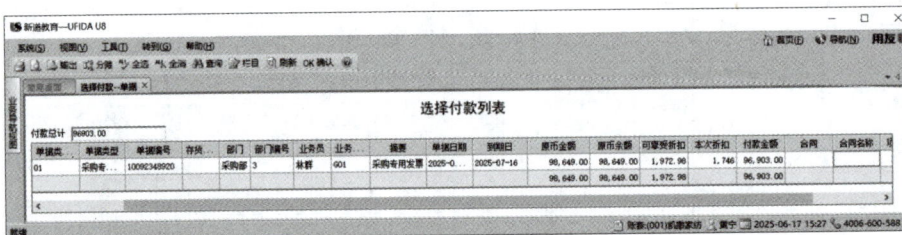

图7-70 选择付款条件——实训四

❖ **特别提醒:**

◇ "本次折扣"计算过程=87 300×2%=1 746;"付款金额"计算过程=不含税金额87 300×98%+增值税额11 349=96903。

④ 在"选择付款—付款单"对话框中,选择"结算方式"为"8 托收承付",单击"确定"按钮,如图7-71所示。

(8) 在应付款管理系统中生成付款单记账凭证

① 以会计人员"W02 张文华"身份登录,修改"注册日期"为"2025年6月17日"。

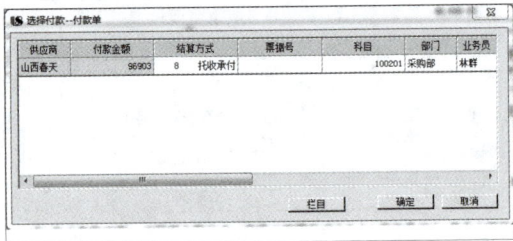

图7-71 选择付款——结算方式

② 在应付款管理系统中,执行"制单处理"命令,在"制单查询"对话框中选择"收付款单制单"、"核销制单"选项;在"应付制单"界面中依次单击"合并""制单"按钮,选择"凭证类别"为"付款凭证",生成相应的记账凭证,如图7-72所示。

❖ **特别提醒:**

◇ 生成凭证时,系统会提示供应商"山西春天"应付账款科目余额赤字,其原因在于实训三采购退货业务尚未收到退款。

◇ 采用"选择付款"方式,系统自动完成"核销"处理。

◇ 如需取消"选择付款",首先执行"单据查询"|"凭证查询"命令,删除已生成凭证;再执行"其他处理"|"取消操作"命令,选择"操作类型"为"选择付款",选择相应记录后,单击"OK确认"按钮。

图 7-72 生成凭证结果——实训四

实训五　代垫运费二次分摊

实训任务

2025年6月19日，采购部收到快递公司送来山西春天代垫我公司本月16日采购业务的运费单据，款项我公司暂未支付。原始凭证如图7-73所示。

山西省增值税专用发票

1401946562			开票日期：2025年6月19日			No 10092348921		
购货单位	名　称：天津凯撒家纺股份有限公司 纳税人识别号：120101355203023526 地址、电话：天津市河西区珠江道86号 022-28285566 开户行及账号：中国工商银行天津河西支行12001657901052500555					密码区	14018960+*2><618//*464 64161145641/*-+4164><6 *-46></--2338990/*-526 7812345/*980--><-9809>	
货物或应税劳务名称	规格型号	单位	数量	单价	金额	税率	税额	
运费		千米	1 000.00	3.00	3 000.00	9%	270.00	
合　计			1 000.00		￥3 000.00		￥270.00	
价税合计(大写)	⊗叁仟贰佰柒拾元整				(小写)￥3 270.00			
销货单位	名　称：山西捷达运输公司 纳税人识别号：140104102100989769 地址、电话：山西省运城市广元路78号 0359-86745678 开户行及账号：中国建设银行山西运城广田支行62278909674567345565					备注		
收款人：略		复核：略		开票人：略		销货单位：(章)		

图 7-73 增值税专用发票——实训五

任务解析

1. 背景知识

(1) 代垫运费二次分摊

按照会计理论，运费需要核算到货物成本中。在此处，我们需用到采购结算“费用折扣结算”功能，而不能采用原来的“手工结算”功能。因为在“手工结算”功能中，原来的入库单和采购发票已经被结算过一次，而无法再次查询到原凭证。

(2) 运费发票

由于目前交通运输业已全面实行“营改增”，自2019年4月起，行业内一般纳税人企业适用税率为9%；小规模纳税人企业适用税率为3%。因此，为与现行制度保持一致，在处理运费发票时，录入增值税发票，不再录入运费发票。

2. 岗位说明

以业务员G01身份完成采购管理系统业务处理；以会计W02身份完成存货核算系统、应付款管理系统业务处理。

实训指引

(1) 在采购管理系统中录入“运费发票”

① 以采购人员“G01 林群”身份登录，修改“注册日期”为“2025年6月19日”。

② 在采购管理系统中，执行“采购发票”|“专用采购发票”命令，根据实验资料图7-73填制采购运费发票，注意修改表头项目的“代垫单位”及“税率”，如图7-74所示。

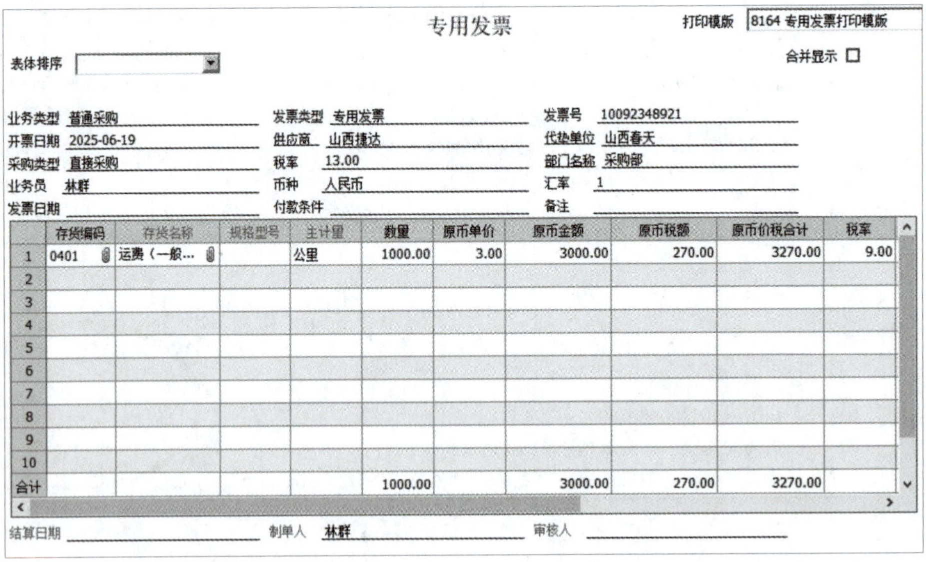
专用发票　打印模版 8164 专用发票打印模版

表体排序　合并显示 □

业务类型 普通采购　发票类型 专用发票　发票号 10092348921
开票日期 2025-06-19　供应商 山西捷达　代垫单位 山西春天
采购类型 直接采购　税率 13.00　部门名称 采购部
业务员 林群　币种 人民币　汇率 1
发票日期　付款条件　备注

	存货编码	存货名称	规格型号	主计量	数量	原币单价	原币金额	原币税额	原币价税合计	税率
1	0401	运费（一般...		公里	1000.00	3.00	3000.00	270.00	3270.00	9.00
2										
3										
4										
5										
6										
7										
8										
9										
10										
合计					1000.00		3000.00	270.00	3270.00	

结算日期　制单人 林群　审核人

图 7-74　采购运费发票——实训五

(2) 在采购管理系统中完成费用分摊结算

① 执行“采购结算”|“费用折扣结算”命令，打开“费用折扣结算”窗口，单击“查询”按钮；在弹出的“查询条件”对话框中单击“确定”按钮；单击“入库”按钮，在弹出的“入

库单选择"窗口中，选择需摊入运费的入库单，如图7-75所示，单击"确定"按钮。

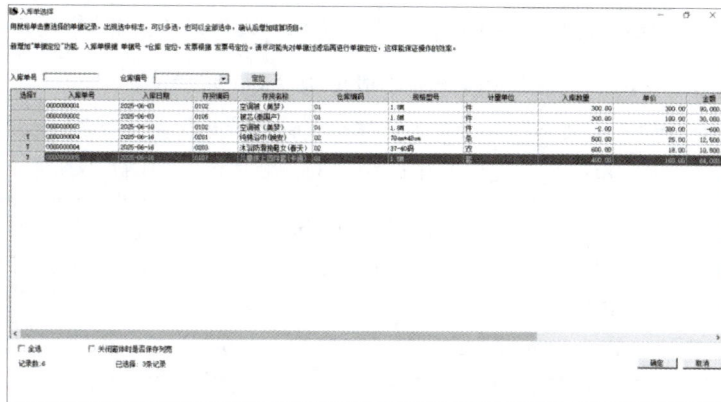

图 7-75　入库单选择——实训五

② 单击"发票"按钮，在弹出的"发票选择"窗口中，选择需分摊成本的运费发票，如图7-76所示，单击"确定"按钮。

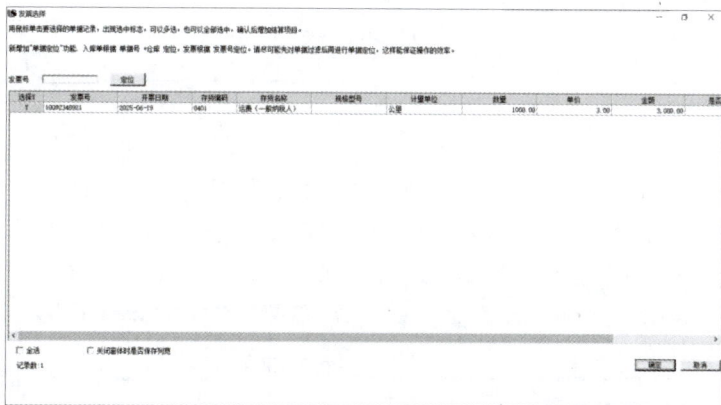

图 7-76　发票选择——实训五

❖ **特别提醒：**

◇ 如未查询到运费发票，请检查在存货档案中"运费"是否勾选"应税劳务"属性。

③ 在"费用折扣结算"界面，选择"费用分摊方式"为"按金额"，依次单击"分摊""结算"按钮，如图7-77所示，弹出"结算成功"提示框。

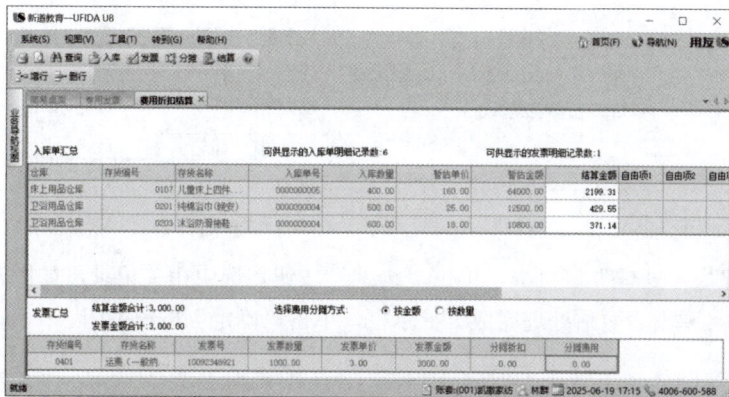

图 7-77　费用折扣结算——实训五

❖ 特别提醒：

✧ 因为待摊入货物数量单位不统一，故本例分摊方式选择“按金额”。

(3) 在应付款管理系统中审核专用发票并生成采购发票记账凭证。

① 以会计人员“W02 张文华”身份登录，修改“注册日期”为“2025年6月19日”。

② 在应付款管理中，审核采购发票并生成相应的记账凭证，如图7-78所示。

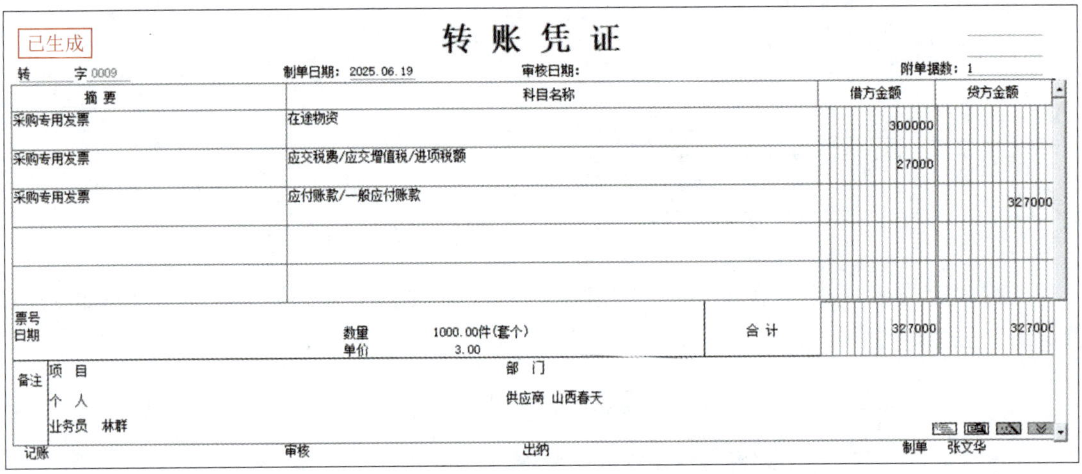
已生成
转账凭证
转 字 0009
制单日期：2025.06.19
审核日期：
附单据数：1
摘要
科目名称
借方金额
贷方金额
采购专用发票
在途物资
300000
采购专用发票
应交税费/应交增值税/进项税额
27000
采购专用发票
应付账款/一般应付账款
327000
票号
日期
数量 1000.00件(套个)
单价 3.00
合计
327000
327000
备注
项目
部门
个人
供应商 山西春天
业务员 林群
记账
审核
出纳
制单 张文华

图 7-78 生成凭证结果——实训五

(4) 在存货核算系统中完成结算成本处理并生成存货成本调整记账凭证

① 在存货核算系统中，执行“业务核算”|“结算成本处理”命令，在弹出的“暂估处理查询”对话框中，选择涉及存货所在仓库，如图7-79所示，单击“确定”按钮。

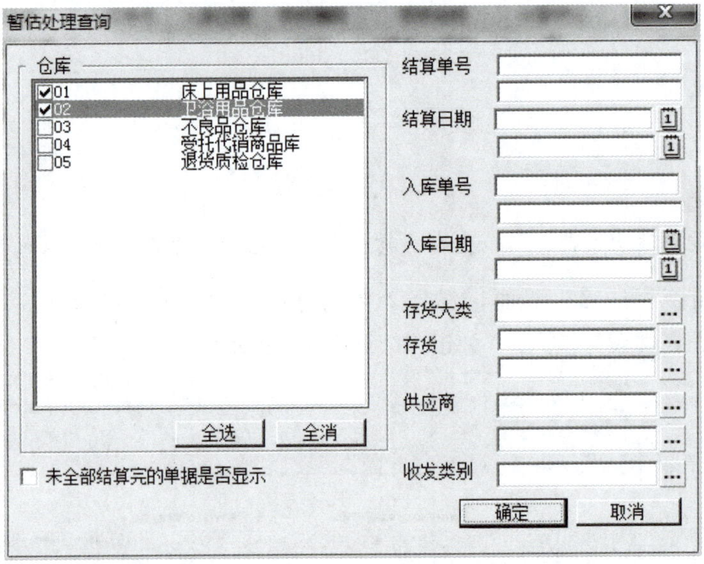
暂估处理查询
仓库
01 床上用品仓库
02 卫浴用品仓库
03 不良品仓库
04 受托代销商品库
05 退货质检仓库
全选
全消
未全部结算完的单据是否显示
结算单号
结算日期
入库单号
入库日期
存货大类
存货
供应商
收发类别
确定
取消

图 7-79 暂估处理查询——实训五

② 在“结算成本处理”窗口中，单击“全选”按钮，选中相关记录，如图7-80所示；再单击“暂估”按钮，弹出“暂估处理完成”提示框，单击“确定”按钮关闭。

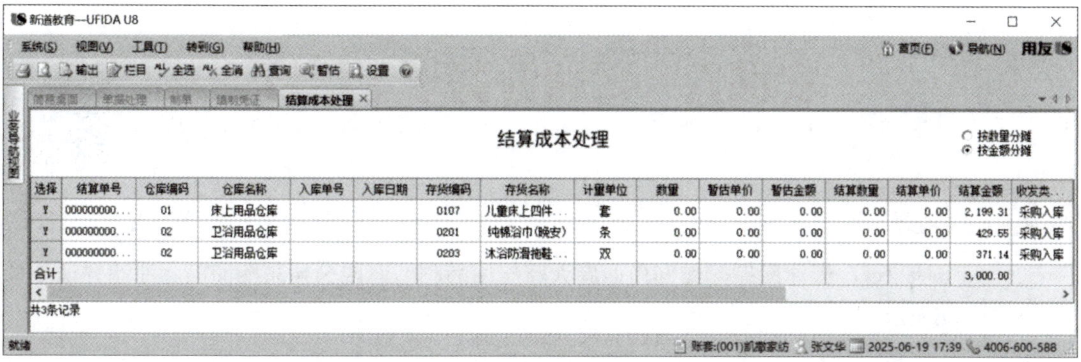

图 7-80 结算成本处理——实训五

❖ **特别提醒:**

◇ 如需取消"结算成本处理",可以执行"业务核算"|"恢复记账"命令,选中相应记录,单击"恢复"按钮撤销结算。如果已经生成凭证,需要删除已生成凭证后,再执行恢复记账。

③ 执行"财务核算"|"生成凭证"命令,单击"选择"按钮,在打开的"查询条件"对话框中单击"全消"按钮,选中"(20)入库调整单"复选框,单击"合成"按钮,合并生成采购入库凭证,如图7-81所示。

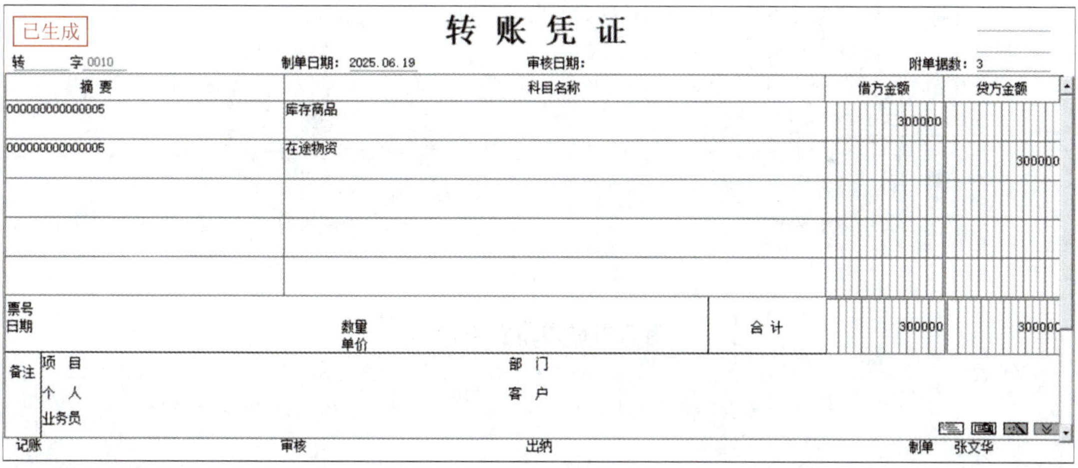

图 7-81 生成凭证结果——实训五

❖ **特别提醒:**

◇ 生成调整单记账凭证前,需关闭"结算成本处理"窗口,否则系统提示"功能互斥"。

实训六　采购业务手工结算

实训任务

2025年6月22日，天津凯撒家纺向山西春天家居用品制造有限公司采购商品。原始凭证如图7-82～图7-86所示。

购销合同

合同编号：CG0004

卖方：山西春天家居用品制造有限公司

买方：天津凯撒家纺股份有限公司

为保护买卖双方的合法权益，买卖双方根据《中华人民共和国民法典》的有关规定，经友好协商，一致同意签订本合同并共同遵守。

一、货物的名称、数量及金额

货物名称	规格型号	计量单位	数量	单价(不含税)	金 额(不含税)	税率	税额
纯棉浴巾(春天)	70cm*140cm	条	500	25.00	12 500.00	13%	1 625.00
合　计					¥12 500.00		¥1 625.00

二、合同总金额：人民币壹万肆仟壹佰贰拾伍元整(¥14 125.00)。

三、收款方式：采用代收款方式完成货款结算。

四、发货时间：卖方于合同签订当日由天津仓库发出所有商品。本月30日前买方有权因商品质量问题退货。

五、发运方式：买方自取。

卖　方：山西春天家居用品制造有限公司

授权代表：赵　跃

日　期：2025年6月22日

买　方：天津凯撒家纺股份有限公司

授权代表：林

日　期：2025年6月22日

图 7-82　购销合同——实训六

山西省增值税专用发票

1401963569　　　　开票日期：2025年6月22日　　　　No　10092348922

购货单位	名　　称：天津凯撒家纺股份有限公司
	纳税人识别号：120101355203023526
	地址、电话：天津市河西区珠江道86号 022-28285566
	开户行及账号：中国工商银行天津河西支行12001657901052500555

密码区
14008960+*2><618//*464
64161145641/*-+4164><6
-46></--2338990/-526
7812345/*980--><-9809>

货物或应税劳务名称	规格型号	单位	数量	单价	金额	税率	税额
纯棉浴巾(春天)	70cm*140cm	条	500.00	25.00	12 500.00	13%	1 625.00
合　计			500.00		¥12 500.00		¥1 625.00

价税合计(大写)　⊗壹万肆仟壹佰贰拾伍元整　　　　(小写)¥14 125.00

销货单位	名　　称：山西春天家居用品制造有限公司
	纳税人识别号：140103789256478131
	地址、电话：山西运城市万荣县西贾工业园西座 0359-86962998
	开户行及账号：中国建设银行山西运城万荣支行67227156789098256767

备注：140103789256478131 发票专用章

收款人：略　　复核：略　　开票人：略　　销货单位：(章)

第三联：发票联 购货方记账凭证

图 7-83　增值税专用发票——实训六

商品入库单

验收仓库：卫浴用品仓库　　　　　　　　2025 年 6 月 22 日

商品名称	型号	应收数量	实收数量	单价	核对结果	原因	处理结果
纯棉浴巾(春天)	70cm*140cm	500.00	500.00	25.00	无误		
合计		500.00	500.00	供货单位	山西春天家居用品制造有限公司		

部门经理：略　　　　会计：略　　　　仓库：略　　　　制单人：略

图7-84　商品入库单(卫浴用品)——实训六

山西省增值税专用发票

1401946562　　　　　　开票日期：2025 年 6 月 22 日　　　　　No　10092348923

购货单位	名　称：	天津凯撒家纺股份有限公司		密码区	14018960+*2><618//*464 64161145641/*-+4164><6 *-46></--2338990/*-526 7812345/*980-->< -9809>
	纳税人识别号：	120101355203023526			
	地址、电话：	天津市河西区珠江道86号 022-28285566			
	开户行及账号：	中国工商银行天津河西支行12001657901052500555			

货物或应税劳务名称	规格型号	单位	数量	单价	金额	税率	税额
运费		千米	1000.00	0.30	300.00	9%	27.00
合　计			1000.00		￥300.00		￥27.00
价税合计(大写)	⊗ 叁佰贰拾柒元整				(小写)￥327.00		

销货单位	名　称：	山西捷达运输公司		备注	
	纳税人识别号：	140104102100989769			
	地址、电话：	山西省运城市广元路78号 0359-86745678			
	开户行及账号：	中国建设银行山西运城广田支行62278909674567345565			

收款人：略　　　　复核：略　　　　开票人：略　　　　销货单位：(章)

图 7-85　增值税专用发票——实训五

中国工商银行托收承付结算凭证(付款凭证)

委托日期 2025 年 6 月 23 日

收款单位	全　称	山西春天家居用品制造有限公司	付款单位	全称	天津凯撒家纺股份有限公司
	账号或地址	中国建设银行山西运城万容支行 6722715678909 8256767		账号或地址	中国工商银行天津河西支行 12001657901052500555
	汇入地点	运城市		汇出地点	天津市
	汇入行名称	建行运城万容支行		汇出行名称	工行天津河西支行

金额	(大写)人民币壹万肆仟肆佰伍拾贰元整	千	百	十	万	千	百	十	元	角	分
				￥	1	4	4	5	2	0	0

附件	商品发运情况	
附寄单证张数或册数	自提	合同名称号码
备注：		
		付款单位注意

单位主管(略)　会计(略)　复核(略)　记账(略)　付款单位开户行盖章　　2025年6月23日

图 7-86　托收承兑结算凭证——实训六

任务解析

1. 背景知识

采用手工结算，可以同时对多张入库单和多张发票进行手工结算。

2. 岗位说明

以业务员G01身份完成采购管理系统业务处理；以业务员C01身份完成库存管理系统业务处理；以出纳W03身份完成付款单录入；以会计W02身份完成存货核算系统业务处理，完成应付款管理系统单据审核、核销及制单处理。

实训指引

(1) 在采购管理系统中录入“采购订单”

① 以采购人员“G01 林群”身份登录，修改“注册日期”为“2025年6月22日”。

② 在采购管理系统中，根据实验资料图7-83填制采购订单，如图7-87所示。

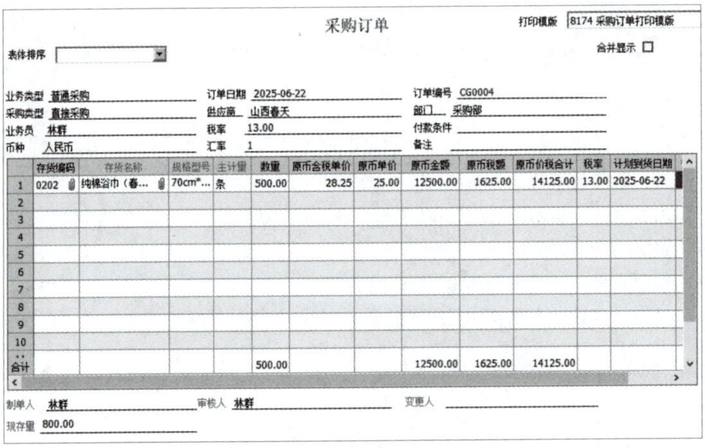

采购订单　打印模版 8174 采购订单打印模版

表体排序　合并显示 □

业务类型 普通采购　订单日期 2025-06-22　订单编号 CG0004
采购类型 直接采购　供应商 山西春天　部门 采购部
业务员 林群　税率 13.00　付款条件
币种 人民币　汇率 1　备注

	存货编码	存货名称	规格型号	主计量	数量	原币含税单价	原币单价	原币金额	原币税额	原币价税合计	税率	计划到货日期
1	0202	纯棉浴巾（春…	70cm*…	条	500.00	28.25	25.00	12500.00	1625.00	14125.00	13.00	2025-06-22
2												
3												
4												
5												
6												
7												
8												
9												
10												
合计					500.00			12500.00	1625.00	14125.00		

制单人 林群　审核人 林群　变更人
现存量 800.00

图 7-87　采购订单——实训六

(2) 在采购管理系统中生成“采购到货单”

在采购管理系统中，根据实验资料图7-84生成采购到货单并审核，如图7-88所示。

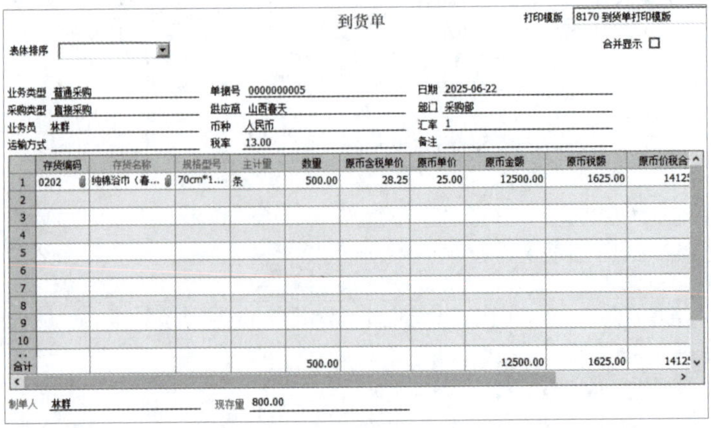

到货单　打印模版 8170 到货单打印模版

表体排序　合并显示 □

业务类型 普通采购　单据号 0000000005　日期 2025-06-22
采购类型 直接采购　供应商 山西春天　部门 采购部
业务员 林群　币种 人民币　汇率 1
运输方式　税率 13.00　备注

	存货编码	存货名称	规格型号	主计量	数量	原币含税单价	原币单价	原币金额	原币税额	原币价税合
1	0202	纯棉浴巾（春…	70cm*1…	条	500.00	28.25	25.00	12500.00	1625.00	1412
2										
3										
4										
5										
6										
7										
8										
9										
10										
合计					500.00			12500.00	1625.00	1412

制单人 林群　现存量 800.00

图 7-88　采购到货单——实训六

(3) 在库存管理系统中生成“采购入库单”

① 以仓管人员“C01 陈晨”身份登录，修改“注册日期”为“2025年6月22日”。

② 在库存管理系统中，根据实验资料图7-85生成卫浴用品仓库采购入库单并审核，如图7-89所示。

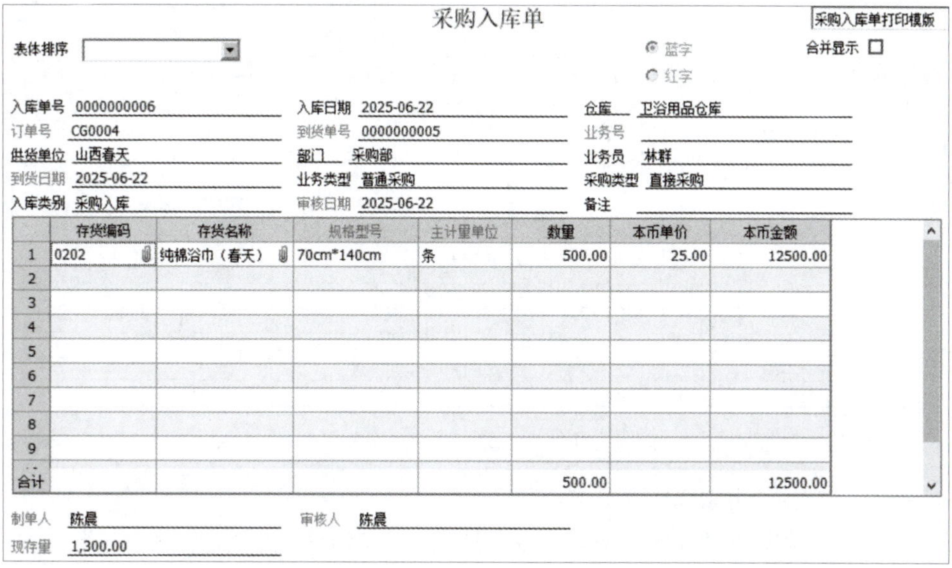
采购入库单

采购入库单打印模版

表体排序

蓝字 红字 合并显示

入库单号 0000000006　入库日期 2025-06-22　仓库 卫浴用品仓库

订单号 CG0004　到货单号 0000000005　业务号

供货单位 山西春天　部门 采购部　业务员 林群

到货日期 2025-06-22　业务类型 普通采购　采购类型 直接采购

入库类别 采购入库　审核日期 2025-06-22　备注

	存货编码	存货名称	规格型号	主计量单位	数量	本币单价	本币金额
1	0202	纯棉浴巾（春天）	70cm*140cm	条	500.00	25.00	12500.00
2							
3							
4							
5							
6							
7							
8							
9							
合计					500.00		12500.00

制单人 陈晨　审核人 陈晨

现存量 1,300.00

图 7-89　卫浴用品仓库入库单——实训六

(4) 在采购管理系统中生成“采购发票”并填制“运费发票”

① 以采购人员“G01 林群”身份登录，修改“注册日期”为“2025年6月22日”。

② 在采购管理系统中，根据实验资料图7-84生成采购专用发票，如图7-90所示。

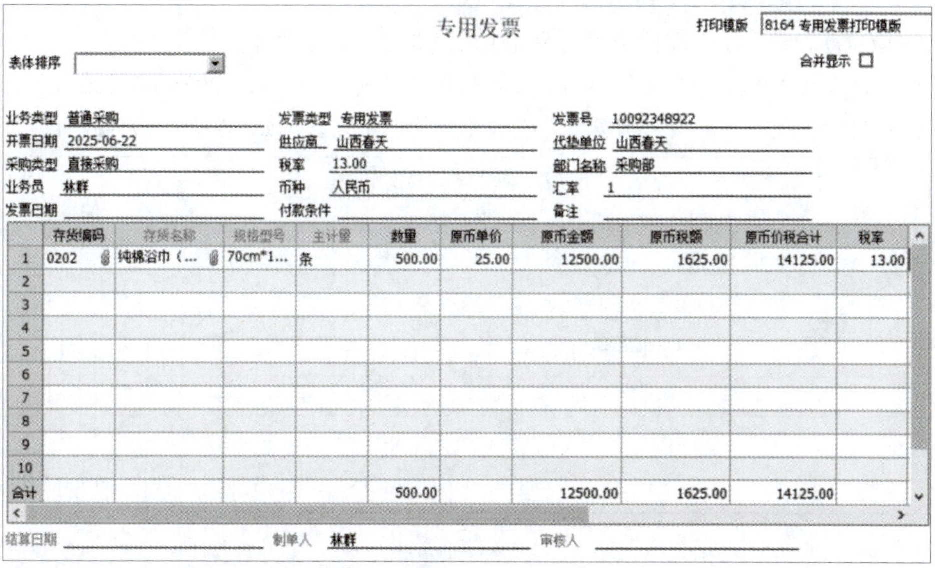
专用发票

打印模版 8164 专用发票打印模版

表体排序　合并显示

业务类型 普通采购　发票类型 专用发票　发票号 10092348922

开票日期 2025-06-22　供应商 山西春天　代垫单位 山西春天

采购类型 直接采购　税率 13.00　部门名称 采购部

业务员 林群　币种 人民币　汇率 1

发票日期　付款条件　备注

	存货编码	存货名称	规格型号	主计量	数量	原币单价	原币金额	原币税额	原币价税合计	税率
1	0202	纯棉浴巾（…	70cm*1…	条	500.00	25.00	12500.00	1625.00	14125.00	13.00
2										
3										
4										
5										
6										
7										
8										
9										
10										
合计					500.00		12500.00	1625.00	14125.00	

结算日期　制单人 林群　审核人

图 7-90　采购专用发票——实训六

③ 根据实验资料图7-85录入运费发票，如图7-91所示。

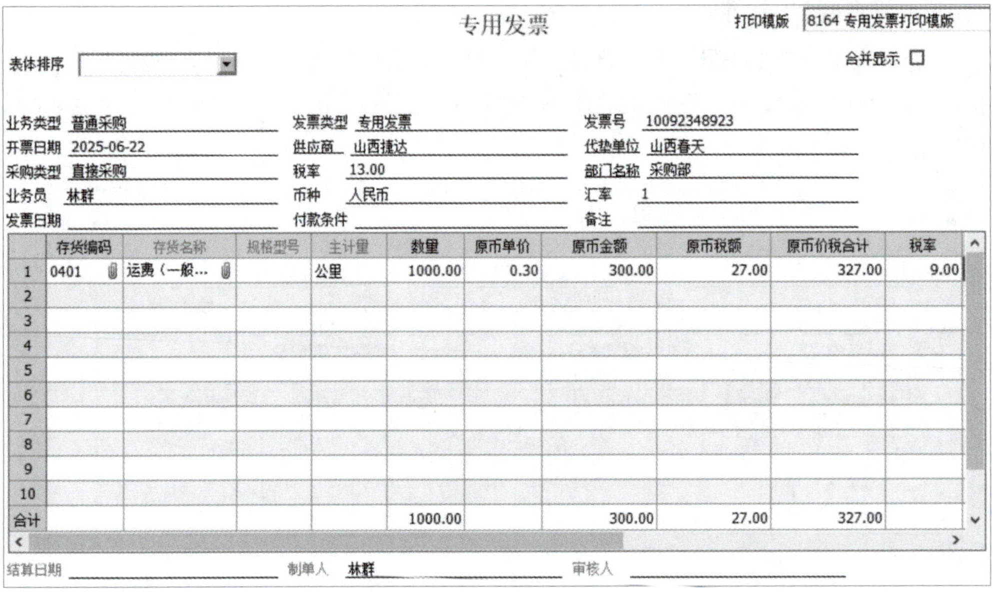

图 7-91 采购运费发票——实训六

(5) 在采购管理系统中完成发票手工结算

① 执行"采购结算"|"手工结算"命令，打开"手工结算"窗口，单击"选单"按钮，打开"结算选单"窗口，单击"查询"按钮，分别选择"入库单"、"发票"选项，将待结算的两张发票与本次采购的入库单选入"手工结算"窗口中，单击"全选"按钮。

② 单击"OK确定"按钮，选择"费用分摊方式"为"按数量"，单击"分摊"按钮，采购入库单所在行"分摊费用"栏显示"300"；再单击"结算"按钮，系统提示"确认是否进行了分摊"，单击"是"按钮，完成手工结算。

(6) 在应付款管理系统中审核专用发票并生成发票记账记账凭证

① 以会计人员"W02 张文华"身份登录，修改"注册日期"为"2025年6月22日"。

② 在应付款管理中，审核采购发票并生成相应的记账凭证，如图7-92、图7-93所示。

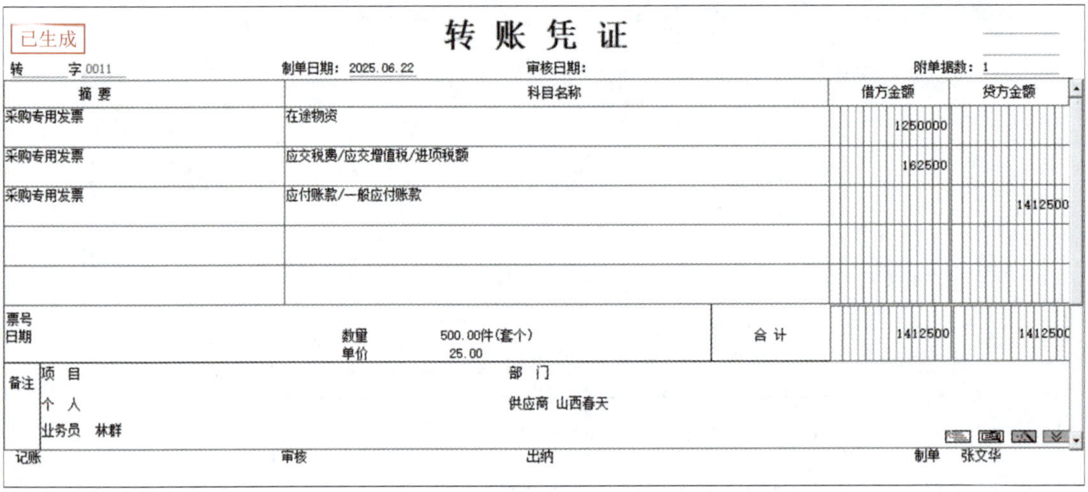

图 7-92 采购发票生成凭证结果——实训六

已生成		转 账 凭 证					
转 字 0012		制单日期: 2025.06.22	审核日期:		附单据数: 1		
摘 要		科目名称			借方金额	贷方金额	
采购专用发票		在途物资			30000		
采购专用发票		应交税费/应交增值税/进项税额			2700		
采购专用发票		应付账款/一般应付账款				32700	
票号 日期		数量 1000.00件(套个) 单价 0.30		合 计	32700	32700	
备注	项 目 个 人 业务员 林群	部 门 供应商 山西春天					
记账	审核	出纳			制单 张文华		

图 7-93　运费发票生成凭证结果——实训六

(7) 在存货核算系统中完成存货记账并生成入库凭证

① 在存货核算系统中，对采购入库单进行记账。

② 生成采购入库凭证，注意"查询条件"选择"(01) 采购入库单(报销记账)"复选框，如图 7-94所示。

已生成		转 账 凭 证					
转 字 0013		制单日期: 2025.06.22	审核日期:		附单据数: 1		
摘 要		科目名称			借方金额	贷方金额	
采购入库单		库存商品			1280000		
采购入库单		在途物资				1280000	
票号 日期		数量 500.00件(套个) 单价 25.60		合 计	1280000	1280000	
备注	项 目 个 人 业务员 林群	部 门 供应商 山西春天					
记账	审核	出纳			制单 张文华		

图 7-94　生成凭证结果——实训六

(8) 在应付款管理系统中录入及审核"付款单"并核销生成付款单记账凭证

① 以出纳人员"W03 黄宁"身份登录，修改"注册日期"为"2025年6月23日"。

② 在应付款管理中，根据实验资料图7-86录入付款单，如图7-95所示。

③ 以会计人员"W02 张文华"身份登录，修改"注册日期"为"2025年6月23日"。

④ 在应付款管理中，完成付款单据审核。

⑤ 执行"核销处理"|"手工核销"命令，完成核销处理，如图7-96所示。

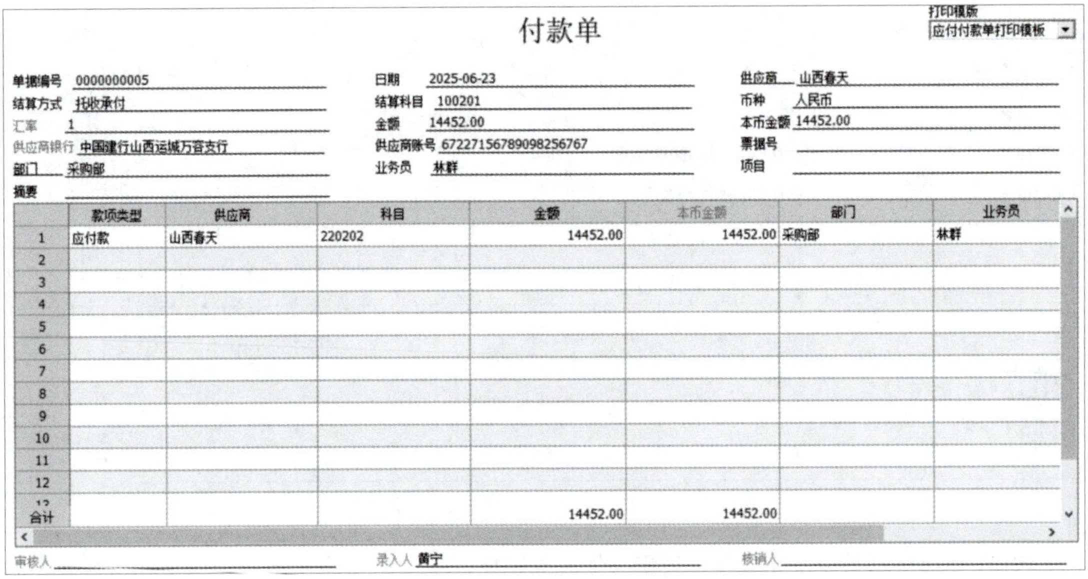

付款单

打印模版：应付付款单打印模板

单据编号 0000000005　日期 2025-06-23　供应商 山西春天
结算方式 托收承付　结算科目 100201　币种 人民币
汇率 1　金额 14452.00　本币金额 14452.00
供应商银行 中国建行山西运城万容支行　供应商账号 6722715678909825676７　票据号
部门 采购部　业务员 林群　项目
摘要

	款项类型	供应商	科目	金额	本币金额	部门	业务员
1	应付款	山西春天	220202	14452.00	14452.00	采购部	林群
2							
3							
4							
5							
6							
7							
8							
9							
10							
11							
12							
合计				14452.00	14452.00		

审核人　录入人 黄宁　核销人

图 7-95　付款单——实训六

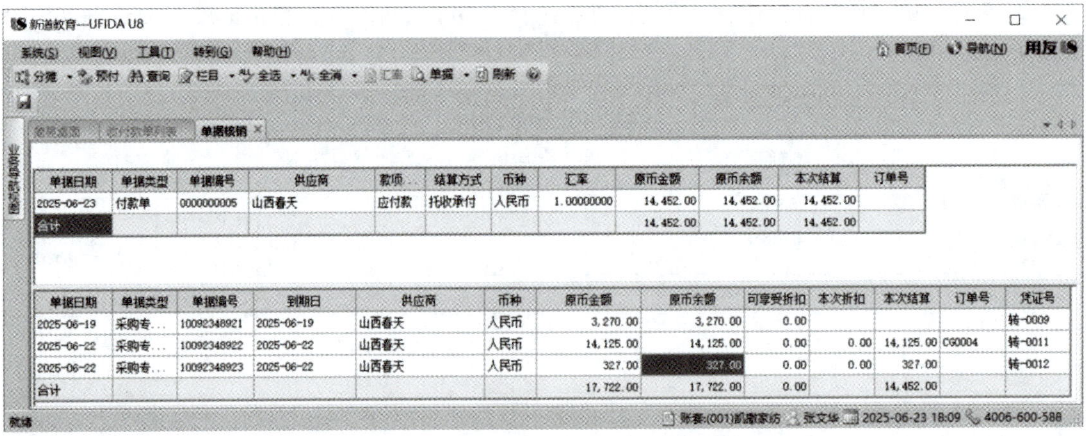

新道教育--UFIDA U8

单据日期	单据类型	单据编号	供应商	款项...	结算方式	币种	汇率	原币金额	原币余额	本次结算	订单号
2025-06-23	付款单	0000000005	山西春天	应付款	托收承付	人民币	1.00000000	14,452.00	14,452.00	14,452.00	
合计								14,452.00	14,452.00	14,452.00	

单据日期	单据类型	单据编号	到期日	供应商	币种	原币金额	原币余额	可享受折扣	本次折扣	本次结算	订单号	凭证号
2025-06-19	采购专...	10092348921	2025-06-19	山西春天	人民币	3,270.00	3,270.00	0.00				转-0009
2025-06-22	采购专...	10092348922	2025-06-22	山西春天	人民币	14,125.00	14,125.00	0.00	0.00	14,125.00	CG0004	转-0011
2025-06-22	采购专...	10092348923	2025-06-22	山西春天	人民币	327.00	327.00	0.00	0.00	327.00		转-0012
合计						17,722.00	17,722.00	0.00		14,452.00		

图 7-96　手工核销——实训六

⑥ 合并生成付款单记账凭证，如图7-97所示。

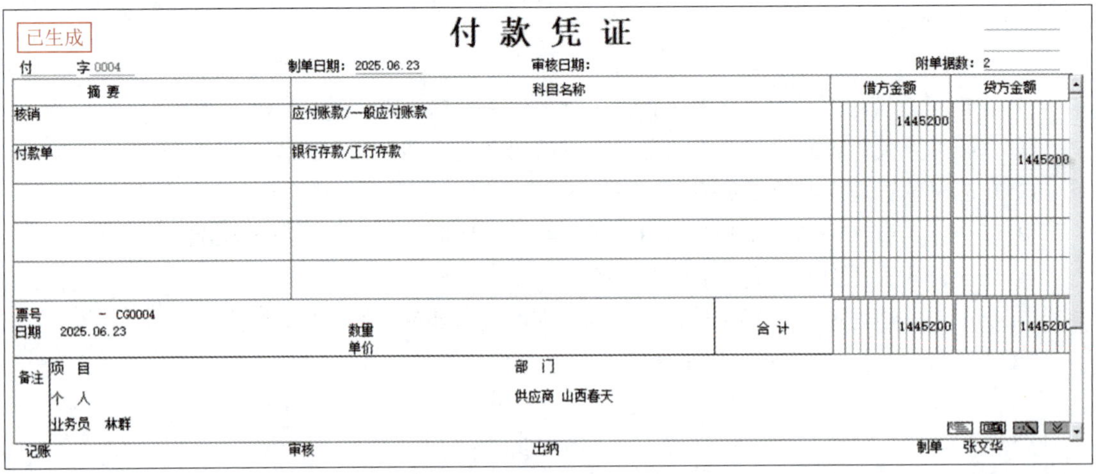

已生成

付 款 凭 证

付 字 0004　制单日期：2025.06.23　审核日期：　附单据数：2

摘要	科目名称	借方金额	贷方金额
核销	应付账款/一般应付账款	1445200	
付款单	银行存款/工行存款		1445200
票号 - CG0004 日期 2025.06.23 数量 单价	合 计	1445200	1445200

备注　项 目　部 门
个 人　供应商 山西春天
业务员 林群

记账　审核　出纳　制单 张文华

图 7-97　生成凭证结果——实训六

实训七 采购暂估业务

实训任务

2025年6月30日，天津凯撒家纺与西安爱家家居用品制造有限公司签订采购合同。原始凭证如图7-98、图7-99所示。

购 销 合 同

合同编号：CG0005

卖方：西安爱家家居用品制造有限公司

买方：天津凯撒家纺股份有限公司

为保护买卖双方的合法权益，买卖双方根据《中华人民共和国民法典》的有关规定，经友好协商，一致同意签订本合同并共同遵守。

一、货物的名称、数量及金额

货物名称	规格型号	计量单位	数量	单价(不含税)	金额(不含税)	税率	税额
纯棉浴巾(晚安)	70cm*40cm	条	300	100.00	30 000.00	13%	3 900.00
合 计					¥30 000.00		¥3 900.00

二、合同总金额：人民币叁万叁仟玖佰元整(¥33 900.00)。

三、收款时间：买方于收到货物1个月内向卖方支付货款。

四、至付清所有合同款项前，卖方按买方未付款项与合同总价款的比例保留对合同标的物的所有权。

五、发货时间：卖方于签订合同当日从天津仓库发出全部商品。

六、发运方式：买方自提。

卖　　方：西安爱家家居用品制造有限公司　　买　　方：天津凯撒家纺股份有限公司

授权代表：张瀚　售同专用章　　授权代表：张　群同专用章

日　　期：2025年6月30日　　日　　期：2025年6月30日

图 7-98 购销合同——实训七

商品入库单

验收仓库：卫浴用品仓库　　2025 年 6 月 30 日

商品名称	型号	应收数量	实收数量	单价	核对结果	原因	处理结果
纯棉浴巾(晚安)	70cm*40cm	300.00	300.00	100.00	无误		
合计		300.00	300.00	供货单位	西安爱家家居用品制造有限公司		

部门经理：略　　会计：略　　仓库：略　　制单人：略

图7-99 商品入库单(卫浴用品)——实训七

2025年7月6日，收到上月30日采购业务发票。原始凭证如图7-100所示。

陕西省增值税专用发票

3100142196	开票日期: 2025 年 7 月 6 日		No 10092348924	

购货单位	名 称: 天津凯撒家纺股份有限公司	密码区	31019946+*2><698//*464 64161145641/*-+4164><6 *-46></--2338990/*-526 7812345/*980--><-9809>
	纳税人识别号: 120101355203023526		
	地址、电话: 天津市河西区珠江道86号 022-28285566		
	开户行及账号: 中国工商银行天津河西支行12001657901052500555		

货物或应税劳务名称	规格型号	单位	数量	单价	金额	税率	税额
纯棉浴巾(晚安)	70cm*40cm	条	300.00	100.00	30 000.00	13%	3 900.00
合 计			300.00		¥ 30 000.00		¥ 3 900.00

价税合计(大写)	⊗ 叁万叁仟玖佰元整	(小写) ¥33 900.00

销货单位	名 称: 西安爱家家居用品制造有限公司	备注
	纳税人识别号: 610132220660755668	
	地址、电话: 西安市新城区长乐西路66号 029-86962998	
	开户行及账号: 中国建设银行西安长乐支行6227009867567239 9601	

收款人: 略	复核: 略	开票人: 略	销货单位: (章)

第三联: 发票联 购货方记账凭证

图 7-100 增值税专用发票——实训七

任务解析

1. 背景知识

货到票未到指货物已经收到,但是发票未收到。按发票收到的时间,又分为本月收到和跨月收到。

(1) 本月收到发票的处理方法

○ 压单处理,收到发票之前不做任何处理,即汇款单据与发票在同一日进行账务处理。

○ 按发生日期处理,即按发生日期,分别手工填制专用发票和付款单,然后进行应付单据审核、核销等操作。

(2) 跨月收到发票的处理方法

所谓跨月收到发票即在货物到达的本月月底前,未付款及未收到发票。

此种处理方式在会计上称为暂估,即按照入库单预估价格进行先期记账,也即在暂估成本录入环节,录入商品的单价,然后正常单据记账,并生成暂估记账凭证。

下月收到发票后,暂估分为3种处理方式:单到回冲、月初回冲、单到补差。

○ 单到回冲是指报销处理时,系统自动生成红字回冲单,并生成采购报销入库单。

○ 月初回冲是指月初时系统自动生成红字回冲单,报销处理时,系统自动根据报销金额生成采购报销入库单。

○ 单到补差是指报销处理时,系统自动生成一笔调整单,调整金额为实际金额与暂估金额的差额,以此来处理暂估业务。

2. 岗位说明

以业务员G01身份完成采购管理系统业务处理;以业务员C01身份完成库存管理系统业务处理;以业务员X01身份完成销售管理系统月末结账;以会计W02身份完成存货核算系统业务处理、应付款管理系统业务处理。

实训指引

(1) 在采购管理系统中录入"采购订单"并生成"采购到货单"

① 以采购人员"G01 林群"身份登录，修改"注册日期"为"2025年6月30日"。

② 在采购管理系统中，根据实验资料图7-98填制采购订单并审核，如图7-101所示。

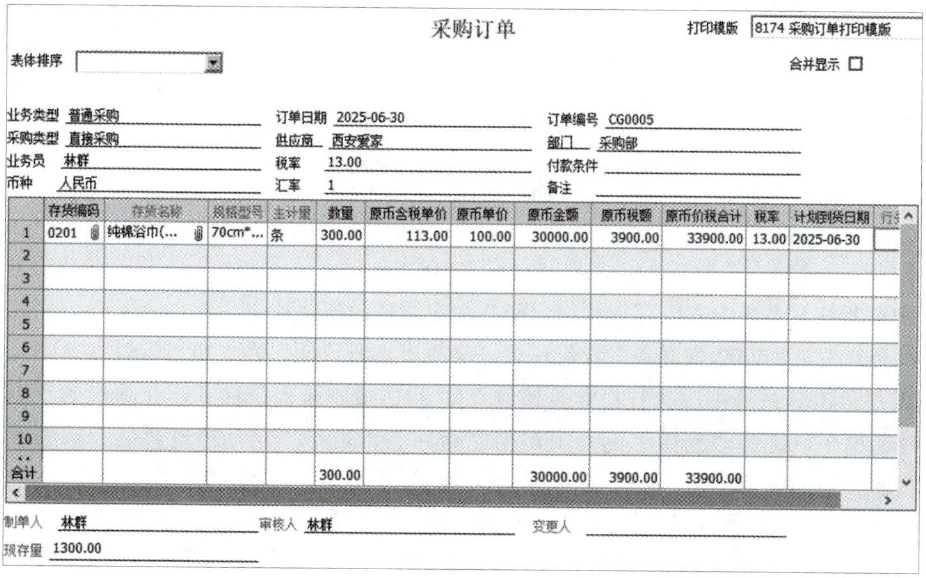

图 7-101　采购订单——实训七

③ 根据实验资料图7-99生成采购到货单，如图7-102所示。

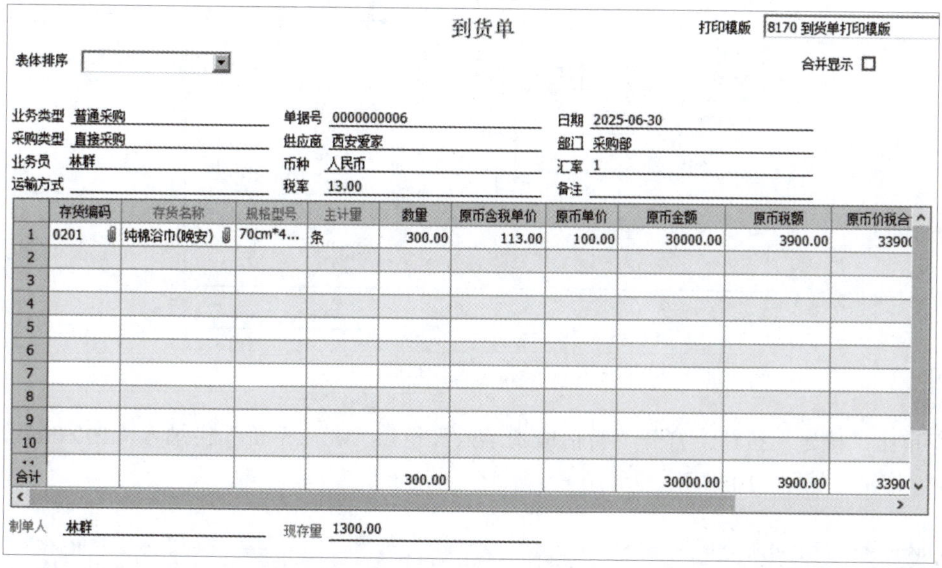

图 7-102　采购到货单——实训七

(2) 在库存管理系统中生成"采购入库单"

① 以仓管人员"C01 陈晨"身份登录，修改"注册日期"为"2025年6月30日"。

② 在库存管理系统中，根据实验资料图7-99生成卫浴用品仓库采购入库单并审核，如图7-103所示。

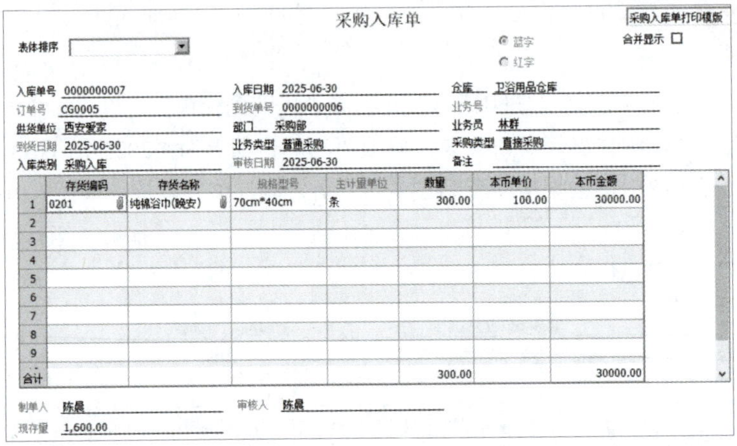

图 7-103 卫浴用品仓库入库单——实训七

(3) 在存货核算系统中完成存货暂估记账并生成暂估记账凭证

① 以会计人员"W02 张文华"身份登录，修改"注册日期"为"2025年6月30日"。

② 在存货核算系统中，执行"业务核算"|"暂估成本录入"命令，在弹出的"查询条件选择"对话框中，选择"仓库"为"卫浴用品仓库"，选择"包括已有暂估金额的单据"为"是"，如图7-104所示。

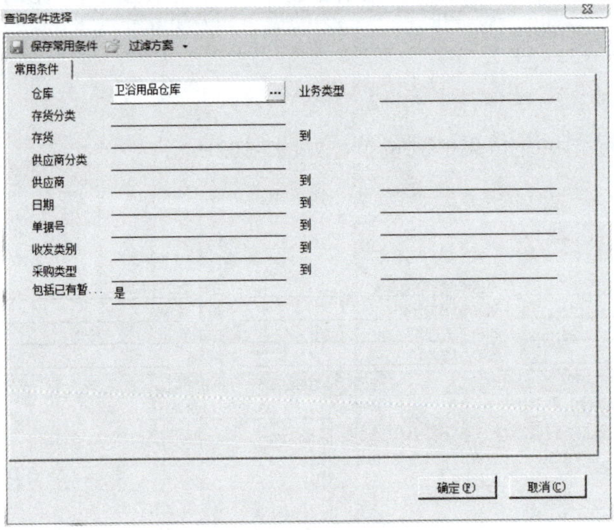

图 7-104 查询条件选择——实训七

③ 单击"确定"按钮，打开"暂估成本录入"窗口，在"单价"栏录入"100.00"，单击"保存"按钮，如图7-105所示。

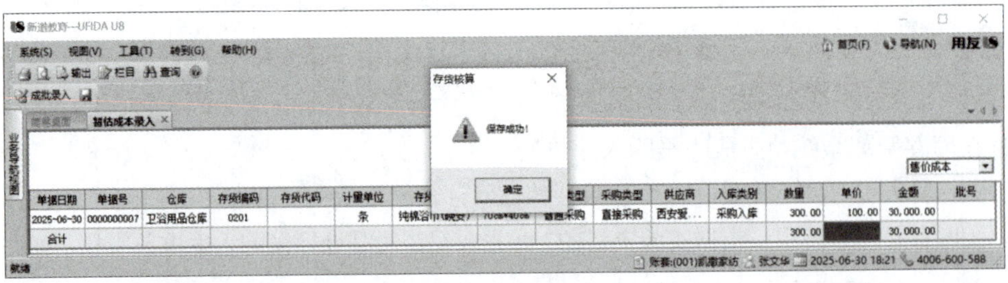

图 7-105 暂估成本录入——实训七

④ 执行"业务核算"|"正常单据记账"命令，对录入暂估单价的采购入库单进行记账。

❖ **特别提醒：**

◇ 正常单据记账前，需关闭"暂估成本录入"窗口，否则系统提示"功能互斥"。

⑤ 生成暂估入库记账凭证，注意"查询条件"选择"(01)采购入库单(暂估记账)"复选框，补录"应付暂估科目"为"220201 应付账款——暂估应付账款"，如图7-106所示。

转 账 凭 证			
已生成			附单据数：1
转　　字 0014	制单日期：2025.06.30　　审核日期：		
摘　　要	科目名称	借方金额	贷方金额
采购入库单	库存商品	3000000	
采购入库单	应付账款/暂估应付账款		3000000
票号 日期	数量 单价	合计	3000000　3000000
备注　项　目	部　门		
个　人	供应商 西安爱家		
业务员 林群			
记账	审核　　出纳		制单 张文华

图7-106　生成凭证结果——实训七

(4) 采购管理系统结账

① 以采购人员"G01 林群"身份登录，执行"采购管理"|"月末结账"命令，打开"月末结账"对话框。

② 单击6月所在行，选中该条记录。

③ 单击"结账"按钮，系统弹出"月末结账"提示框，提示"是否关闭订单？"，单击"是"按钮；在"查询条件——采购订单列表"窗口中，在"是否关闭"列表框中选择"否"按钮。

④ 返回"月末结账"对话框，单击"结账"按钮，弹出"月末结账完毕！"信息提示框；单击"确定"按钮，"是否结账"一栏显示"已结账"字样。

⑤ 单击"退出"按钮。

(5) 销售管理系统结账

以销售人员"X01 王大国"身份登录，同理，完成销售管理系统结账。

(6) 库存管理系统结账

① 以仓管人员"C01 陈晨"身份登录，执行"库存管理"|"月末结账"命令，打开"月末结账"对话框。

② 单击7月所在行，选中该条记录，单击"结账"按钮，弹出"库存启用月份结账后将不能修改期初数据，是否继续结账？"信息提示框，单击"是"按钮，"是否结账"一栏显示"已结账"字样。单击"退出"按钮。

(7) 存货核算系统结账

① 以会计人员"W02 张文华"身份登录，执行"存货核算"|"业务核算"|"期末处理"命令，打开"期末处理"对话框。

② 选择需要进行期末处理的仓库，单击"确定"按钮，系统弹出"您将对所选仓库进行期末处理，确认进行吗？"信息提示框；单击"确定"按钮，系统自动计算存货成本；完成后，系统弹出"期末处理完成！"信息提示框，单击"确定"按钮返回。

③ 执行"业务核算"|"月末结账"命令，打开"月末结账"对话框，单击"确认"按钮，系统弹出"月末结账完成！"信息提示框，单击"确定"按钮返回。

❖ **特别提醒：**

◇ 本例为突出重点省略了月末财务会计各子系统的结账处理，完整的期末处理操作流程将在后续章节述及。

(8) 在存货核算系统中完成存货暂估记账并生成暂估回冲记账凭证

① 以会计人员"W02 张文华"身份登录，修改"注册日期"为"2025年7月6日"。

② 在存货核算系统中，执行"财务核算"|"生成凭证"命令，生成红字回冲记账凭证，注意"查询条件"选择"(24)红字回冲单"复选框，补录红字回冲单贷方科目为"应付账款——暂估应付款"，如图7-107所示。

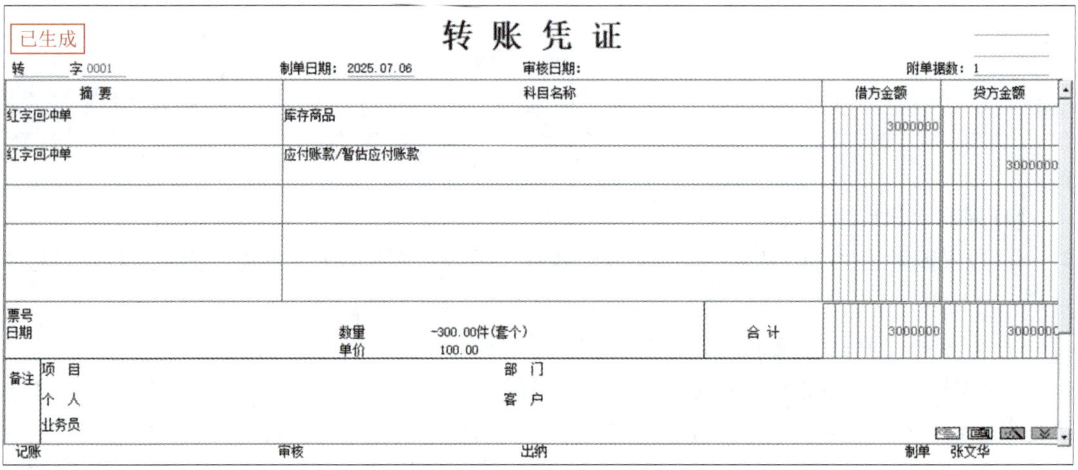

图 7-107 生成凭证结果——实训七

❖ **特别提醒：**

◇ 因在存货核算系统选项中选择暂估方式为"月初回冲"，故系统会在月初自动进行暂估业务的红字回冲处理。

(9) 在采购管理系统中生成"采购发票"

① 以采购人员"G01 林群"身份登录，修改"注册日期"为"2025年7月6日"。

② 在采购管理系统中，根据图7-103生成采购专用发票并结算，如图7-108所示。

(10) 在应付款管理系统中审核专用发票并生成采购发票记账凭证

① 以会计人员"W02 张文华"身份登录，修改"注册日期"为"2025年7月6日"。

② 在应付款管理中，审核采购发票并生成相应的记账凭证，如图7-109所示。

(11) 在存货核算系统中完成暂估成本结算处理并生成报销回冲凭证

① 在存货核算系统中，执行"业务核算"|"结算成本处理"命令，打开"暂估处理查询"对话框，选择"卫浴用品仓库"。

② 在"结算成本处理"界面中选择相应记录，单击工具栏上的"暂估"按钮，完成暂估成

本结算，如图7-110所示。在弹出的“暂估处理完成”提示框中单击“确定”按钮关闭。

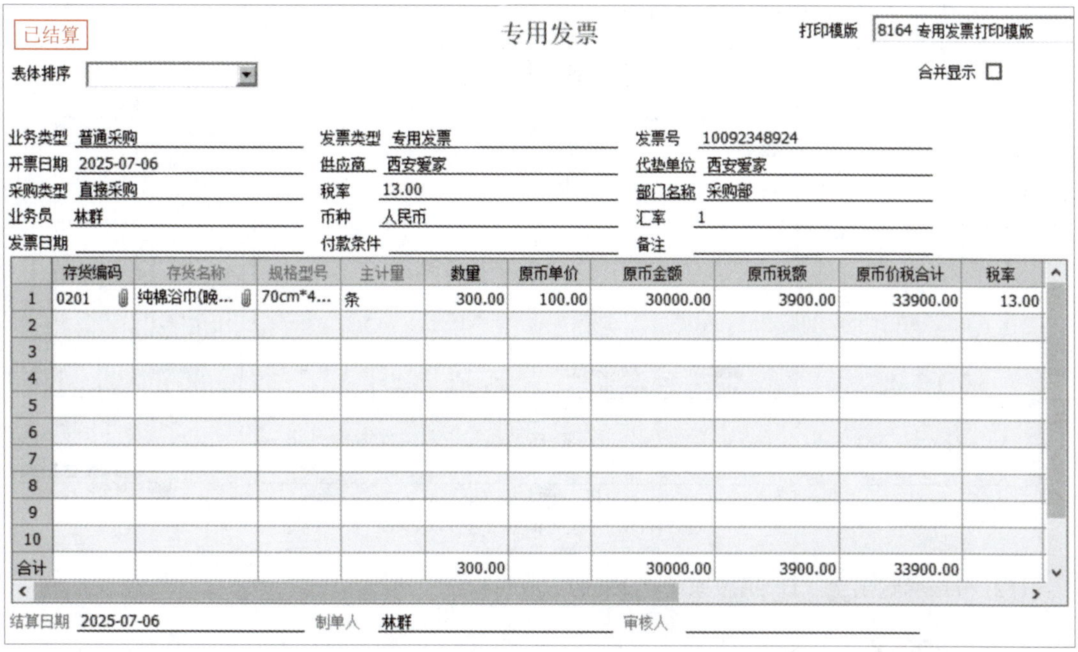

已结算　　专用发票　　打印模版 8164 专用发票打印模版

表体排序　　合并显示 □

业务类型 普通采购　发票类型 专用发票　发票号 10092348924

开票日期 2025-07-06　供应商 西安爱家　代垫单位 西安爱家

采购类型 直接采购　税率 13.00　部门名称 采购部

业务员 林群　币种 人民币　汇率 1

发票日期　付款条件　备注

	存货编码	存货名称	规格型号	主计量	数量	原币单价	原币金额	原币税额	原币价税合计	税率
1	0201	纯棉浴巾(晚...	70cm*4...	条	300.00	100.00	30000.00	3900.00	33900.00	13.00
2										
3										
4										
5										
6										
7										
8										
9										
10										
合计					300.00		30000.00	3900.00	33900.00	

结算日期 2025-07-06　制单人 林群　审核人

图 7-108　采购专用发票——实训七

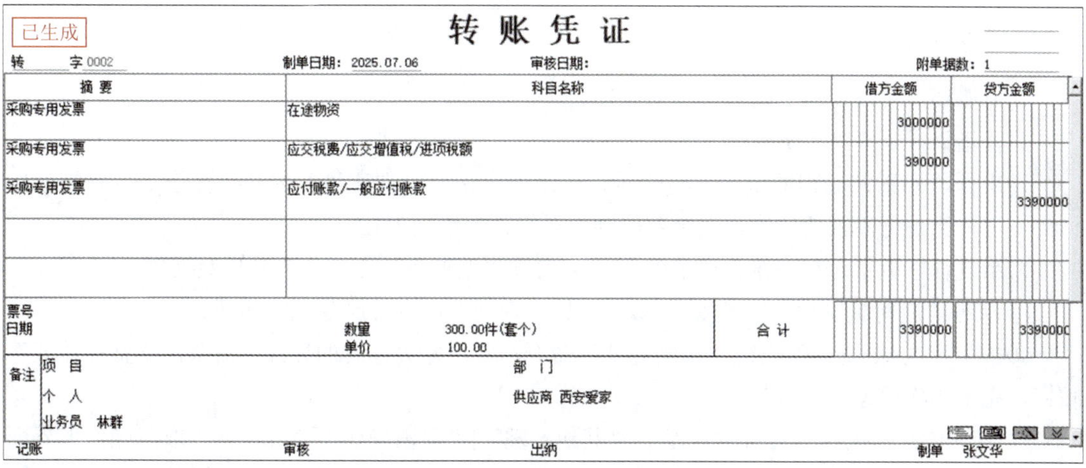

已生成　　转 账 凭 证

转 字 0002　制单日期：2025.07.06　审核日期：　附单据数：1

摘 要	科目名称	借方金额	贷方金额
采购专用发票	在途物资	3000000	
采购专用发票	应交税费/应交增值税/进项税额	390000	
采购专用发票	应付账款/一般应付账款		3390000
票号 日期　数量 300.00件(套个)　单价 100.00	合 计	3390000	3390000

备注　项 目　部 门

个 人　供应商 西安爱家

业务员 林群

记账　审核　出纳　制单 张文华

图 7-109　生成凭证结果——实训七

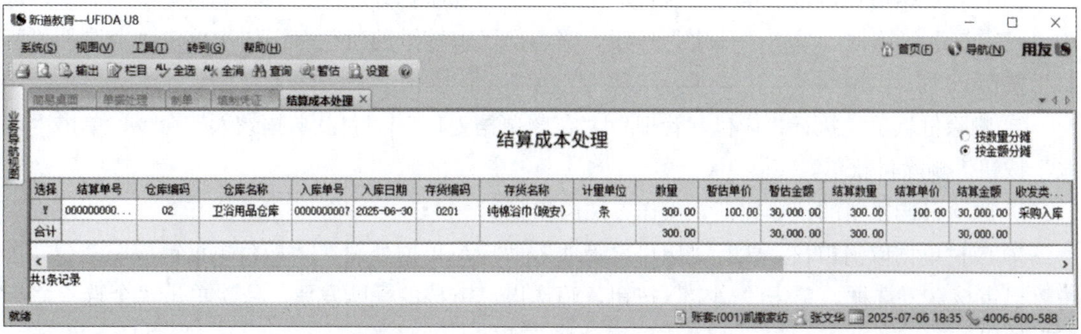

新道教育—UFIDA U8

系统(S) 视图(V) 工具(T) 转到(G) 帮助(H)　首页(F) 导航(N) 用友

输出 栏目 全选 全消 查询 暂估 设置

结算成本处理 ×

结算成本处理　○ 按数量分摊　◉ 按金额分摊

选择	结算单号	仓库编码	仓库名称	入库单号	入库日期	存货编码	存货名称	计量单位	数量	暂估单价	暂估金额	结算数量	结算单价	结算金额	收发类...
Y	000000000...	02	卫浴用品仓库	0000000007	2025-06-30	0201	纯棉浴巾(晚安)	条	300.00	100.00	30,000.00	300.00	100.00	30,000.00	采购入库
合计									300.00		30,000.00	300.00		30,000.00	

共1条记录

就绪　账套:(001)凯撒家纺　张文华　2025-07-06 18:35　4006-600-588

图 7-110　结算成本处理——实训七

③ 执行"财务核算"|"生成凭证"命令，生成蓝字回冲记账凭证，注意"查询条件"选择"(30)蓝字回冲单(报销)"复选框，如图7-111所示。

已生成			转账凭证				
转 字 0003		制单日期: 2025.07.06	审核日期:			附单据数: 1	
摘要			科目名称		借方金额	贷方金额	
蓝字回冲单			库存商品		3000000		
蓝字回冲单			在途物资			3000000	
票号 日期		数量 单价	300.00件(套/个) 100.00	合 计	3000000	3000000	
备注	项 目 个 人 业务员		部 门 客 户				
记账		审核		出纳		制单 张文华	

图 7-111 生成凭证结果——实训七

(12) 将账套输出至"D:\凯撒家纺\7-2采购与应付"。

拓展任务

普通采购业务逆操作

功能概要：实现普通采购业务逆向操作。

路径指引：

逆操作，为正常流程的倒序，是修改任一流程中相应单据所进行的必要操作，步骤的顺序即为实训一已进行步骤的倒序，直至倒回到所要修改的单据为止。

以系统管理员身份在系统管理中引入"7-1普通采购业务"账套作为基础数据。

① 执行"应付款管理"|"单据查询"|"凭证查询"命令，删除记账凭证。

② 执行"总账"|"凭证"|"填制凭证"命令，定位作废标志的凭证，需单击"整理凭证"按钮，完全删除凭证。

③ 取消核销。执行"应付款管理"|"其他处理"|"取消操作"命令，在"取消操作"界面中依次单击"全选""确认"按钮。

④ 付款单据撤销审核。执行"应付款管理"|"付款单据处理"|"付款单据审核"命令，选中"已审核"复选框，单击"确定"按钮，筛选出已审核过的付款单，依次单击"全选""弃审"按钮。

⑤ 删除付款单。执行"应付款管理"|"付款单据处理"|"付款单据录入"命令，单击"末张"按钮，删除付款单。

⑥ 删除采购发票的记账凭证，操作方法同步骤①。

⑦ 应付单据取消审核。执行"应付款管理"|"应付单据处理"|"应付单据审核"命令，选中"已审核"复选框，单击"确定"按钮，筛选出已审核的采购发票，依次单击"全选""弃审"按钮。

⑧ 采购入库单记账凭证的删除。执行"供应链"|"存货核算"|"财务核算"|"凭证列

表"命令，单击"确定"按钮。对被选定的凭证进行删除操作。

⑨ 恢复记账(正常单据记账的逆操作)。执行"供应链"|"存货核算"|"业务核算"命令，单击"恢复记账"按钮，在"查询条件选择"对话框中单击"确定"按钮，选中需要恢复记账的记录，单击工具栏中的"恢复"按钮。

⑩ 取消专用发票"已结算"。执行"供应链"|"采购管理"|"采购结算"|"结算单列表"命令，选择需要取消结算的记录，单击左上角的"删除"按钮即可。此时在"采购专用发票"界面中单击"刷新"按钮，"已结算"标志消失。

⑪ 删除专用采购发票。执行"供应链"|"采购管理"|"采购发票"|"专用采购发票"命令，选择相应的发票，删除即可。

⑫ 删除采购入库单。执行"供应链"|"库存管理"|"入库业务"|"采购入库单"命令，选择相应的入库单，单击工具栏中的"弃审"按钮，删除即可。

⑬ 删除采购到货。执行"供应链"|"采购管理"|"采购到货"|"到货单"命令，选择相应的到货单，单击工具栏中的"弃审"按钮，删除即可。

⑭ 删除采购订单。执行"供应链"|"采购管理"|"采购订货"|"采购订单"命令，选择相应的订单，单击工具栏中的"弃审"按钮，删除即可。

⑮ 删除采购入库单作废凭证，操作方法同步骤①。

岗位说明：以具有相应权限的操作员登录系统完成操作。

项目八 销售与应收款管理

实训一 普通销售业务

实训任务

2025年6月1日，天津凯撒家纺与武汉美誉家纺股份有限公司签订销售协议。原始凭证如图8-1～图8-3所示。

购 销 合 同

合同编号：XS0001

卖方：天津凯撒家纺股份有限公司

买方：武汉美誉家纺股份有限公司

为保护买卖双方的合法权益，根据《中华人民共和国民法典》的有关规定，买卖双方经友好协商，一致同意签订本合同并共同遵守。

一、货物的名称、数量及金额

货物名称	规格型号	计量单位	数量	单价(不含税)	金额(不含税)	税率	税额
儿童床上四件套(卡通)	1.5M	套	60	330.00	19 800.00	13%	2 574.00
合计					¥19 800.00		¥2 574.00

二、合同总金额：人民币贰万贰仟叁佰柒拾肆元整(¥22 374.00)。

三、收款时间：买方于签订合同后3日内付款。

四、发货时间：卖方在签订合同当日向买方发出所有商品。

五、交货地点：天津凯撒家纺股份有限公司

六、发运方式：买方承运。

卖　　方：天津凯撒家纺股份有限公司　　　　　买　　方：武汉美誉家纺股份有限公司

授权代表：王大国[合同专用章]　　　　　　　　授权代表：周春铜[合同专用章]

日　　期：2025年6月1日　　　　　　　　　　日　　期：2025年6月1日

图 8-1　购销合同——实训一

天津市增值税专用发票

1207462569　　　　开票日期：2025 年 6 月 1 日　　　　　No　10092348925

购货单位	名　　称：武汉美誉家纺股份有限公司 纳税人识别号：10098978967671931 地址、电话：武汉市武昌中路楚河汉街 027-89000987 开户行及账号：中国建设银行湖北武汉楚汉支行6227890984567345678	密码区	12008960+*2><618//*464 64161145641/*-+4164><6 *-46></-2310690/*-526 7812345/*980-->*<-9809>

货物或应税劳务名称	规格型号	单位	数量	单价	金额	税率	税额
儿童床上四件套(卡通)	1.5M	套	60.00	330.00	19 800.00	13%	2 574.00
合　计			60.00		￥19 800.00		￥2 574.00

价税合计(大写)	⊗ 贰万贰仟叁佰柒拾肆元整		(小写) ￥22 374.00

销货单位	名　　称：天津凯撒家纺股份有限公司 纳税人识别号：120101355203023526 地址、电话：天津市河西区珠江道86号 022-28285566 开户行及账号：中国工商银行天津河西支行12001657901052500555	备注	120101355203023526 发票专用章

收款人：略　　　　复核：略　　　　开票人：略　　　　销货单位：(章)

第一联：记账联　销货方记账凭证

图 8-2　增值税专用发票——实训一

商品出库单

发出仓库：床上用品仓库　　　　　　　2025 年 6 月 1 日

商品名称	型号	应收数量	实收数量	单价	核对结果	原因	处理结果
儿童床上四件套(卡通)	1.5M	60.00	60.00		无误		
合计		60.00	60.00	提货单位	武汉美誉家纺股份有限公司		

部门经理：略　　　　会计：略　　　　仓库：略　　　　制单人：略

图 8-3　商品出库单——实训一

2025年6月3日，接银行通知，收到武汉美誉家纺股份有限公司以电汇方式支付的货款。原始凭证如图8-4所示。

中国工商银行业务回单(收款)

日期：2025 年 6 月 3 日　　　　　NO.　1188907886

收款人	天津凯撒家纺股份有限公司	付款人	武汉美誉家纺股份有限公司
账号或地址	12001657901052500555	账号或地址	6227890984567345678 1
渠道	大额支付人行支付中心	付款人开户行	中国建设银行湖北武汉楚汉支行

汇款金额 人民币(大写)	贰万贰仟叁佰柒拾肆元整	千	百	十	万	千	百	十	元	角	分
				￥	2	2	3	7	4	0	0

102110022232
回单专用章

	摘要	转账存款(电汇)
收款人开户行签章	备注	

图 8-4　收款回单——实训一

任务解析

1. 背景知识

普通销售业务是指一般的正常销售业务。普通销售业务根据"发货—开票"的实际业务流程的不同,可以分为两种业务模式:先发货后开票模式和开票直接发货模式。两种流程的本质区别是先录入发货单还是先录入发票。

(1) 先发货后开票模式

先发货后开票模式,即先录入发货单。在这种模式下,销售管理系统根据销售订单生成发货单,再根据发货单在销售管理系统中生成发票,并在库存管理系统中生成出库单,进而结转成本和收入。

(2) 开票直接发货模式

开票直接发货模式,即先录入发票。在这种模式下,销售管理系统根据销售订单生成发票,发票复核时在销售管理系统中自动生成发货单,并在库存管理系统中生成出库单,进而结转成本和收入。

以开票直接发货模式为例,普通销售业务处理流程如图8-5所示。

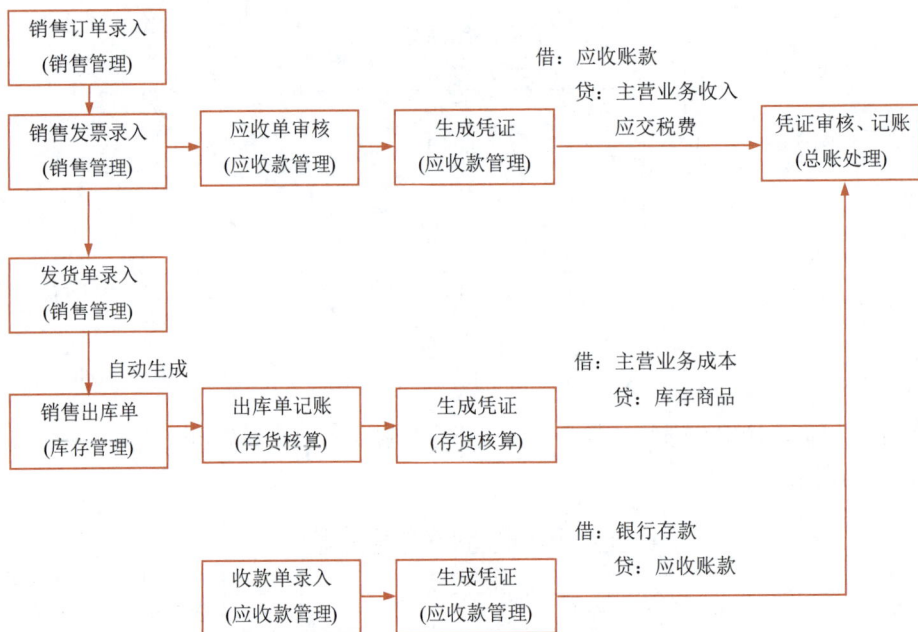

图 8-5 普通销售业务处理流程图

2. 岗位说明

以业务员X01身份完成销售管理系统业务处理;以业务员C01身份完成库存管理系统业务处理;以出纳W03身份完成收款单录入;以会计W02身份完成存货核算系统业务处理,完成应收款管理系统单据审核、核销及制单处理。

实训指引

以系统管理员身份在系统管理中引入"6-1供应链初始化"账套作为基础数据。

(1) 在销售管理系统中录入"销售订单"

① 以销售人员"X01 王大国"身份登录，修改"注册日期"为"2025年6月1日"。

② 执行"供应链"|"销售管理"|"销售订货"|"销售订单"命令，打开"销售订单"窗口。单击"增加"按钮，"订单编号"录入"XS0001"，"客户简称"选择"105武汉美誉家纺股份有限公司"，"部门"选择"销售部"，表体内"存货编码"选择"0107儿童床上四件套(卡通)"，"数量"栏录入"60"，"无税单价"栏录入"330.00"，单击"保存"按钮，再单击"审核"按钮，如图8-6所示。

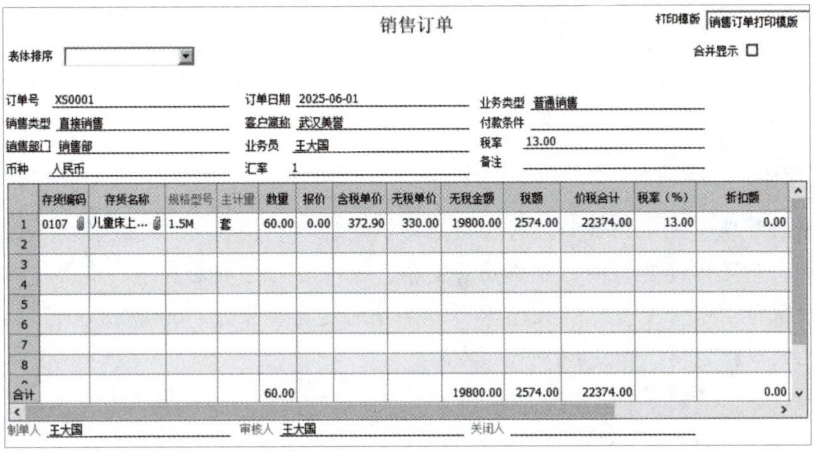

图8-6　销售订单——实训一

> **❖ 特别提醒：**
> ◇ 销售订单中的"预发货日期"、"预完工日期"为必填项，默认为当前登录日期，可修改，可为空；订单日期≤预完工日期≤预发货日期，否则录入时系统提示错误信息。
> ◇ 如因登录日期错误导致"预完工日期"提示错误，可通过执行"基础档案"|"单据设置"|"单据格式设置"命令，将该项目添加到单据之中后修改。

(2) 在销售管理系统中生成"销售发票"

① 在销售管理系统中，执行"销售开票"|"销售专用发票"命令，单击"增加"按钮，系统弹出"查询条件选择-参照订单"对话框，选择"客户编码"为"105-武汉美誉家纺股份有限公司"，如图8-7所示。单击"确定"按钮，打开"参照生单"对话框。

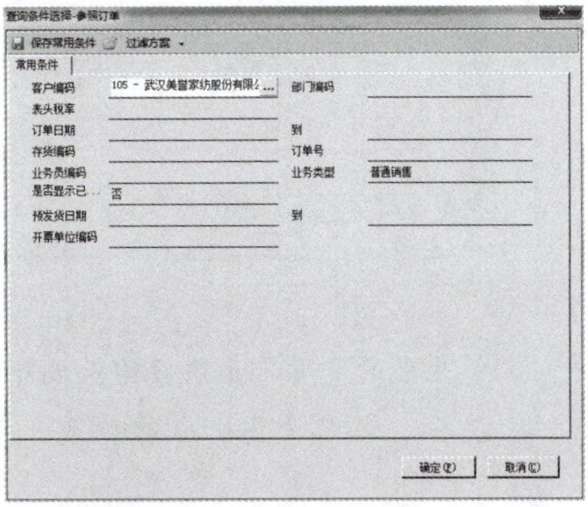

② 在"参照生单"对话框中，依次单击"全选""确定"按钮。

③ 在生成的专用发票界面，录入"发票号"为"10092348925"，在表体"仓库名称"栏选择"床上用品仓库"，单击"保存"按钮，最后单击"复核"按钮，如图8-8所示。

图8-7　参照订单生成销售发票——实训一

图 8-8　销售专用发票——实训一

❖ **特别提醒：**

◇ 在销售管理系统中销售必须存在对应的"发货单"，本例中的发货单未采取手工录入方式，而是通过复核参照生成销售发票，系统自动生成发货单。发票复核完成后，可通过执行"销售发货"|"发货单"命令查询发货单号为"0000000001"的发货单且单据已经审核完毕，如图8-9所示。

图8-9　销售发货单——实训一

◇ 生成的发货单无法弃审及删除，如有错误确需删除，则删除其生成的销售发票后，发货单自动删除。

◇ 销售专用发票中"仓库名称"一栏不能为空(直运销售业务除外)，否则系统提示错误，如图8-10所示。

图 8-10　录入仓库名称提示——实训一

(3) 在库存管理系统中生成"销售出库单"

① 以仓管人员"C01 陈晨"身份登录,修改"注册日期"为"2025年6月1日"。

② 执行"供应链"|"库存管理"|"出库业务"|"销售出库单"命令,打开"销售出库单"窗口,单击"生单"按钮,选择"销售生单"选项;在弹出的"查询条件选择"对话框中单击"确定"按钮。在"销售生单"对话框中单击"全选"按钮,选择相应销售信息,单击"确定"按钮。

③ 在"销售出库单"窗口中,依次单击"保存""审核"按钮,如图8-11所示。

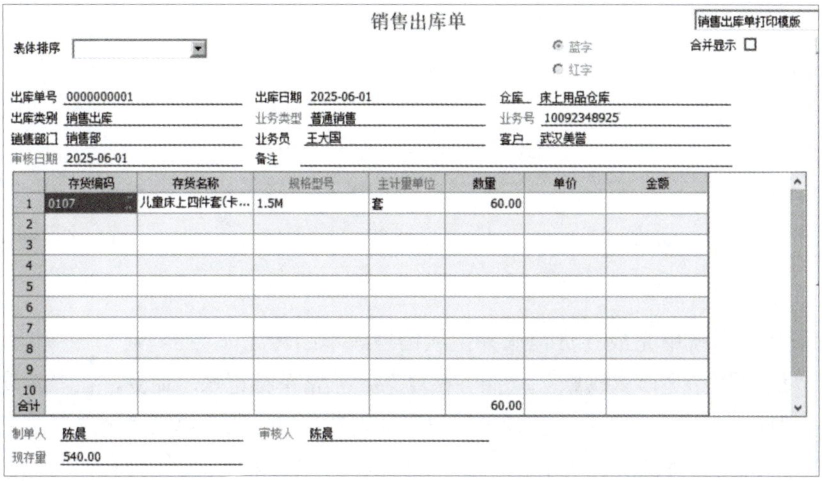

图 8-11　销售出库单——实训一

❖ **特别提醒:**

◇ 因为在生成销售专用发票时已选择过"仓库名称",故生成"销售出库单"时,此字段自动带入。

(4) 在应收款管理系统中审核专用发票并生成销售发票记账凭证

① 以会计人员"W02 张文华"身份登录,修改"注册日期"为"2025年6月1日"。

② 执行"财务会计"|"应收款管理"|"应收单据处理"|"应收单据审核"命令,在"应收单查询条件"对话框中单击"确定"按钮,在"应收单据列表"窗口中依次单击"全选""审核"按钮,对相应发票进行审核,弹出"本次审核成功单据[1]张"提示框。

③ 执行"制单处理"命令,在"制单查询"对话框中选择"发票制单"选项,单击"确定"按钮。

④ 在"销售发票制单"界面中单击"全选"按钮,选择"凭证类别"为"转账凭证",如图8-12所示。

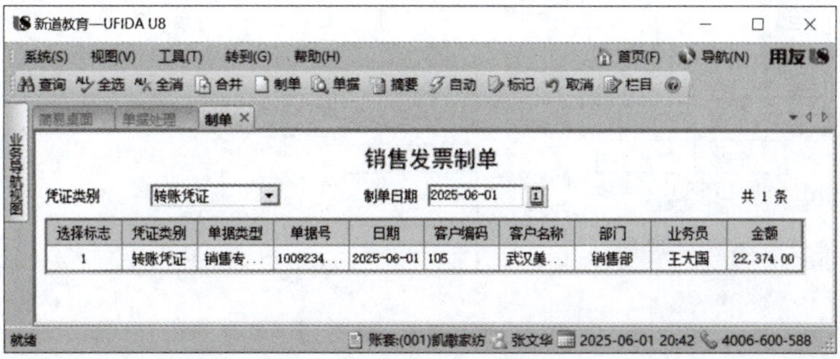

图 8-12　销售发票制单——实训一

⑤ 单击"制单"按钮，生成相应的记账凭证，单击"保存"按钮，如图8-13所示。

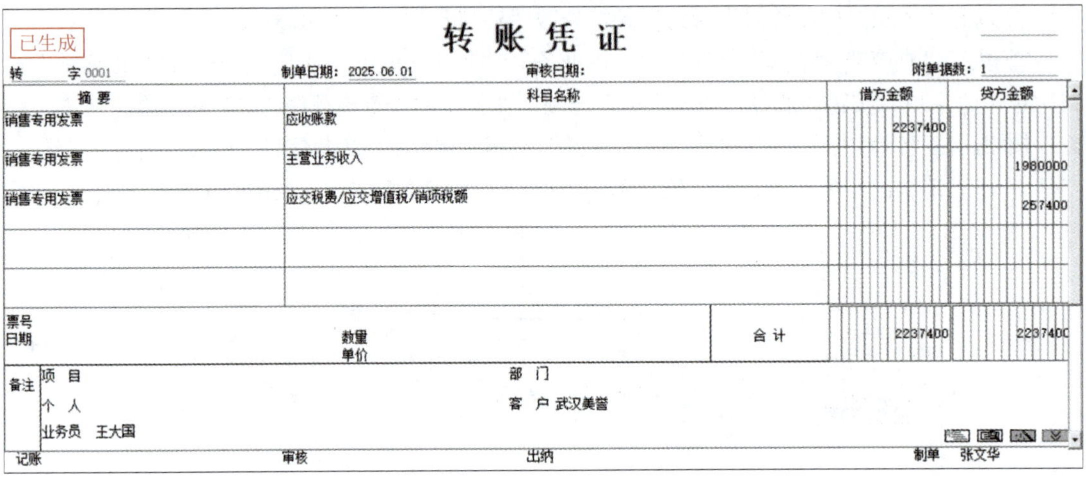

转 账 凭 证

已生成

转 字 0001　　　制单日期: 2025.06.01　　　审核日期:　　　　　　附单据数: 1

摘 要	科目名称	借方金额	贷方金额
销售专用发票	应收账款	2237400	
销售专用发票	主营业务收入		1980000
销售专用发票	应交税费/应交增值税/销项税额		257400
	合 计	2237400	2237400

票号 日期　　数量 单价

备注　项 目　　　部 门　　　客 户 武汉美誉
　　　个 人
　　　业务员 王大国

记账　　　审核　　　出纳　　　制单 张文华

图 8-13　生成凭证结果——实训一

(5) 在存货核算系统中完成存货记账并生成销售成本结转凭证

① 执行"供应链"|"存货核算"|"业务核算"|"正常单据记账"命令，在"查询条件选择"对话框中单击"确定"按钮，打开"正常单据记账列表"窗口，依次单击"全选""记账"按钮，对销售出库单进行记账，如图8-14所示。弹出"记账成功"提示框，单击"确定"按钮关闭。

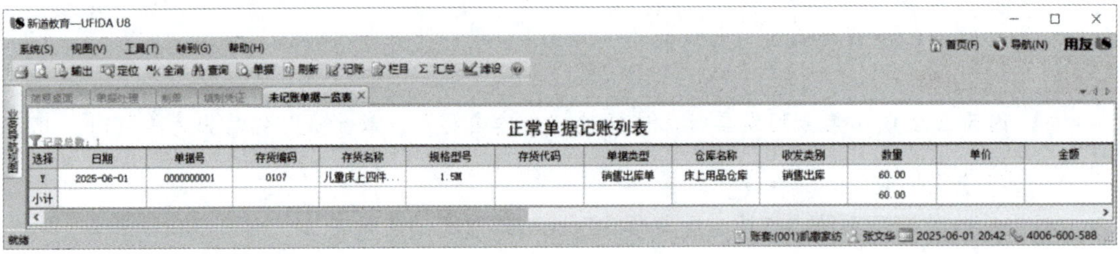

图 8-14　正常单据记账——实训一

② 执行"财务核算"|"生成凭证"命令，单击"选择"按钮，在打开的"查询条件"对话框中单击"全消"按钮，选中"(32)销售出库单"复选框，如图8-15所示，单击"确定"按钮。

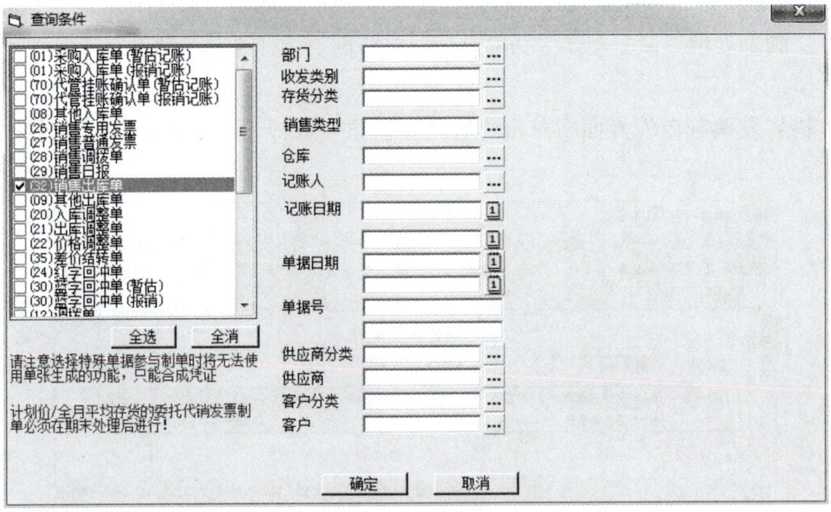

图 8-15　生成凭证查询条件——实训一

③ 在"未生成凭证单据一览表"窗口中，选择对应单据，单击"确定"按钮，如图8-16所示。

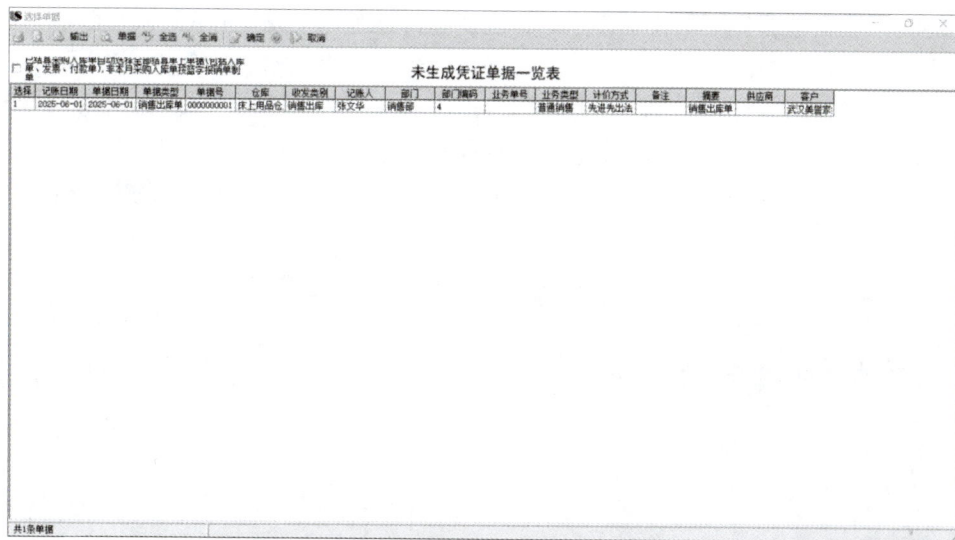

图 8-16　未生成凭证一览表——实训一

④ 在"生成凭证"界面中，选择"凭证类别"为"转账凭证"，如图8-17所示。

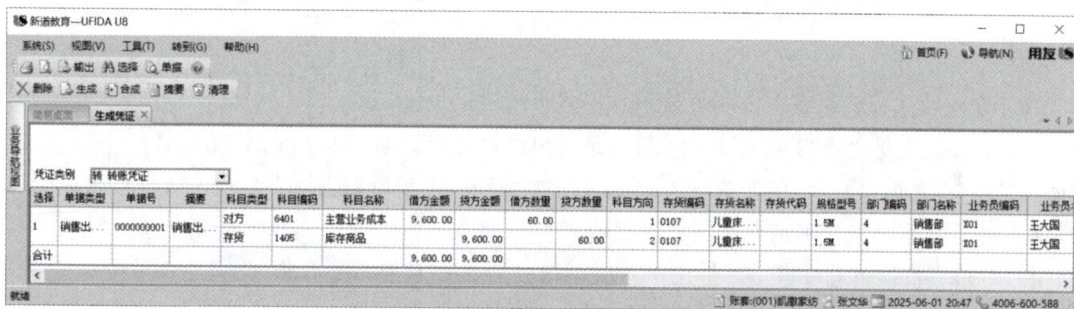

图 8-17　生成凭证——实训一

⑤ 单击"生成"按钮，生成相应的记账凭证，单击"保存"按钮，如图8-18所示。

图 8-18　生成凭证结果——实训一

(6) 在应收款管理系统中录入"收款单"

① 以出纳人员"W03 黄宁"身份登录，修改"注册日期"为"2025年6月3日"。

② 执行"财务会计"|"应收款管理"|"收款单据处理"|"收款单据录入"命令，在"收款单"界面中单击"增加"按钮，"客户"选择"105武汉美誉家纺股份有限公司"，"结算方式"选择"5 电汇"，"金额"录入"22 374.00"，"票据号"录入"1188907886"。"收款单"表头录入完毕后，单击"保存"按钮，如图8-19所示。

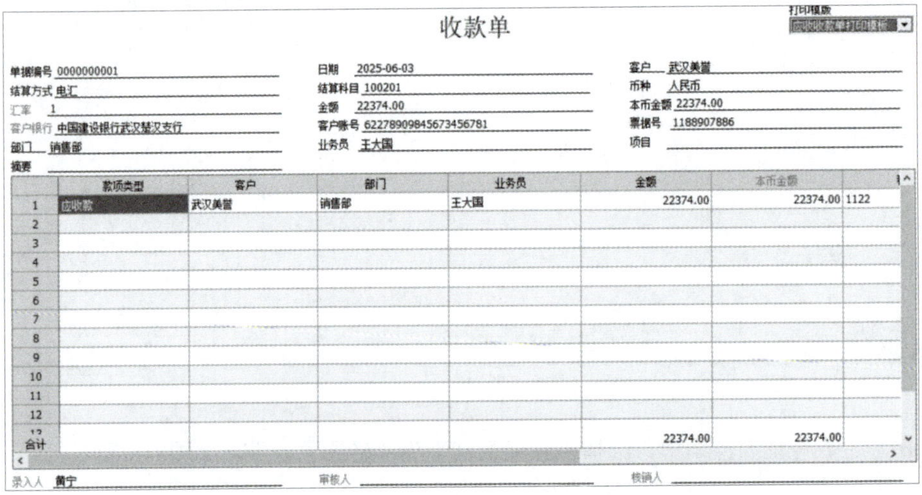

图 8-19 收款单——实训一

(7) 在应收款管理系统中审核收款单并生成收款单记账凭证

① 以会计人员"W02 张文华"身份登录，修改"注册日期"为"2025年6月3日"。

② 在应收款管理系统中，执行"收款单据处理"|"收款单据审核"命令，在"收款单查询条件"对话框中单击"确定"按钮；在"收付款单列表"窗口中，依次单击"全选""审核"按钮，对相应收款单进行审核，弹出"本次审核成功单据[1]张"提示框。

③ 执行"核销处理"|"手工核销"命令，"客户"选择"105武汉美誉家纺股份有限公司"，如图8-20所示。

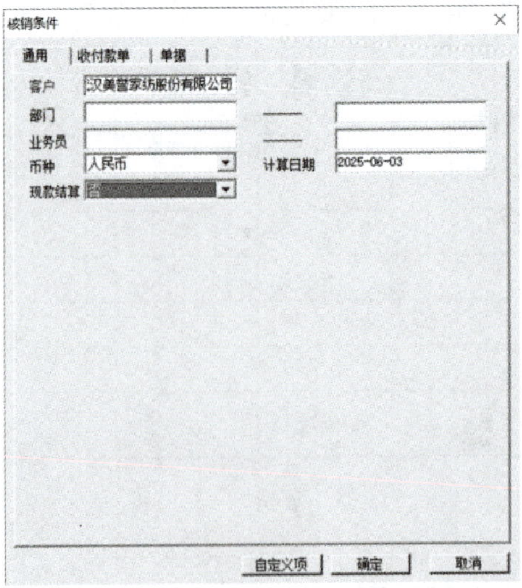

图 8-20 核销条件——实训一

④ 单击"确定"按钮，在"单据核销"界面中，参照第一行"收款单"的相应金额，在"销售发票"一行的本次结算中录入金额，如图8-21所示，单击"保存"按钮。

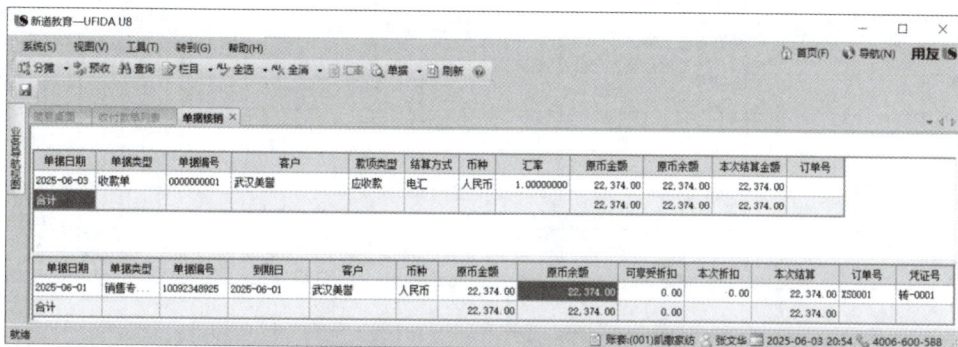

图 8-21 单据核销——实训一

⑤ 执行"制单处理"命令，在"制单查询"对话框中，选择"收付款单制单""核销制单"复选框，如图8-22所示，单击"确定"按钮。

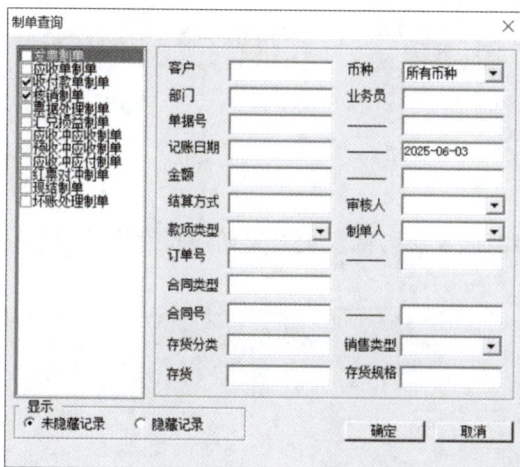

图 8-22 制单查询——实训一

⑥ 在"应收制单"界面中单击"合并"按钮，选择"凭证类别"为"收款凭证"，如图8-23所示。

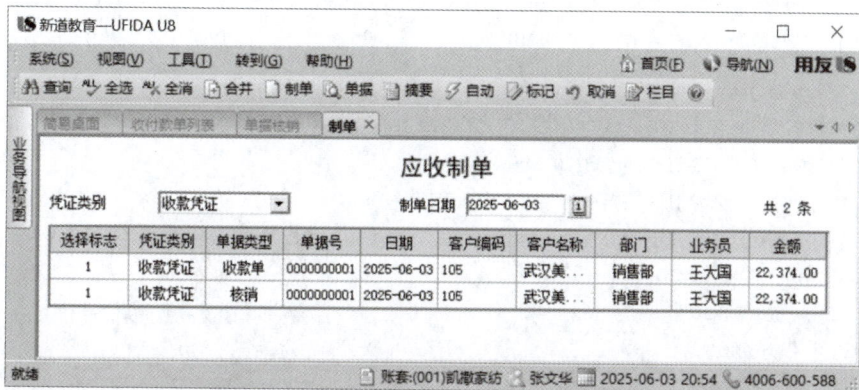

图 8-23 应收制单——实训一

⑦ 单击"制单"按钮，生成相应的记账凭证，单击"保存"按钮，如图8-24所示。

图 8-24　生成凭证结果——实训一

实训二　销售现结业务

实训任务

2025年6月6日，天津凯撒家纺与武汉美誉家纺股份有限公司签订销售协议。原始凭证如图8-25～图8-28所示。

购销合同

合同编号：XS0002

卖方：天津凯撒家纺股份有限公司

买方：武汉美誉家纺股份有限公司

为保护买卖双方的合法权益，根据《中华人民共和国民法典》的有关规定，买卖双方经友好协商，一致同意签订本合同并共同遵守。

一、货物的名称、数量及金额

货物名称	规格型号	计量单位	数量	单价(不含税)	金额(不含税)	税率	税额
床笠(秋天)	1.8M	件	110	180.00	19 800.00	13%	2 574.00
合　计					¥19 800.00		¥2 574.00

二、合同总金额：人民币贰万贰仟叁佰柒拾肆元整(¥22 374.00)。

三、收款时间：买方于签订合同当日(2025年6月6日)付款。

四、发货时间：卖方于签订合同当日向买方发出所有商品。

五、交货地点：天津凯撒家纺股份有限公司

六、发运方式：买方自提。

卖　方：天津凯撒家纺股份有限公司　　　　买　方：武汉美誉家纺股份有限公司

授权代表：王大金　　　　　　　　　　　　授权代表：周春梅

日　期：2025年6月6日　　　　　　　　　　日　期：2025年6月6日

图 8-25　购销合同——实训二

商品出库单

发出仓库：床上用品仓库　　　　　　　　　　2025 年 6 月 6 日

商品名称	型号	应收数量	实收数量	单价	核对结果	原因	处理结果
床笠(秋天)	1.8M	110.00	110.00		无误		
合计		110.00	110.00	提货单位	武汉美誉家纺股份有限公司		

部门经理：略　　　　　会计：略　　　　　仓库：略　　　　　制单人：略

图 8-26　商品出库单——实训二

天津市增值税专用发票

1207462569　　　　　　开票日期：2025 年 6 月 6 日　　　　　No　10092348926

购货单位	名　　称：	武汉美誉家纺股份有限公司				密码区	12008960+*2><618//*464 64161145641/*-+4164><6 *-46></--2310690/*-526 7812345/*980--><-9809>
	纳税人识别号：	10098978986767931					
	地址、电话：	武汉市武昌中路楚河汉街 027-89000987					
	开户行及账号：	中国建设银行湖北武汉楚汉支行62278909845673456781					

货物或应税劳务名称	规格型号	单位	数量	单价	金额	税率	税额
床笠(秋天)	1.8M	套	110.00	180.00	19 800.00	13%	2 574.00
合　计			110.00		￥19 800.00		￥2 574.00

价税合计（大写）	⊗ 贰万贰仟叁佰柒拾肆元整	￥22 374.00

销货单位	名　　称：	天津凯撒家纺股份有限公司	备注
	纳税人识别号：	120101355203023526	
	地址、电话：	天津市河西区珠江道86号 022-28285566	
	开户行及账号：	中国工商银行天津河西支行12001657901052500555	

收款人：略　　　　复核：略　　　　开票人：略　　　　销货单位：(章)

图 8-27　增值税专用发票——实训二

中国工商银行业务回单(收款)

日期：2025 年 6 月 6 日　　　　　NO.　1188907887

收款人	天津凯撒家纺股份有限公司	付款人	武汉美誉家纺股份有限公司
账号或地址	12001657901052500555	账号或地址	62278909845673456781
渠道	大额支付人行支付中心	付款人开户行	中国建设银行湖北武汉楚汉支行

汇款金额 人民币(大写)	贰万贰仟叁佰柒拾肆元整	千	百	十	万	千	百	十	元	角	分
				￥	2	2	3	7	4	0	0

摘要　　　　转账存款 (电汇)

备注：

收款人开户行签章

图 8-28　收款回单——实训二

任务解析

1. 背景知识

现收业务是指在销售货物的同时向客户收取货币资金的行为。在销售发票、销售调拨单和零售日报等销售结算单据中，可以直接处理现收业务并结算，销售现收业务处理流程与普通销售业务流程类似，现收业务处理流程如图8-29所示。

| 填制销售发票 (销售管理) | → | 现收处理 (销售管理) | → | 审核销售发票 (销售管理) | 现结制单 (应收款管理) | 借：银行存款 贷：应收账款 |

图 8-29 现收业务处理流程图

2. 岗位说明

以业务员X01身份完成销售管理系统业务处理；以业务员C01身份完成库存管理系统业务处理；以会计W02身份完成存货核算系统业务处理、完成应收款管理系统单据审核及制单处理。

实训指引

(1) 在销售管理系统中录入"销售订单"

① 以销售人员"X01 王大国"身份登录，修改"注册日期"为"2025年6月6日"。

② 在销售管理系统中，根据实验资料图8-25填制销售订单，如图8-30所示。

销售订单

	存货编码	存货名称	规格型号	主计量	数量	报价	含税单价	无税单价	无税金额	税额	价税合计	税率（%）	折扣额
1	0103	床笠（秋天）	1.8M	件	110.00	0.00	203.40	180.00	19800.00	2574.00	22374.00	13.00	0
2													
3													
4													
5													
6													
7													
8													
合计					110.00				19800.00	2574.00	22374.00		0

订单号 XS0002　订单日期 2025-06-06　业务类型 普通销售
销售类型 直接销售　客户简称 武汉美誉　付款条件
销售部门 销售部　业务员 王大国　税率 13.00
币种 人民币　汇率 1　备注

制单人 王大国　审核人 王大国　关闭人

图 8-30 销售订单——实训二

(6) 在销售管理系统中生成"销售发票"

在销售管理系统中，根据实验资料图8-27生成销售专用发票，单击"现结"按钮，在弹出的"现结"对话框中，根据实验资料图8-28录入"结算方式"为"电汇"，"原币金额"为"22 374.00"，"票据号"为"1188907887"，如图8-31所示。

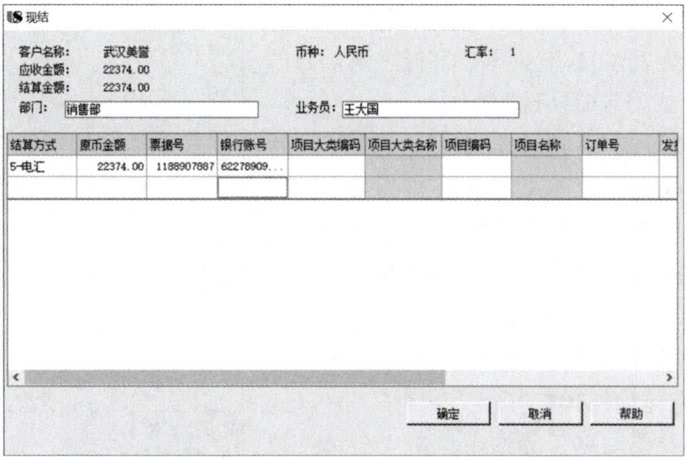

图 8-31　销售现结——实训二

③ 单击"确定"按钮，完成销售发票现收并复核，如图8-32所示。

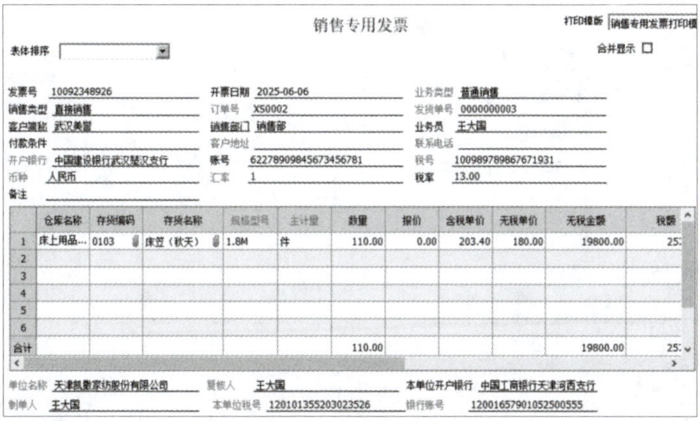

图 8-32　销售专用发票——实训二

❖ **特别提醒：**

◇ 单击"弃结"按钮可取消现结。

◇ "现结处理"在销售发票"保存"之后，发票"复核"之前。

◇ 已在应收款管理系统中审核的发票不能再做现结处理。

(3) 在库存管理系统中生成"销售出库单"

① 以仓管人员"C01 陈晨"身份登录，修改"注册日期"为"2025年6月6日"。

② 在库存管理系统中，根据实验资料图8-26生成销售出库单并审核，如图8-33所示。

(4) 在应收款管理系统中审核专用发票并生成销售发票

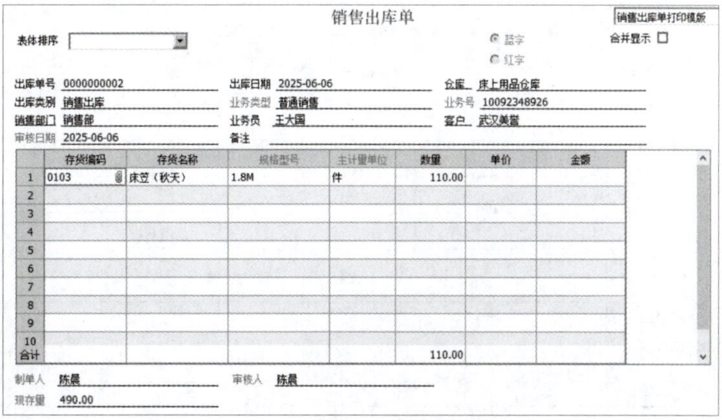

图 8-33　销售出库单——实训二

记账凭证

① 以会计人员"W02 张文华"身份登录，修改"注册日期"为"2025年6月6日"。

② 在应收款管理系统中，执行"应收款管理"|"应收单据处理"|"应收单据审核"命令，在"应收单查询条件"对话框中勾选"包含已现结发票"复选框，单击"确定"按钮，如图8-34所示。在"应收单据列表"窗口中，审核销售发票。

③ 执行"制单处理"命令，在"制单查询"对话框中选择"现结制单"选项，单击"确定"按钮。

④ 在"销售发票制单"界面中单击"全选"按钮，选择"凭证类别"为"收款凭证"，生成相应的记账凭证，如图8-35所示。

图 8-34　应收单查询条件——实训二

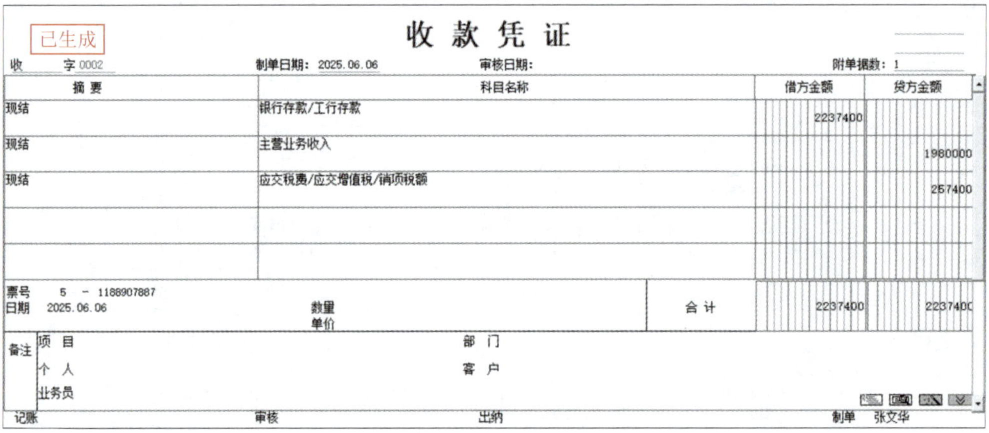

图 8-35　生成凭证结果——实训二

(5) 在存货核算系统中完成存货记账并生成销售成本结转记账凭证

① 在存货核算系统中，对销售出库单进行记账。

② 执行"财务核算"|"生成凭证"命令，单击"选择"按钮，在打开的"查询条件"对话框中，单击"全消"按钮，选中"(32)销售出库单"复选框，生成销售出库凭证，如图8-36所示。

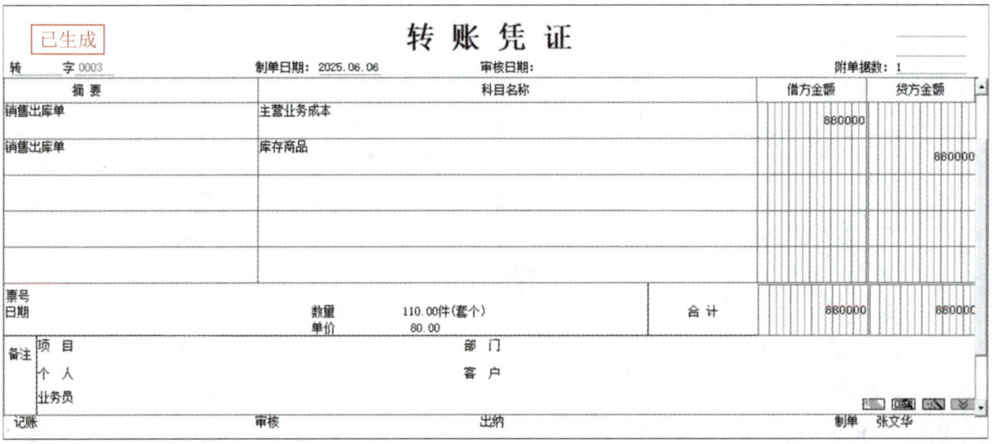

图 8-36　生成凭证结果——实训二

实训三 销售退货业务

实训任务

2025年6月8日，武汉美誉家纺股份有限公司因商品质量问题退回部分本月1日出售的儿童床上四件套(卡通)。当日办理退货并退还价税款及红字发票。原始凭证如图8-37～图8-39所示。

开具红字增值税专用发票申请单

填开日期：2025 年 6 月 8 日   NO. 10092348927

销售方	名 称	天津凯撒家纺股份有限公司	购买方	名 称	武汉美誉家纺股份有限公司		
	税务登记代码	120101355203023526		税务登记代码	100989789867671931		
开具红字专用发票内容	货物(劳务)名称	数量	单价	金额	税率	税额	
	儿童床上四件套(卡通)	6	330.00	1 980.00	13%	257.40	

说明	一、购买方申请☑ 对应蓝字专用发票抵扣增值税销项税额情况： 1. 已抵扣☑ 2. 未抵扣☐ (1) 无法认证☐ (2) 纳税人识别号认证不符☐ (3) 增值税专用发票代码、号码认证不符☐ (4) 所购货物不属于增值税扣税项目范围☐ 对应蓝字专用发票密码区内打印的代码：_____ 号码：_____ 二、销售方申请☐ (1) 因开票有误购买方拒收的☐ (2) 因开票有误等原因尚未交付的☐ 对应蓝字专用发票密码区内打印的代码：_____ 号码：_____ 开具红字专用发票理由：2025年6月1日，从天津凯撒家纺股份有限公司购入的儿童床上四件套(卡通)存在质量问题，要求退货。

申明：我单位提供的《申请单》内容真实，否则将承担相关法律责任。

申请方经办人：略   联系电话：略   申请方名称(印章)：_____

注：本申请单一式两联：第一联，申请方留存；第二联，申请方所属主管税务机关留存。

图 8-37 开具红字增值税发票申请单——实训三

商品出库单

发出仓库：床上用品仓库   2025 年 6 月 8 日

商品名称	型号	应收数量	实收数量	单价	核对结果	原因	处理结果
儿童床上四件套(卡通)	1.5M	-6.00	-6.00		无误		
合计		-6.00	-6.00	提货单位	武汉美誉家纺股份有限公司		

部门经理：略   会计：略   仓库：略   制单人：略

图 8-38 商品出库单——实训三

中国工商银行转账支票存根

支票号码：768905

科　　目：

对方科目：

签发日期：2025年6月8日

收款人：武汉美誉家纺股份有限公司

金　额：¥2 237.40

用　途：退货款

备　注：

单位主管：(略)　　　　会计：(略)

复　核：(略)　　　　记账：(略)

图8-39　转账支票存根——实训三

任务解析

1. 背景知识

销售退货是指客户因质量、品种、数量不符合规定要求而将已购货物退回。销售退货业务的一般处理流程如图8-40所示。

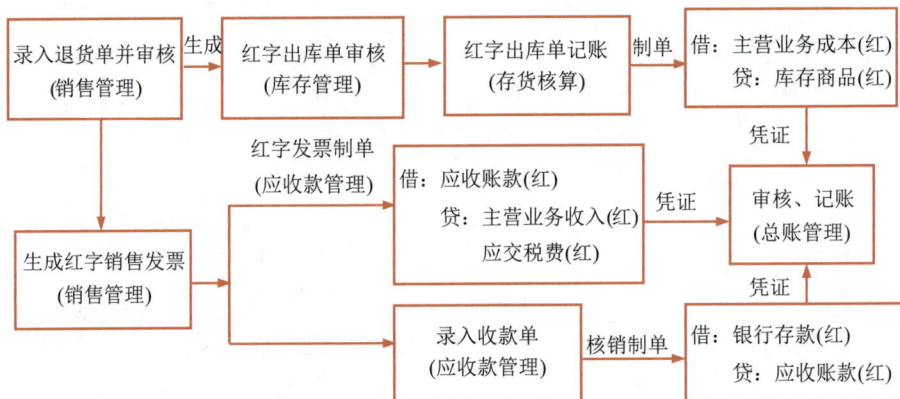

图8-40　销售退货业务处理流程图

2. 岗位说明

以业务员X01身份完成销售管理系统业务处理；以业务员C01身份完成库存管理系统业务处理；以会计W02身份完成存货核算系统业务处理、完成应收款管理系统单据审核及制单处理。

实训指引

(1) 在销售管理系统中根据原销售订单生成"销售退货单"

① 以销售人员"X01 王大国"身份登录，修改"注册日期"为"2025年6月8日"。

② 在销售管理系统中，执行"销售发货"|"退货单"命令，单击"增加"按钮，在弹出的"查询条件选择-参照订单"对话框中单击"确定"按钮。在"参照生单"对话框中选择相应需要退货的销售订单信息，如图8-41所示，单击"确定"按钮。

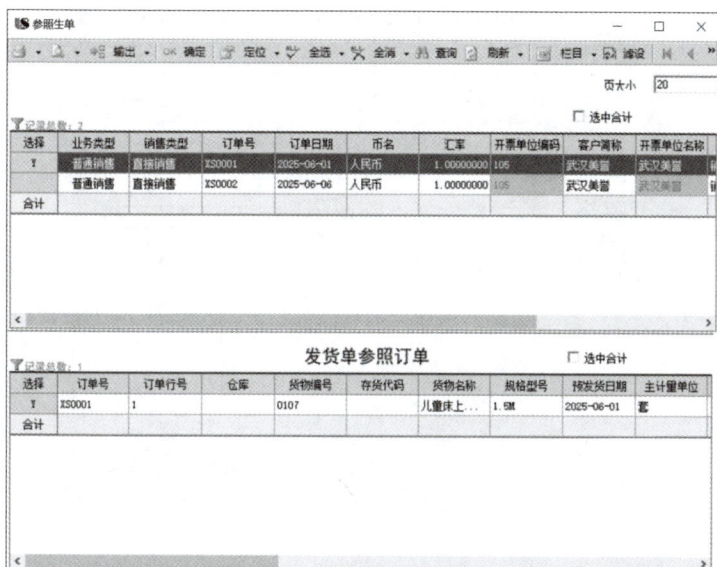

图 8-41　参照生单——实训三

③ 在"销售退货单"窗口，选择表体中"仓库名称"为"01 床上用品仓库"，修改"退货数量"为"-6"，依次单击"保存""审核"按钮，如图8-42所示。

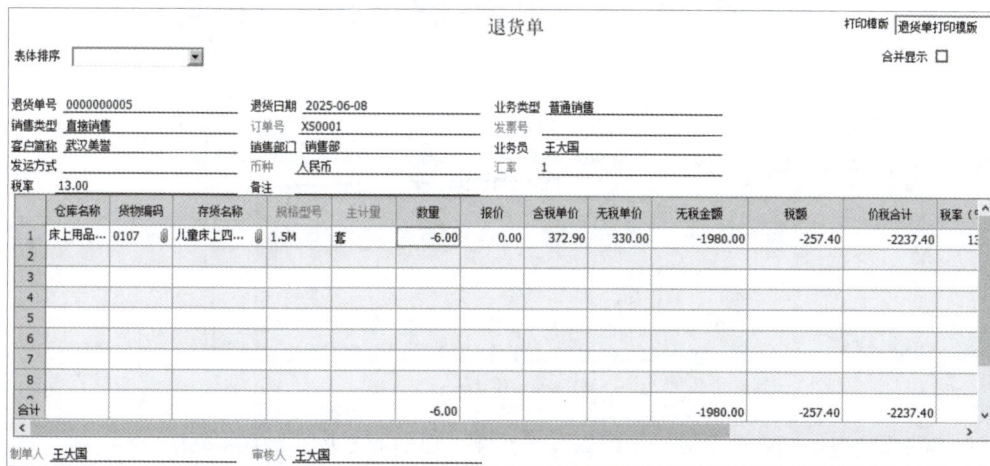

图 8-42　销售退货单——实训三

❖ **特别提醒：**

◇　由于本例开具红字发票与退货处理在同一天完成，故也可以采用直接录入"红字销售专用发票"，自动生成"退货单"的处理方式。

(2) 在销售管理系统中生成"红字销售发票"

① 在销售管理系统中，执行"销售开票"|"红字专用销售发票"命令，关闭弹出的"查询条件选择-参照订单"对话框，返回"红字销售专用发票"界面；单击"生单"按钮，选择"发货单"选项，在弹出的"查询条件选择-发货参照发货单"对话框中选择"发货单类型"为"红字记录"，如图8-43所示；单击"确定"按钮，弹出"参照生单"窗口。

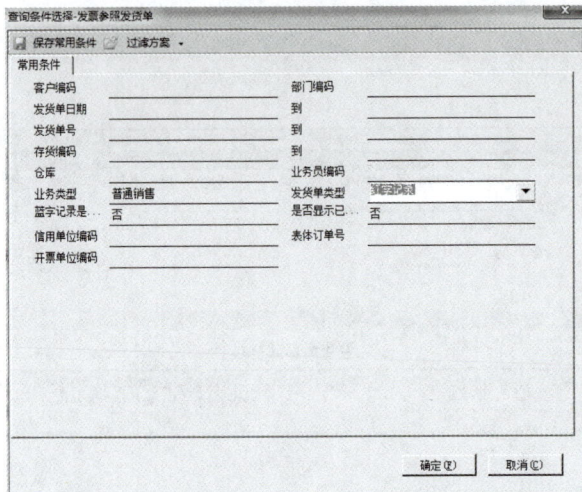

图8-43　查询条件选择(参照发货单)——实训三

② 在"参照生单"窗口中依次单击"全选""确定"按钮，选中相应退货记录，如图8-44所示。

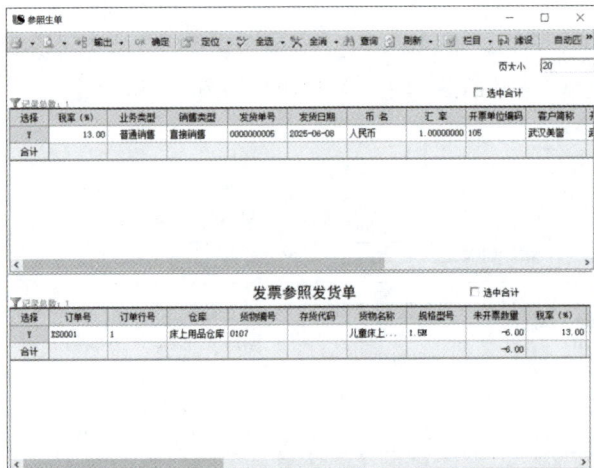

图 8-44　参照生单——实训三

③ 根据实验资料图8-37生成红字销售专用发票、现结并复核，如图8-45所示。

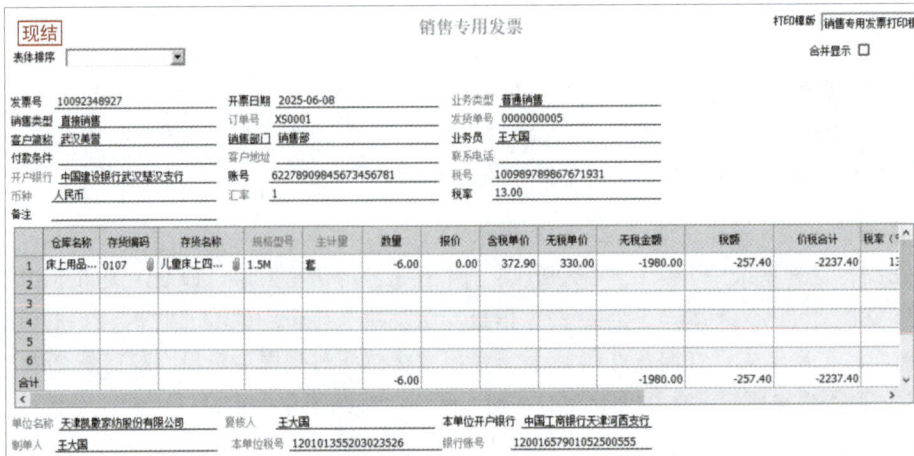

图8-45　销售专用发票(红字)——实训三

(3) 在库存管理系统中生成“红字销售出库单”

① 以仓管人员“C01 陈晨”身份登录，修改“注册日期”为“2025年6月8日”。

② 在库存管理系统中，根据实验资料图8-38生成红字销售出库单并审核，如图8-46所示。

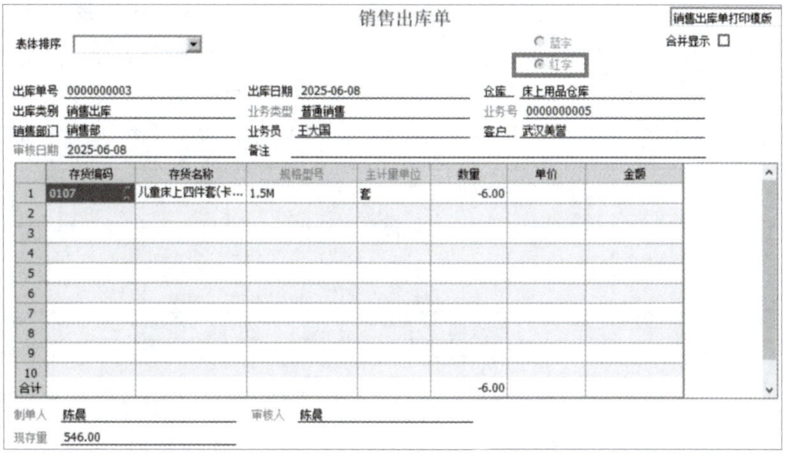
销售出库单

销售出库单打印模版

表体排序

○ 蓝字　◉ 红字　合并显示 □

出库单号	0000000003	出库日期	2025-06-08	仓库	床上用品仓库
出库类别	销售出库	业务类型	普通销售	业务号	0000000005
销售部门	销售部	业务员	王大国	客户	武汉美誉
审核日期	2025-06-08	备注			

	存货编码	存货名称	规格型号	主计量单位	数量	单价	金额
1	0107	儿童床上四件套(卡…	1.5M	套	-6.00		
2							
3							
4							
5							
6							
7							
8							
9							
10							
合计					-6.00		

制单人 陈晨　审核人 陈晨

现存量 546.00

图8-46　销售出库单(红字)——实训三

(4) 在应收款管理系统中审核红字专用发票并生成红字销售发票记账凭证

① 以会计人员“W02 张文华”身份登录，修改“注册日期”为“2025年6月8日”。

② 在应收款管理系统中，审核红字销售专用发票，注意选择“包含现结发票”。

③ 执行“制单处理”命令，选择“现结制单”选项，生成红字销售发票记账凭证，如图8-47所示。

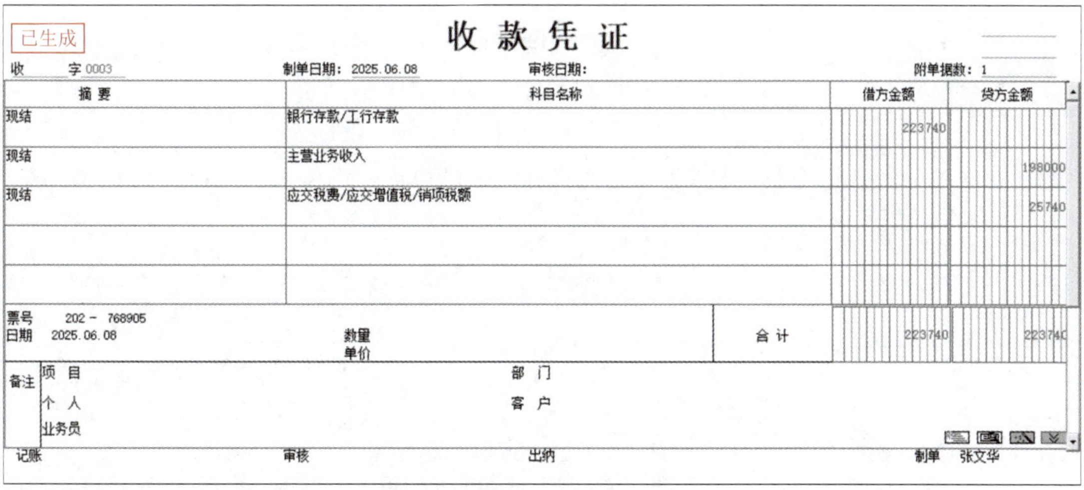
已生成

收 款 凭 证

收　字 0003　制单日期：2025.06.08　审核日期：　附单据数：1

摘要	科目名称	借方金额	贷方金额
现结	银行存款/工行存款	223740	
现结	主营业务收入		198000
现结	应交税费/应交增值税/销项税额		25740
票号 202 - 768905 日期 2025.06.08	数量 单价　合计	223740	223740

备注　项目　部门

个人　客户

业务员

记账　审核　出纳　制单 张文华

图 8-47　生成凭证结果——实训三

(5) 在存货核算系统中完成存货记账并生成冲减销售成本结转记账凭证

① 在存货核算系统中，对红字销售出库单进行记账。

② 执行“财务核算”|“生成凭证”命令，单击“选择”按钮，在打开的“查询条件”对话框中，单击“全消”按钮，选中“(32)销售出库单”复选框，生成红字销售出库单记账凭证，单击“保存”按钮，如图8-48所示。

已生成

转 账 凭 证

转 字 0004　　制单日期：2025.06.08　　审核日期：　　附单据数：1

摘 要	科目名称	借方金额	贷方金额
销售出库单	主营业务成本	96000	
销售出库单	库存商品		96000
票号 日期	数量 单价　　合 计	96000	96000

备注　项 目　　部 门
　　　个 人　　客 户
　　　业务员

记账　审核　出纳　制单 张文华

图 8-48　生成凭证结果——实训三

实训四　销售折让业务

实训任务

2025年6月9日，天津凯撒家纺股份有限公司向上海美华日用品百货有限公司销售商品。原始凭证如图8-49～图8-52所示。

购 销 合 同

合同编号：XS0003

卖方：天津凯撒家纺股份有限公司

买方：上海美华日用品百货有限公司

为保护买卖双方的合法权益，买卖双方根据《中华人民共和国民法典》的有关规定，经友好协商，一致同意签订本合同并共同遵守。

一、货物的名称、数量及金额

货物名称	规格型号	计量单位	数量	单 价 (不含税)	金 额 (不含税)	税率	税额
被芯(泰国产)	1.8M	件	320	400.00	128 000.00	13%	16 640.00
合 计					¥128 000.00		¥16 640.00

二、合同总金额：人民币壹拾肆万肆仟陆佰肆拾元整(¥144 640.00)。

三、收款时间：合同签订当日收到买方预付定金叁万元整(¥30 000.00)，买方于本月底(6月30日)前支付全部货款。

四、发货时间：卖方于签订合同当日发出全部商品。

五、10月10日前买方可以因商品质量问题退货。

六、发运方式：买方自提。

卖　　方：天津凯撒家纺股份有限公司　　买　　方：上海美华日用品百货有限公司

授权代表：王大国　　授权代表：翁庆新

日　　期：2025年6月9日　　日　　期：2025年6月9日

图 8-49　购销合同——实训四

中国工商银行业务回单 (收款)

日期: 2025 年 6 月 9 日　　　　　　NO. 1188907888

收款人	天津凯撒家纺股份有限公司	付款人	上海美华日用品百货有限公司
账号或地址	12001657901052500555	账号或地址	6227890987656 7890451
渠道	大额支付人行支付中心	付款人开户行	中国建设银行上海浦东天苑支行

汇款金额 人民币(大写)	叁万元整		千	百	十	万	千	百	十	元	角	分
					¥	3	0	0	0	0	0	0

摘要

备注: 定金　　　　　　　　转账存款 (电汇)

收款人开户行签章

图 8-50　收款回单——实训四

商品出库单

发出仓库: 床上用品仓库　　　　　2025 年 6 月 10 日

商品名称	型号	应收数量	实收数量	单价	核对结果	原因	处理结果
被芯(泰国产)	1.8M	320.00	320.00		无误		
合计		320.00	320.00	提货单位	上海美华日用品百货有限公司		

部门经理: 略　　　　会计: 略　　　　仓库: 略　　　　制单人: 略

图 8-51　商品出库单——实训四

天津市增值税专用发票

1207462569　　　　开票日期: 2025 年 6 月 10 日　　　　No 10092348928

购货单位	名 称:	上海美华日用品百货有限公司	密码区	12008960+*2><618//*464
	纳税人识别号:	310102786546645865		64161145641/*-+4164><6
	地址、电话:	上海市澳门路168号海天大厦一楼 021-890098786		*-46></--2310690/*-526
	开户行及账号:	中国建设银行上海浦东天苑支行6227890987656 7890451		7812345/*980-->< -9809>

货物或应税劳务名称	规格型号	单位	数量	单价	金额	税率	税额
被芯(泰国产)	1.8M	件	320.00	400.00	128 000.00	13%	16 640.00
合　计			320.00		¥128 000.00		¥16 640.00

价税合计 (大写)	⊗ 壹拾肆万肆仟陆佰肆拾元整	(小写) ¥144 640.00

销货单位	名 称:	天津凯撒家纺股份有限公司	备注	
	纳税人识别号:	120101355203023526		
	地址、电话:	天津市河西区珠江道86号 022-28285566		
	开户行及账号:	中国工商银行天津河西支行12001657901052500555		

收款人: 略　　　复核: 略　　　开票人: 略　　　销货单位: (章)

第一联: 记账联、销货方记账凭证

图 8-52　增值税专用发票——实训四

　　2025年6月12日, 本月9日销售给上海美华日用品百货有限公司的商品中有部分存在瑕疵。经双方公司协商, 我公司给予对方10%的现金折让, 其余款项于当日收到。原始凭证如图8-53、图8-54所示。

开具红字增值税专用发票申请单

填开日期：2025年6月12日　　　　NO.10092348929

<table>
<tr><td rowspan="2">销售方</td><td>名　称</td><td colspan="2">天津凯撒家纺股份有限公司</td><td rowspan="2">购买方</td><td>名　称</td><td colspan="2">上海美华日用品百货有限公司</td></tr>
<tr><td>税务登记代码</td><td colspan="2">120101355203023526</td><td>税务登记代码</td><td colspan="2">310102786546645865</td></tr>
<tr><td rowspan="2">开具红字专用发票内容</td><td>货物(劳务)名称</td><td>数量</td><td>单价</td><td>金额</td><td>税率</td><td>税额</td></tr>
<tr><td>被芯(泰国产)</td><td></td><td></td><td>12 800.00</td><td>13%</td><td>1 664.00</td></tr>
<tr><td>说明</td><td colspan="7">一、购买方申请□
对应蓝字专用发票抵扣增值税销项税额情况：
1. 已抵扣□
2. 未抵扣□
(1) 无法认证□
(2) 纳税人识别号认证不符□
(3) 增值税专用发票代码、号码认证不符□
(4) 所购货物不属于增值税扣税项目范围□
对应蓝字专用发票密码区内打印的代码：________
号码：________
二、销售方申请☑
(1) 因开票有误购买方拒收的□
(2) 因开票有误等原因尚未交付的□
对应蓝字专用发票密码区内打印的代码：________
号码：________
开具红字专用发票理由：2025年6月9日，销售商品存在质量问题，写上给予上海美华日用品百货有限公司货款总金额(不含税)10%折扣。</td></tr>
</table>

天津凯撒家纺股份有限公司 120101355203023526 发票专用章

申明：我单位提供的《申请单》内容真实，否则将承担相关法律责任。

申请方经办人：略　　联系电话：略　　申请方名称(印章)：________

注：本申请单一式两联：第一联，申请方留存；第二联，申请方所属主管税务机关留存。

图 8-53　开具红字增值税发票申请单——实训四

中国工商银行业务回单 (收款)

日期：2025 年 6 月 12 日　　　　NO.　1188907889

<table>
<tr><td>收款人</td><td colspan="2">天津凯撒家纺股份有限公司</td><td>付款人</td><td colspan="10">上海美华日用品百货有限公司</td></tr>
<tr><td>账号或地址</td><td colspan="2">12001657901052500555</td><td>账号或地址</td><td colspan="10">62278909876567890451</td></tr>
<tr><td>渠道</td><td colspan="2">大额支付人行支付中心</td><td>付款人开户行</td><td colspan="10">中国建设银行上海浦东天苑支行</td></tr>
<tr><td rowspan="2">汇款金额
人民币(大写)</td><td colspan="3" rowspan="2">壹拾万零壹佰柒拾陆元整</td><td>千</td><td>百</td><td>十</td><td>万</td><td>千</td><td>百</td><td>十</td><td>元</td><td>角</td><td>分</td></tr>
<tr><td></td><td>¥</td><td>1</td><td>0</td><td>0</td><td>1</td><td>7</td><td>6</td><td>0</td><td>0</td></tr>
<tr><td colspan="2" rowspan="2">中国工商银行股份有限公司 102110022232 回单专用章
收款人开户行签章</td><td colspan="2">摘要</td><td colspan="10">转账存款 (电汇)</td></tr>
<tr><td colspan="12">备注：</td></tr>
</table>

图 8-54　收款回单——实训四

任务解析

1. 背景知识

销售折让是指企业将商品销售给对方后，如买方发现商品在质量、规格等方面不符合要求，可能要求卖方在价格上给予一定的减让。

2. 岗位说明

以业务员X01身份完成销售管理系统业务处理；以业务员C01身份完成库存管理系统业务处理；以出纳W03身份完成收款单填制；以会计W02身份完成存货核算系统业务处理，完成应收款管理系统单据审核、转账、核销及制单处理。

实训指引

(1) 在销售管理系统中录入"销售订单"

① 以销售人员"X01 王大国"身份登录，修改"注册日期"为"2025年6月9日"。

② 在销售管理系统中，根据实验资料图8-49填制销售订单，如图8-55所示。

销售订单

	存货编码	存货名称	规格型号	主计量	数量	报价	含税单价	无税单价	无税金额	税额	价税合计	税率（%）	折扣额
1	0105	被芯(泰国产)	1.8M	件	320.00	0.00	452.00	400.00	128000.00	16640.00	144640.00	13.00	0
2													
3													
4													
5													
6													
7													
8													
合计					320.00				128000.00	16640.00	144640.00		0

订单号 XS0003　　订单日期 2025-06-09　　业务类型 普通销售
销售类型 直接销售　　客户简称 上海美华　　付款条件
销售部门 销售部　　业务员 王大国　　税率 13.00
币种 人民币　　汇率 1　　备注

制单人 王大国　　审核人 王大国　　关闭人

图 8-55　销售订单——实训四

(2) 在应收款管理系统中填制及审核"收款单"并生成预收款记账凭证

① 以出纳人员"W03 黄宁"身份登录，修改"注册日期"为"2025年6月9日"。

② 在应收款管理中，根据实验资料图8-50填制收款单(预收定金)，注意修改表体中的"款项类型"为"预收款"，如图8-56所示。

收款单

单据编号 0000000003　　　日期 2025-06-09　　　客户 上海美华
结算方式 电汇　　　结算科目 100201　　　币种 人民币
汇率 1　　　金额 30000.00　　　本币金额 30000.00
客户银行 中国建设银行上海浦东天苑支行　客户账号 62278909876567890451　票据号 1188907888
部门 销售部　　　业务员 王大国　　　项目
摘要

	款项类型	客户	部门	业务员	金额	本币金额	
1	预收款	上海美华	销售部	王大国	30000.00	30000.00	220302
2							
3							
4							
5							
6							
7							
8							
9							
10							
11							
12							
合计					30000.00	30000.00	

录入人 黄宁　　　审核人　　　核销人

图 8-56　销售发货单——实训四

③ 以会计人员"W02 张文华"身份登录,修改"注册日期"为"2025年6月9日"。

④ 在应收款管理系统中,审核收款单并生成收款单记账凭证,如图8-57所示。

收款凭证

已生成　　收 字 0004　　制单日期: 2025.06.09　　审核日期:　　附单据数: 1

摘要	科目名称	借方金额	贷方金额
收款单	银行存款/工行存款	3000000	
收款单	预收账款/一般预收款		3000000

票号 5 - 1188907888
日期 2025.06.09　　数量　单价　　合计 3000000　3000000
备注 项目　　部门
个人　　客户
业务员
记账　　审核　　出纳　　制单 张文华

图 8-57　生成凭证结果——实训四

(3) 在销售管理系统中生成"销售发票"

① 以销售人员"X01 王大国"身份登录,修改"注册日期"为"2025年6月10日"。

② 在销售管理系统中,根据实验资料图8-52生成销售专用发票并复核,如图8-58所示。

(4) 在库存管理系统中生成"销售出库单"

① 以仓管人员"C01 陈晨"身份登录,修改"注册日期"为"2025年6月10日"。

② 在库存管理系统中,根据实验资料图8-51生成销售出库单并审核,如图8-59所示。

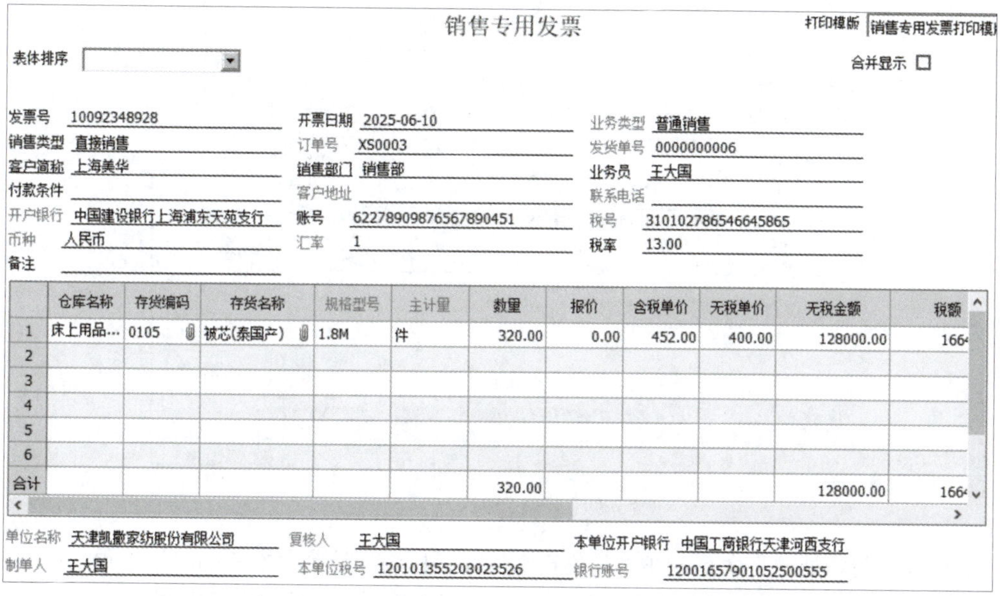

图 8-58 销售专用发票——实训四

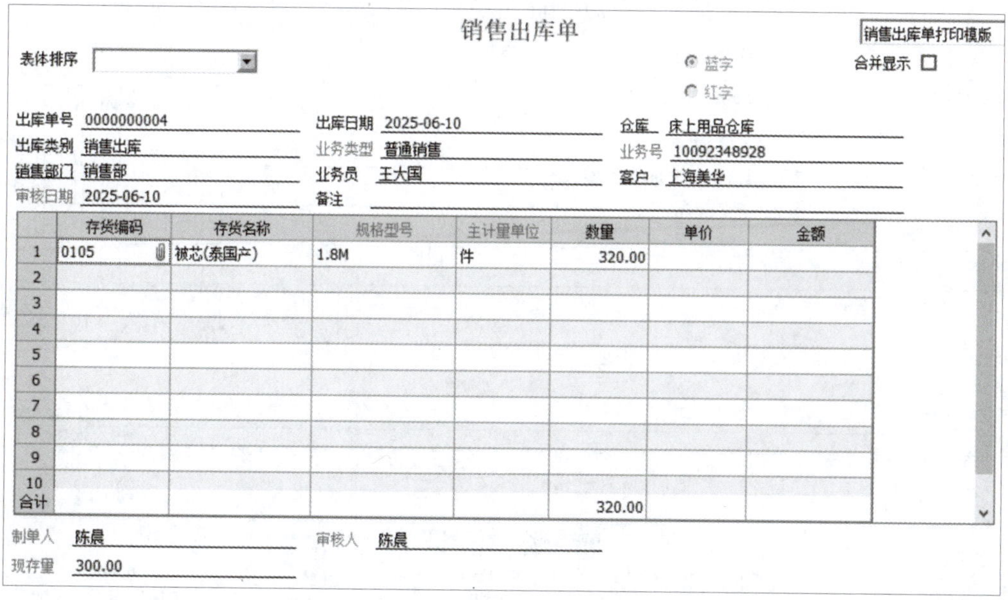

图 8-59 销售出库单——实训四

(5) 在应收款管理系统中审核专用发票、转账处理并生成相关记账凭证

① 以会计人员"W02 张文华"身份登录,修改"注册日期"为"2025年6月10日"。

② 在应收款管理系统中,审核销售发票。

③ 执行"转账"|"预收冲应收"命令,打开"预收冲应收"对话框,在"预收款"选项卡中选择"客户"为"102上海美华日用品百货有限公司",此时"应收款"选项卡中的"客户"栏自动填入"102上海美华日用品百货有限公司";在两个选项卡中分别单击"过滤"按钮,并在需要冲销记录的"转账金额"栏录入"30 000.00",如图8-60所示;单击"确定"按钮,弹出"是否立即制单"提示框,单击"否"按钮。

247

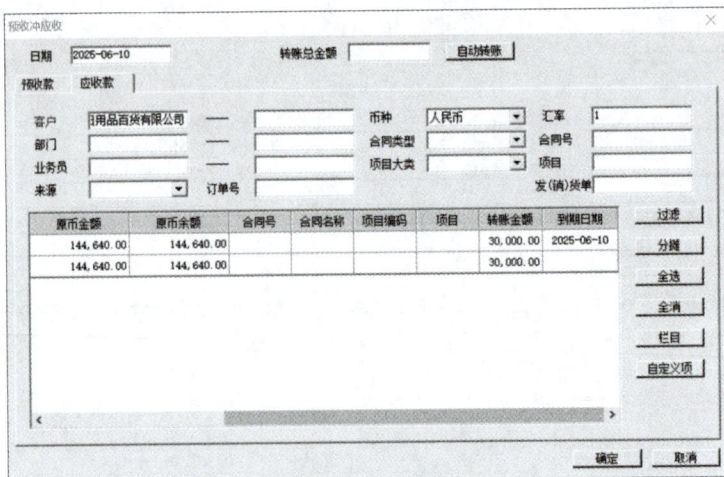

图8-60 预收冲应收——实训四

④ 执行"制单处理"命令,在"制单查询"对话框中,选择"发票制单""预收冲应收制单"复框选,生成销售发票记账凭证、预收冲应收记账凭证,如图8-61、图8-62所示。

图8-61 生成凭证结果(销售发票)——实训四

图8-62 生成凭证结果(预收冲应收)——实训四

（6）在存货核算系统中完成存货记账并生成销售成本结转记账凭证

① 在存货核算系统中，对销售出库单进行记账。

② 执行"财务核算"|"生成凭证"命令，单击"选择"按钮，在打开的"查询条件"对话框中，单击"全消"按钮，选中"(32)销售出库单"复选框，生成销售出库记账凭证，如图8-63所示。

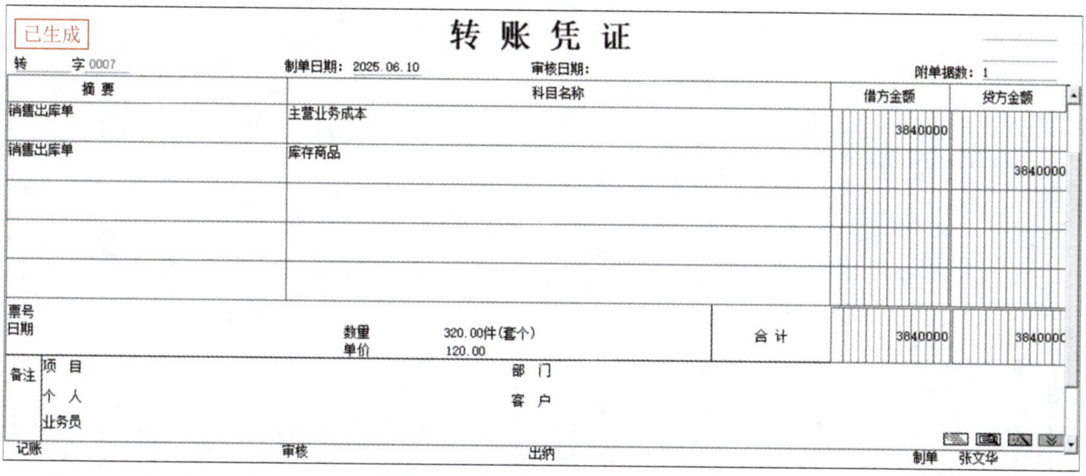

图 8-63　生成凭证结果——实训四

（7）在销售管理系统中填制"红字销售发票"

① 以销售人员"X01王大国"身份登录，修改"注册日期"为"2025年6月12日"。

② 在销售管理系统中，根据实验资料图8-53填制红字销售发票并审核，注意在表体中选择"退补"标志，如图8-64所示。

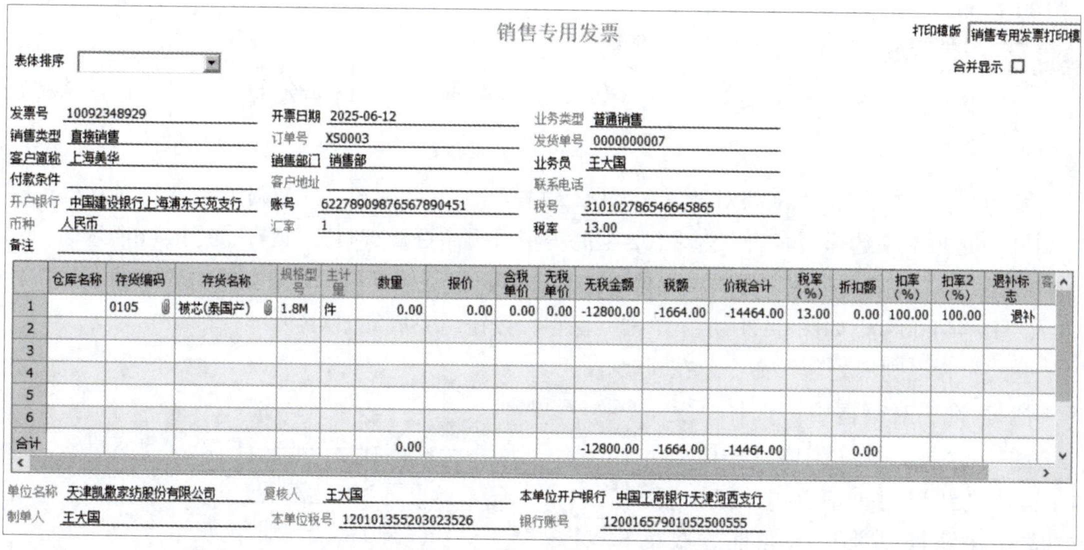

图 8-64　红字销售专用发票——实训四

❖ **特别提醒：**

◇　之所以标注"退补"标志是因为属于"退补"标志的销售发票不生成销售出库单，各销售报表只统计退补发票的金额，不统计数量。

(8) 在应收款管理系统中填制收款单、审核红字发票、转账、核销并生成相应记账凭证

① 以出纳人员"W03 黄宁"身份登录，修改"注册日期"为"2025年6月12日"。

② 在应收款管理中，根据实验资料图8-54填制收款单，如图8-65所示。

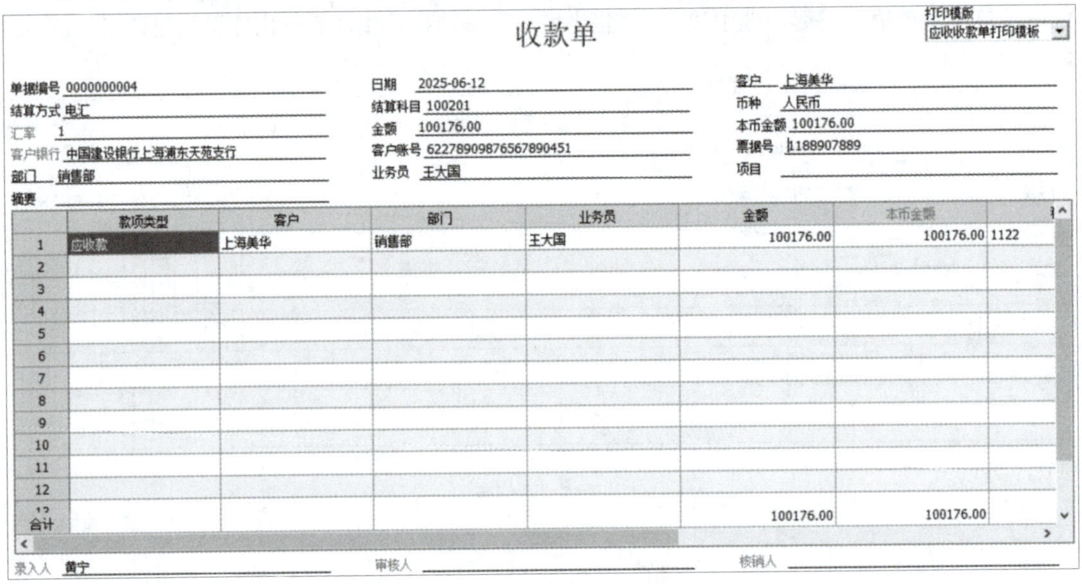

图 8-65　收款单——实训四

③ 以会计人员"W02 张文华"身份登录，修改"注册日期"为"2025年6月12日"。

④ 在应收款管理中，审核红字销售发票及收款单。

⑤ 执行"核销处理"|"手工核销"命令，完成应收款核销，注意"本次核销"录入"100 176.00"。

❖ 特别提醒：

◇ 核销后，销售专用发票尚有未核销"原币余额"为"14 464.00"该余额为销售折让金额。

⑥ 执行"转账"|"红票对冲"|"手工对冲"命令，打开"红票对冲条件"对话框，在"通用"选项卡中选择"客户"为"102-上海美华日用品百货有限公司"，如图8-66所示。

⑦ 单击"确定"按钮，进入"红票对冲"窗口，在销售专用发票所在行的"对冲金额"栏录入"14 464.00"，如图8-67所示，单击"保存"按钮，完成红票对冲。

⑧ 执行"制单处理"命令，在"制单查询"对话框中，选择"发票制单""收付款单制单""核销制单""红票对冲制单"选项，生成红字销售发票记账凭证、收款单记账凭证，注意"收付款单制单""核销制单""红票对冲制单"三项合并制单，如图8-68、图8-69所示。

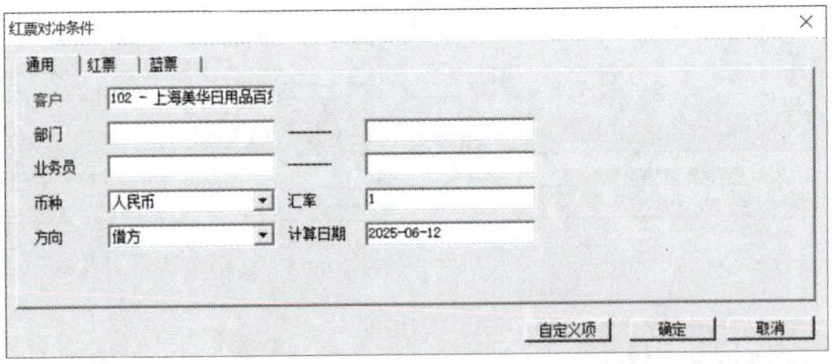

图 8-66　红票对冲条件——实训四

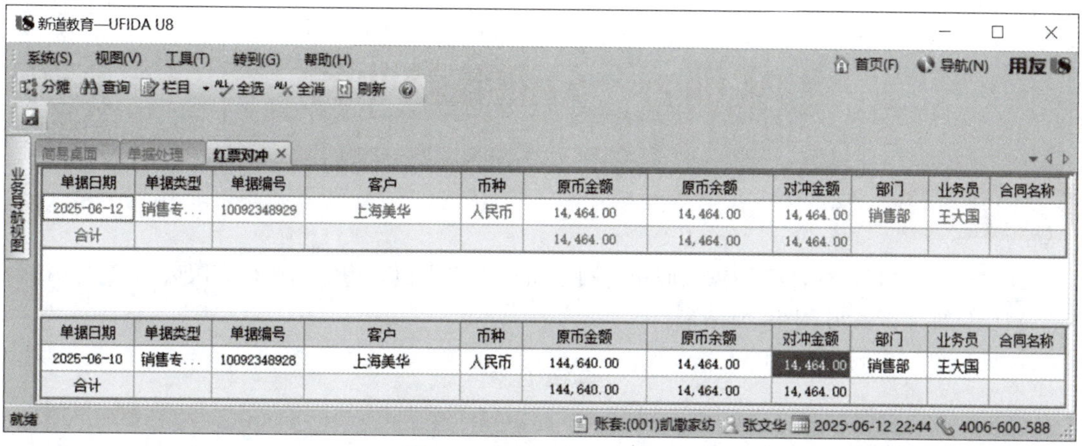

图 8-67 红票对冲——实训四

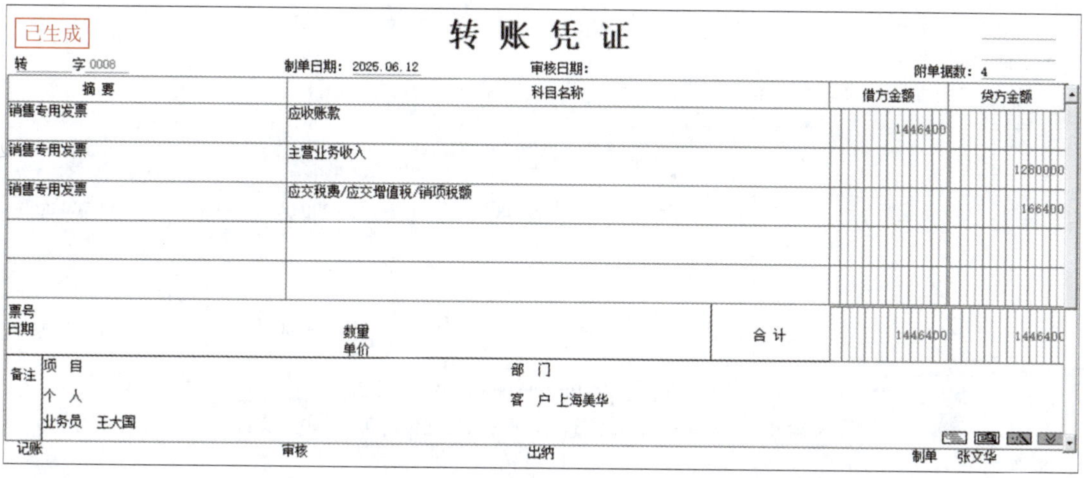

图8-68 生成凭证结果(红字销售发票)——实训四

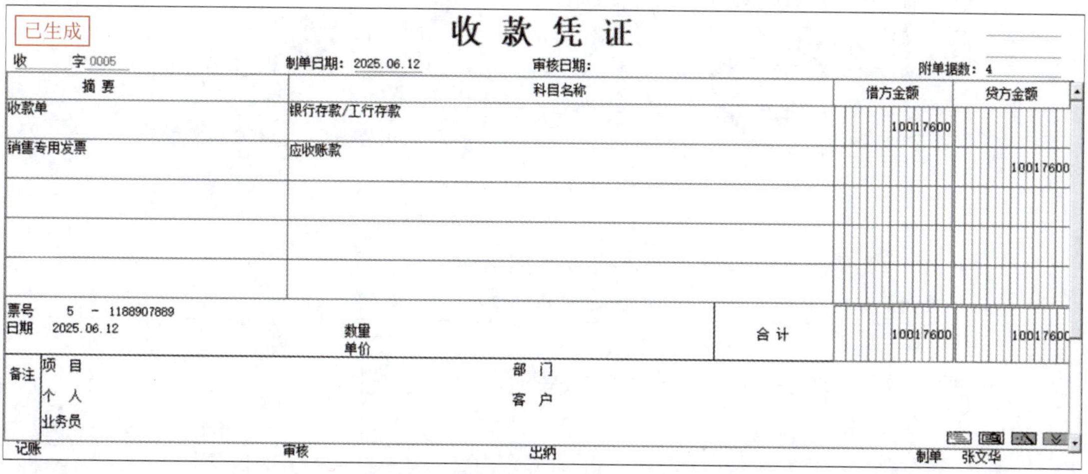

图8-69 生成凭证结果(收款单)——实训四

❖ **特别提醒:**

◇ "销售折让"与"销售退货"不同,由于折让不产生货物退回,故无须再进入库存管理系统、存货核算系统中处理业务。

实训五　分期收款业务

实训任务

2025年6月12日，天津凯撒家纺股份有限公司与天津市白玫瑰家纺股份有限公司签订购销合同。原始凭证如图8-70、图8-71所示。

购 销 合 同

合同编号：FQ0001

卖方：天津凯撒家纺股份有限公司

买方：天津市白玫瑰家纺股份有限公司

为保护买卖双方的合法权益，买卖双方根据《中华人民共和国民法典》的有关规定，经友好协商，一致同意签订本合同并共同遵守。

一、货物的名称、数量及金额

货物名称	规格型号	计量单位	数量	单价(不含税)	金额(不含税)	税率	税额
空调被(美梦)	1.8M	件	300	300.00	90 000.00	13%	11 700.00
合　计					￥90 000.00		￥11 700.00

二、合同总金额：人民币壹拾万壹仟柒佰元整(￥101 700.00)。

三、收款时间：买方分期向卖方支付货款(从本月起于每月16日支付货款，分两期支付，逾期未付，视为买方违约)。

四、至付清所有合同款项前，卖方按买方未付款项与合同总价款的比例保留残余同标的物的所有权。

五、发货时间：卖方于签订合同当日发出全部商品。

六、发运方式：买方自提。

卖　方：天津凯撒家纺股份有限公司

授权代表：王大国

日　期：2025年6月12日

买　方：天津市白玫瑰家纺股份有限公司

授权代表：肖明智

日　期：2025年6月12日

图 8-70　购销合同——实训五

商品出库单

发出仓库：床上用品仓库　　　　　　2025 年 6 月 12 日

商品名称	型号	应收数量	实收数量	单价	核对结果	原因	处理结果
空调被(美梦)	1.8M	300.00	300.00		无误		
合计		300.00	300.00	提货单位	天津市白玫瑰家纺股份有限公司		

部门经理：略　　　　会计：略　　　　　　仓库：略　　　　　　制单人：略

图 8-71　商品出库单——实训五

2025年6月16日，凯撒家纺收到白玫瑰公司支付的第一期货款。原始凭证如图8-72、图8-73所示。

天津市增值税专用发票

1207462569　　　　　　开票日期：2025年6月16日　　　　No 10092348930

购货单位	名　称：天津市白玫瑰家纺股份有限公司 纳税人识别号：120101110033313123 地址、电话：天津市河西区珠江道88号 022-28423357 开户行及账号：中国工商银行天津南开支行6222002672728797 2043	密码区	12008960+*2><619//*464 64161195641/*-+4764><6 *-46></--2310690/*-526 7812345/*980-->< -9809>

货物或应税劳务名称	规格型号	单位	数量	单价	金额	税率	税额
空调被(美梦)	1.8M	件	150.00	300.00	45 000.00	13%	5 850.00
合　计			150.00		¥ 45 000.00		¥ 5 850.00

价税合计(大写)　⊗伍万零捌佰伍拾元整　　　　　　　　　(小写)¥ 50 850.00

销货单位	名　称：天津凯撒家纺股份有限公司 纳税人识别号：120101355203023526 地址、电话：天津市河西区珠江道86号 022-28285566 开户行及账号：中国工商银行天津河西支行12001657901052500555	备注	天津凯撒家纺股份有限公司 120101355203023526 发票专用章

收款人：略　　　复核：略　　　开票人：略　　　销货单位：(章)

（第一联：记账联　销货方记账凭证）

图 8-72　增值税专用发票——实训五

中国工商银行业务回单 (收款)

日期：2025 年 6 月 16 日　　　　NO. 1188907890

收款人	天津凯撒家纺股份有限公司	付款人	天津市白玫瑰家纺股份有限公司									
账号或地址	12001657901052500555	账号或地址	62220026727287972043									
渠道	大额支付人行支付中心	付款人开户行	中国工商银行天津南开支行									
				千	百	十	万	千	百	十	元	角	分
汇款金额 人民币(大写)	伍万零捌佰伍拾元整				¥	5	0	8	5	0	0	0
	中国工商银行股份有限公司 102110022232 回单专用章	摘要		转账存款 (电汇)								
	收款人开户行盖章	备注：										

图 8-73　收款回单——实训五

任务解析

1. 背景知识

分期收款销售方式的特征是先签订合同，发货时按照发出商品管理，收到货款时，开具相应金额的发票，是赊销的一种方式。分期收款业务属于先发货后开票模式。分期收款业务处理流程如图8-74所示。

第一阶段：分期收款发货处理

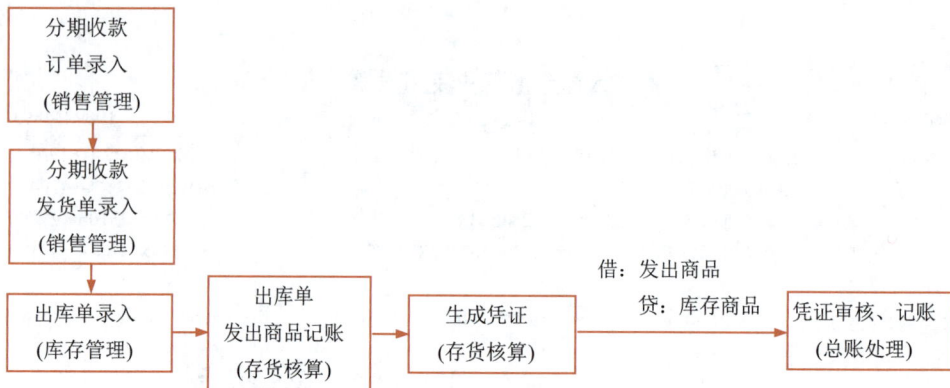

第二阶段：分期收款结算处理(按每次实际结算部分开具发票、确认收入并结转成本)

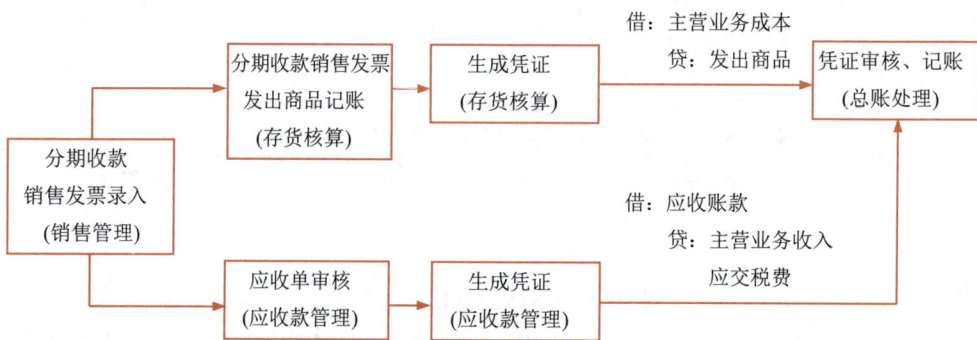

图 8-74　分期收款业务处理流程图

2. 岗位说明

以业务员X01身份完成销售管理系统业务处理；以业务员C01身份完成库存管理系统业务处理；以出纳W03身份完成收款单填制；以会计W02身份完成存货核算系统、应收款管理系统业务处理。

实训指引

(1) 在销售管理系统中录入"销售订单"

① 以销售人员"X01 王大国"身份登录，修改"注册日期"为"2025年6月12日"。

② 在销售管理系统中，根据实验资料图8-70填制销售订单，注意修改"业务类型"为"分期收款"、"销售类型"为"分期收款销售"，如图8-75所示。

(2) 在销售管理系统中生成"销售发货单"

① 在销售管理系统中，执行"销售发货"|"发货单"命令，打开"发货单"窗口，单击"增加"按钮，关闭弹出的"查询条件选择-参照订单"对话框；调整"发货单"窗口中的"发货类型"为"分期收款"，单击"订单"按钮，重新打开"查询条件选择-参照订单"对话框。

② 单击"确定"按钮，打开"参照生单"对话框，依次单击"全选""确定"按钮。

③ 返回"发货单"界面，在表体的"仓库名称"栏选择"床上用品仓库"，依次单击"保存""审核"按钮，如图8-76所示。

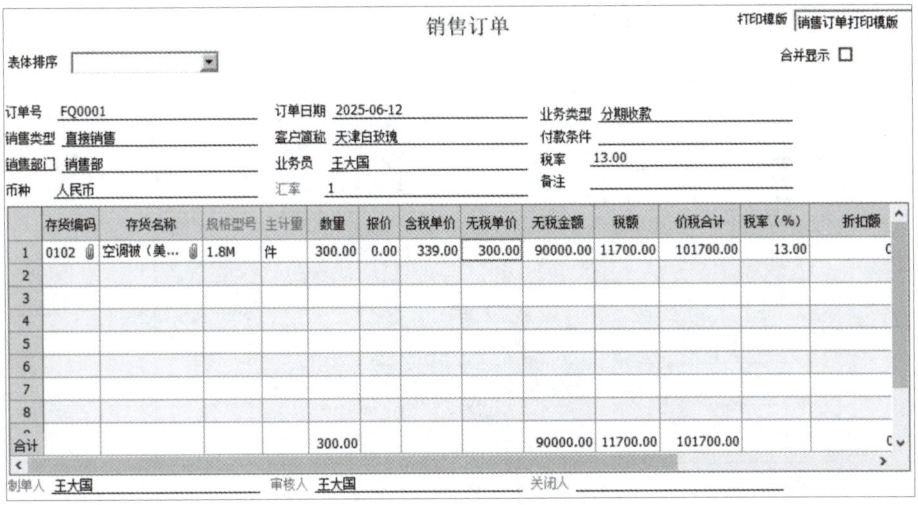

图 8-75　销售订单——实训五

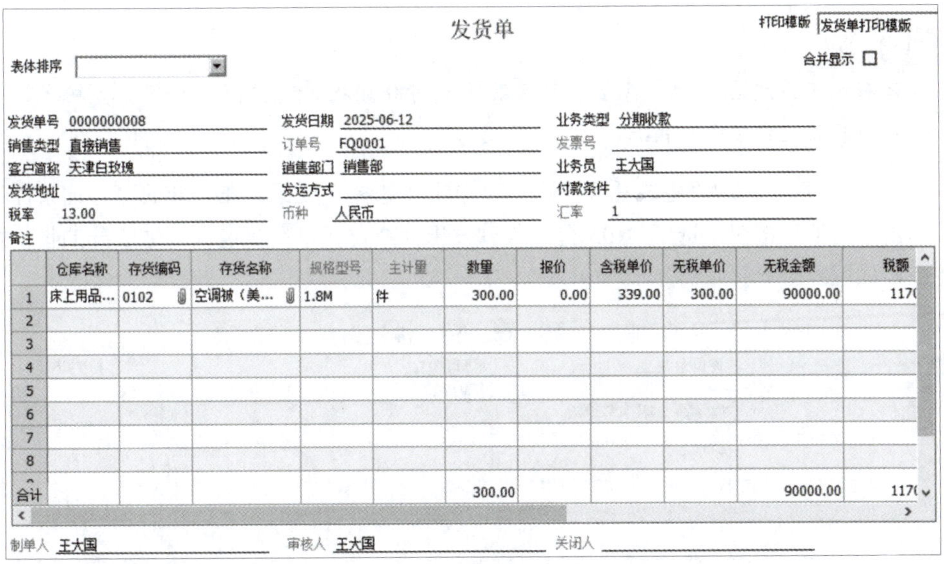

图 8-76　发货单——实训五

❖ **特别提醒：**

◇　分期收款业务属于先发货后开票模式，该模式下由于销售发票每期收到货款后开具，故而无法通过录入发票自动生成发货单。因此，"销售发货单"需要按照销售订单手工参照生成。

(3) 在库存管理系统中生成"销售出库单"

① 以仓管人员"C01 陈晨"身份登录，修改"注册日期"为"2025年6月12日"。

② 在库存管理系统中，根据实验资料图8-71生成销售出库单并审核，如图8-77所示。

(4) 在存货核算系统中完成存货记账并生成分期发出商品记账凭证

① 以会计人员"W02 张文华"身份登录，修改"注册日期"为"2025年6月12日"。

② 在存货核算系统中，执行"业务核算"|"发出商品记账"命令，在弹出的"查询条件选择"对话框中单击"确定"按钮。在"发出商品记账列表"界面中，依次单击"全选""记

账”按钮，完成分期收款发货单记账。

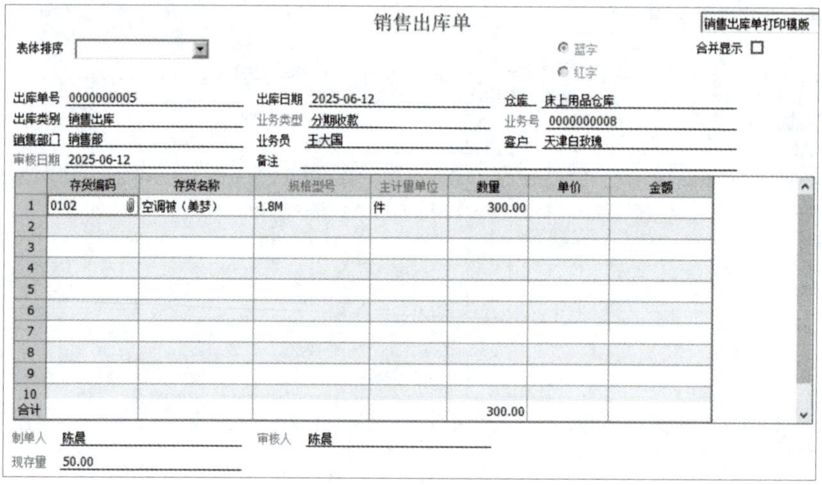

销售出库单

销售出库单打印模版

表体排序 ◉ 蓝字 ○ 红字 合并显示 □

出库单号 0000000005 出库日期 2025-06-12 仓库 床上用品仓库

出库类别 销售出库 业务类型 分期收款 业务号 0000000008

销售部门 销售部 业务员 王大国 客户 天津白玫瑰

审核日期 2025-06-12 备注

	存货编码	存货名称	规格型号	主计量单位	数量	单价	金额
1	0102	空调被（美梦）	1.8M	件	300.00		
2							
3							
4							
5							
6							
7							
8							
9							
10							
合计					300.00		

制单人 陈晨 审核人 陈晨

现存量 50.00

图 8-77 销售出库单——实训五

❖ 特别提醒：

✧ 只有销售系统启用时，存货核算系统才能对分期收款发出商品业务、委托代销业务在发出商品记账中进行核算。

③ 执行“财务核算”|“生成凭证”命令，单击“选择”按钮，在打开的“查询条件”对话框中，单击“全消”按钮，选中“(05)分期收款发出商品发货单”复选框，生成分期收款发货单记账凭证，如图8-78所示。

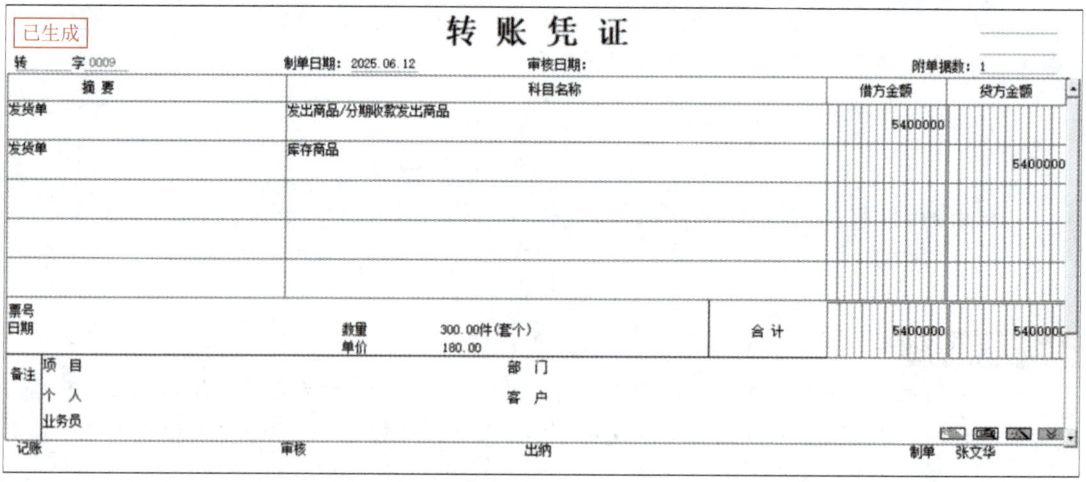

已生成

转 账 凭 证

转 字 0009 制单日期：2025.06.12 审核日期： 附单据数：1

摘要	科目名称	借方金额	贷方金额
发货单	发出商品/分期收款发出商品	5400000	
发货单	库存商品		5400000
票号 日期	数量 300.00件(套个) 单价 180.00 合计	5400000	5400000

备注 项目 部门

个人 客户

业务员

记账 审核 出纳 制单 张文华

图 8-78 生成凭证结果——实训五

(5) 在销售管理系统中生成“销售发票”

① 以销售人员“X01 王大国”身份登录，修改“注册日期”为“2025年6月16日”。

② 在销售管理系统中，执行“销售开票”|“销售专用发票”命令，单击“增加”按钮，关闭弹出的“查询条件选择-参照订单”对话框，在“销售专用发票”界面中选择“业务类型”为“分期收款”。

③ 单击“生单”按钮，选择“参照发货单”选项，在弹出的“查询条件选择-发票参照发货

单"对话框中，单击"确定"按钮，打开"参照生单"对话框，依次单击"全选""确定"按钮。

④ 返回"销售专用发票"界面，根据实验资料图8-72、图8-73生成销售专用发票、现结并复核，注意修改发票表体中的"数量"为"150"，如图8-79所示。

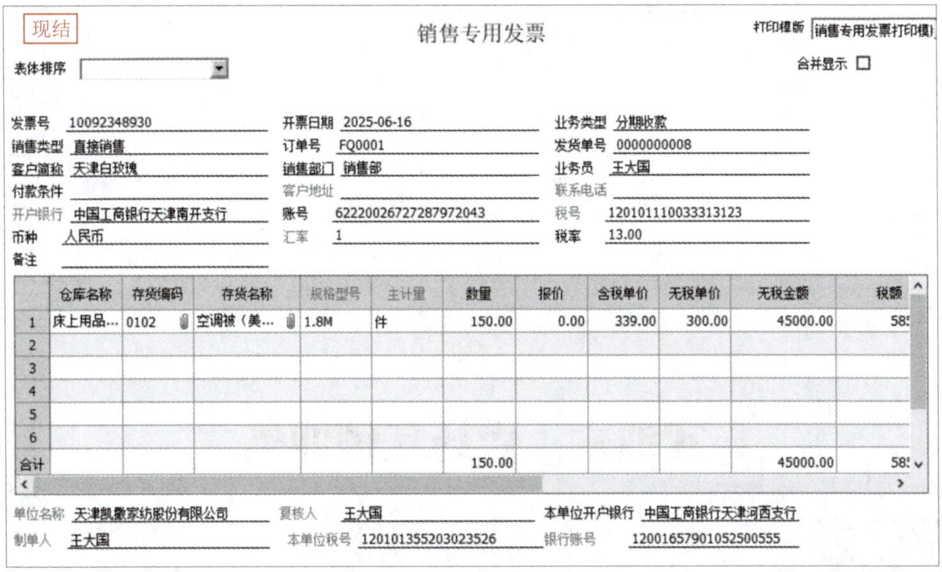

	仓库名称	存货编码	存货名称	规格型号	主计量	数量	报价	含税单价	无税单价	无税金额	税额
1	床上用品...	0102	空调被（美...	1.8M	件	150.00	0.00	339.00	300.00	45000.00	585
2											
3											
4											
5											
6											
合计						150.00				45000.00	585

图 8-79　销售专用发票——实训五

(6) 在应收款管理系统中审核专用发票并生成销售发票记账凭证

① 以会计人员"W02 张文华"身份登录，修改"注册日期"为"2025年6月16日"。

② 在应收款管理系统中，审核销售发票并生成销售发票记账凭证，如图8-80所示。

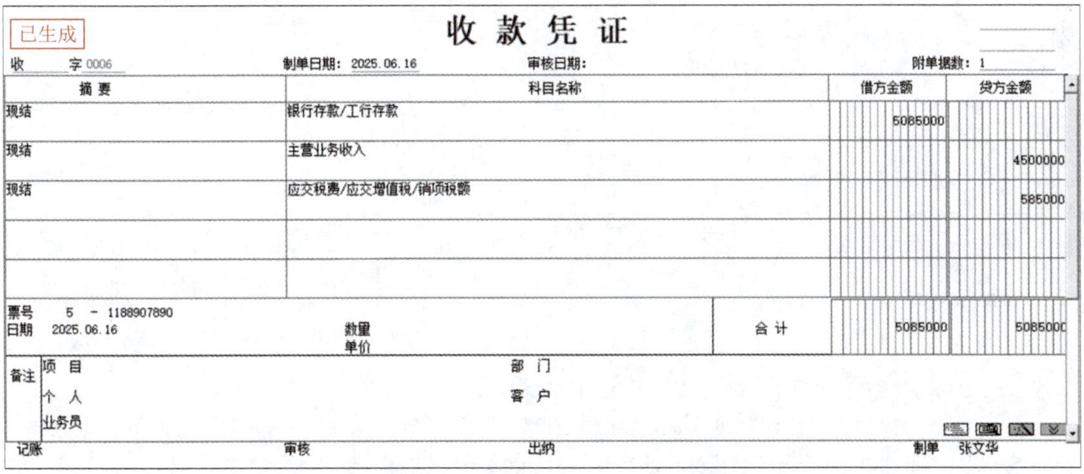

图 8-80　生成凭证结果——实训五

(7) 在存货核算系统中完成存货记账并生成销售成本结转品记账凭证

① 在存货核算系统中，对分期发出商品销售发票进行记账，注意选择"发出商品记账"。

② 执行"财务核算"|"生成凭证"命令，单击"选择"按钮，在打开的"查询条件"对话框中，单击"全消"按钮，选中"(26)分期发出商品专用发票"复选框，生成分期收款发票记账凭证，如图8-81所示。

图 8-81　生成凭证结果——实训五

实训六　委托代销业务

实训任务

2025年6月16日，天津凯撒家纺股份有限公司与上海华润万家百货有限公司签订委托代销协议。原始凭证如图8-82、图8-83所示。

购 销 合 同

合同编号：WT0001

委托方：天津凯撒家纺股份有限公司

受托方：上海华润万家百货有限公司

为保护买卖双方的合法权益，根据《中华人民共和国民法典》的有关规定，买卖双方经友好协商，一致同意签订本合同并共同遵守。

一、货物的名称、数量及金额

货物的名称	规格型号	计量单位	数量	单价(不含税)	金额(不含税)	税率	税额
蚕丝被(美梦)	1.8M	件	200	380.00	76 000.00	13%	9 880.00
合　计					¥76 000.00		¥9 880.00

二、合同总金额：人民币捌万伍仟捌佰捌拾元整(¥85 880.00)。

三、委托代销方式：采用手续费的方式由委托方委托受托方代销货物，即受托方在取得代销商品后按价税合计金额提取10%的代销手续费(不含增值税)；2025年8月31日前未销售完的商品可退回给委托方。

四、收款时间：供货方每月21日收到代销清单时，开出增值税专用发票并结算货款，支付代销手续费。

五、发货时间及地点：供方于签订合同当日向买方发出所有商品，每月21日结算一次；发货地点：天津凯撒家纺股份有限公司。

六、发运方式：买方自运。

委托方：天津凯撒家纺股份有限公司

授权代表：王大

日　　期：2025年6月16日

受托方：上海华润万家百货有限公司

授权代表：包宜

日　　期：2025年6月16日

图 8-82　购销合同——实训六

商品出库单

发出仓库：床上用品仓库　　　　　　2025 年 6 月 16 日

商品名称	型号	应收数量	实收数量	单价	核对结果	原因	处理结果
蚕丝被(美梦)	1.8M	200.00	200.00		无误		
合计		200.00	200.00	提货单位	上海华润万家百货有限公司		

部门经理：略　　　　会计：略　　　　仓库：略　　　　制单人：略

图 8-83　商品出库单——实训六

2025年6月21日，天津凯撒家纺股份有限公司收到上海华润万家百货有限公司商品代销结算清单，当日收到货款。原始凭证如图8-84～图8-87所示。

商品代销结算清单

日期：2025 年 6 月 21 日　　　　　　NO：20250001

委托方	天津凯撒家纺股份有限公司				受托方	上海华润万家百货有限公司		
账号	12001657901052500555				账号	62270098675678459731		
开户银行	中国工商银行天津河西支行				开户银行	中国建行银行上海天目支行		
代销货物结算单	代销货物名称	规格型号	计量单位	数量	单价(不含税)	金额	税率	税额
	蚕丝被(美梦)	1.8M	件	100	380.00	38 000.00	13%	4 940.00
	价税合计	人民币(大写)：肆万贰仟玖佰肆拾元整				(小写) ¥42 940.00		
代销方式	手续费							
代销款结算时间	根据代销货物销售情况于每月21日结算一次货款							
代销款结算方式	电汇							

图 8-84　商品代销结算清单——实训六

天津市增值税专用发票

1207462569　　　　开票日期：2025 年 6 月 21 日　　　　No 10092348931

购货单位	名　称：	上海华润万家百货有限公司	密码区	12008960+*2><619//*464 64161195641/*-+4764><6 *-46></--2310690/*-526 7812345/*980--><-9809>
	纳税人识别号：	1401037892567813313		
	地址、电话：	上海市徐汇区天目西路218号 021-87875667		
	开户行及账号：	中国建设银行上海天目支行62270098675678459731		

货物或应税劳务名称	规格型号	单位	数量	单价	金额	税率	税额
蚕丝被(美梦)	1.8M	件	100.00	380.00	38 000.00	13%	4 940.00
合　计			100.00		¥38 000.00		¥4 940.00

价税合计(大写)　⊗肆万贰仟玖佰肆拾元整　　　　¥42 940.00

销货单位	名　称：	天津凯撒家纺股份有限公司	备注
	纳税人识别号：	12010135520023526	
	地址、电话：	天津市河西区珠江道86号 022-28285566	
	开户行及账号：	中国工商银行天津河西支行12001657901052500555	

收款人：略　　　复核：略　　　开票人：略　　　销货单位：(章)

图 8-85　增值税专用发票——实训六

上海市增值税专用发票

3100462564		开票日期：2025 年 6 月 21 日				No 10092348932		

购货单位	名　称：	天津凯撒家纺股份有限公司					密码区	31008960+*2><618//*464 64161145641/*-+4164><6 *-46></--2338990/*-526 7812345/*980--><-9809
	纳税人识别号：	120101355203023526						
	地址、电话：	天津市河西区珠江道86号 022-28285566						
	开户行及账号：	中国工商银行天津河西支行12001657901052500555						

货物或应税劳务名称	规格型号	单位	数量	单价	金额	税率	税额
代销手续费		次	1.00	4 294.00	4 294.00	13%	558.22
合　计			1.00		¥ 4 294.00		¥ 558.22
价税合计（大写）		⊗ 肆仟捌佰伍拾贰元贰角贰分					¥ 4 852.22

销货单位	名　称：	上海华润万家百货有限公司		备注	
	纳税人识别号：	140103789256781313			
	地址、电话：	上海市徐汇区天目西路218号 021-87875667			
	开户行及账号：	中国建设银行上海天目支行62270098675678459731			

收款人：略	复核：略	开票人：略	销货单位：(章)

图8-86 增值税专用发票——实训六

银行承兑汇票   1108990

出票日期 贰零贰伍 年 陆 月 贰拾壹 日

出票人全称	上海华润万家百货有限公司	收款人	全称	天津凯撒家纺股份有限公司
出票人账号	62270098675678459731		账号	12001657901052500555
付款行全称	中国建设银行上海天目支行		开户银行	中国工商银行天津河西支行

出票金额	人民币(大写) 叁万捌仟零捌拾柒元柒角捌分	百	十	万	千	百	十	元	角	分
			¥	3	8	0	8	7	7	8

承兑协议编号		票面利率		付款行号	3100235910699
				付款行地址	上海市徐汇区天目西路218号
				汇票到期日	贰零贰伍 年 壹拾壹月 贰拾壹 日

图8-87 银行承兑汇票——实训六

任务解析

1. 背景知识

所谓委托代销业务是指企业将商品委托他人进行销售，但商品所有权仍归本企业的销售方式。委托代销商品销售后，受托方与企业进行结算，并开具正式的销售发票，形成销售收入，商品所有权转移。委托代销业务处理流程如图8-88所示。

第一阶段：委托代销发货处理

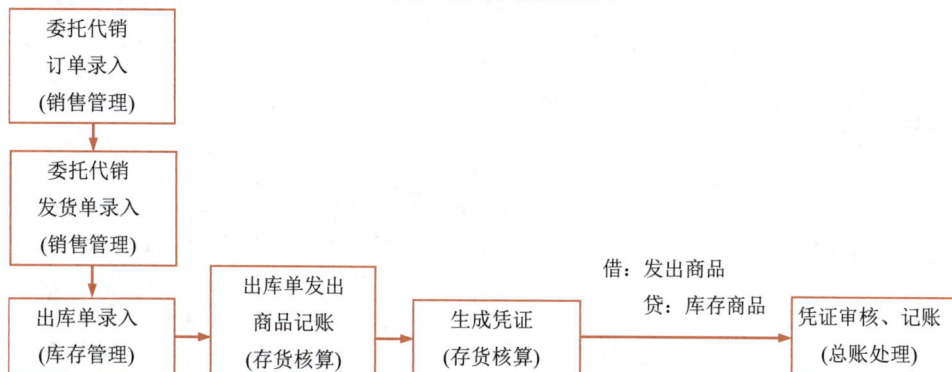

第二阶段：委托代销结算处理

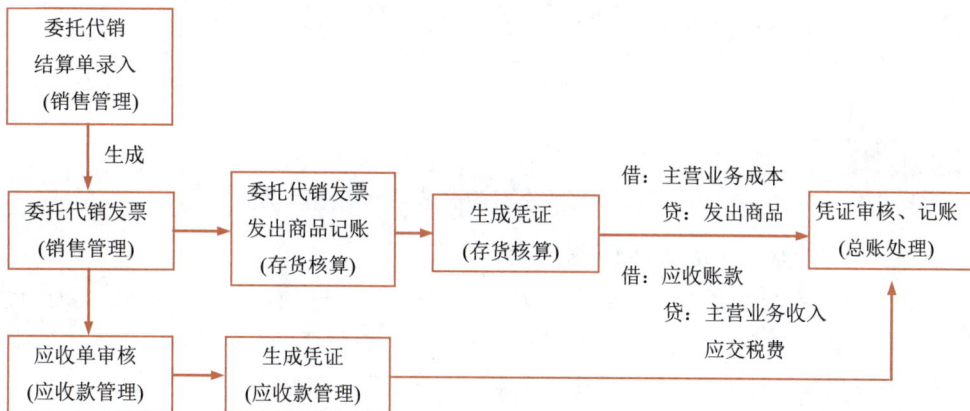

图 8-88 委托代销业务处理流程图

2. 岗位说明

以业务员X01身份完成销售管理系统业务处理；以业务员C01身份完成库存管理系统业务处理；以出纳W03身份录入银行承兑汇票；以会计W02身份完成存货核算系统、应收应付款管理系统业务处理。

实训指引

1. 委托代销业务 1

(1) 在销售管理系统中录入"销售订单"

① 以销售人员"X01 王大国"身份登录，修改"注册日期"为"2025年6月16日"。

② 在销售管理系统中，根据实验资料图8-82填制销售订单，注意修改"业务类型"为"委托代销"、"销售类型"为"委托代销"，如图8-89所示。

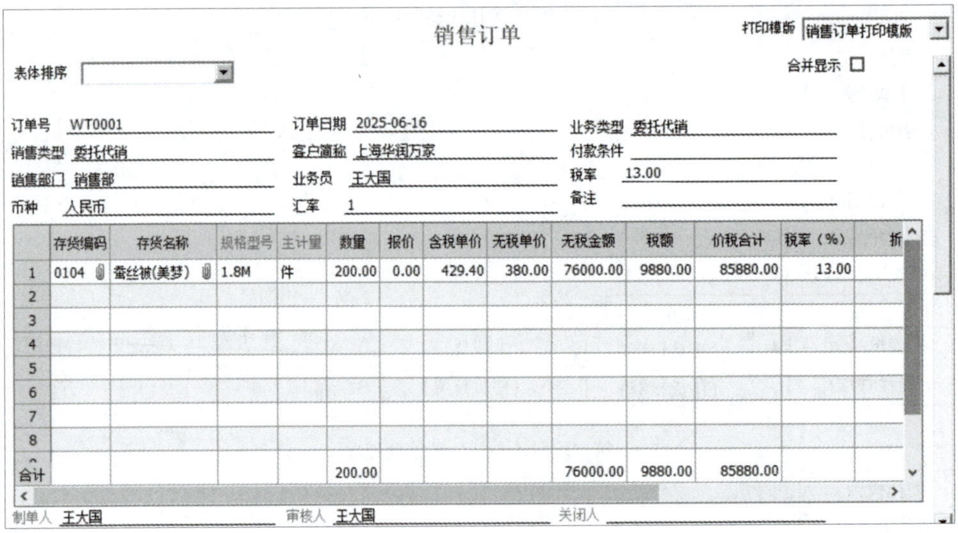

销售订单

打印模版 销售订单打印模版

表体排序

合并显示 □

订单号 WT0001　订单日期 2025-06-16　业务类型 委托代销

销售类型 委托代销　客户简称 上海华润万家　付款条件

销售部门 销售部　业务员 王大国　税率 13.00

币种 人民币　汇率 1　备注

	存货编码	存货名称	规格型号	主计量	数量	报价	含税单价	无税单价	无税金额	税额	价税合计	税率（%）	折
1	0104	蚕丝被(美梦)	1.8M	件	200.00	0.00	429.40	380.00	76000.00	9880.00	85880.00	13.00	
2													
3													
4													
5													
6													
7													
8													
合计					200.00				76000.00	9880.00	85880.00		

制单人 王大国　审核人 王大国　关闭人

图 8-89　销售订单——实训六

❖ **特别提醒：**

✧ 在“销售订单”界面，可在存货所在行右击查看该存货现存量。

(2) 在销售管理系统中生成“委托代销发货单”

① 在销售管理系统中，执行“委托代销”|“委托代销发货单”命令，打开“委托代销发货单”窗口，单击“增加”按钮，弹出“查询条件选择-参照订单”对话框，单击“确定”按钮，打开“参照生单”对话框，依次单击“全选”“确定”按钮。

② 返回“委托代销发货单”界面，在表体的“仓库名称”栏选择“床上用品仓库”，依次单击“保存”“审核”按钮，如图8-90所示。

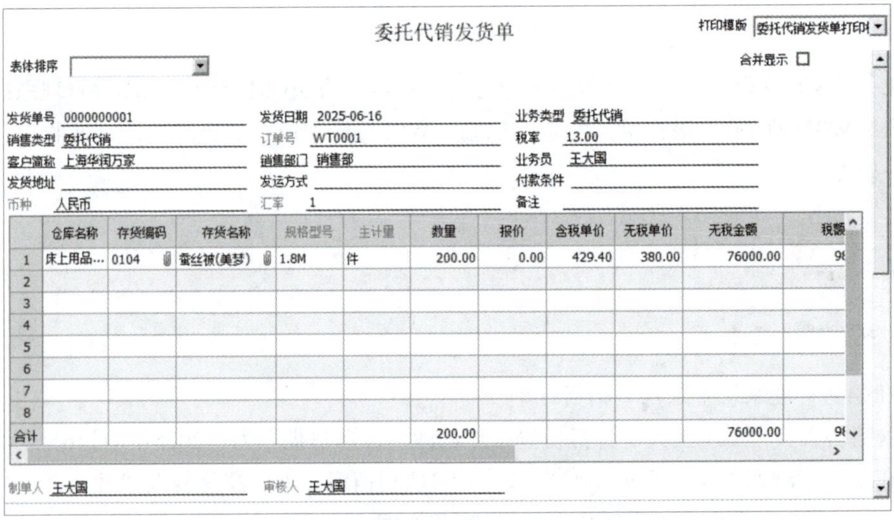

委托代销发货单

打印模版 委托代销发货单打印

表体排序

合并显示 □

发货单号 0000000001　发货日期 2025-06-16　业务类型 委托代销

销售类型 委托代销　订单号 WT0001　税率 13.00

客户简称 上海华润万家　销售部门 销售部　业务员 王大国

发货地址　发运方式　付款条件

币种 人民币　汇率 1　备注

	仓库名称	存货编码	存货名称	规格型号	主计量	数量	报价	含税单价	无税单价	无税金额	税额
1	床上用品…	0104	蚕丝被(美梦)	1.8M	件	200.00	0.00	429.40	380.00	76000.00	98
2											
3											
4											
5											
6											
7											
8											
合计						200.00				76000.00	98

制单人 王大国　审核人 王大国

图 8-90　委托代销发货单——实训六

(3) 在库存管理系统中生成“销售出库单”

① 以仓管人员“C01 陈晨”身份登录，修改“注册日期”为“2025年6月16日”。

② 在库存管理系统中，根据实验资料图8-83生成销售出库单并审核，如图8-91所示。

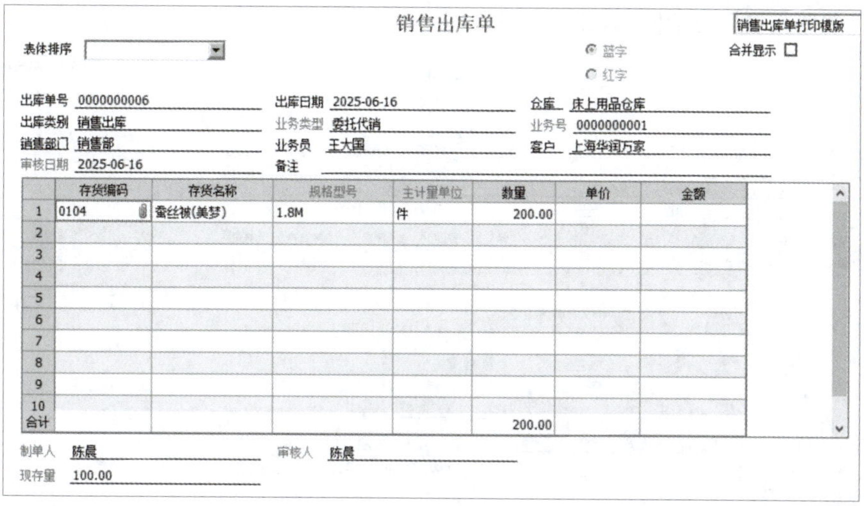

图 8-91　销售出库单——实训六

(4) 在存货核算系统中完成存货记账并生成委托代销发出商品记账凭证

① 以会计人员 "W02 张文华" 身份登录，修改 "注册日期" 为 "2025年6月16日"。

② 在存货核算系统中，对委托代销发货单进行记账，注意选择 "发出商品记账"。

③ 执行 "财务核算" | "生成凭证" 命令，单击 "选择" 按钮，在打开的 "查询条件" 对话框中，单击 "全消" 按钮，选中 "(06)委托代销发出商品发货单" 复选框，生成委托代销发货单记账凭证，如图8-92所示。

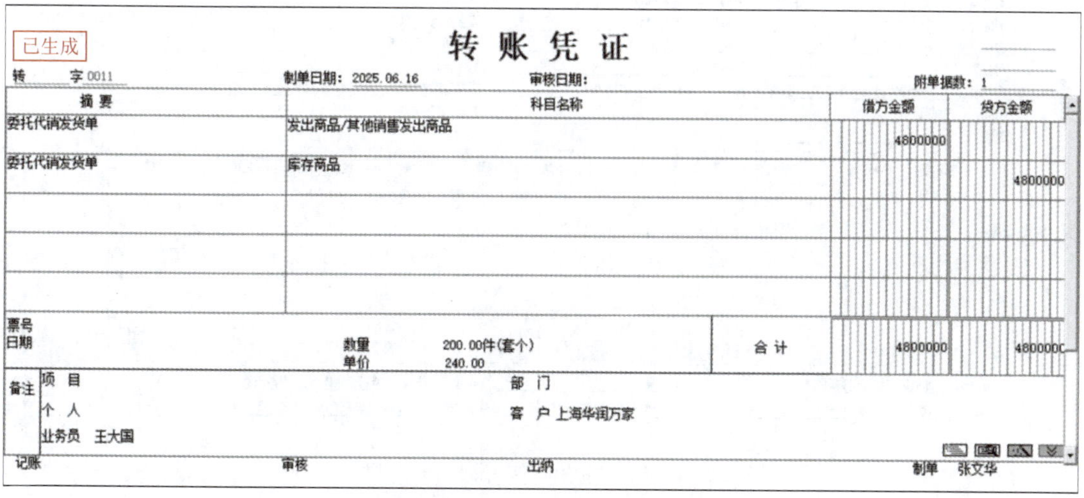

图 8-92　生成凭证结果——实训六

(5) 在销售管理系统中录入 "委托代销结算单" 并生成 "销售发票"

① 以销售人员 "X01 王大国" 身份登录，修改 "注册日期" 为 "2025年6月21日"。

② 在销售管理系统中，执行 "委托代销" | "委托代销结算单" 命令，单击 "增加" 按钮，弹出 "查询条件选择-委托结算参照发货单" 对话框，单击 "确定" 按钮，打开 "参照生单" 对话框，依次单击 "全选" "确定" 按钮。

③ 返回 "委托代销结算单" 界面，根据实验资料图8-84生成销售结算单，注意修改发票表体中的 "数量" 为 "100"，录入 "发票号" 为 "10092348931"，单击 "审核" 按钮，系统弹

出"请选择发票类型"对话框，如图8-93所示。

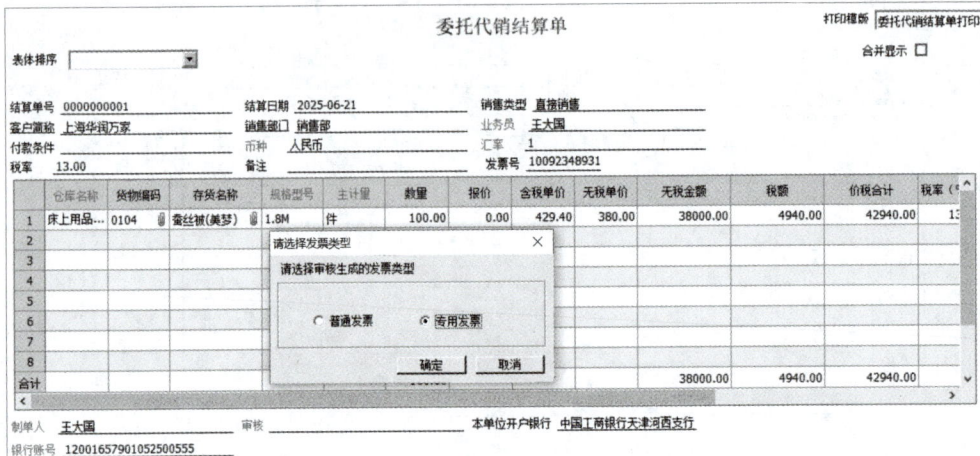

图8-93　委托代销结算单——实训六

④ 选择"专用发票"，单击"确定"按钮，生成委托代销业务"销售专用发票"。

⑤ 在"销售专用发票"界面中单击"末张"按钮，查看生成发票，确认无误后单击"复核"按钮，如图8-94所示。

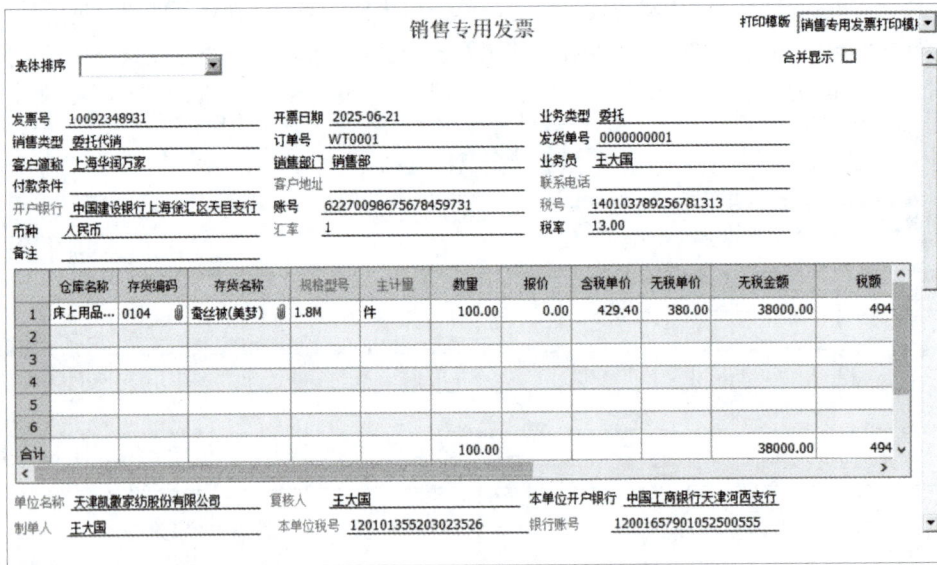

图8-94　委托代销销售专用发票——实训六

❖ **特别提醒：**

◇　委托代销业务销售发票通过审核"委托代销结算单"自动生成。

◇　委托代销业务销售发票编号应在"委托代销结算单"中录入，如未录入发票编号则编号由系统自动生成，发票编号在销售发票界面无法录入或修改。

◇　若需删除生成的委托代销业务销售发票，仅需取消"委托代销结算单"审核，则生成的销售发票自动删除。

(6) 在销售管理系统中录入委托代销手续费"销售费用支出单"

在销售管理系统中，执行"销售管理"|"销售费用支出单"命令，打开"销售费用支出

单"窗口,单击"增加"按钮,根据实验资料图8-86录入销售费用支出单并审核,注意选择"费用供货商名称"为"005上海华润万家百货有限公司"、"单据流向"为"其他应付单",如图8-95所示。

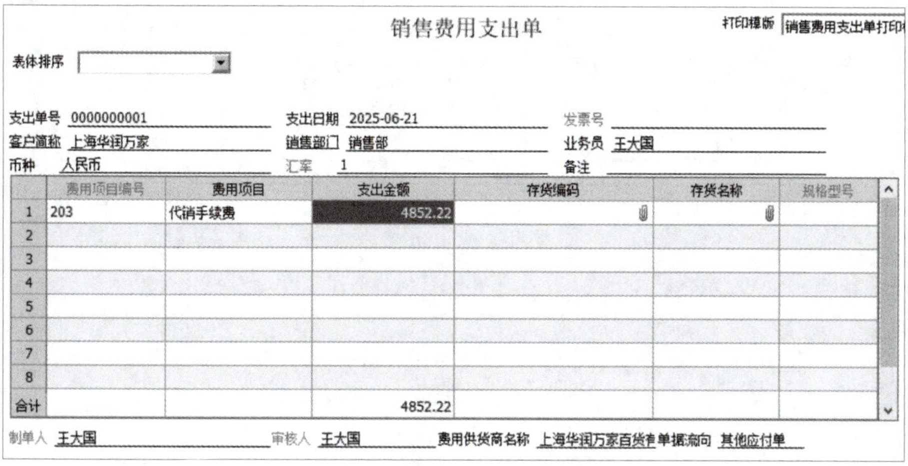

图 8-95 销售费用支出单——实训六

(7) 在应收款管理系统中录入商业汇票

① 以出纳人员"W03 黄宁"身份登录,修改"注册日期"为"2025年6月21日"。

② 在应收款管理系统中,执行"票据管理"命令,单击"增加"按钮,根据实验资料图8-87录入银行承兑汇票,如图8-96所示。

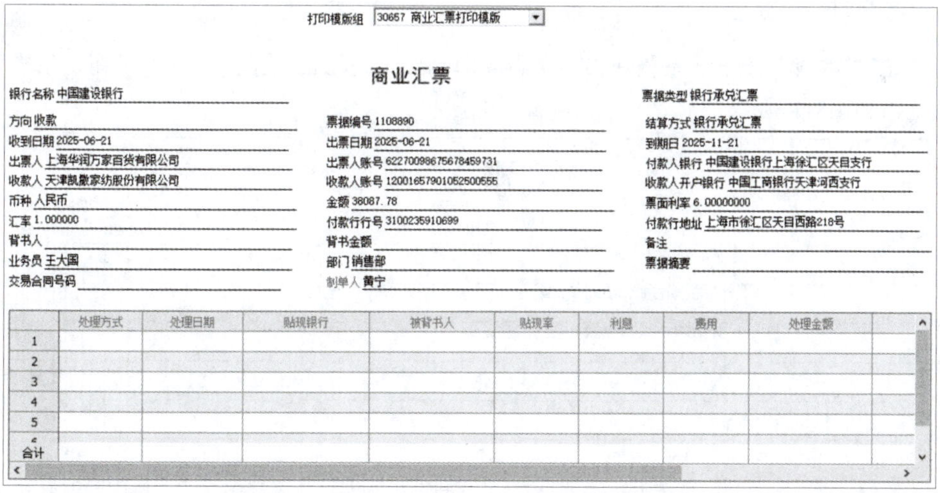

图 8-96 银行承兑汇票——实训六

(8) 在应付款管理系统中审核其他应付单并生成销售费用记账凭证。

① 以会计人员"W02 张文华"身份登录,修改"注册日期"为"2025年6月21日"。

② 在应付款管理系统中,执行"应付单据处理"|"应付单据审核"命令,在"应付单查询条件"对话框中,单击"确定"按钮,打开"应付单据列表"窗口,双击"其他应付单"所在行,打开"应付单"窗口。

③ 单击"修改"按钮,根据实验资料图8-86修改应付单表体中的"科目"及"金额",如图8-97所示。

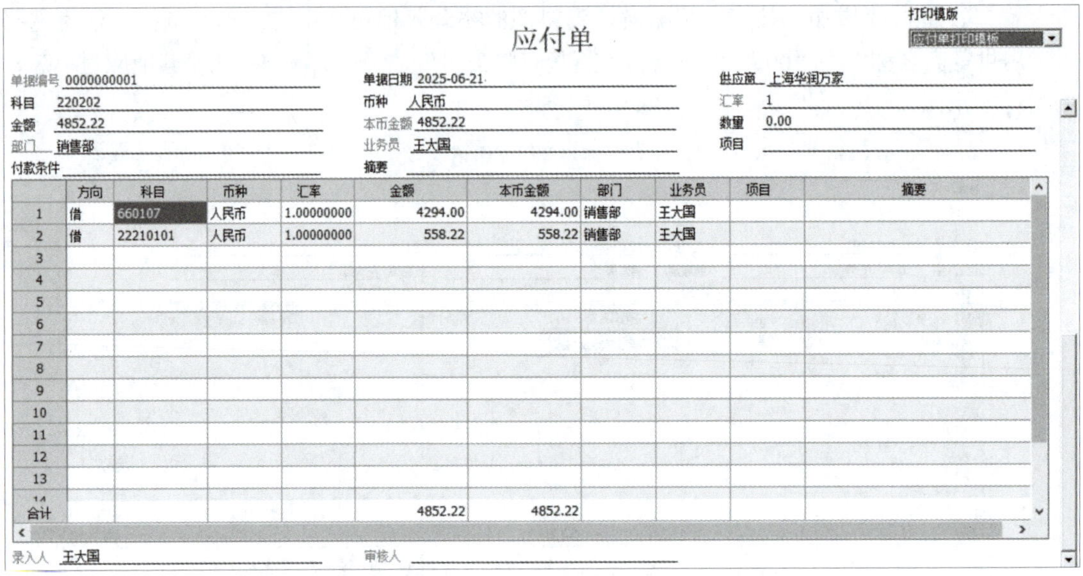

图8-97 其他应付单——实训六

❖ **特别提醒:**

◇ 此处的"其他应付单"是通过指定"销售费用支出单"单据流向后,由系统自动生成的。

◇ 由于"销售费用支出单"内无法单独列示增值税,故而在此处将增值税进项税额与销售费用金额分开。

④ 单击"审核"按钮,系统弹出"是否立即制单"提示框,单击"是"按钮,生成相应的记账凭证,如图8-98所示。

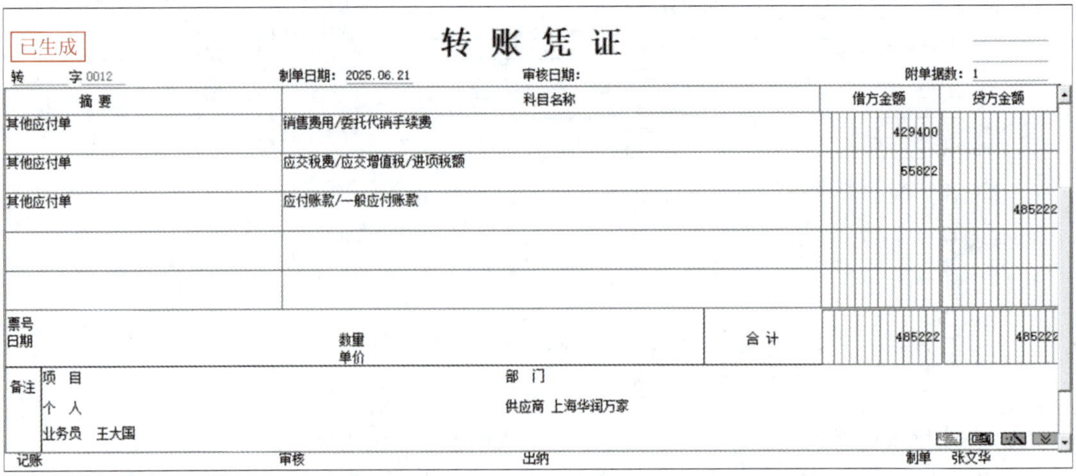

图8-98 生成凭证结果——实训六

(9) 在应收款管理系统中审核专用发票及商业汇票、转账、核销并生成相应记账凭证

① 在应收款管理系统中,审核销售发票及商业汇票。

② 执行"转账"|"应收冲应付"命令,打开"应收冲应付"对话框,在"应收"选项卡中选择"客户"为"103上海华润万家百货有限公司",如图8-99所示。

③ 同理，在"应付"选项卡中选择"供应商"为"005上海华润万家百货有限公司"，单击"确定"按钮，在"有应收冲应付"界面中，录入应收与应付的"转账金额"均为"4 852.22"，如图8-100所示。

图 8-99　应收冲应付——实训六 (1)

图 8-100　应收冲应付——实训六 (2)

④ 单击"确定"按钮，弹出"是否立即制单"提示框，单击"是"按钮，生成相应凭证，如图8-101所示。

图8-101　生成凭证结果(应收冲应付)——实训六

❖ **特别提醒：**

◇　此处的"应收冲应付"转账处理，同样可在应付款管理系统中，通过"应付冲应收"处理。

⑤ 执行"核销处理"|"手工核销"命令，完成应收款核销，注意"本次核销"录入"38 087.78"。

⑥ 执行"制单处理"命令，在"制单查询"对话框中选择"发票制单""收付款单制单""核销制单"选项，生成相应记账凭证，如图8-102、图8-103所示。

(10) 在存货核算系统中完成存货记账并生成销售成本结转记账凭证

① 在存货核算系统中，对销售发票进行记账，注意选择"发出商品记账"。

② 执行"财务核算"|"生成凭证"命令，单击"选择"按钮，在打开的"查询条件"对话框中，单击"全消"按钮，选中"(26)委托代销发出商品专用发票"复选框，生成委托代销发出商品专用发票记账凭证，如图8-104所示。

已生成

转 账 凭 证

转 字 0014　　制单日期: 2025.06.21　　审核日期:　　　　附单据数: 3

摘 要	科目名称	借方金额	贷方金额
销售专用发票	应收账款	4294000	
销售专用发票	主营业务收入		3800000
销售专用发票	应交税费/应交增值税/销项税额		494000

票号
日期　　数量　单价　　合计　4294000　4294000

备注　项目　个人　业务员 王大国　部门　客户 上海华润万家

记账　　审核　　出纳　　制单 张文华

图8-102　生成凭证结果(销售发票)——实训六

已生成

转 账 凭 证

转 字 0015　　制单日期: 2025.06.21　　审核日期:　　　　附单据数: 3

摘 要	科目名称	借方金额	贷方金额
收款单	应收票据/银行承兑汇票	3808778	
收款单	应收账款		3808778

票号　1108890
日期　2025.06.21　　数量　单价　　合计　3808778　3808778

备注　项目　个人　业务员 王大国　部门　客户 上海华润万家

记账　　审核　　出纳　　制单 张文华

图8-103　生成凭证结果(商业汇票、核销处理合并制单)——实训六

已生成

转 账 凭 证

转 字 0016　　制单日期: 2025.06.21　　审核日期:　　　　附单据数: 1

摘 要	科目名称	借方金额	贷方金额
专用发票	主营业务成本	2400000	
专用发票	发出商品/其他销售发出商品		2400000

票号
日期　　数量 100.00件(套个)　单价 240.00　　合计　2400000　2400000

备注　项目　个人　业务员 王大国　部门　客户 上海华润万家

记账　　审核　　出纳　　制单 张文华

图 8-104　生成凭证结果——实训六

实训七 受托代销业务

实训任务

1. 受托代销入库

2025年6月21日，天津凯撒家纺股份有限公司与成都宝蓝公司签订受托代销协议。原始凭证如图8-105、图8-106所示。

受托代销合同

合同编号：ST0001

委托方：成都宝蓝家居用品制造有限公司

受托方：天津凯撒家纺股份有限公司

为保护委托方和受托方的合法权益，委托方与受托方根据《中华人民共和国民法典》的有关规定，经友好协商，一致同意签订本合同并共同遵守。

一、货物的名称、数量及金额

货物名称	规格型号	计量单位	数量	单价(不含税)	金额(不含税)	税率	税额
沙发抱枕(宝蓝)	50cm*50cm	个	500	120.00	60 000.00	13%	7 800.00
合计					¥60 000.00		¥7 800.00

委托代销方式：采用买断的方式由委托方委托受托方代销货物，即受托方在取得代销商品后是否获利，均与委托方无关；2025年8月1日前未销售完的商品可退回给委托方。

一、合同总金额：人民币陆万柒仟捌佰元整(¥67 800.00)。

二、付款时间及付款方式：受托方根据代销货物销售情况，每5天依照结算清单结算货款。

付款方式：电汇。

三、交货时间：2019年4月28日

四、交货地点：天津凯撒家纺股份有限公司

委托方：成都宝蓝家居用品制造有限公司

授权代表：陈立
合同专用章

日　　期：2025年6月21日

受托方：天津凯撒家纺股份有限公司

授权代表：林群
合同专用章

日　　期：2025年6月21日

图 8-105　受托代销合同——实训七

商品入库单

验收仓库：受托代销商品库　　　　2025 年 6 月 21 日

商品名称	型号	应收数量	实收数量	单价	核对结果	原因	处理结果
沙发抱枕(宝蓝)	50cm*50cm	500.00	500.00	120.00	无误		
合计		500.00	500.00	供货单位	成都宝蓝家居用品制造有限公司		

部门经理：略　　　　会计：略　　　　仓库：略　　　　制单人：略

图 8-106　商品入库单——实训七

2. 受托代销销售

2025年6月22日，天津凯撒家纺股份有限公司与武汉美誉家纺股份有限公司签订销售协议。原始凭证如图8-107～图8-109所示。

购 销 合 同

合同编号：XS0004

卖方：天津凯撒家纺股份有限公司

买方：武汉美誉家纺股份有限公司

为保护买卖双方的合法权益，根据《中华人民共和国民法典》的有关规定，买卖双方经友好协商，一致同意签订本合同并共同遵守。

一、货物的名称、数量及金额

货物名称	规格型号	计量单位	数量	单价（不含税）	金额（不含税）	税率	税额
沙发抱枕(宝蓝)	50cm*50cm	个	300	200.00	60 000.00	13%	7 800.00
合　计					¥60 000.00		¥7 800.00

二、合同总金额：人民币陆万柒仟捌佰元整（¥67 800.00）。

三、收款时间：买方于签订合同当日(2025年6月22日)付款。

四、发货时间：卖方于签订合同当日向买方发出所有商品。

五、交货地点：天津凯撒家纺股份有限公司。

六、发运方式：买方承运。

卖　方：天津凯撒家纺股份有限公司　　　买　方：武汉美誉家纺股份有限公司

授权代表：王火国　　　　　　　　　　　授权代表：邢睿喜

日　期：2025年6月22日　　　　　　　　日　期：2025年6月22日

图 8-107　购销合同——实训七

天津市增值税专用发票

1207462569　　开票日期：2025年6月22日　　No 10092348933

购货单位	名　称：武汉美誉家纺股份有限公司 纳税人识别号：100989789867671931 地址、电话：武汉市武昌中路楚汉汉街 027-89000987 开户行及账号：中国建设银行湖北武汉楚汉支行6227890984567345678	密码区	12008960+*2<618//*464 64161145641/*-+4164><6 *-46></--2310690/*-526 7812345/*980-->\<-9809>

货物或应税劳务名称	规格型号	单位	数量	单价	金额	税率	税额
沙发抱枕(宝蓝)	50cm*50cm	个	300.00	200.00	60 000.00	13%	7 800.00
合　计			300.00		¥60 000.00		¥7 800.00

价税合计（大写）	⊗ 陆万柒仟捌佰元整	（小写）¥67 800.00

销货单位	名　称：天津凯撒家纺股份有限公司 纳税人识别号：12010135520302356 地址、电话：天津市河西区珠江道86号 022-28285566 开户行及账号：中国工商银行天津河西支行12001657901052500555	备注

收款人：略　　复核：略　　开票人：略　　销货单位：(章)

图 8-108　增值税专用发票——实训七

商品出库单

发出仓库：受托代销商品库　　　　　　2025 年 6 月 22 日

商品名称	型号	应收数量	实收数量	单价	核对结果	原因	处理结果
沙发抱枕(宝蓝)	50cm*50cm	300.00	300.00	120.00	无误		
合计		300.00	300.00	提货单位	武汉美誉家纺股份有限公司		

部门经理：略　　　　　会计：略　　　　　仓库：略　　　　　制单人：略

图 8-109　商品出库单——实训七

3. 受托代销结算

2025年6月25日，与成都宝蓝家居用品制造公司结算受托代销货款，当日支付货款。原始凭证如图8-110～图8-112所示。

商品代销结算清单

日期：2025 年 6 月 25 日　　　　　　　　　　NO：20190002

委托方	成都宝蓝家居用品制造有限公司				受托方	天津凯撒家纺股份有限公司		
账号	62278909845673456781				账号	12001657901052500555		
开户银行	中国建设银行四川成都天华支行				开户银行	中国工商银行天津河西支行		
代销货物结算单	代销货物名称	规格型号	计量单位	数量	单价(不含税)	金额	税率	税额
	沙发抱枕(宝蓝)	50cm*50cm	个	300	120.00	36 000.00	13%	4 680.00
	价税合计	人民币(大写)：肆万零陆佰捌拾元整				(小写)：¥40 680.00		
代销方式	视同买断							
代销款结算时间	根据代销货物销售情况于每5天结算一次货款							
代销款结算方式	电汇							

图 8-110　商品代销结算清单

四川省增值税专用发票

5100461069　　　　　　　　　开票日期：2025 年 6 月 25 日　　　　No　10092348934

购货单位	名　　　称：天津凯撒家纺股份有限公司	密码区	51008960+*2><618//*464 64161145641/*-+4164><6 *-46></--2338990/*-526 7812345/*980--><-9809>
	纳税人识别号：120101355203023526		
	地址、电话：天津市河西区珠江道86号 022-28285566		
	开户行及账号：中国工商银行天津河西支行12001657901052500555		

货物或应税劳务名称	规格型号	单位	数量	单价	金额	税率	税额
沙发抱枕(宝蓝)	50cm*50cm	个	300.00	120.00	36 000.00	13%	4 680.00
合　计			300.00		¥36 000.00		¥4 680.00

价税合计 (大写)	⊗ 肆万零陆佰捌拾元整	(小写)：¥40 680.00

销货单位	名　　　称：成都宝蓝家居用品制造有限公司	备注	成都宝蓝家居用品制造有限公司 1009897898867671931 发票专用章
	纳税人识别号：100989789867671931		
	地址、电话：成都市锦江区芙蓉路23号 027-99526987		
	开户行及账号：中国建设银行四川成都锦江支行62278909845673456781		

收款人：略　　　　复核：略　　　　开票人：略　　　销货单位(章)

第三联：发票联　购货方记账凭证

图 8-111　增值税专用发票——实训七

中国工商银行电汇凭证(回单)　1

委托日期: 2025 年 6 月 25 日　　　　　　NO.　1188907891

收款人	成都宝蓝家居用品制造有限公司	汇款人	天津凯撒家纺股份有限公司
账号或地址	6227890984567345678 1	账号或地址	12001657901052500555
汇入地	四川省成都市	汇入行	中国建设银行四川成都天华支行

汇入地　四川省成都市　汇入行　中国建设银行四川成都天华支行　汇款用途　支付货款

| 汇款金额
人民币(大写) | 肆万零陆佰捌拾元整 | | 千 | 百 | 十 | 万 | 千 | 百 | 十 | 元 | 角 | 分 |
| | | | | | ¥ | 4 | 0 | 6 | 8 | 0 | 0 | 0 |

中国工商银行天津河西支行
2025.06.25
转讫
汇出行签章

支付密码

备注:

此联是汇出行给汇款人的回单

图 8-112　电汇凭证——实训七

任务解析

1. 背景知识

受托代销是一种先销售后结算的采购模式,指其他企业委托本企业代销其商品,代销商品的所有权仍归委托方;代销商品销售后,本企业与委托方进行结算,开具正式的销售发票,商品所有权转移。受托代销的业务模式是与委托代销相对应的一种业务模式,可以节省商家的库存资金,降低经营风险。

该项业务的处理适用于有受托代销业务的商业企业。因此,受托代销业务的处理要求企业类型为"商业";受托代销商品,必须在存货档案中选择"是否受托代销"功能并且把存货属性设置为"外购""销售",采购订单中的采购类型设置为"受托代销"。

对受托方而言,受托代销业务有两种常见核算方法:一种是收取手续费方式;另一种是视同买断方式。这里以视同买断方式为例进行介绍,采用买断的方式由委托方委托受托方代销货物,即受托方在取得代销商品后是否获利,均与委托方无关。在这种方式下可以将受托代销业务处理流程分为3个阶段,包括收到受托代销商品、销售受托代销商品和受托代销结算。受托代销业务处理流程如图8-113所示。

2. 岗位说明

以业务员G01身份完成采购管理系统业务处理;以业务员X01身份完成销售管理系统业务处理;以业务员C01身份完成库存管理系统业务处理;以会计W02身份完成存货核算系统、应收应付款管理系统业务处理。

第一阶段:收到受托代销商品

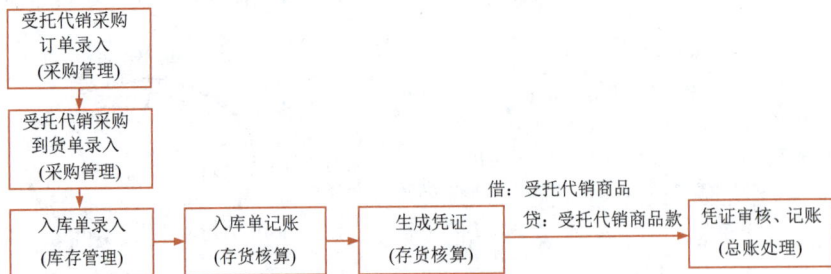

受托代销采购订单录入(采购管理)
→ 受托代销采购到货单录入(采购管理)
→ 入库单录入(库存管理)
→ 入库单记账(存货核算)
→ 生成凭证(存货核算)
借:受托代销商品
贷:受托代销商品款
→ 凭证审核、记账(总账处理)

图8-113　受托代销业务(买断方式)处理流程图

第二阶段：销售受托代销商品

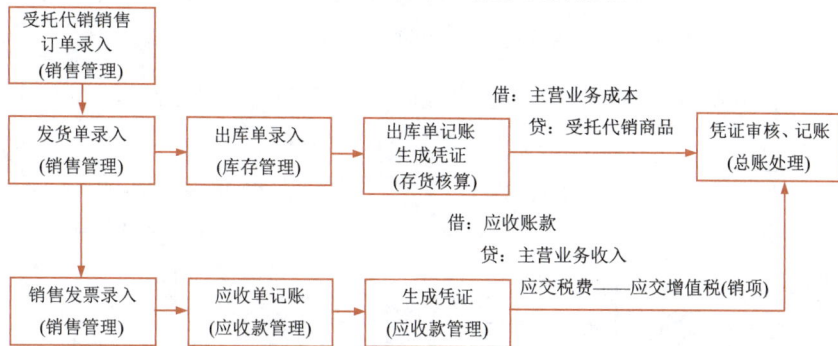

图8-113 受托代销业务(买断方式)处理流程图(续)

实训指引

1. 受托代销入库

(1) 在采购管理系统中录入"采购订单"并生成"采购到货单"

① 以采购人员"G01 林群"身份登录，修改"注册日期"为"2025年6月21日"。

② 在采购管理系统中，根据实验资料图8-105填制采购订单，注意"业务类型"与"采购类型"选择"受托代销"，如图8-114所示。

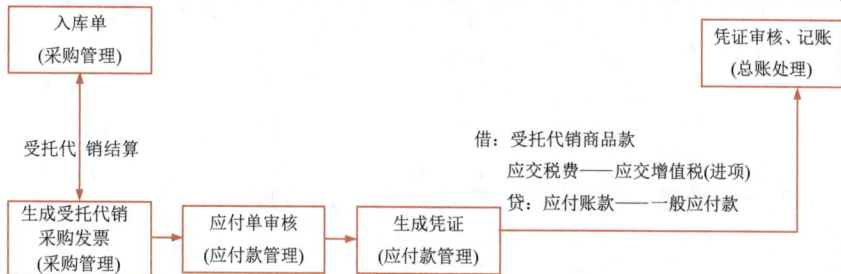

图 8-114 采购订单——实训七

❖ **特别提醒：**

　　✧ "采购类型"需单击"全部"按钮才能显示出"受托代销"选项。

　　③ 根据实验资料图8-106生成采购到货单，注意"业务类型"选择"受托代销"后再参照订单生单，如图8-115所示。

到货单　　　　打印模版 8170 到货单打印模版

表体排序 □　　　　　　　　　　　　　　　　　　　　　合并显示 □

业务类型 受托代销　　　单据号 0000000001　　　日期 2025-06-21
采购类型 受托代销　　　供应商 成都宝蓝　　　　部门 采购部
业务员 林群　　　　　　币种 人民币　　　　　　汇率 1
运输方式　　　　　　　税率 13.00　　　　　　备注

	存货编码	存货名称	规格型号	主计量	数量	原币含税单价	原币单价	原币金额	原币税额	原币价税合
1	0301	沙发抱枕（宝…）	50*50	个	500.00	135.60	120.00	60000.00	7800.00	67800
2										
3										
4										
5										
6										
合计					500.00			60000.00	7800.00	67800

制单人 林群　　　　　　现存量 0.00

图 8-115　采购到货单——实训七

(2) 在库存管理系统中生成"采购入库单"

　　① 以仓管人员"C01 陈晨"身份登录，修改"注册日期"为"2025年6月21日"。

　　② 在库存管理系统中，根据实验资料图8-106生成受托代销商品库采购入库单，如图8-116所示。

采购入库单　　　　采购入库单打印模版

表体排序 □　　　　　　　　　　　　　　　　◉ 蓝字　　　合并显示 □
　　　　　　　　　　　　　　　　　　　　　○ 红字

入库单号 0000000001　　　入库日期 2025-06-21　　　仓库 受托代销商品库
订单号 ST0001　　　　　　到货单号 0000000001　　　业务号
供货单位 成都宝蓝　　　　　部门 采购部　　　　　　业务员 林群
到货日期 2025-06-21　　　业务类型 受托代销　　　采购类型 受托代销
入库类别 受托代销入库　　　审核日期 2025-06-21　　备注

	存货编码	存货名称	规格型号	主计量单位	数量	本币单价	本币金额
1	0301	沙发抱枕（宝蓝）	50*50	个	500.00	120.00	60000.
2							
3							
4							
5							
6							
7							
8							
9							
10							
11							
12							
合计					500.00		60000.

制单人 陈晨　　　　　　审核人 陈晨

图 8-116　采购入库单——实训七

(3) 在存货核算系统中完成存货暂估记账并生成暂估记账凭证

　　① 以会计人员"W02 张文华"身份登录，修改"注册日期"为"2025年6月21日"。

　　② 在存货核算系统中，对暂估采购入库单进行记账。

③ 生成暂估入库记账凭证，注意查询条件选择“(01)采购入库单(暂估记账)”复选框，补录“应付暂估科目”为“2314 受托代销商品款”如图8-117所示。

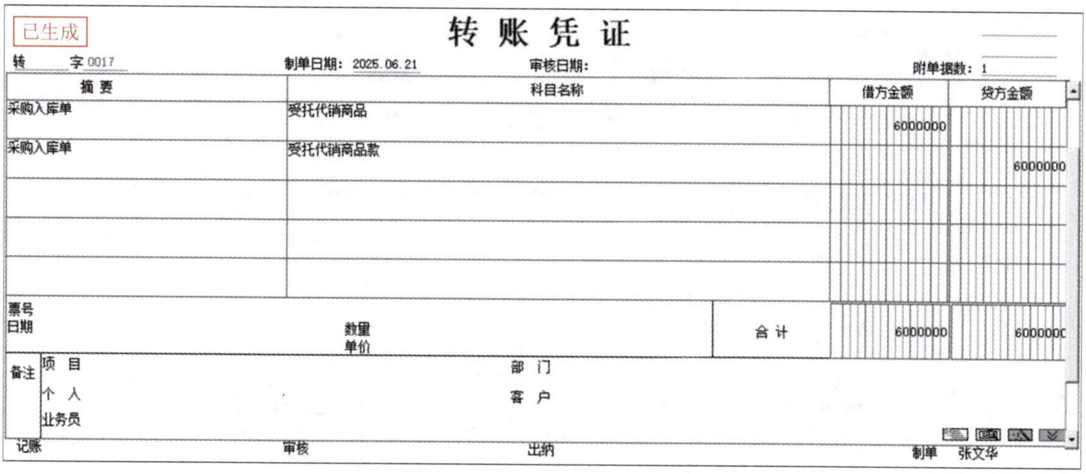
已生成

转账凭证

转 字 0017　　制单日期：2025.06.21　　审核日期：　　附单据数：1

摘要	科目名称	借方金额	贷方金额
采购入库单	受托代销商品	6000000	
采购入库单	受托代销商品款		6000000
票号 日期	数量 单价　　合计	6000000	6000000

备注　项目　　部门
个人　　客户
业务员

记账　审核　出纳　制单 张文华

图 8-117　生成凭证结果——实训七

2. 受托代销销售

(1) 在销售管理系统中录入“销售订单”

① 以销售人员“X01 王大国”身份登录，修改“注册日期”为“2025年6月22日”。

② 在销售管理系统中，根据实验资料图8-107填制销售订单，如图8-118所示。

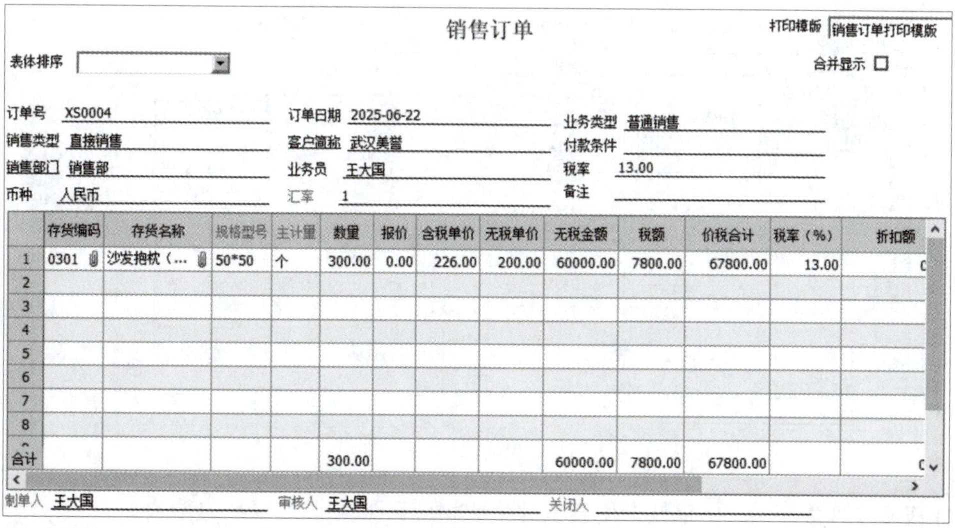
销售订单

打印模版 销售订单打印模版

表体排序　　合并显示

订单号 XS0004　　订单日期 2025-06-22　　业务类型 普通销售

销售类型 直接销售　　客户简称 武汉美誉　　付款条件

销售部门 销售部　　业务员 王大国　　税率 13.00

币种 人民币　　汇率 1　　备注

	存货编码	存货名称	规格型号	主计量	数量	报价	含税单价	无税单价	无税金额	税额	价税合计	税率（%）	折扣额
1	0301	沙发抱枕（…	50*50	个	300.00	0.00	226.00	200.00	60000.00	7800.00	67800.00	13.00	0
2													
3													
4													
5													
6													
7													
8													
合计					300.00				60000.00	7800.00	67800.00		0

制单人 王大国　　审核人 王大国　　关闭人

图 8-118　销售订单——实训七

❖ 特别提醒：

✧ 第二阶段：销售受托代销商品过程中的买卖双方并不存在委托与受托关系，故销售订单业务类型为“普通销售”。

(2) 在销售管理系统中生成“销售发票”

① 以销售人员“X01 王大国”身份登录，修改“注册日期”为“2025年6月22日”。

② 在销售管理系统中，根据实验资料图8-108生成销售专用发票并复核，如图8-119所示。

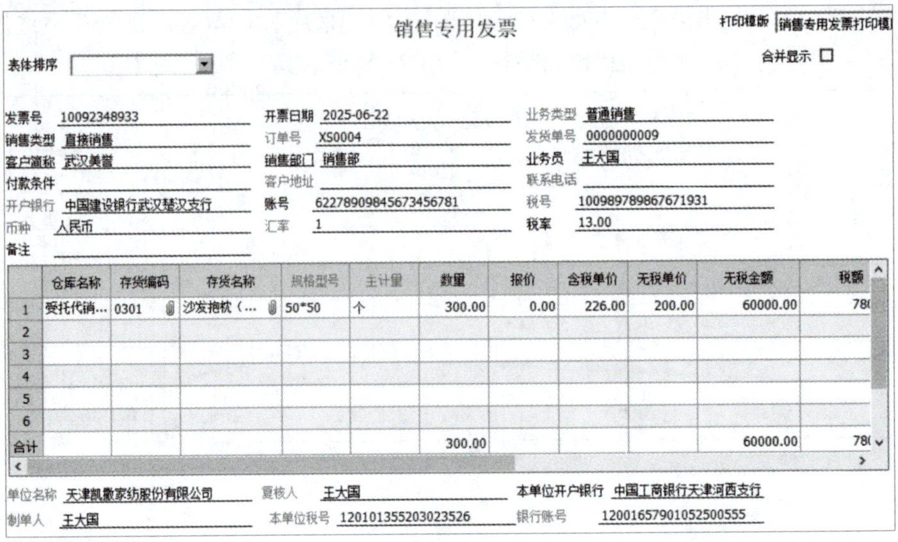

图 8-119　销售专用发票——实训七

(3) 在库存管理系统中生成"销售出库单"

① 以仓管人员"C01 陈晨"身份登录，修改"注册日期"为"2025年6月22日"。

② 在库存管理系统中，生成销售出库单并审核，如图8-120所示。

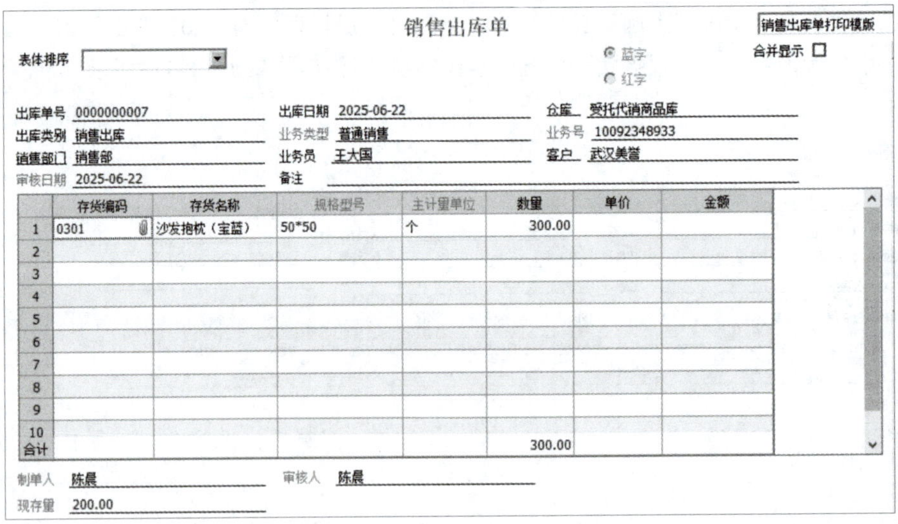

图 8-120　销售出库单——实训七

(4) 在应收款管理系统中审核专用发票并生成相应记账凭证

① 以会计人员"W02 张文华"身份登录，修改"注册日期"为"2025年6月22日"。

② 在应收款管理系统中，审核销售发票并生成销售发票记账凭证，如图8-121所示。

(5) 在存货核算系统中完成存货记账并生成销售成本结转记账凭证

① 在存货核算系统中，对销售出库单进行记账。

② 执行"财务核算"|"生成凭证"命令，单击"选择"按钮，在打开的"查询条件"对话框中，单击"全消"按钮，选中"(32)销售出库单"复选框，生成委托代销发出商品专用发票记账凭证，如图8-122所示。

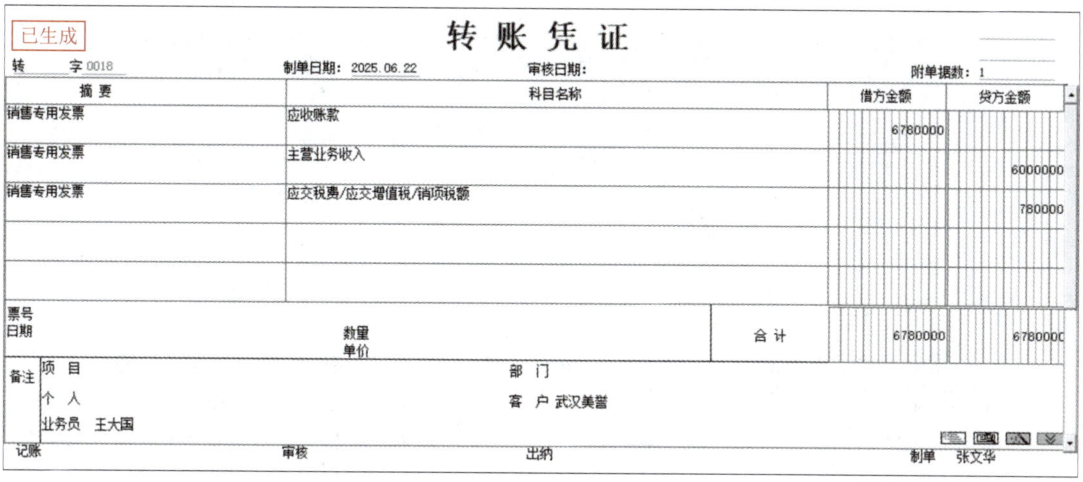
已生成

转账凭证

转 字 0018 制单日期：2025.06.22 审核日期： 附单据数：1

摘要	科目名称	借方金额	贷方金额
销售专用发票	应收账款	6780000	
销售专用发票	主营业务收入		6000000
销售专用发票	应交税费/应交增值税/销项税额		780000
票号 日期	数量 单价 合计	6780000	6780000

备注 项目 部门

个人 客户 武汉美誉

业务员 王大国

记账 审核 出纳 制单 张文华

图 8-121 生成凭证结果——实训七

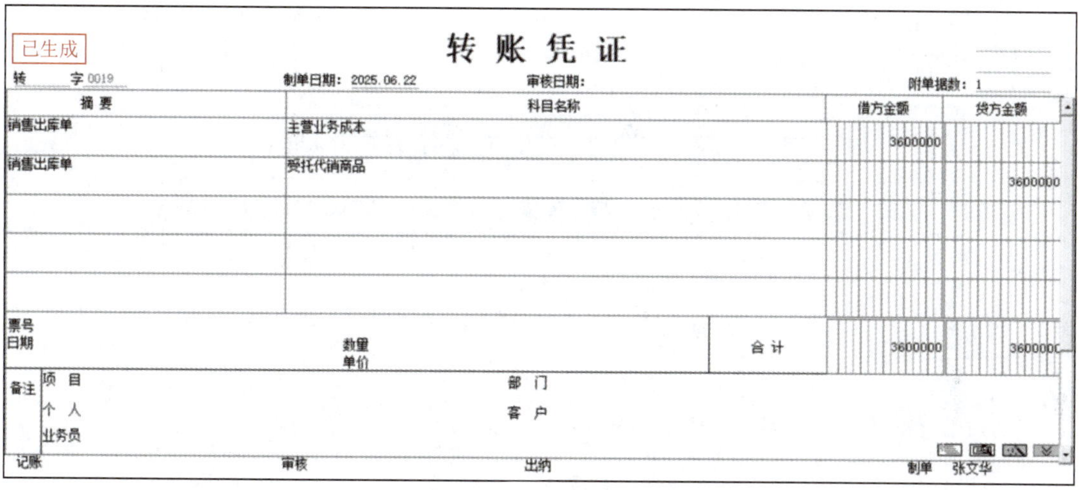
已生成

转账凭证

转 字 0019 制单日期：2025.06.22 审核日期： 附单据数：1

摘要	科目名称	借方金额	贷方金额
销售出库单	主营业务成本	3600000	
销售出库单	受托代销商品		3600000
票号 日期	数量 单价 合计	3600000	3600000

备注 项目 部门

个人 客户

业务员

记账 审核 出纳 制单 张文华

图 8-122 生成凭证结果——实训七

3. 受托代销结算

(1) 在采购管理系统中完成受托代销结算并生成“采购发票”

① 以采购人员“G01 林群”身份登录，修改“注册日期”为“2025年6月25日”。

② 在采购管理系统中，执“采购结算”|“受托代销结算”命令，打开“查询条件选择-受托代销选单过滤”对话框，“客户”栏选择“成都宝蓝家居用品制造有限公司”，单击“确定”按钮。

③ 在“受托代销结算”界面根据实验资料图8-120录入发票号，“采购类型”选择“受托代销”，在表体中修改“结算数量”为“300”，双击选中此条记录，单击“结算”按钮，如图8-123所示，自动生成相应采购专用发票。

④ 执行“采购发票”|“专用采购发票”命令，在弹出的对话框中单击“末张”按钮，按电汇凭证的金额进行“现付”处理，如图8-124所示。

(2) 在应付款管理系统中审核专用发票并生成采购发票记账凭证。

① 以会计人员“W02 张文华”身份登录，修改“注册日期”为“2025年6月25日”。

② 在应付款管理系统中，审核采购发票并生成相应的记账凭证，注意修改借方科目为“2314 受托代销商品款”如图8-125所示。

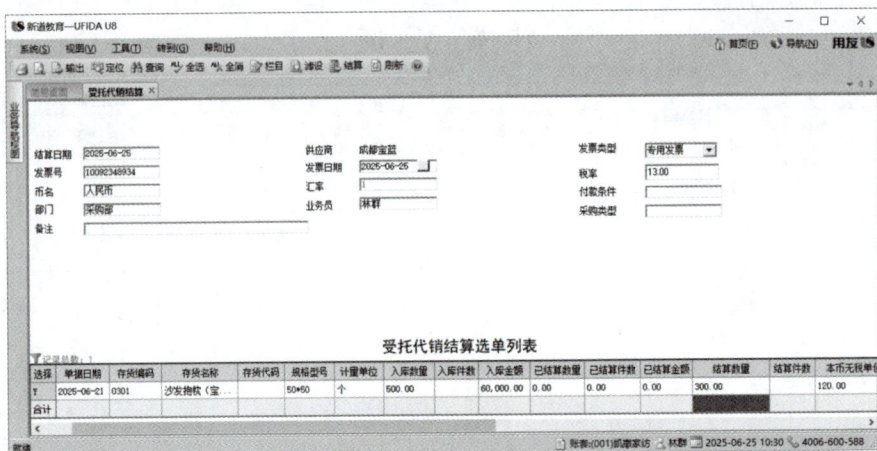

图 8-123　受托代销结算——实训七

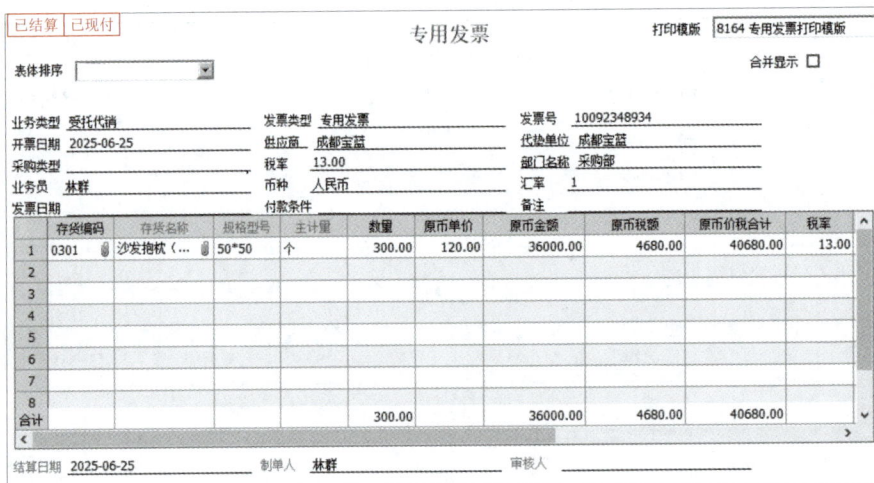

图 8-124　采购专用发票——实训七

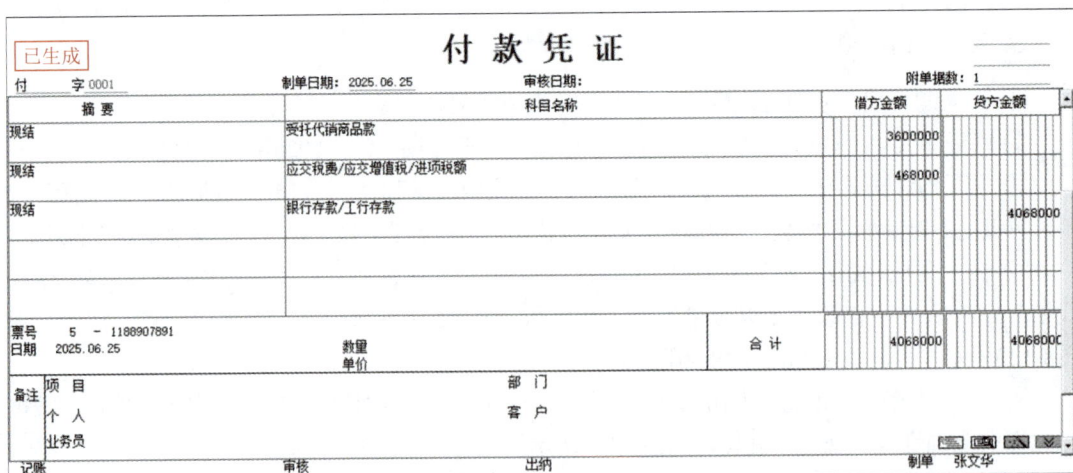

图 8-125　生成凭证结果——实训七

(3) 在存货核算系统中结算暂估成本

在存货核算系统中，执行"业务核算"|"结算成本处理"命令，选中"受托代销商品库"

复选框，结算已售出受托代销商品暂估成本，如图8-126所示。

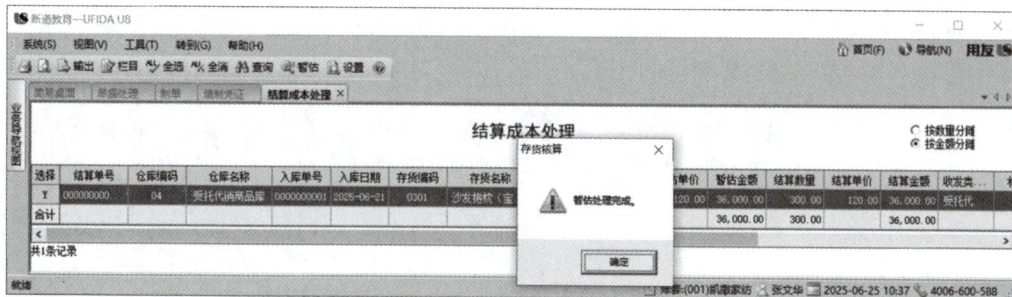

图 8-126　暂估成本结算——实训七

❖ **特别提醒：**

◇ 收到受托代销商品阶段存货虽然单价已经确定，但由于委托方尚未开具发票，故而采用先暂估处理，再结算暂估成本的方式。

实训八　代垫运费业务

实训任务

2025年6月25日，天津凯撒家纺股份有限公司与北京仁智百货有限公司签订销售协议。原始凭证如图8-127～图8-131所示。

购 销 合 同

合同编号：XS0005

卖方：天津凯撒家纺股份有限公司

买方：北京仁智百货有限公司

为保护买卖双方的合法权益，根据《中华人民共和国民法典》的有关规定，买卖双方经友好协商，一致同意签订本合同并共同遵守。

一、货物的名称、数量及金额

货物名称	规格型号	计量单位	数量	单价(不含税)	金额(不含税)	税率	税额
床垫(秋天)	1.8M	件	400	320.00	128 000.00	13%	16 640.00
合　计					¥128 000.00		¥16 640.00

二、合同总金额：人民币壹拾肆万肆仟陆佰肆拾元整(¥144 640.00)。

三、收款时间：买方于签订合同后30日内(2025年7月24日)付款。现金折扣条件：2/10,1/20,n/30(价款)。按不含税金额约定折扣基数。

四、发货时间：卖方于签订合同当日向买方发出所有商品。

五、交货地点：北京仁智百货有限公司

六、发运方式：买方垫运。

卖　方：天津凯撒家纺股份有限公司　　　　买　方：北京仁智百货有限公司

授权代表：王大国同专用章　　　　　　　　授权代表：李承宽同专用章

日　期：2025年6月25日　　　　　　　　日　期：2025年6月25日

图 8-127　购销合同——实训八

天津市增值税专用发票

1207462569　　　　　　　　开票日期：2025 年 6 月 25 日　　　　No　10092348935

购货单位	名　　称：北京仁智百货有限公司 纳税人识别号：117677798962237666 地址、电话：北京市西城区金融大街36号 010-276285966 开户行及账号：中国建设银行北京金融街支行62272216993562377890	密码区	12008960+*2><618//*464 64161145641/*-+4164><6 *-46></--2310690/*-526 7812345/*980--><-9809>

货物或应税劳务名称	规格型号	单位	数量	单价	金额	税率	税额
床垫(秋天)	1.8M	件	400.00	320.00	128 000.00	13%	16 640.00
合　计			400.00		¥128 000.00		¥16 640.00

价税合计(大写)　⊗ 壹拾肆万肆仟陆佰肆拾元整　　　　　　(小写)¥144 640.00

销货单位	名　　称：天津凯撒家纺股份有限公司 纳税人识别号：120101355203023526 地址、电话：天津市河西区珠江道86号 022-28285566 开户行及账号：中国工商银行天津河西支行12001657901052500555	备注	天津凯撒家纺股份有限公司 120101355203023526 发票专用章

收款人：略　　　　复核：略　　　　开票人：略　　　　销货单位：(章)

图 8-128　增值税专用发票——实训八

商品出库单

发出仓库：床上用品仓库　　　　2025 年 6 月 25 日

商品名称	型号	应收数量	实收数量	单价	核对结果	原因	处理结果
床垫(秋天)	1.8M	400.00	400.00		无误		
合计		400.00	400.00	提货单位		北京仁智百货有限公司	

部门经理：略　　　　会计：略　　　　仓库：略　　　　制单人：略

图 8-129　商品出库单——实训八

北京市增值税专用发票

1100143160　　　　　　　　开票日期：2025 年 6 月 25 日　　　　No　10092348936

购货单位	名　　称：北京仁智百货有限公司 纳税人识别号：117677798962237666 地址、电话：北京市西城区金融大街36号 010-276285966 开户行及账号：中国建设银行北京金融街支行62272216993562377890	密码区	11008960+*2><618//*464 64161145641/*-+4164><6 *-46></--2338990/*-526 7812345/*980--><-9809>

货物或应税劳务名称	规格型号	单位	数量	单价	金额	税率	税额
运费		千米	200.00	30.00	6 000.00	9%	540.00
合　计			200.00		¥6 000.00		¥540.00

价税合计(大写)　⊗ 陆仟伍佰肆拾元整　　　　　　(小写)¥6 540.00

销货单位	名　　称：北京顺丰速递有限公司 纳税人识别号：110989089867671969 地址、电话：北京市海淀区学院南路33号 010-86965669 开户行及账号：中国建设银行北京五道口支行62278909678567349661	备注	北京顺丰速递有限公司 110989089867671969 发票专用章

收款人：略　　　　复核：略　　　　开票人：略　　　　销货单位：(章)

图 8-130　增值税专用发票——实训八

图 8-131　电汇凭证——实训八

2025年6月26日，收到代垫北京仁智百货有限公司货款及垫付款(销售管理系统处理)。原始凭证如图8-132所示。

图 8-132　收款回单——实训八

任务解析

1. 背景知识

代垫费用是指在销售业务中，随货物销售所发生的如运杂费、保险费等暂时代垫费用，将来需向对方单位收取的费用项目。代垫费用实际上形成了用户对客户的应收款，销售管理系统对代垫费用的发生情况进行登记，代垫费用的收款核销由应收款管理系统来处理。代垫费用业务处理流程如图8-133所示。

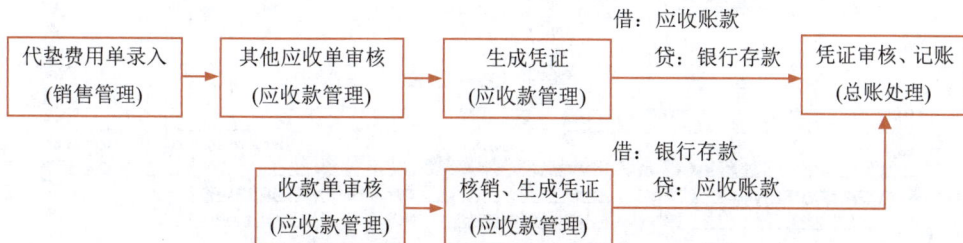

图 8-133　代垫费用业务处理流程图

2. 岗位说明

以业务员X01身份完成销售管理系统业务处理；以业务员C01身份完成库存管理系统业务处理；以出纳W03身份完成收款单录入；以会计W02身份完成存货核算系统、应收款管理系统业务处理。

实训指引

(1) 在销售管理系统中录入“销售订单”

① 以销售人员“X01王大国”身份登录，修改“注册日期”为“2025年6月25日”。

② 在销售管理系统中，根据实验资料图8-127填制销售订单，注意录入付款条件，如图8-134所示。

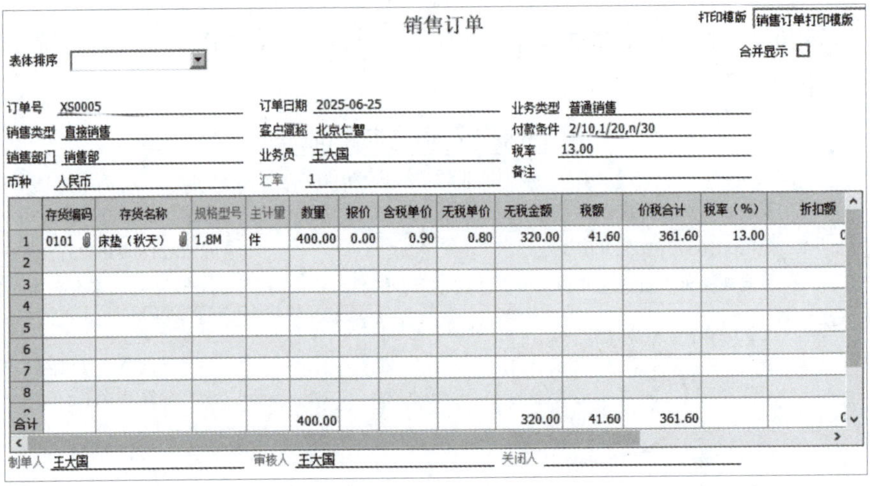

销售订单

打印模版 销售订单打印模版

表体排序

合并显示 □

订单号 XS0005　订单日期 2025-06-25　业务类型 普通销售

销售类型 直接销售　客户简称 北京仁智　付款条件 2/10,1/20,n/30

销售部门 销售部　业务员 王大国　税率 13.00

币种 人民币　汇率 1　备注

	存货编码	存货名称	规格型号	主计量	数量	报价	含税单价	无税单价	无税金额	税额	价税合计	税率（%）	折扣额
1	0101	床垫（秋天）	1.8M	件	400.00	0.00	0.90	0.80	320.00	41.60	361.60	13.00	0
2													
3													
4													
5													
6													
7													
8													
合计					400.00				320.00	41.60	361.60		0

制单人 王大国　审核人 王大国　关闭人

图 8-134　销售订单——实训八

(2) 在销售管理系统中生成“销售发票”

在销售管理系统中，根据实验资料图8-128生成销售专用发票并复核，如图8-135所示。

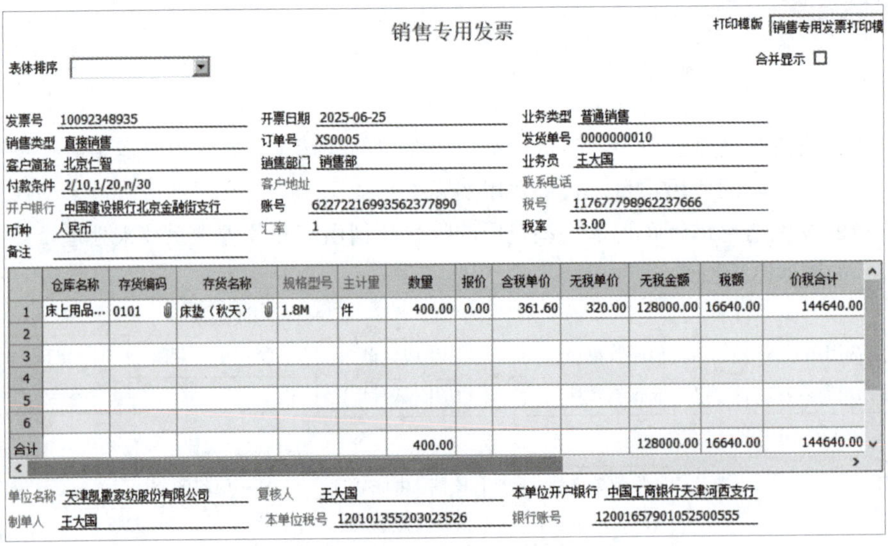

销售专用发票

打印模版 销售专用发票打印模

表体排序

合并显示 □

发票号 10092348935　开票日期 2025-06-25　业务类型 普通销售

销售类型 直接销售　订单号 XS0005　发货单号 0000000010

客户简称 北京仁智　销售部门 销售部　业务员 王大国

付款条件 2/10,1/20,n/30　客户地址　联系电话

开户银行 中国建设银行北京金融街支行　账号 6227221699356237789O　税号 117677798962237666

币种 人民币　汇率 1　税率 13.00

备注

	仓库名称	存货编码	存货名称	规格型号	主计量	数量	报价	含税单价	无税单价	无税金额	税额	价税合计
1	床上用品…	0101	床垫（秋天）	1.8M	件	400.00	0.00	361.60	320.00	128000.00	16640.00	144640.00
2												
3												
4												
5												
6												
合计						400.00				128000.00	16640.00	144640.00

单位名称 天津凯徽家纺股份有限公司　复核人 王大国　本单位开户银行 中国工商银行天津河西支行

制单人 王大国　本单位税号 120101355203023526　银行账号 1200165790105250O555

图 8-135　销售专用发票——实训八

(3) 在销售管理系统中录入"代垫费用单"

在销售管理系统中，执行"代垫费用"|"代垫费用单"命令，单击"增加"按钮，根据实验资料图8-130录入代垫费用单，"客户简称"选择"104 北京仁智"，"费用项目"选择"代垫运杂费"，依次单击"保存""审核"按钮，如图8-136所示。

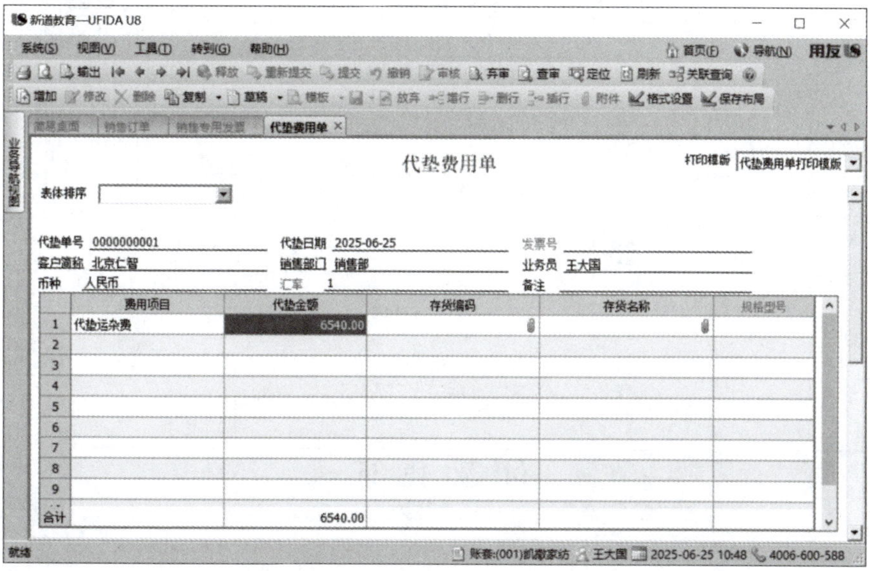

图 8-136　代垫费用单——实训八

(4) 在库存管理系统中生成"销售出库单"

① 以仓管人员"C01 陈晨"身份登录，修改"注册日期"为"2025年6月25日"。

② 在库存管理系统中，根据实验资料图8-129生成销售出库单并审核，如图8-137所示。

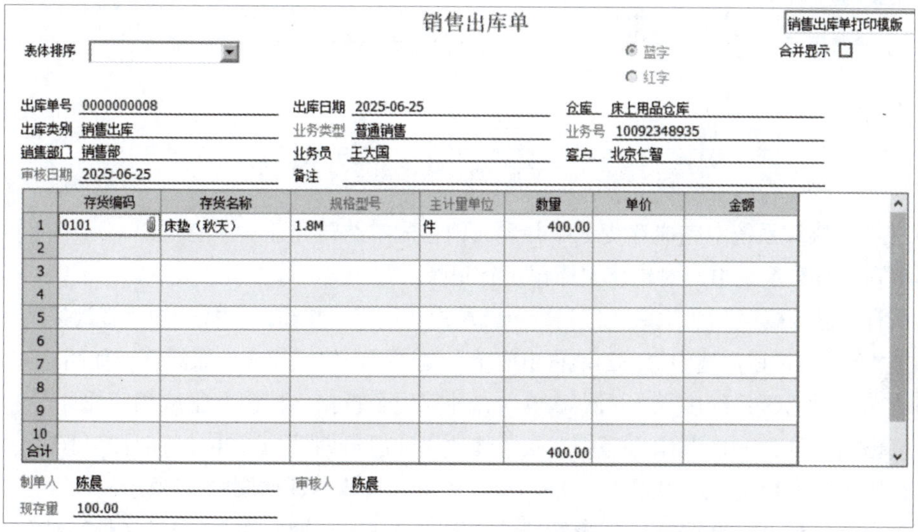

图 8-137　销售出库单——实训八

(5) 在应收款管理系统中审核销售发票及代垫费用单并生成记账凭证。

① 以会计人员"W02 张文华"身份登录，修改"注册日期"为"2025年6月25日"。

② 在应收款管理系统中，审核销售发票及代垫费用单。

③ 执行"应收款管理"|"制单处理"命令，在"制单查询"对话框中选择"发票制单""应

收单制单”选项，生成相应凭证。注意补录代垫费用单记账凭证中的贷方科目为“100201 银行存款——工行存款”并根据实验资料图8-132录入辅助项，如图8-138、图8-139所示。

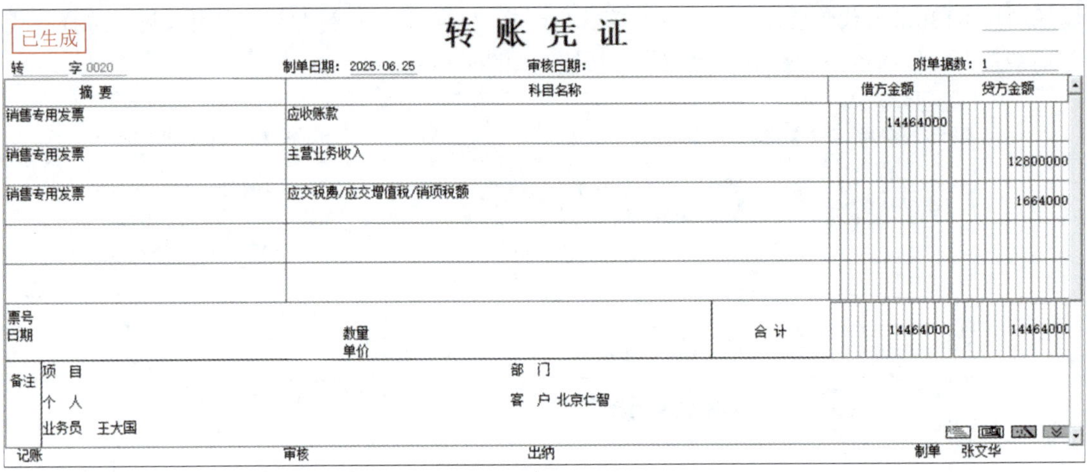
已生成

转账凭证

转 字 0020　　制单日期：2025.06.25　　审核日期：　　附单据数：1

摘要	科目名称	借方金额	贷方金额
销售专用发票	应收账款	14464000	
销售专用发票	主营业务收入		12800000
销售专用发票	应交税费/应交增值税/销项税额		1664000
票号 日期	数量 单价 合计	14464000	1446400C

备注　项目　　部门
个人　　客户 北京仁智
业务员 王大国

记账　　审核　　出纳　　制单 张文华

图8-138　生成凭证结果(销售专用发票)——实训八

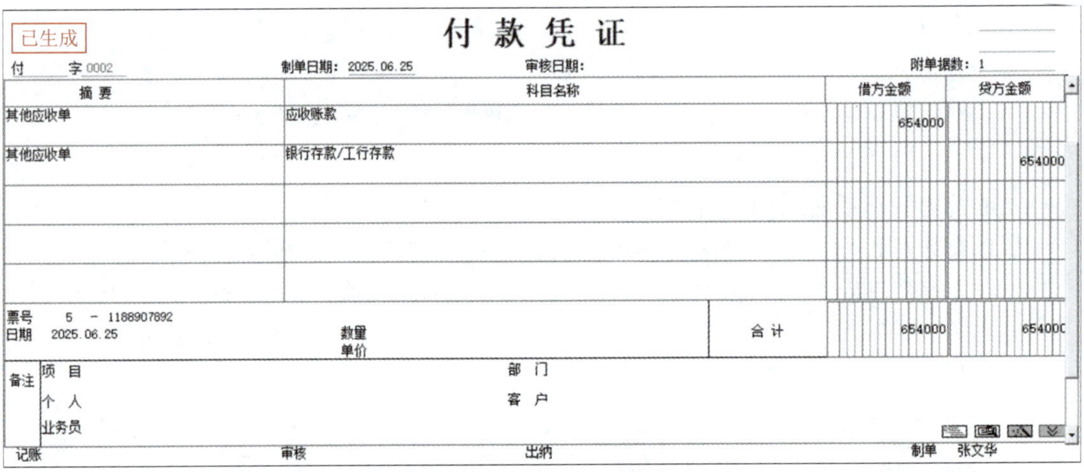
已生成

付款凭证

付 字 0002　　制单日期：2025.06.25　　审核日期：　　附单据数：1

摘要	科目名称	借方金额	贷方金额
其他应收单	应收账款	654000	
其他应收单	银行存款/工行存款		654000
票号 5 - 1188907892 日期 2025.06.25	数量 单价 合计	654000	65400C

备注　项目　　部门
个人　　客户
业务员

记账　　审核　　出纳　　制单 张文华

图8-139　生成凭证结果(代垫费用单)——实训八

(6) 在存货核算系统中完成存货记账并生成销售成本结转凭证

① 在存货核算系统中，对销售出库单进行记账。

② 执行“财务核算”|“生成凭证”命令，单击“选择”按钮，在打开的“查询条件”对话框中，单击“全消”按钮，选中“(32)销售出库单”复选框，生成相应记账凭证，如图8-140所示。

(7) 在应收款管理系统中录入“收款单”、计算现金折扣、核销并生成相应凭证

① 以出纳人员“W03 黄宁”身份登录，修改“注册日期”为“2025年6月26日”。

② 在销售管理系统中，根据实验资料图8-132录入收款单，如图8-141所示。

③ 以会计人员“W02 张文华”身份登录，修改“注册日期”为“2025年6月26日”。

④ 在应收款管理系统中，审核收款单。

⑤ 在应收款管理系统中，完成手工核销。注意在“单据核销”窗口中，录入收款单“本次结算金额”为“148 620.00”，其他应收单“本次结算金额”为“6 540.00”，销售专用发票“本次折扣”为“2 560.00”，“本次结算金额”为“142 080.00”，如图8-142所示。

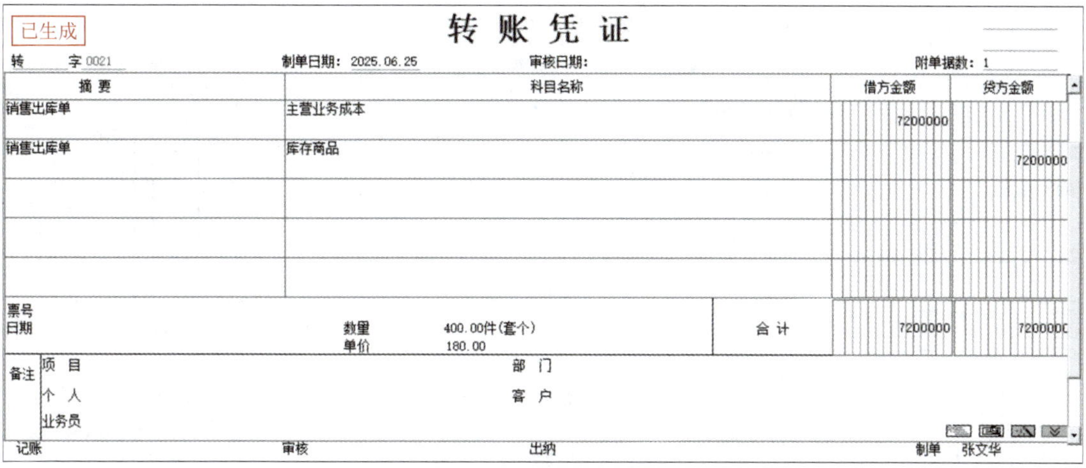

图 8-140　生成凭证结果——实训八

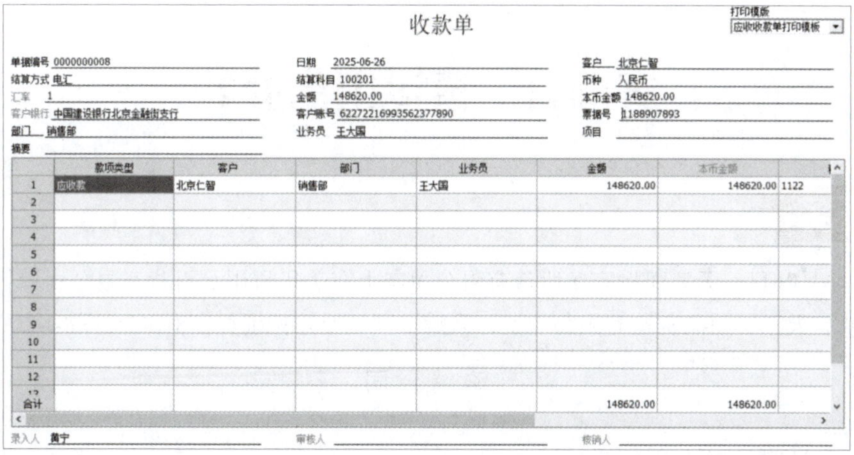

图 8-141　收款单——实训八

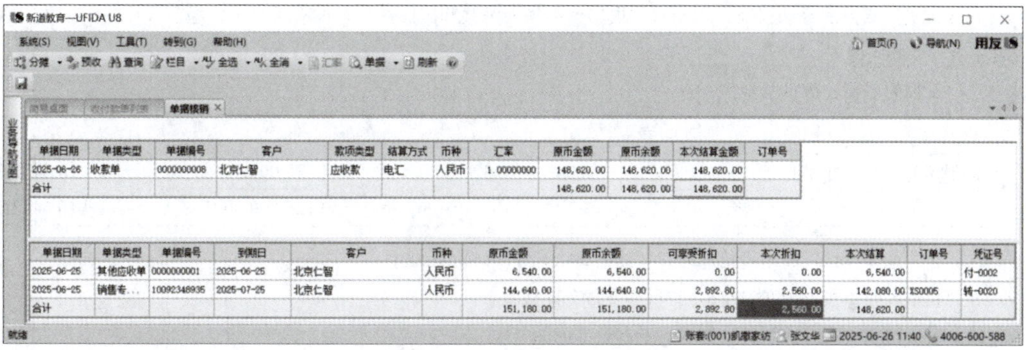

图 8-142　单据核销——实训八

❖ **特别提醒：**

◇　"本次折扣"计算过程=128 000×2%=2 560；销售专用发票"本次结算"计算过程=不含税金额128 000×98%+增值税额16 640=142 080。

⑥　执行"制单处理"命令，在"制单查询"对话框中，选择"收付款单制单""核销制单"选项，生成相应记账凭证，如图8-143所示。

收款凭证

收 字 0007		制单日期: 2025.06.26	审核日期:		附单据数: 2
摘 要		科目名称		借方金额	贷方金额
收款单		银行存款/工行存款		148620 00	
现金折扣		财务费用		2560 00	
销售专用发票		应收账款			151180 00

票号 5 - 1188907893		数量	合 计	151180 00	151180 00
日期 2025.06.26		单价			

备注	项 目		部 门		
	个 人		客 户		
	业务员				

记账	审核	出纳	制单 张文华

图 8-143　生成凭证结果——实训八

实训九　直运销售业务

实训任务

2025年6月26日，天津凯撒家纺股份有限公司向上海美华日用品百货有限公司销售商品；同日，向山西春天家居用品制造有限公司签订采购合同。原始凭证如图8-144～图8-147所示。

购销合同

合同编号：ZX0001

卖方：天津凯撒家纺股份有限公司

买方：上海美华日用品百货有限公司

为保护买卖双方的合法权益，买卖双方根据《中华人民共和国民法典》的有关规定，经友好协商，一致同意签订本合同并共同遵守。

一、货物的名称、数量及金额

货物名称	规格型号	计量单位	数量	单价(不含税)	金额(不含税)	税率	税额
床垫(秋天)	1.8M	件	400	320.00	128 000.00	13%	16 640.00
合 计					¥128 000.00		¥16 640.00

二、合同总金额：人民币壹拾肆万肆仟陆佰肆拾元整(¥144 640.00)。

三、收款时间：买方于2025年6月27日前支付全部货款。

四、发货时间：卖方于签订合同当日发出全部商品。

五、2019年8月26日前买方可以因商品质量问题退货。

六、发运方式：由买方将商品发往交货地点。

七、交货地点：上海美华日用品百货有限公司

卖　方：天津凯撒家纺股份有限公司　　　　买　方：上海美华日用品百货有限公司

授权代表：王大　合同专用章　　　　　　　授权代表：翁庆裕　合同专用章

日　期：2025年6月26日　　　　　　　　　日　期：2025年6月26日

图 8-144　购销合同——实训九

天津市增值税专用发票

1207462569　　　　开票日期：2025年6月26日　　　　No 10092348937

购货单位	名　称：	上海美华日用品百货有限公司					密码区	12008960+*2><618//*464
	纳税人识别号：	310102786546645865						64161145641/*-+4164><6
	地址、电话：	上海市澳门路168号海天大厦一楼 021-890098786						*-46></--2310690/*-526
	开户行及账号：	中国建设银行上海浦东天苑支行62278909876567890451						7812345/*980-->≤-9809>

货物或应税劳务名称	规格型号	单位	数量	单价	金额	税率	税额
床垫(秋天)	1.8M	件	400.00	320.00	128 000.00	13%	16 640.00
合　计			400.00		￥128 000.00		￥16 640.00

价税合计(大写)　⊗ 壹拾肆万肆仟陆佰肆拾元整　　　　￥144 640.00

销货单位	名　称：	天津凯撒家纺股份有限公司	备注	天津凯撒家纺股份有限公司 12010135520302352 6 发票专用章
	纳税人识别号：	120101355203023526		
	地址、电话：	天津市河西区珠江道86号 022-28285566		
	开户行及账号：	中国工商银行天津河西支行12001657901052500555		

收款人：略　　复核：略　　开票人：略　　销货单位：(章)

第一联：记账联　销货方记账凭证

图 8-145　增值税专用发票——实训九

购销合同

合同编号：ZC0001

卖方：山西春天家居用品制造有限公司

买方：天津凯撒家纺股份有限公司

为保护买卖双方的合法权益，买卖双方根据《中华人民共和国合同法》的有关规定，经友好协商，一致同意签订本合同并共同遵守。

一、货物的名称、数量及金额

货物名称	规格型号	计量单位	数量	单价(不含税)	金额(不含税)	税率	税额
床垫(秋天)	1.8M	件	400	100.00	40 000.00	13%	5 200.00
合　计					￥40 000.00		￥5 200.00

二、合同总金额：人民币肆万伍仟贰佰元整(￥45 200.00)。

三、收款时间：买方于收到货物1个月内向卖方支付货款。

四、至付清所有合同款项前，卖方按买方未付款项与合同总价款的比例保留对合同标的物的所有权。

五、发货时间：卖方在签订合同当日向买方发出全部商品。

六、交货地点：上海美华日用品百货有限公司。

七、发运方式：买方自运。

卖　方：山西春天家居用品制造有限公司　　　买　方：天津凯撒家纺股份有限公司

授权代表：赵跃　合同专用章　　　　　　　　授权代表：王天国　合同专用章

日　期：2025年6月26日　　　　　　　　　　日　期：2025年6月26日

图 8-146　购销合同——实训九

山西省增值税专用发票

1401946562　　　　　开票日期：2025 年 6 月 26 日　　　　No　10092348938

购货单位	名　称：天津凯撒家纺股份有限公司 纳税人识别号：120101355203023526 地址、电话：天津市河西区珠江道86号 022-28285566 开户行及账号：中国工商银行天津河西支行12001657901052500555	密码区	14008960+*2><618//*464 64161145641/*-+4164><6 *-46></--2338990/*-526 7812345/*980--><-9809>

货物或应税劳务名称	规格型号	单位	数量	单价	金额	税率	税额
床垫(秋天)	1.8M	件	400.00	100.00	40 000.00	13%	5 200.00
合　计			400.00		¥40 000.00		¥5 200.00

价税合计（大写）　⊗ 肆万伍仟贰佰元整　　　　　（小写）¥45 200.00

销货单位	名　称：山西春天家居用品制造有限公司 纳税人识别号：140103789256478131 地址、电话：山西运城市万容县西贾工业园西座 0359-86962998 开户行及账号：中国建设银行山西运城万容支行67227156789098256767	备注	(发票专用章)

收款人：略　　复核：略　　开票人：略　　销货单位：(章)

图 8-147　增值税专用发票——实训九

任务解析

1. 背景知识

直运销售业务是指产品无须入库即可完成的购销业务，由供应商直接将商品发给企业的客户，没有实际的入库处理，在系统生成的记账凭证中也就没有涉及"库存商品"科目的会计分录出现。财务结算由供销双方通过直运销售发票和直运采购发票分别与企业结算。直运业务常见于大型电器、汽车和设备等产品的购销。直运销售涉及的存货应具有"内销""外购"属性。直运销售业务处理流程如图8-148所示。

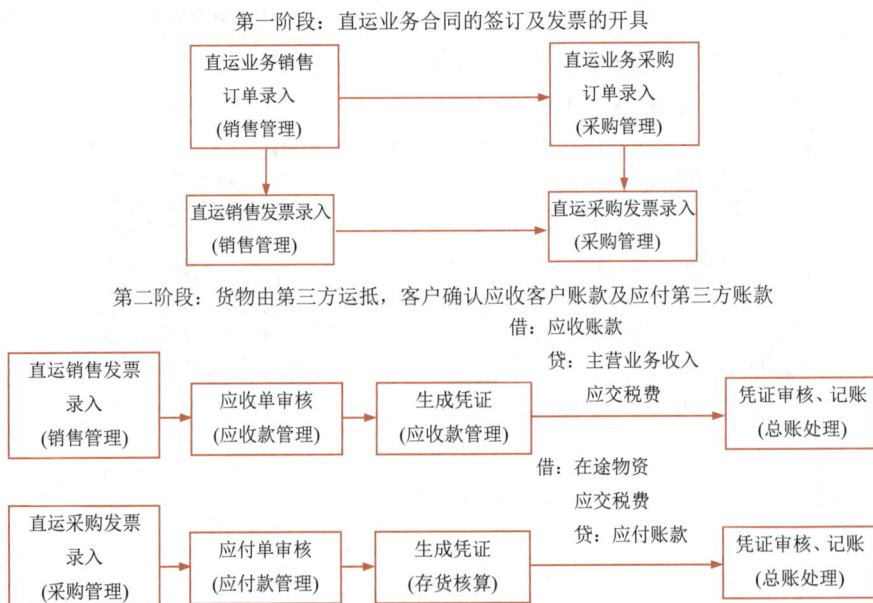

图 8-148　直运业务处理流程图

第三阶段：结转成本

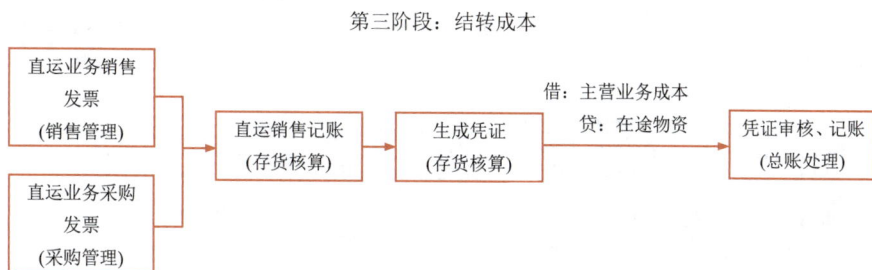

图8-148　直运业务处理流程图(续)

2. 岗位说明

以业务员G01身份完成采购管理系统业务处理；以业务员X01身份完成销售管理系统业务处理；以业务员C01身份完成库存管理系统业务处理；以会计W02身份完成存货核算系统、应收应付款管理系统业务处理。

实训指引

(1) 在销售管理系统中录入"销售订单"

① 以销售人员"X01 王大国"身份登录，修改"注册日期"为"2025年6月26日"。

② 在销售管理系统中，根据实验资料图8-144填制销售订单，注意修改"业务类型"为"直运销售"，如图8-149所示。

图 8-149　直运销售订单——实训九

(2) 在销售管理系统中生成"直运销售发票"

在销售管理系统中，根据实验资料图8-145生成销售专用发票，注意选择"业务类型"为"直运销售"后，再选择"生单"下拉菜单中的"参照订单"选项，如图8-150所示。

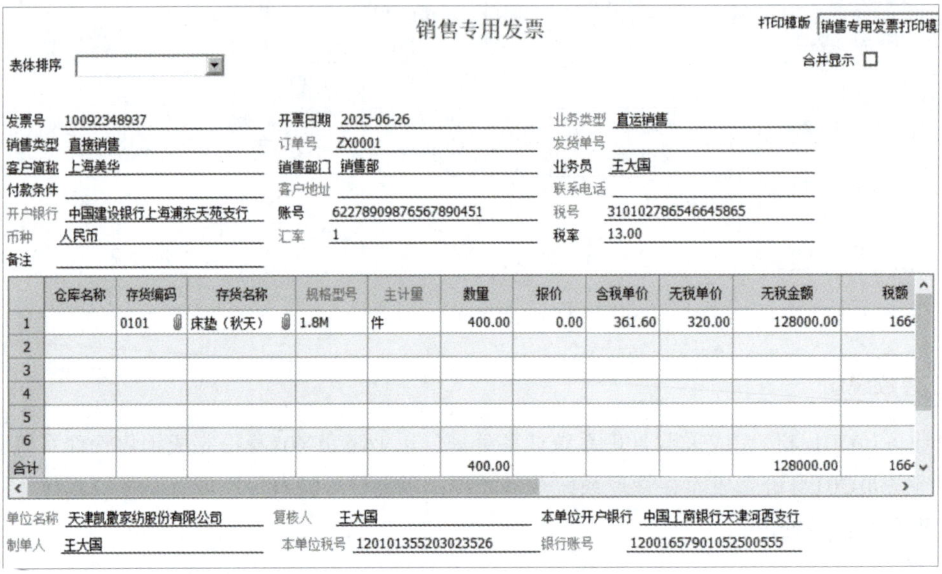

图 8-150　直运销售发票——实训九

❖ **特别提醒：**

◇ 直运销售发票无须选择仓库。

(3) 在采购管理系统中生成"直运采购订单"

① 以采购人员"G01 林群"身份登录，修改"注册日期"为"2025年6月26日"。

② 在采购管理系统中，执行"采购订货"|"采购订单"命令，根据实验资料图8-146完成直运采购订单录入，注意选择"业务类型"为"直运采购"后再选择"生单"按钮下拉菜单中的"销售订单"选项，如图8-151所示。

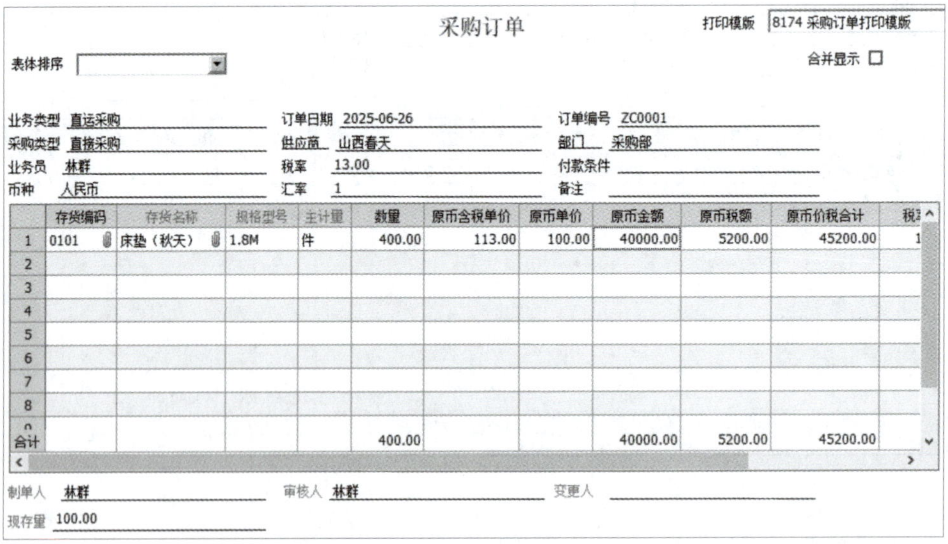

图 8-151　直运采购订单——实训九

❖ **特别提醒：**

◇ 直运采购订单务必参照直运销售订单生成，切勿手工录入，否则两张订单无法关联。

(4) 在采购管理系统中生成"采购发票"

在采购管理系统中，根据实验资料图8-147生成采购专用发票，注意选择"业务类型"为"直运采购"后，再选择"生单"下拉菜单中的"采购订单"选项，如图8-152所示。

| 专用发票 | | | | | | | | | 打印模版 | 8164 专用发票打印模版 |

表体排序 [　　　　　　　▼]　　　　　　　　　　　　　　　　　　　　合并显示 □

业务类型　直运采购　　　　　发票类型　专用发票　　　　　发票号　10092348938
开票日期　2025-06-26　　　　供应商　山西春天　　　　　代垫单位　山西春天
采购类型　直接采购　　　　　税率　13.00　　　　　　　部门名称　采购部
业务员　林群　　　　　　　币种　人民币　　　　　　汇率　1
发票日期　　　　　　　　　付款条件　　　　　　　　备注

	存货编码	存货名称	规格型号	主计量	数量	原币单价	原币金额	原币税额	原币价税合计	税率
1	0101	床垫（秋天）	1.8M	件	400.00	100.00	40000.00	5200.00	45200.00	13.00
2										
3										
4										
5										
6										
7										
8										
合计					400.00		40000.00	5200.00	45200.00	

结算日期　　　　　　　　制单人　林群　　　　　　　审核人

图 8-152　直运采购发票——实训九

❖ **特别提醒：**

◇　因不存在采购入库单，故直运采购发票无须结算。

◇　直运销售业务涉及销售发票及采购发票各一张。在生成发票时，如直运采购订单与直运销售订单均已录入，两张发票分别依据各自订单生成；但若未录入直运采购订单，则直运采购发票参照直运销售发票生成。

(5) 在应收款管理系统中审核专用发票并生成销售发票记账凭证

在应收款管理系统中，审核销售专用发票并生成相应的记账凭证，如图8-153所示。

| 转 账 凭 证 | | | | |

已生成

转　字 0022　　　　　　制单日期：2025.06.26　　　审核日期：　　　　　　　　　　　　附单据数：1

摘　要	科目名称	借方金额	贷方金额
销售专用发票	应收账款	144640 00	
销售专用发票	主营业务收入		128000 00
销售专用发票	应交税费/应交增值税/销项税额		16640 00

票号　　　　　　　　　数量
日期　　　　　　　　　单价　　　　　　　　　　　　　　　　　　　合　计　144640 00　144640 00

备注　项　目　　　　　　　　　部　门
　　　个　人　　　　　　　　　客　户 上海美华
　　　业务员 王大国

记账　　　　　　审核　　　　　　出纳　　　　　　　　　　制单 张文华

图 8-153　直运销售发票生成凭证——实训九

(6) 在应付款管理系统中审核专用发票

在应付款管理系统中，审核直运采购发票。

❖ **特别提醒：**

◇ 直运采购发票记账凭证在存货核算系统中生成。

(7) 在存货核算系统中直运销售记账并生成直运采购及销售成本结转记账凭证。

① 在存货核算系统中，执行"业务核算"|"直运销售记账"命令，在弹出的"直运采购发票核算查询条件"对话框中，"单据类型"选择"销售发票"和"采购发票"，如图8-154所示，单击"确定"按钮。

② 在"直运销售记账"窗口中，依次单击"全选""记账"按钮，对采购发票和销售发票进行记账，如图8-155所示。

图 8-154 直运采购发票查询条件——实训九

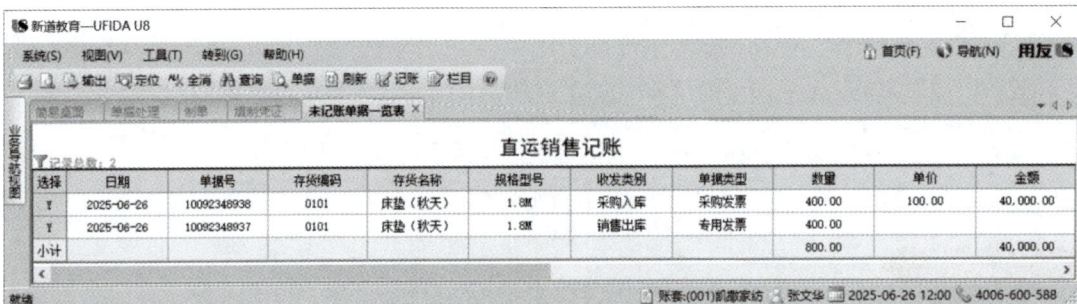

图 8-155 直运销售记账——实训九

③ 执行"财务核算"|"生成凭证"命令，单击"选择"按钮，在打开的"查询条件"对话框中单击"全消"按钮，选中"(25)直运销售发票"和"(26)直运采购发票"复选框，注意在两张记账凭证中补录存货科目为"1402 在途物资"，如图8-156所示。

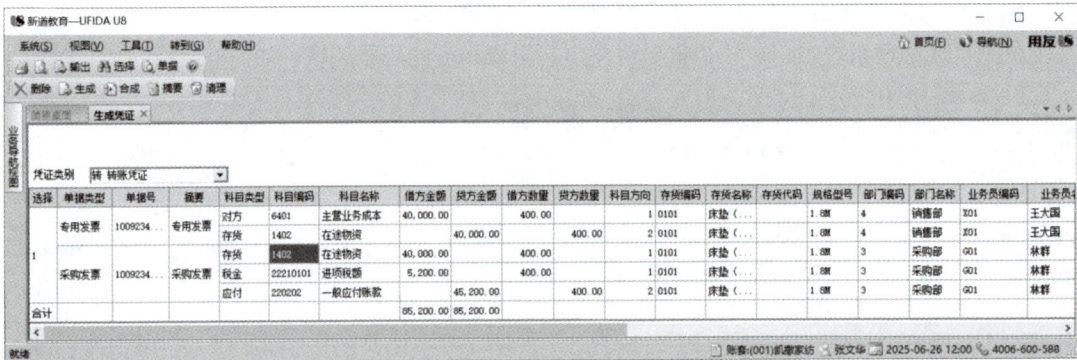

图 8-156 直运销售生成凭证——实训九

④ 单击"生成"按钮，分别生成直运采购发票及销售成本结转记账凭证，如图8-157、图8-158所示。

❖ **特别提醒：**

◇ 因"1402 在途物资"设置了"供应商往来"辅助核算，故生成销售成本结转记账凭证时还需要补充录入供应商为"001山西春天家居用品制造有限公司"。

◇ 保存两张生成凭证时，若先保存销售成本结转凭证，则会因直运采购凭证尚未保存而提示供应商应付账款"赤字控制"。

图 8-157 直运采购发票生成凭证——实训九

图 8-158 结转销售成本——实训九

实训十 票据贴现业务

实训任务

2025年6月27日，天津凯撒家纺股份有限公司对持有的银行承兑汇票进行贴现。原始凭证如图8-159所示。

图 8-159 贴现收款通知——实训十

任务解析

1. 背景知识

票据贴现指持票人因急需资金，将未到期的承兑汇票背书后转让给银行，贴给银行一定利息后收取剩余票款的业务活动。

2. 岗位说明

以出纳W03身份完成票据贴现处理；以会计W02身份完成应收款管理系统业务处理。

实训指引

(1) 在应收款管理系统中完成票据贴现处理

① 以出纳人员"W03 黄宁"身份登录，修改"注册日期"为"2025年6月27日"。

② 在应收款管理系统中，执行"票据管理"命令，在弹出的"查询条件选择"对话框中单击"确定"按钮，打开"票据管理"窗口。

③ 在"票据管理"界面，选中相应银行承兑汇票，单击"贴现"按钮，如图8-160所示，打开"票据贴现"对话框。

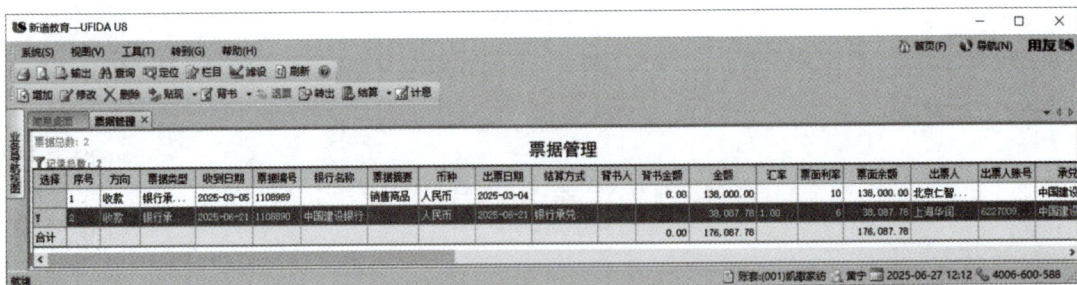

图 8-160　票据管理——实训十

④ 在"票据贴现"对话框中，选择"贴现方式"为"异地"，"贴现率"录入"7"，"结算科目"录入"100201"，如图8-161所示；单击"确定"按钮，弹出"是否立即制单"提示框，单击"否"按钮。

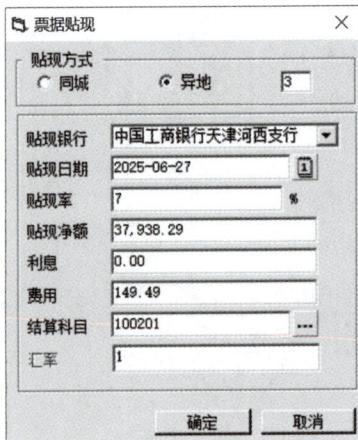

图 8-161　票据贴现——实训十

> **❖ 特别提醒：**
>
> ◇ "贴现银行"可以手工录入。
>
> ◇ "利息"与"费用"金额不能修改；如果贴现净额大于票据余额，系统自动将其差额作为利息；如果贴现净额小于票据余额，系统自动将其差额作为费用。
>
> ◇ 票据贴现后，将不能再对本张票据进行其他处理。

(2) 在应收款管理系统中审核收款单并生成收款单记账凭证

① 以会计人员"W02 张文华"身份登录，修改"注册日期"为"2025年6月27日"。

② 在应收款管理系统中，生成票据贴现记账凭证，注意在"制单查询"对话框中选中"票据处理制单"选项，如图8-162所示。

已生成		**收 款 凭 证**		
收　字 0008	制单日期: 2025.06.27	审核日期:		附单据数: 1
摘　要	科目名称		借方金额	贷方金额
票据贴现	银行存款/工行存款		3793829	
票据费用	财务费用		14949	
票据贴现	应收票据/银行承兑汇票			3808778
票号 1108890 日期 2025.06.27	数量 单价		合　计　3808778	3808778
备注 项目 个人 业务员	部门 客户			
记账	审核	出纳	制单 张文华	

图 8-162　票据贴现生成凭证——实训十

实训十一　坏账处理

实训任务

1. 发生坏账

2025年6月28日，天津凯撒家纺将本月26日形成的应向上海美华日用品百货有限公司收取的应收账款144 640元转为坏账。

2. 坏账收回

2025年6月30日，天津凯撒家纺收到银行通知，部分收回已作为坏账处理的应向上海美华日用品百货有限公司收取的应收账款。原始凭证如图8-163所示。

中国工商银行业务回单(收款)

日期：2025 年 6 月 30 日　　　　NO. 1188907894

收款人	天津凯撒家纺股份有限公司	付款人	上海美华日用品百货有限公司										
账号或地址	12001657901052500555	账号或地址	62278909876567890451										
渠道	大额支付人行支付中心	付款人开户行	中国建设银行上海浦东天苑支行										
汇款金额 人民币(大写)	陆万肆仟陆佰肆拾元整		千	百	十	万	千	百	十	元	角	分	
					¥	6	4	6	4	0	0	0	
中国工商银行股份有限公司 102110022232 回单专用章		摘要	转账存款(电汇)										
收款人开户行签章		备注:											

图 8-163　收款回单——实训十一

3. 计提坏账准备

2025年6月30日，计提坏账准备。

任务解析

1. 背景知识

应收账款坏账处理包括计提坏账准备、发生坏账和坏账收回等内容。

(1) 发生坏账

发生坏账时，先要选择客户，然后系统会自动列出该客户的所有发票，再选择发生坏账的发票即可。

(2) 坏账收回

如果发生的坏账又重新收回，可通过坏账收回来处理。在坏账收回时，先要选择客户，然后输入收回金额，再选择相应的收款单即可(收款单金额一定要与收回金额相等)。

(3) 计提坏账准备

系统提供的计提坏账的方法主要有销售收入百分比法、应收账款余额百分比法和账龄分析法。不管采用什么方法计提坏账，初次计提时，如果没有进行预先的设置，首先应在初始设置中进行设置，同一会计期间不能重复计提坏账准备。

2. 岗位说明

以出纳W03身份完成收款单录入；以会计W02身份完成应收款管理系统其他坏账处理业务。

实训指引

1. 发生坏账

① 以会计人员“W02 张文华”身份登录，修改“注册日期”为“2025年6月28日”。

② 在应收款管理系统中，执行“坏账处理”|“坏账发生”命令，打开“坏账发生”对话

框，选择"客户"为"102-上海美华日用品百货有限公司"，如图8-164所示，单击"确定"按钮，打开"发生坏账损失"窗口。

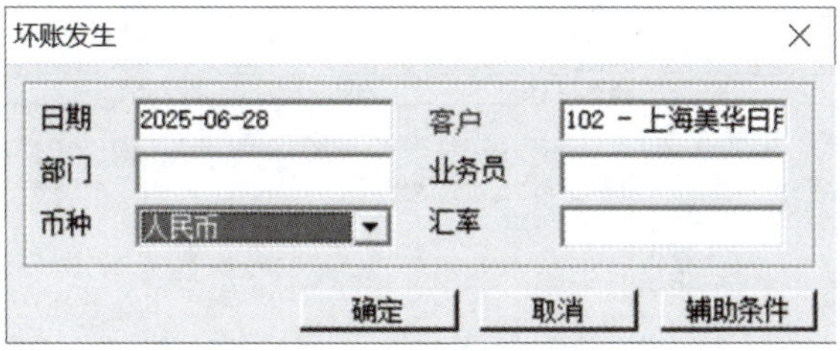

图 8-164 坏账发生——实训十一

③ 在"发生坏账损失"界面，录入"本次发生坏账金额"为"144 640.00"，如图8-165所示。

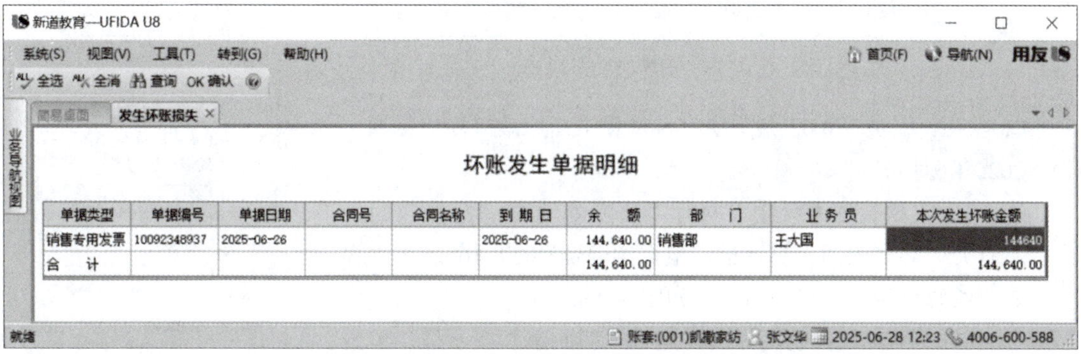

图 8-165 发生坏账损失——实训十一

④ 单击"OK 确认"按钮，弹出"是否立即制单"提示框，单击"是"按钮，生成发生坏账记账凭证，如图8-166所示。

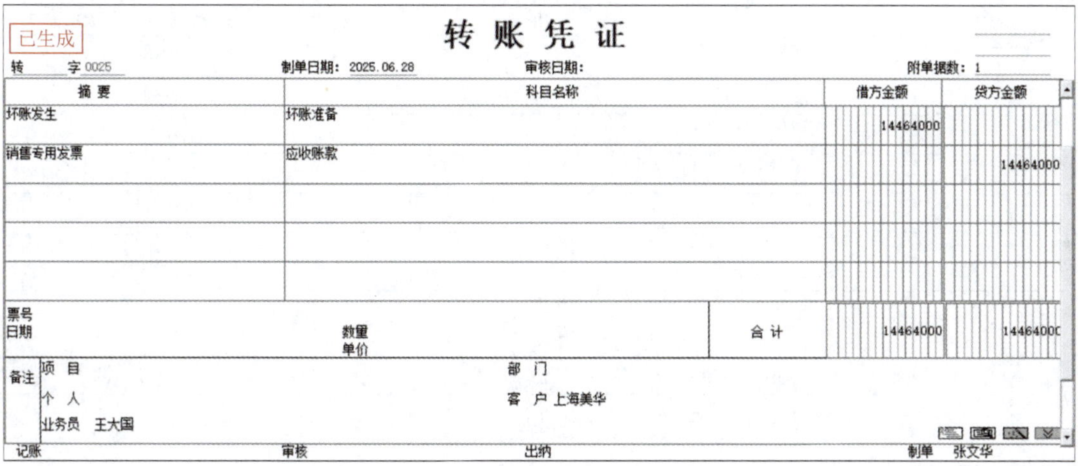

图 8-166 坏账发生生成凭证——实训十一

2. 坏账收回

① 以出纳人员"W03 黄宁"身份登录，修改"注册日期"为"2025年6月30日"。

② 在应收款管理系统中，根据实验资料图8-163录入收款单，如图8-167所示。

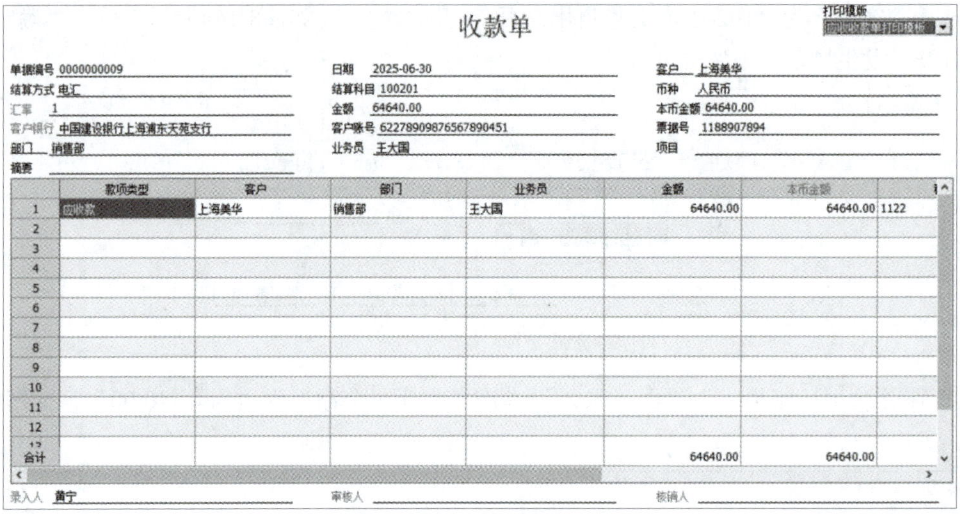

图 8-167　收款单——实训十一

③ 以会计人员"W02 张文华"身份登录,修改"注册日期"为"2025年6月30日"。

④ 在应收款管理系统中,执行"坏账处理"|"坏账收回"命令,打开"坏账收回"对话框,根据实验资料图8-163录入"客户"、"结算单号"等项的信息,如图8-168所示。

⑤ 单击"确定"按钮,弹出"是否立即制单"提示框,单击"是"按钮,生成坏账收回记账凭证,如图8-169所示。

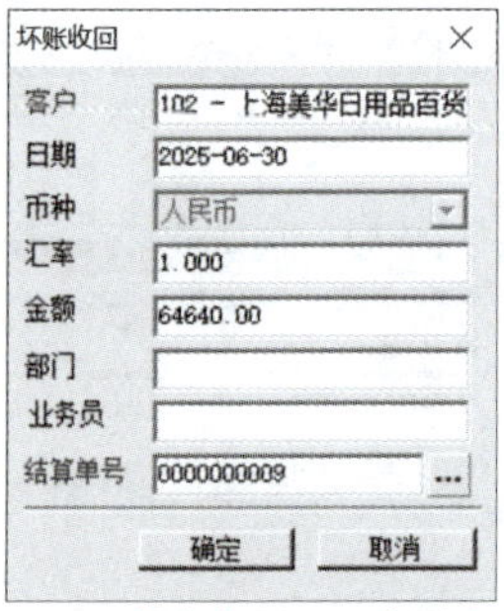

图 8-168　坏账收回——实训十一

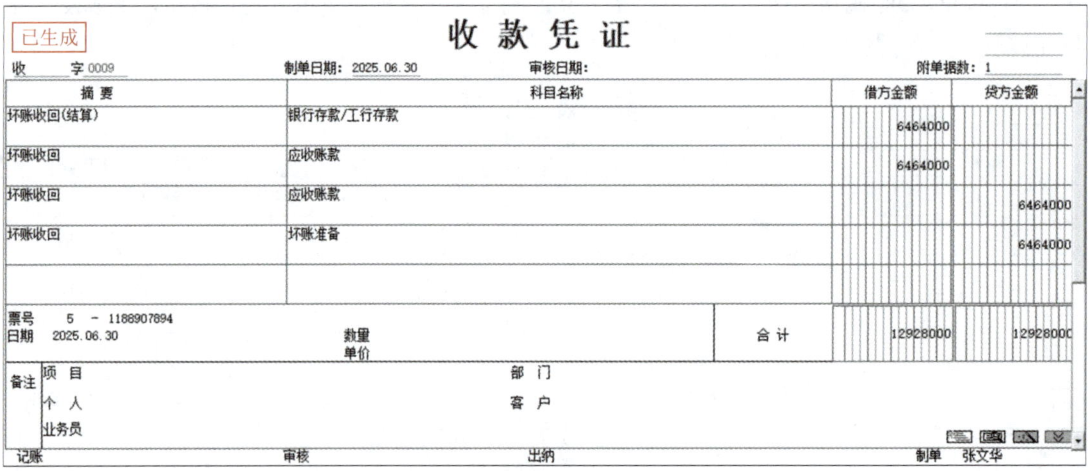

图 8-169　坏账收回生成凭证——实训十一

❖ **特别提醒:**

◇　坏账收回制单不受应收款管理系统选项中"方向相反分录是否合并"选项的控制。

3. 计提坏账准备

① 以会计人员"W02 张文华"身份登录,修改"注册日期"为"2025年6月30日"。

② 在应收款管理系统中,执行"坏账处理"|"计提坏账准备"命令,打开"应收账款百分

比法"窗口，如图8-170所示。

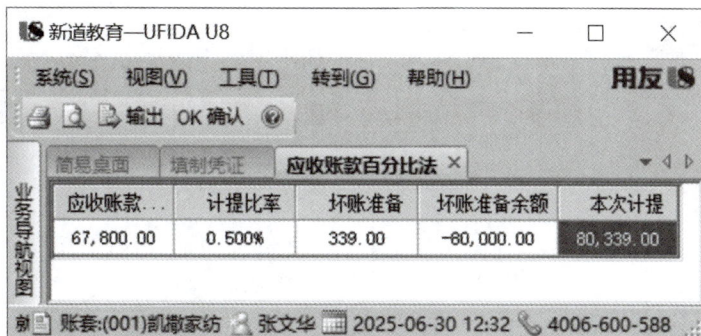

图 8-170　计提坏账准备——实训十一

② 单击"OK 确认"按钮，弹出"是否立即制单"提示框，单击"是"按钮，生成计提坏账准备记账凭证，如图8-171所示。

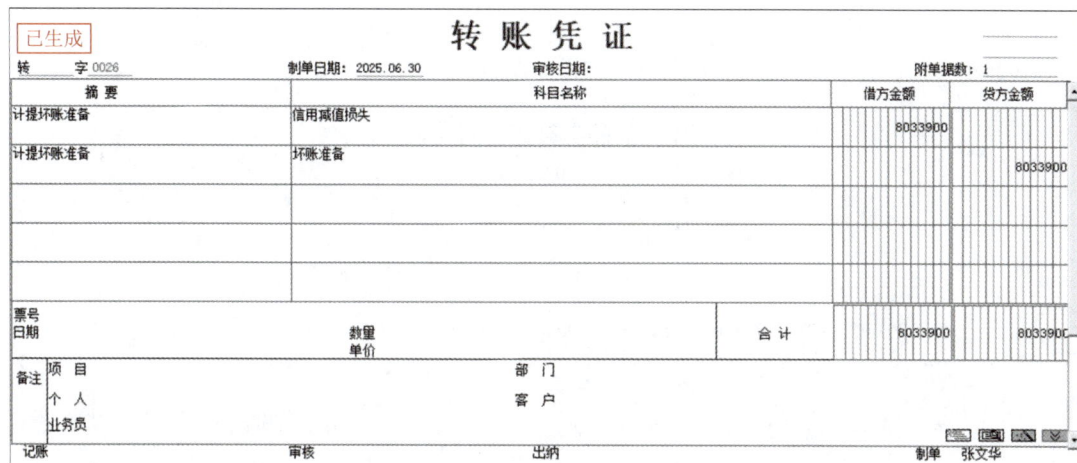

图 8-171　计提坏账准备生成凭证——实训十一

③ 将账套输出至"D:\凯撒家纺\8-1销售与应收"。

实训一　库存盘点业务

实训任务

2025年6月30日，进行期末库存盘点，结果如图9-1所示。

库存商品实存账存对比表

盘点日期：2025 年 6 月 30 日

盘点单位：仓管部各仓库 单位：元

商品名称	单位	单价	账面结存		实际盘存		升溢		损耗		升溢损耗原因
			数量	金额	数量	金额	数量	金额	数量	金额	
床笠(秋天)	件	80.00	490	39 200.00	510	40 800.00	20	1 600.00			收发计量错误
被芯(泰国产)	件	120.00	300	36 000.00	290	34 800.00			10	1 200.00	系6月8日山西春天家居用品制造有限公司少发，对方同意补货

单位主管：(略)　　　会计：(略)　　　复合：(略)　　　监盘：(略)　　　物资负责人：(略)

图 9-1　库存商品实存账存对比表

任务解析

1. 背景知识

为了保证企业库存资产的安全和完整，做到账实相符，企业必须对存货进行定期或不定期的清查，查明存货盘盈、盘亏、损毁的数量及造成的原因，并据以编制存货盘点报告表，按规定程序，报有关部门审批。

库存管理系统提供了盘点单，用来定期对仓库中的存货进行盘点。存货盘点报告表，是证明企业存货盘盈、盘亏和毁损并据以调整存货实存数的书面凭证，经企业领导批准后，即可作为原始凭证入账。对于存货的盘盈、盘亏，应及时办理存货的账务手续，按盘盈、盘亏存货的计划成本或估计成本，调整存货账面数，记入"待处理财产损溢"科目。

(1) 存货的盘盈

借：存货(如库存商品、原材料等)

　　贷：待处理财产损溢/待处理流动资产损溢

(2) 存货的盘亏

企业对于盘亏的存货，根据存货盘点报告表所列金额，作如下处理。

借：待处理财产损溢/待处理流动资产损溢

　　贷：存货(如库存商品、原材料等)

盘点前应将所有已办理实物出入库但未录入计算机的出入库单，或销售发货单、销售发票均录入计算机中。同一时刻不能有两张相同仓库、相同存货的盘点表未记账。库存盘点业务处理流程如图9-2所示。

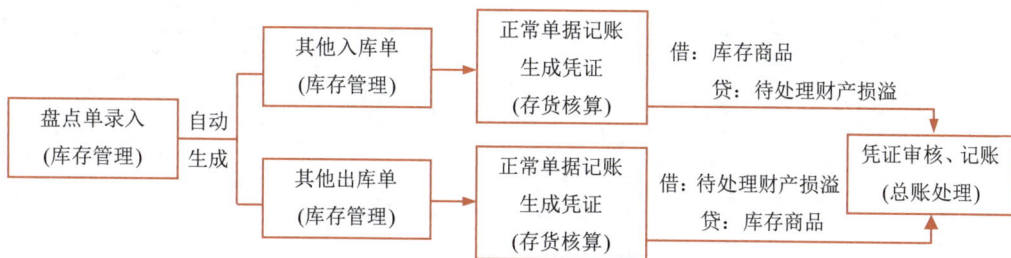

图 9-2　盘点业务处理流程图

2. 岗位说明

以业务员C01身份完成库存管理系统业务处理；以会计W02身份完成存货核算系统、总账管理系统业务处理。

实训指引

以系统管理员身份在系统管理中引入"8-1销售与应收"账套作为基础数据。

(1) 在库存管理系统中录入盘点单

① 以仓管人员"C01 陈晨"身份登录，修改"注册日期"为"2025年6月30日"。

② 在库存管理系统中，执行"盘点业务"命令，单击"增加"按钮，选择表头项目"盘点仓库"为"床上用品仓库"，"出库类别"选择"盘亏出库"，"入库类别"选择"盘盈入库"，"部门"为"仓管部"。

③ 单击"盘库"按钮，弹出"盘库将删除未保存的所有记录，是否继续？"信息提示框，单击"是"按钮，弹出"盘点处理"窗口，默认选择"盘点方式"为"按仓库盘点"。

④ 单击"确定"按钮，在"盘点单"表体中根据实验资料图9-1所示录入"单价""盘点数量"等信息，"账面金额""盘点金额"信息自动生成。

⑤ 依次单击"保存""审核"按钮，如图9-3所示。盘点单审核后，会自动生成相应的其他出、入库单。

> ❖ **特别提醒：**
> ◇ 盘点表中的账面数，为增加盘点表中的存货的那一时刻该仓库、该存货的现存量，它是库存管理系统中该仓库、该存货的账面结存数减去销售管理系统中已开具发货单或发票但未生成出库单的数量的差。

(2) 在库存管理系统中审核其他出、入库单

① 在库存管理系统中，执行"入库业务"|"其他入库单"命令，单击"末张"按钮，查看

盘盈生成的其他入库单，单击“审核”按钮，如图9-4所示。

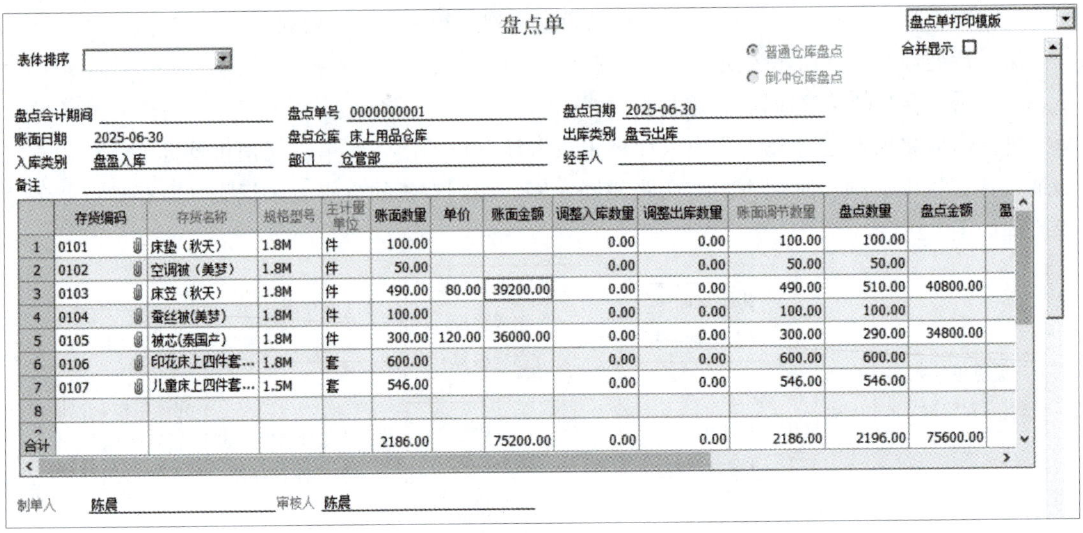

盘点单

表体排序

普通仓库盘点　倒冲仓库盘点　盘点单打印模版　合并显示

盘点会计期间　　盘点单号 0000000001　　盘点日期 2025-06-30

账面日期 2025-06-30　　盘点仓库 床上用品仓库　　出库类别 盘亏出库

入库类别 盘盈入库　　部门 仓管部　　经手人

备注

	存货编码	存货名称	规格型号	主计量单位	账面数量	单价	账面金额	调整入库数量	调整出库数量	账面调节数量	盘点数量	盘点金额	盈
1	0101	床垫（秋天）	1.8M	件	100.00			0.00	0.00	100.00	100.00		
2	0102	空调被（美梦）	1.8M	件	50.00			0.00	0.00	50.00	50.00		
3	0103	床笠（秋天）	1.8M	件	490.00	80.00	39200.00	0.00	0.00	490.00	510.00	40800.00	
4	0104	蚕丝被(美梦)	1.8M	件	100.00			0.00	0.00	100.00	100.00		
5	0105	被芯(泰国产)	1.8M	件	300.00	120.00	36000.00	0.00	0.00	300.00	290.00	34800.00	
6	0106	印花床上四件套...	1.8M	套	600.00			0.00	0.00	600.00	600.00		
7	0107	儿童床上四件套...	1.5M	套	546.00			0.00	0.00	546.00	546.00		
8													
合计					2186.00		75200.00	0.00	0.00	2186.00	2196.00	75600.00	

制单人 陈晨　　审核人 陈晨

图 9-3　盘点单

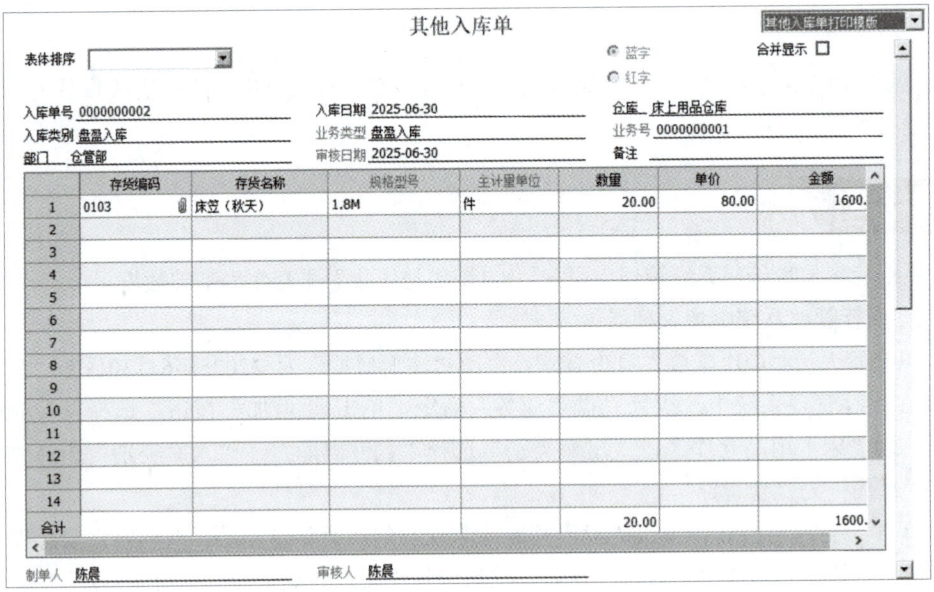

其他入库单

表体排序

蓝字　红字　其他入库单打印模版　合并显示

入库单号 0000000002　　入库日期 2025-06-30　　仓库 床上用品仓库

入库类别 盘盈入库　　业务类型 盘盈入库　　业务号 0000000001

部门 仓管部　　审核日期 2025-06-30　　备注

	存货编码	存货名称	规格型号	主计量单位	数量	单价	金额
1	0103	床笠（秋天）	1.8M	件	20.00	80.00	1600.
2							
3							
4							
5							
6							
7							
8							
9							
10							
11							
12							
13							
14							
合计					20.00		1600.

制单人 陈晨　　审核人 陈晨

图 9-4　盘盈生成的其他入库单

② 在库存管理系统中，执行“出库业务”|“其他出库单”命令，单击“末张”按钮，查看盘亏生成的其他出库单，单击“审核”按钮，如图9-5所示。

(3) 在存货核算系统中完成存货记账并根据出、入库单结转成本记账凭证

① 以会计人员“W02 张文华”身份登录，修改“注册日期”为“2025年6月30日”。

② 在存货核算系统中，完成对其他入库单、其他出库单的记账。

③ 执行“财务核算”|“生成凭证”命令，在“查询条件”对话框中，单击“全消”按钮，选中“(08)其他入库单”和“(09)其他出库单”复选框，生成相应记账凭证，如图9-6和图9-7所示。

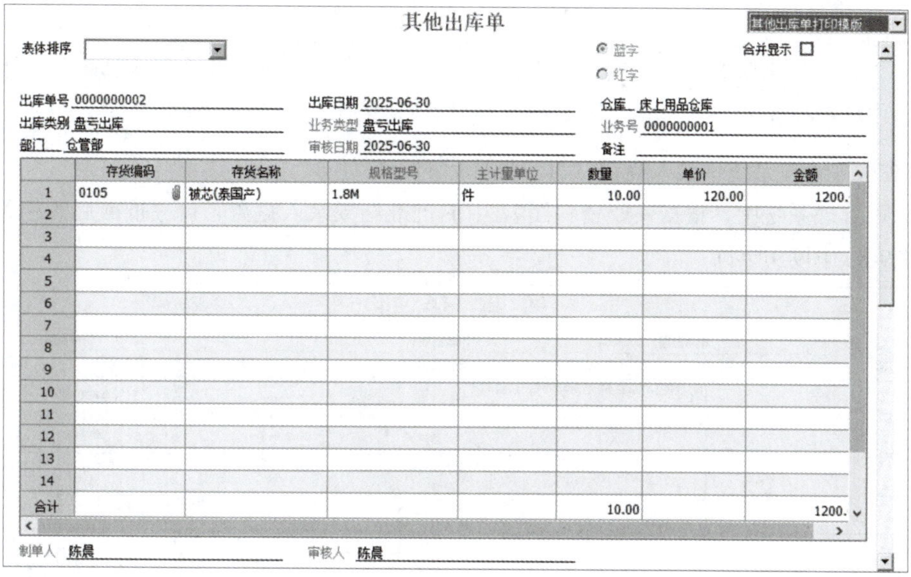

图 9-5 盘亏生成的其他出库单

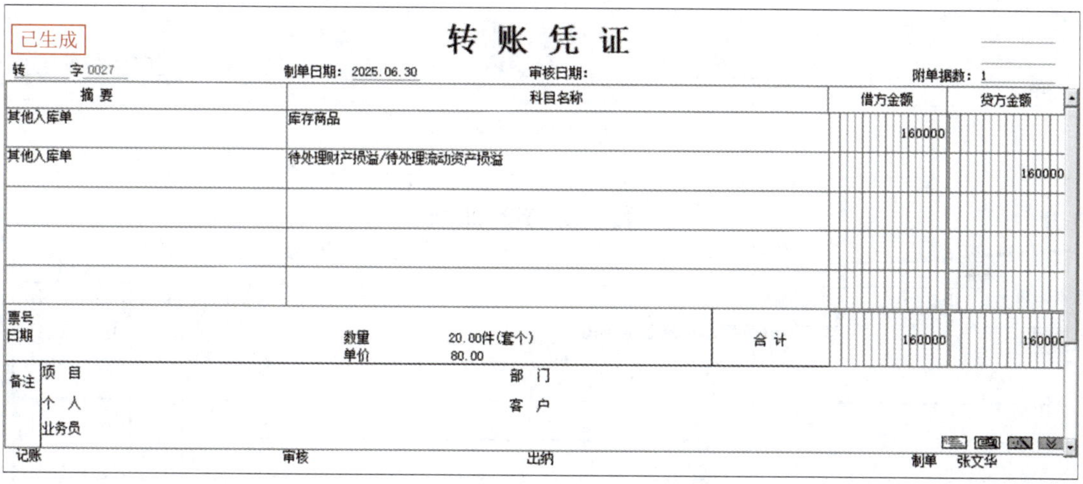

图 9-6 盘盈生成凭证

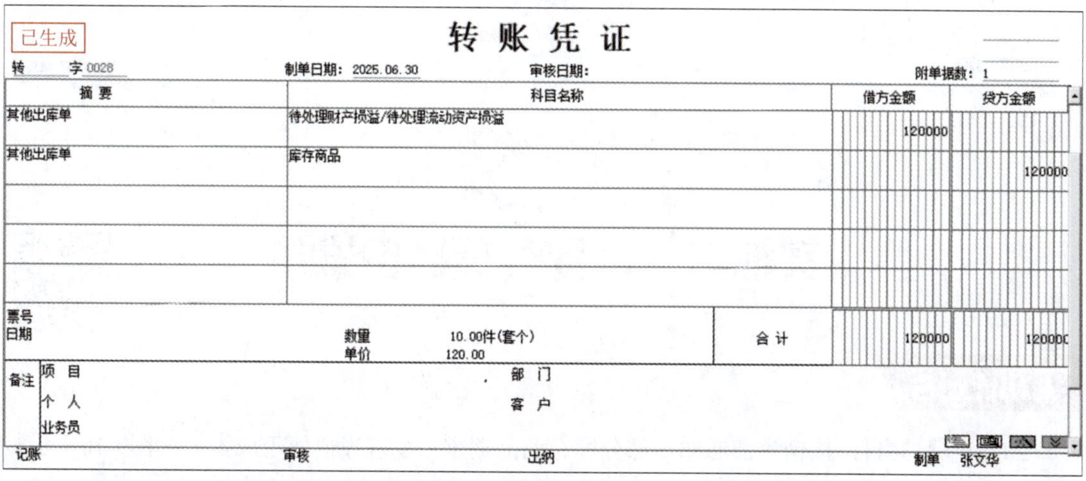

图 9-7 盘亏生成凭证

❖ 特别提醒：

✧ “盘亏”原因若无法查明或为人为保管不当，则还需在“盘亏出库记账凭证”中补录“应交税费——应交增值税(进项税额转出)”科目。

(4) 在总账管理系统中录入盘盈、盘亏批准后的记账凭证

在总账管理系统中，根据实验资料图9-1中的批准结果录入盘盈、盘亏批准后的相关会计凭证，如图9-8、图9-9所示。

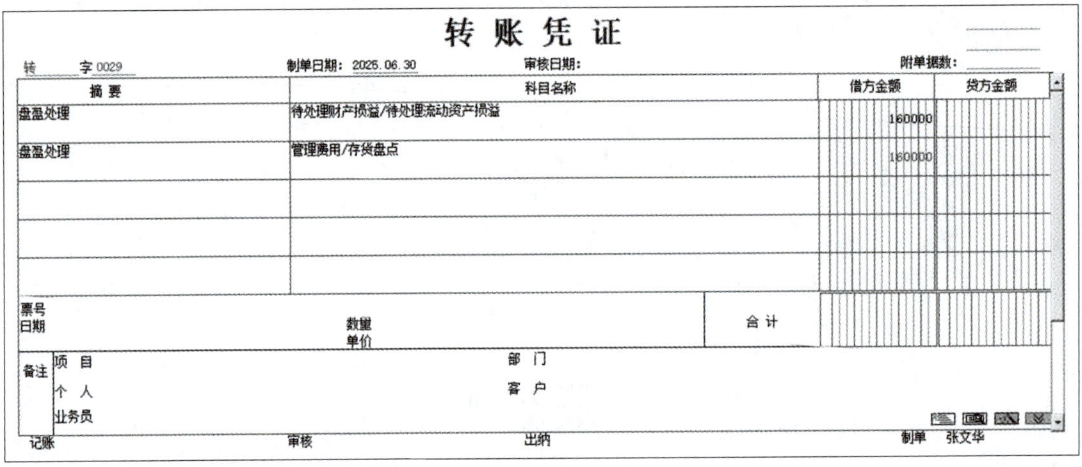

转账凭证

转 字 0029　　制单日期：2025.06.30　　审核日期：　　附单据数：

摘要	科目名称	借方金额	贷方金额
盘盈处理	待处理财产损溢/待处理流动资产损溢	160000	
盘盈处理	管理费用/存货盘点	160000	
票号 日期	数量 单价 合计		

备注　项 目　　部 门
个 人　　客 户
业务员

记账　　审核　　出纳　　制单 张文华

图 9-8　填制盘盈处理凭证

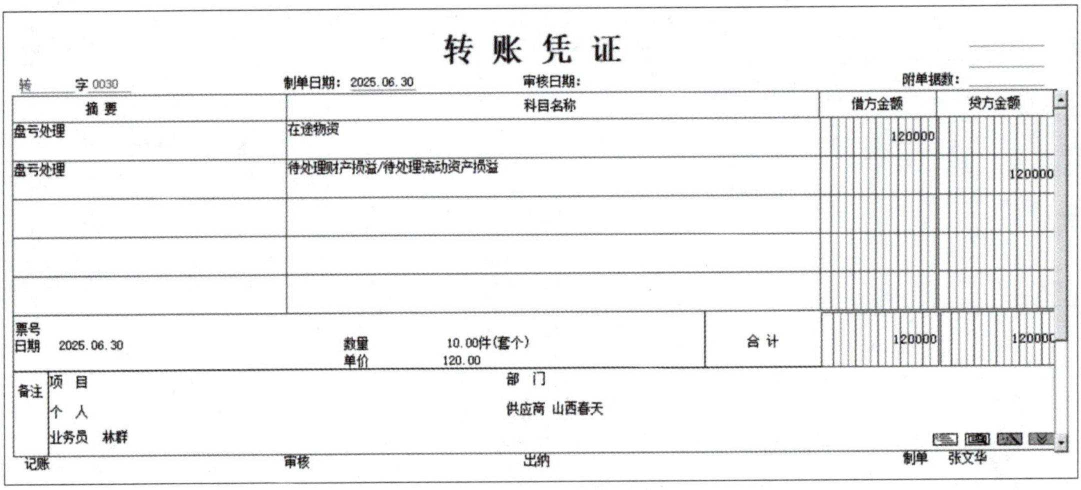

转账凭证

转 字 0030　　制单日期：2025.06.30　　审核日期：　　附单据数：

摘要	科目名称	借方金额	贷方金额
盘亏处理	在途物资	120000	
盘亏处理	待处理财产损溢/待处理流动资产损溢		120000
票号 日期 2025.06.30	数量 10.00件(套个) 单价 120.00 合计	120000	120000

备注　项 目　　部 门
个 人　　供应商 山西春天
业务员 林群

记账　　审核　　出纳　　制单 张文华

图 9-9　填制盘亏处理凭证

实训二　计提存货跌价准备

实训任务

2025年6月30日，接销售部通知，部分库存商品期末可变现净值低于成本，如图9-10所示。由财务部按要求计提存货跌价准备。

库存商品期末可变现净值一览表

2025 年 6 月 30 日

存货编码	商品名称	型号	可变现净值单价/元
0101	床垫(秋天)	1.8M	13 000

单位主管：(略)　　　　制表人：(略)

图 9-10　库存商品期末可变现净值一览表

任务解析

1. 背景知识

企业的存货应当在会计期末时，按照账面成本与可变现净值孰低法的原则进行计量，对于可变现净值低于存货账面成本的差额，计提存货跌价准备。对于存货跌价准备，企业应设置存货跌价准备账户核算企业提取的存货跌价准备。存货可变现净值低于成本的差额，借记资产减值损失账户，贷记存货跌价准备账户。如果计提跌价准备后的存货的价值又得以恢复，应按恢复增加的数额(其增加数应以补足以前入账的减少数为限)，借记存货跌价准备账户，贷记资产减值损失账户。

2. 岗位说明

以会计W02身份完成存货核算系统业务处理。

实训指引

(1) 在存货核算系统中计提存货跌价准备

① 以会计人员“W02 张文华”身份登录，修改“注册日期”为“2025年6月30日”。

② 在存货核算系统中，执行“跌价准备”|“计提跌价准备”命令，打开“计提跌价处理单”窗口，单击“增加”按钮，根据实验资料图9-10录入相关信息，依次单击“保存”“审核”按钮，如图9-11所示。

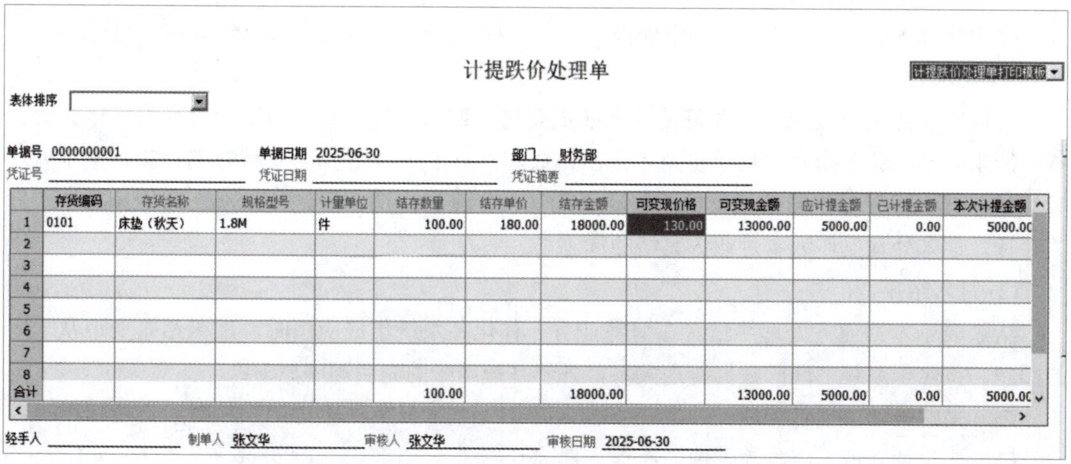

计提跌价处理单　　计提跌价处理单打印模板

表体排序

单据号 0000000001　单据日期 2025-06-30　部门 财务部

凭证号　凭证日期　凭证摘要

	存货编码	存货名称	规格型号	计量单位	结存数量	结存单价	结存金额	可变现价格	可变现金额	应计提金额	已计提金额	本次计提金额
1	0101	床垫（秋天）	1.8M	件	100.00	180.00	18000.00	130.00	13000.00	5000.00	0.00	5000.0C
2												
3												
4												
5												
6												
7												
8												
合计					100.00		18000.00		13000.00	5000.00	0.00	5000.0C

经手人　制单人 张文华　审核人 张文华　审核日期 2025-06-30

图 9-11　计提跌价处理单

(2) 在存货核算系统中生成计提存货跌价准备记账凭证

执行"跌价准备"|"跌价准备制单"命令，单击"选择"按钮，在打开的"查询条件"对话框中，单击"全消"按钮，选中"(47)跌价准备单"复选框，生成计提存货跌价准备记账凭证，如图9-12所示。

转 账 凭 证

已生成				
转　字 0031	制单日期: 2025.06.30	审核日期:		附单据数: 1
摘　要	科目名称		借方金额	贷方金额
跌价准备	资产减值损失		500000	
跌价准备	存货跌价准备			500000
		合 计	500000	500000

记账　　　　审核　　　　出纳　　　　制单 张文华

图 9-12　计提存货跌价准备凭证

实训三　期末结账

实训任务

2025年6月30日，业务部门与财务部门完成期末结账。

任务解析

1. 背景知识

期末结账主要包括两项内容：期末处理和月末结账。在采购与应付、销售与应收、库存管理、存货核算集成应用模式下，期末处理只涉及存货核算子系统，月末结账则涉及所有系统。

(1) 期末处理

当日常业务全部完成后，存货核算系统需要进行期末处理。对于采用全月平均法核算的存货，期末处理时计算全月平均单价及本月出库成本；对于按计划价/售价核算的存货，期末处理时计算差异率并分摊差异；对于按照移动平均法、先进先出法、后进先出法、个别计价法核算的存货，期末处理仅作为本月业务完成的标志。

(2) 月末结账

结账表示本期业务处理终结。在财务业务一体化各系统集成应用时，期末结账要遵从一定的顺序。按照子系统之间的数据传递关系，各子系统结账的先后顺序如下：

- ○ 采购管理、销售管理
- ○ 应付款管理、应收款管理、库存管理

- 存货核算
- 总账

2. 岗位说明

以业务员G01身份完成采购管理系统结账；以业务员X01身份完成销售管理系统结账；以业务员C01身份完成库存管理系统结账。以会计W02身份完成存货核算系统、应收应付款管理系统结账，以及总账管理系统内期间损益结转与凭证记账处理；以财务经理W01身份完成凭证审核及总账结账；以出纳W03身份完成凭证出纳签字处理。

实训指引

(1) 采购管理系统结账

① 以采购人员"G01 林群"身份登录，修改"注册日期"为"2025年6月30日"。

② 在采购管理系统中，执行"月末结账"命令，打开"结账"对话框，单击6月所在行，选中该条记录。单击"结账"按钮，系统弹出"月末结账"信息提示框，提示"是否关闭订单？"，单击"否"按钮，完成采购管理系统结账，如图9-13所示。

❖ **特别提醒：**

- ◇ 采购管理系统若需取消结账，可以在"结账"对话框中单击"取消结账"按钮实现。
- ◇ 若应付款管理系统或库存管理系统或存货核算系统已结账，则采购管理系统不能取消结账。

(2) 销售管理系统结账

① 以销售人员"X01 王大国"身份登录，修改"注册日期"为"2025年6月30日"。

② 在销售管理系统中，执行"月末结账"命令，打开"结账"对话框，单击6月所在行，选中该条记录。单击"结账"按钮，系统弹出"月末结账"信息提示框，提示"是否关闭订单？"，单击"否"按钮，完成销售管理系统结账，如图9-14所示。

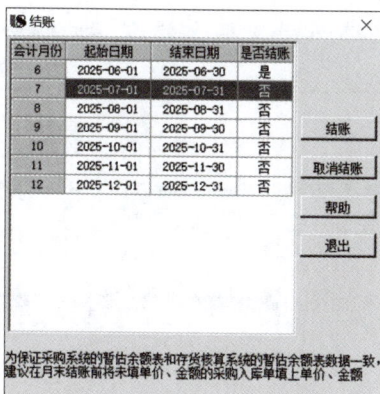

图9-13 采购管理系统结账

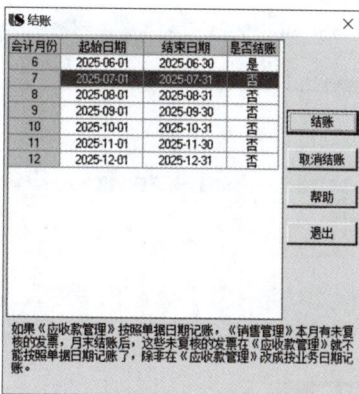

图9-14 销售管理系统结账

❖ **特别提醒：**

- ◇ 销售管理系统与采购管理系统期末结账不存在先后顺序。
- ◇ 销售管理系统若需取消结账，可以在"结账"对话框中单击"取消结账"按钮实现。
- ◇ 若应收款管理系统或库存管理系统或存货核算系统已结账，则销售管理系统不能取消结账。

(3) 库存管理系统结账

① 以仓管人员"C01 陈晨"身份登录,修改"注册日期"为"2025年6月30日"。

② 在库存管理系统中,执行"月末结账"命令,打开"结账"对话框,单击6月所在行,选中该条记录。单击"结账"按钮,系统弹出"库存管理"信息提示框,提示"库存启用月份结账后将不能修改期初数据,是否继续结账?",如图9-15所示。

③ 单击"是"按钮,完成库存管理系统结账,如图9-16所示。

会计月份	起始日期	结束日期	是否结账
6	2025-06-01	2025-06-30	是
7	2025-07-01	2025-07-31	否
8	2025-08-01	2025-08-31	否
9	2025-09-01	2025-09-30	否
10	2025-10-01	2025-10-31	否
11	2025-11-01	2025-11-30	否
12	2025-12-01	2025-12-31	否

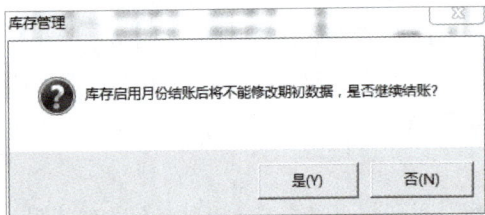

图 9-15 库存管理结账提示框   图 9-16 库存管理系统结账

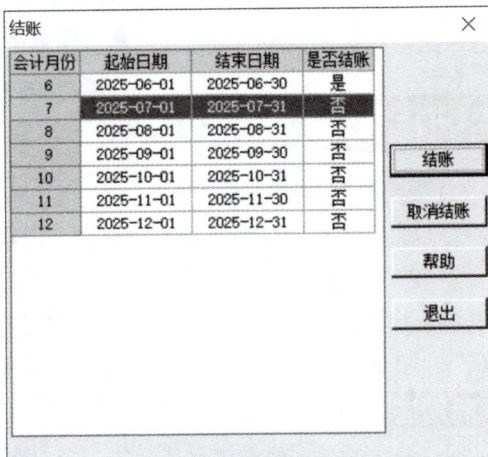

(4) 存货核算系统结账

① 以会计人员"W02 张文华"身份登录,修改"注册日期"为"2025年6月30日"。

② 在存货核算系统中,执行"财务核算"|"与总账系统对账"命令,进入"与总账对账"窗口。

③ 选中"包含未记账凭证"复选框,查看对账结果,白色显示记录表示对账结果相平,蓝色显示记录表示对账结果不平,如图9-17所示。单击"退出"按钮返回。

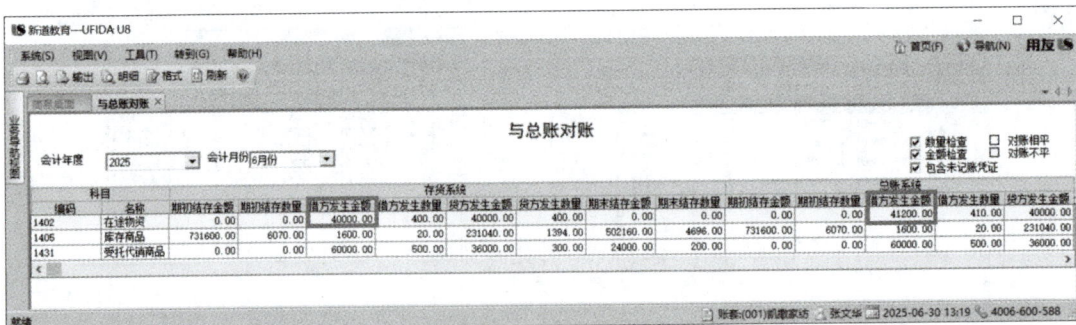

图 9-17 与总账对账

❖ **特别提醒:**

◇ 本例中"1402 在途物资"科目余额与总账对账存在的差额系盘点业务中山西春天家居用品制造有限公司补发货物尚未运达所致。

④ 同理,完成"发出商品与总账对账",如图9-18所示。

图 9-18　发出商品与总账对账

⑤ 执行"业务核算"|"期末处理"命令，在打开的对话框中单击"处理"按钮，对所有仓库进行期末处理，如图9-19所示。

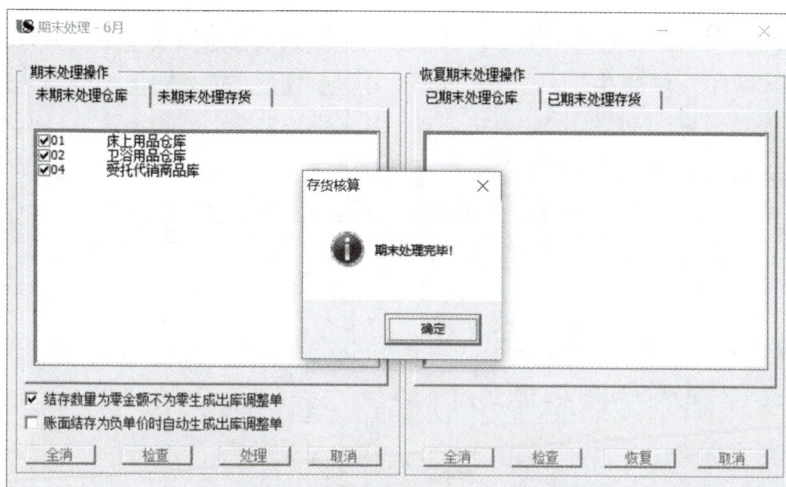

图 9-19　期末处理

⑥ 执行"业务核算"|"月末结账"命令，对存货核算系统结账，如图9-20所示。

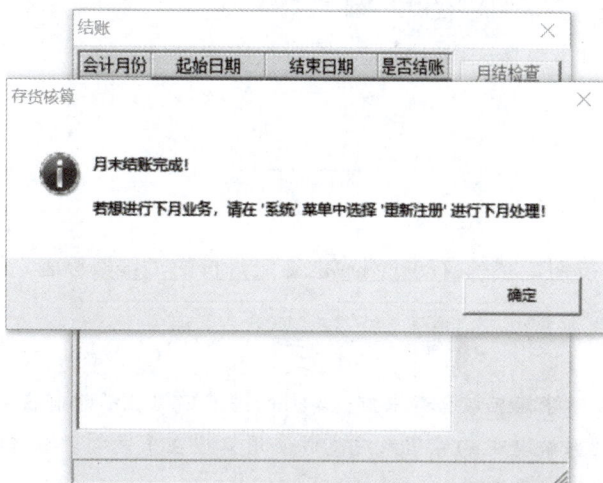

图 9-20　存货核算系统结账

(5) 应付款管理系统结账

① 在应付款管理系统中,执行"期末处理"|"月末结账"命令,打开"月末处理"对话框,双击六月份的"结账标志"栏,如图9-21所示。

② 单击"下一步"按钮,屏幕显示所有"处理类型"的处理情况,如图9-22所示。

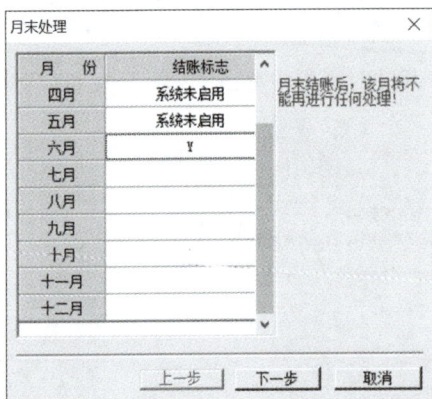

图 9-21　月末处理

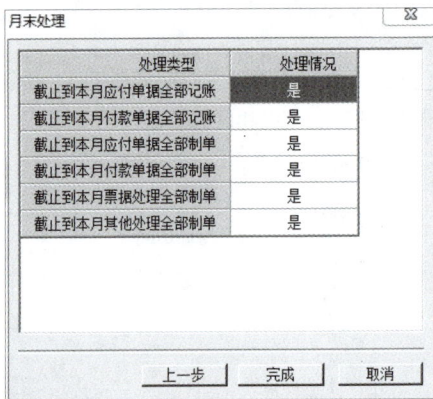

图 9-22　处理情况

③ 在处理情况都是"是"的情况下,单击"完成"按钮,结账后,系统弹出"6月份结账成功!"信息提示对话框,如图9-23所示。

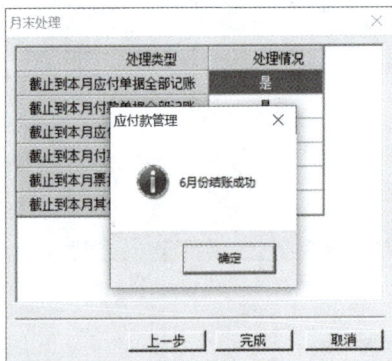

图 9-23　应付款管理系统结账

④ 单击"确定"按钮,系统自动在对应的结账月份的"结账标志"栏中显示"已结账"字样。

(6) 应收款管理系统结账

同理，完成应收款管理系统结账。

❖ **特别提醒：**

◇　应收款管理系统与应付款管理系统期末结账不存在先后顺序。

◇　应收款管理系统若需取消结账，可通过执行"期末处理"|"取消月结"命令实现。

(7) 总账系统结账

① 以"W01 汪小菲"身份登录完成凭证批量审核。请参考前述业务操作指导，在此不再赘述。

② 以出纳人员"W03 黄宁"身份登录，完成凭证出纳签字。请参考前述业务操作指导，在此不再赘述。

③ 以会计人员"W02 张文华"身份登录，完成凭证记账，如图9-24所示。请参考前述业务操作指导，在此不再赘述。

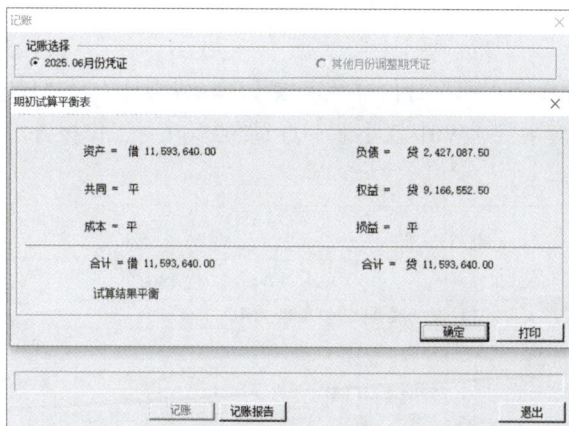

图 9-24　总账记账

④ 完成期间损益结转，并对生成的凭证审核、记账，如图9-25、图9-26所示。请参考前述业务操作指导，在此不再赘述(注意更换操作员)。

图 9-25　期间损益结转凭证——收入

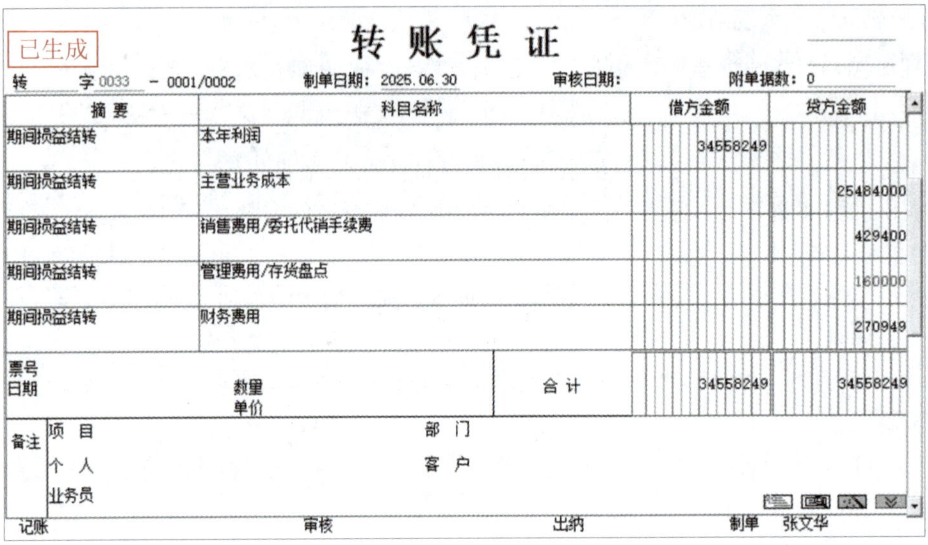

图 9-26 期间损益结转凭证——支出

⑤ 以账套主管"W01 汪小菲"身份登录审核凭证，以会计人员"W02 张文华"身份登录完成凭证记账，最后由账套主管"W01 汪小菲"查看2025年6月工作报告，如图9-27所示，完成总账结账。

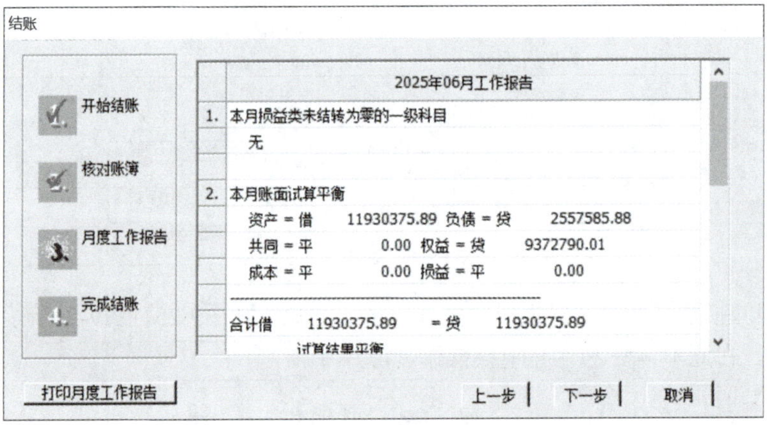

图 9-27 结账——月度工作报告

⑥ 将账套输出至"D:\凯撒家纺\9-1库存与存货"。

项目十 UFO 报表管理系统

实训一 利用模板生成"资产负债表"

实训任务

1. 生成资产负债表

2025年6月30日，财务部编制公司2025年6月资产负债表。

2. 定义审核公式并审核

对生成资产负债表数据关系的正确性进行审核。

3. 定义舍位平衡公式并进行舍位平衡

将资产负债表金额单位由"元"转化为"千元"并保持平衡关系。

任务解析

1. 背景知识

(1) 报表模板

UFO报表管理系统中，预设的报表模板中已预先设置了各项目计算公式，但由于各公司实际启用科目不同，故而首次调用报表模板生成报表后需要根据企业实际情况修改模板中的计算公式，以避免出现错误。

(2) 报表状态

UFO报表管理系统的处理工作是在不同状态下进行的。

① 格式状态

在报表格式设计状态下进行有关格式设计的操作，如表尺寸、行高列宽、单元属性、单元风格、组合单元、关键字；定义报表的单元公式(计算公式)、审核公式及舍位平衡公式。在格式状态下所看到的是报表的格式，报表的数据全部隐藏；在格式状态下所做的操作对本报表所有的表页都发生作用；在格式状态下不能进行数据的录入、计算等操作。

② 数据状态

在报表的数据状态下管理报表的数据，如输入数据、增加或删除表页、审核、舍位平衡、制作图形、汇总、合并报表等。在数据状态下不能修改报表的格式，看到的是报表的全部内容，包括格式和数据。

(3) 关键字

关键字是特殊的数据单元，它可以唯一地标识一个表页，用于在大量表页中快速定位一张表页。关键字在报表系统中的主要作用是在生成报表时，系统按照录入的关键字值从对应的会计期间获取账务函数所指定的数据。报表关键字通常在报表格式设置中进行设置，会计报表中可以定义多个关键字。

(4) 运算公式

报表运算公式是在编制报表时，确定表元数据来源的公式。其主要作用是在报表生成过程中，通过设定的运算公式，系统从根据公式描述的数据库文件中提取到指定的数据，进行表达式指定的运算，将运算结果放入表元中。

资产负债表中的相关项目数据主要提取的是资产、负债、所有者权益各项目在期初与期末两个时点的数据。常见的账务取数函数如表10-1所示。

表10-1 账务取数函数

总账函数	金额式	数量式	外币式
期初额函数	QC( )	SQC( )	WQC( )
期末额函数	QM( )	SQM( )	WQM( )
发生额函数	FS( )	SFS( )	WFS( )
累计发生额函数	LFS( )	SLFS( )	WLFS( )
条件发生额函数	TFS( )	STFS( )	WTFS( )
对方科目发生额函数	DFS( )	SDFS( )	WDFS( )
净额函数	JE( )	SJE( )	WJE( )
汇率函数	HL( )		

(5) 审核公式

报表审核公式是报表数据之间关系的检查公式。在各类会计报表中，每个数据都有明确的经济含义，并且数据间往往存在着某种对应关系，称为勾稽关系，如资产负债表中审核公式为"资产合计＝负债合计＋所有者权益合计"，这种平衡关系就是勾稽关系。如果在资产负债表编制结束后，发现没有满足这种平衡的勾稽关系，即可以肯定该表在编制过程中出现了错误。

(6) 舍位平衡公式

舍位平衡公式用于报表数据进行进位或小数取整时调整数据，系统根据定义的舍位关系对指定区域内的数据进行舍位，并按照平衡公式对舍位后的数据进行调整使其平衡。例如，将以"元"为单位的报表数据变成以"千元"为单位的报表数据，定义舍位平衡公式。

2. 岗位说明

以财务经理W01身份生成资产负债表。

实训指引

以系统管理员身份在系统管理中引入"9-1库存与存货"账套作为基础数据。

1. 生成资产负债表

(1) 调用资产负债表模板

① 以财务经理"W01 汪小菲"身份登录，修改"注册日期"为"2025年6月30日"。

② 执行"财务会计"|"UFO报表"命令，进入UFO报表系统，系统弹出"日积月累"信息提示框，单击"关闭"按钮。

③ 执行"文件"|"新建"命令，新建空白表页，如图10-1所示。

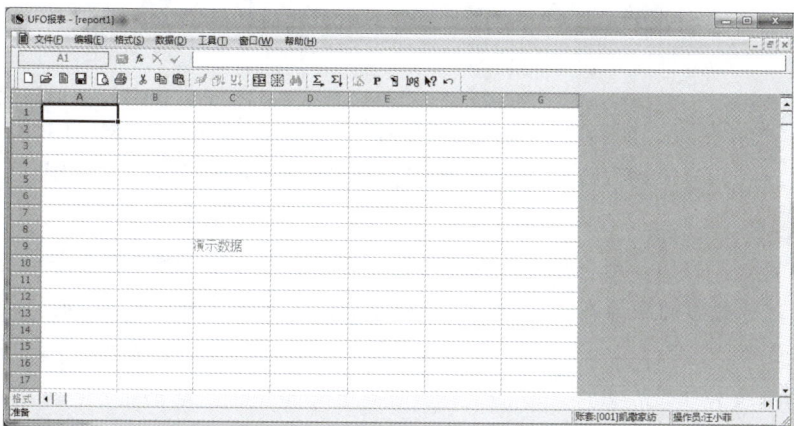

图 10-1 空白表页

④ 在格式状态下，执行"格式"|"报表模板"命令，打开"报表模板"对话框，选择"您所在的行业"为"2007年新会计制度科目"，"财务报表"为"资产负债表"，如图10-2所示。

⑤ 单击"确认"按钮，系统弹出"模板格式将覆盖本表格式！是否继续？"信息提示框，如图10-3所示。

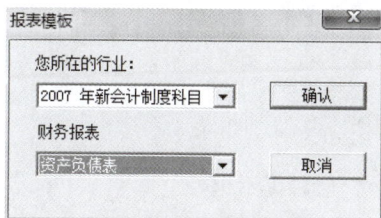

图 10-2 报表模板

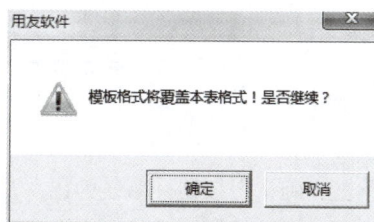

图 10-3 "格式覆盖"信息提示框

⑥ 单击"确定"按钮，即可打开"资产负债表"模板。

(2) 调整报表模板

① 将"资产负债表"处于格式状态，双击A3单元格，录入"编制单位"为"天津凯撒家纺股份有限公司"。

② 根据本单位的实际情况，修改报表公式。双击D15单元格，弹出"定义公式"对话框，修改"存货"年初余额公式为"QC("1402",全年,,,年,,)+QC("1405",全年,,,年,,)+QC("1406",全年,,,年,,)-QC("1471",全年,,,年,,)+QC("1431",全年,,,年,,)-QC("2314",全年,,,年,,)"，如图10-4所示，单击"确定"按钮。

❖ **特别提醒：**

◇ 单元公式中涉及的符号均为英文半角字符，否则系统无法识别。

◇ QC是常用账务取数函数之一，表示取某科目某时期的期初余额；QC(科目编码，会计期间，方向，账套号)中，科目编码、会计期间、方向、账套号是取数函数的自变量。

◇ 公式中包含的函数既可直接输入，也可单击"函数向导"按钮参照输入。

315

图 10-4　定义公式

③ 同理修改"存货"期末余额公式为"QM("1402",月,,,年,,)+QM("1405",月,,,年,,)+QM("1406",月,,,年,,)-QM("1471",月,,,年,,)+QM("1431",月,,,年,,)-QM("2314",月,,,年,,)"。

❖ **特别提醒：**

◇　"1431""2314"两个科目是以受托代销商品减去受托代销商品款后列示在"存货"中。这样处理的原因在于：受托代销业务是代理性质，不属于企业的债权债务，故应抵消处理。

(3) 生成资产负债表数据

① 单击"数据/格式"按钮，在数据状态下，执行"数据"|"关键字"|"录入"命令，打开"录入关键字"对话框。

② 输入关键字"年"为"2025"，"月"为"6"，"日"为"30"，如图10-5所示。

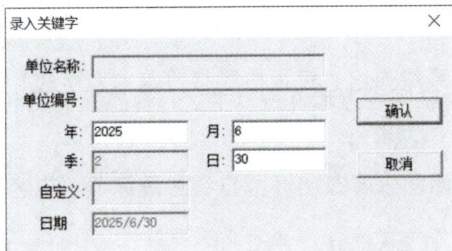

图 10-5　录入关键字

③ 单击"确认"按钮，系统弹出"是否重算第1页？"信息提示框。

④ 单击"是"按钮，系统会自动根据单元公式计算6月份数据，如图10-6所示。

❖ **特别提醒：**

◇　也可后续通过切换"数据/格式"状态，利用"表页重算"功能生成6月份数据。

◇　单元格中的数据如显示"########"，调整列宽后即可显示数据。

◇　"资产负债表"中的"资产合计"期末余额与"总账"余额表中存在24 000.00元差额系未售出受托代销商品所致。

⑤ 单击"保存"按钮，将生成的报表数据以文件名"zcfzb.rep"保存至"D:\凯撒家纺\10-1财务报表"。

2. 定义审核公式并执行审核

① 在UFO报表系统中，执行"文件"|"打开"命令，打开已保存的资产负债表。

② 在格式状态下，执行"数据"|"编辑公式"|"审核公式"命令，打开"审核公式"对话框。

资产负债表

会企01表

编制单位：天津凯撒家纺股份有限公司　　　　2025 年 6 月 30 日　　　　单位：元

资　产	行次	期末余额	年初余额	负债和所有者权益(或股东权益)	行次	期末余额	年初余额
流动资产：				流动负债：			
货币资金	1	2 953 215.27	2 931 995.90	短期借款	32		
交易性金融资产	2			交易性金融负债	33		
应收票据	3	138 000.00	138 000.00	应付票据	34		
应收账款	4	67 461.00		应付账款	35	355 616.00	310 416.00
预付款项	5			预收款项	36		
应收利息	6			应付职工薪酬	37	184 982.70	184 342.81
应收股利	7			应交税费	38	497 563.38	436 706.26
其他应收款	8			应付利息	39		
存货	9	549 360.00	1 389 684.00	应付股利	40		
一年内到期的非流动资产	10			其他应付款	41	27 505.80	20 412.00
其他流动资产	11			一年内到期的非流动负债	42		
流动资产合计	12	3 708 036.27	4 459 679.90	其他流动负债	43		
非流动资产：				流动负债合计	44	1 065 667.88	951 877.07
可供出售金融资产	13			非流动负债：			
持有至到期投资	14			长期借款	45	1 467 918.00	1 579 822.98
长期应收款	15			应付债券	46		
长期股权投资	16			长期应付款	47		
投资性房地产	17			专项应付款	48		
固定资产	18	6 501 236.30	6 571 278.33	预计负债	49		
在建工程	19	1 688 709.00		递延所得税负债	50		
工程物资	20			其他非流动负债	51		
固定资产清理	21			非流动负债合计	52	1 467 918.00	1 579 822.98
生产性生物资产	22			负债合计	53	2 533 585.88	2 531 700.05
油气资产	23			所有者权益(或股东权益)：			
无形资产	24			实收资本(或股本)	54	7 830 000.00	7 830 000.00
开发支出	25			资本公积	55	390 000.00	390 000.00
商誉	26			减：库存股	56		
长期待摊费用	27			盈余公积	57	253 542.50	187 652.50
递延所得税资产	28	8 394.32	8 394.32	未分配利润	58	899 247.51	100 000.00
其他非流动资产	29			所有者权益(或股东权益)合计	59	9 372 790.01	8 507 652.50
非流动资产合计	30	8 198 339.62	6 579 672.65				
资产总计	31	11 906 375.89	11 039 352.55	负债和所有者权益(或股东权益)总计	60	11 906 375.89	11 039 352.55

图 10-6　资产负债表

③ 在文本框中输入公式"C38=G29+G36,D38=H29+H36 MESS"资产不等于负债加所有者权益""，如图10-7所示，单击"确定"按钮。

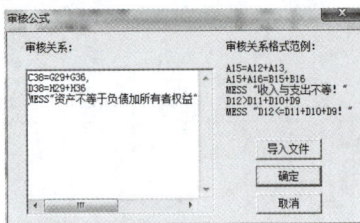

④ 单击"数据/格式"按钮，在数据状态下，执行"数据"|"审核"命令，如报表数据正确，在报表右下角状态栏显示"完全正确!"，如图10-8所示；如数据有误，则系统会弹出"资产不等于负债加所有者权益"信息提示框。

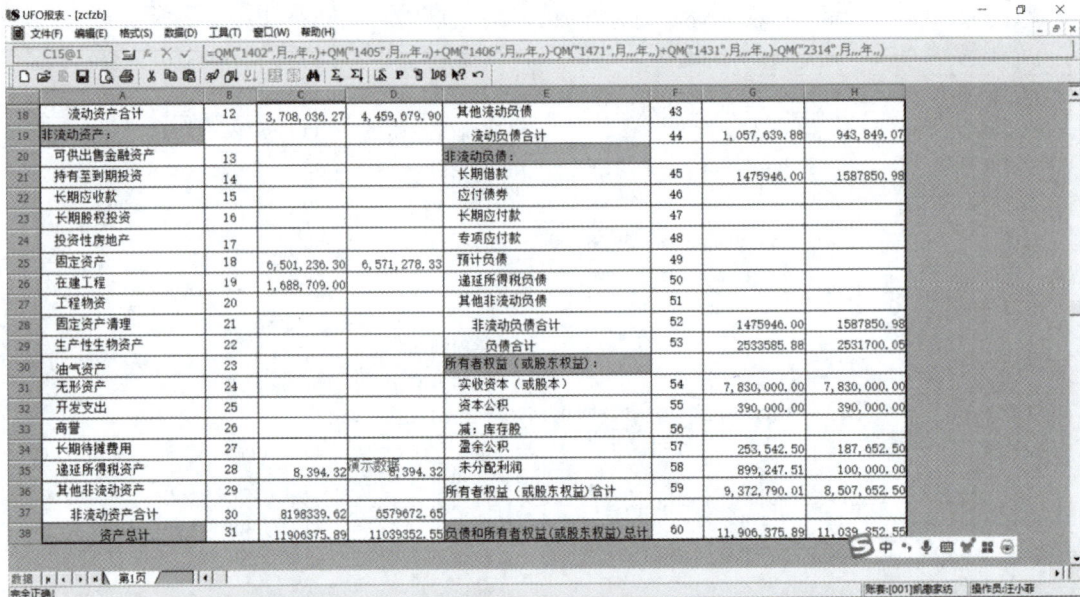

图 10-7　审核公式

图 10-8　审核结果

3. 定义舍位平衡公式并进行舍位平衡

① 在格式状态下，执行"数据"|"编辑公式"|"舍位公式"命令，打开"舍位平衡公式"对话框。

② 输入"舍位表名"为"SWPH"，"舍位范围"为"C7:D38,G7:H38"，"舍位位数"为"3"，"平衡公式"为"C38=G29+G36,D38=H29+H36"，如图10-9所示，单击"完成"按钮。

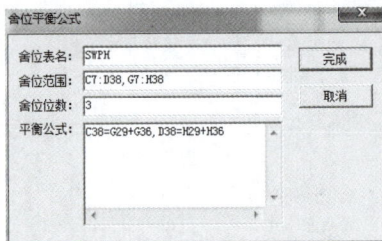

③ 单击"数据/格式"按钮，在数据状态下，执行"数据"|"舍位平衡"命令。

图 10-9　舍位平衡公式

④ 系统会自动根据公式进行舍位平衡操作，将生成的报表数据以文件名"swph.rep"保存至"D:\凯撒家纺\10-1财务报表"。

❖ 特别提醒：

◇　如果舍位公式定义有误，系统状态栏会提示"无效命令或错误参数!"的信息。

实训二　利用模板生成"利润表"

实训任务

2025年6月30日，财务部编制公司2025年6月利润表。

任务解析

以财务经理W01身份生成利润表。

实训指引

(1) 调用利润表模板

① 以财务经理"W01 汪小菲"身份登录，修改"注册日期"为"2025年6月30日"。

② 在UFO报表系统中，执行"格式"|"报表模板"命令，打开"报表模板"对话框，选择"所在的行业"为"2007年新会计制度科目"，"财务报表"为"利润表"。

③ 单击"确认"按钮，系统弹出"模板格式将覆盖本表格式！是否继续？"信息提示框。

④ 单击"确定"按钮，即可打开"利润表"模板。

(2) 调整报表模板

① 将"利润表"处于格式状态，根据本单位的实际情况，修改报表格式及公式。

② 执行"格式"|"标尺寸"命令，修改"行数"为"25"，
如图10-10所示。双击A3单元格，录入"编制单位"为"天津凯撒家纺股份有限公司"。

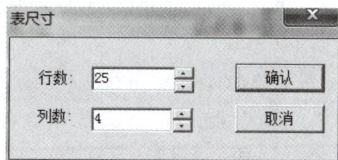

图 10-10　表尺寸

❖ **特别提醒：**

◇ 财政部2018年15号文件对于一般企业财务报表格式进行了修订，此处仅以实验涉及的"信用减值损失"科目为例，对利润表模板进行调整，其他调整项目未涉及。

③ 选中A12:D24区域，通过"剪切""复制"功能将该区域下移至A13:D25区域。

❖ **特别提醒：**

◇ 区域是由相邻单元组成的矩形块。区域是二维的，最大的区域是整个表页，最小的区域是一个表单元。描述一个区域时起点单元与终点单元之间用"："连接，如A1：C6。

④ 双击A12单元格，录入"项目"为"信用减值损失"。

⑤ 双击D12单元格，弹出"定义公式"对话框，修改"信用减值损失"本期金额公式为"fs(6702,月,"借",,年)"，单击"确定"按钮。

⑥ 同理修改"信用减值损失"期末余额公式为"select(C12,年@=年+1 and 月@=月)"；"营业利润"本期金额公式为"C5-C6-C7-C8-C9-C10-C11-C12+C13+C14"。

❖ **特别提醒：**

◇ Select函数用于按一定关键字从本表他页取得数据。计算公式D12=select(C12,年@=年+1 and 月@=月)表示当前单元格等于当前表中上一年同月C12单元格的值。

⑦ 执行"格式"|"单元属性"命令,调整新增单元格的字体、字号和前景色,如图10-11所示。

⑧ 执行"格式"|"区域画线"命令,调整利润表A4:D25区域框线,如图10-12所示。

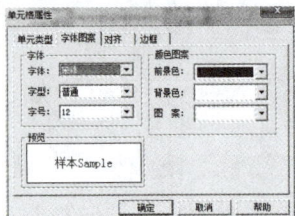

图 10-11　单元格属性

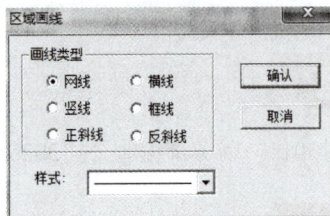

图 10-12　区域画线

(3) 生成利润表数据

① 单击"数据/格式"按钮,在数据状态下,执行"数据"|"关键字"|"录入"命令,打开"录入关键字"对话框。

② 输入关键字"年"为"2025","月"为"6"。

③ 单击"确认"按钮,系统弹出"是否重算第1页?"信息提示框,单击"是"按钮,系统会自动根据单元公式计算6月份数据,如图10-13所示。

利润表

会企02表

编制单位:天津凯撒家纺股份有限公司　　　　　2025 年　6 月　　　　　单位:元

项　目	行数	本期金额	上期金额
一、营业收入	1	551 820.00	
减:营业成本	2	254 840.00	
税金及附加	3		
销售费用	4	4 294.00	
管理费用	5	-1 600.00	
财务费用	6	2 709.49	
资产减值损失	7	5 000.00	
信用减值损失	8	80 339.00	
加:公允价值变动收益(损失以"-"号填列)	9		
投资收益(损失以"-"号填列)	10		
其中:对联营企业和合营企业的投资收益	11		
二、营业利润(亏损以"-"号填列)	12	206 237.51	
加:营业外收入	13		
减:营业外支出	14		
其中:非流动资产处置损失	15		
三、利润总额(亏损总额以"-"号填列)	16	206 237.51	
减:所得税费用	17		
四、净利润(净亏损以"-"号填列)	18	206 237.51	
五、每股收益:	19		
(一)基本每股收益	20		
(二)稀释每股收益	21		

图 10-13　利润表

④ 单击"保存"按钮，将生成的报表数据以文件名"lrb.rep"保存至"D:\凯撒家纺\10-1财务报表"。

实训三　利用模板生成"现金流量表"

实训任务

2025年6月30日，财务部编制公司2025年6月现金流量表。

任务解析

1. 背景知识

UFO报表系统提供了两种生成现金流量表的方法：一是利用现金流量表模块，二是利用总账的项目管理功能和UFO报表。本例主要介绍第二种方法。

2. 岗位说明

以财务经理W01身份生成现金流量表。

实训指引

(1) 在基础设置中指定现金流量科目并设置项目核算

① 以财务经理"W01 汪小菲"身份登录，修改"注册日期"为"2025年6月30日"。

② 在"基础设置"中，执行"基础档案"|"财务"|"会计科目"命令；在设置会计科目界面中执行"编辑"|"指定科目"命令，指定现金流量科目，如图10-14所示。

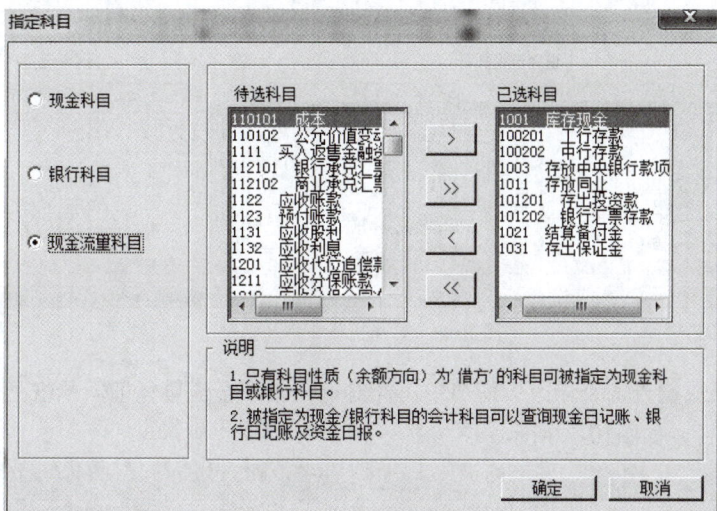

图 10-14　指定现金流量科目

③ 单击"确定"按钮，完成现金流量科目指定。

④ 在"基础设置"中，执行"基础档案"|"财务"|"项目目录"命令，系统在项目目录里已经建立了"现金流量项目"大类，如图10-15所示。

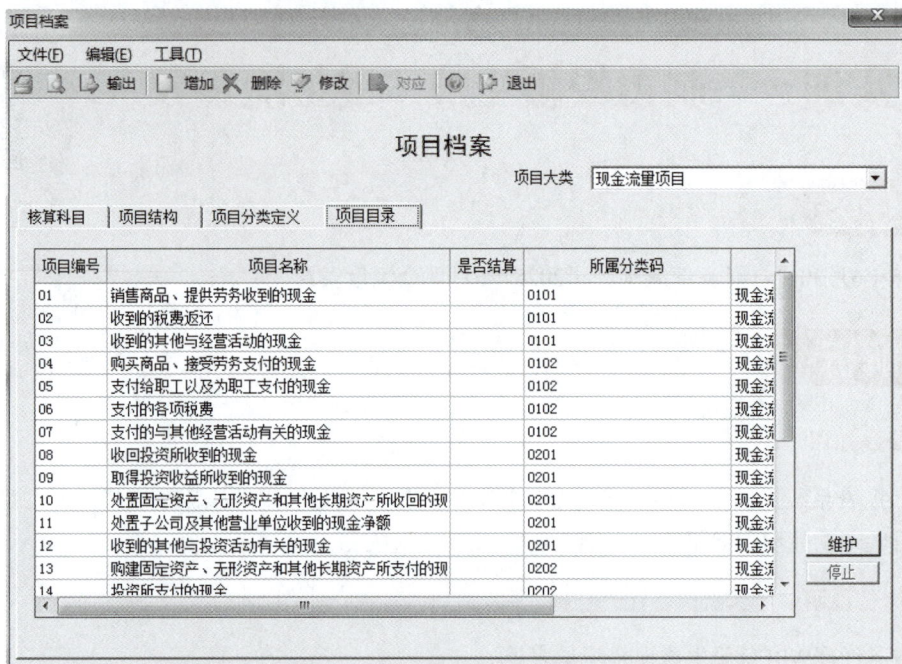

图 10-15　现金流量项目大类及项目目录

(2) 在总账中确认业务对应的现金流量项目

① 在总账管理系统中，执行"现金流量表"|"现金流量凭证查询"命令，弹出"现金流量凭证查询"对话框，单击"确定"按钮，打开"现金流量查询及修改"窗口，如图10-16所示。

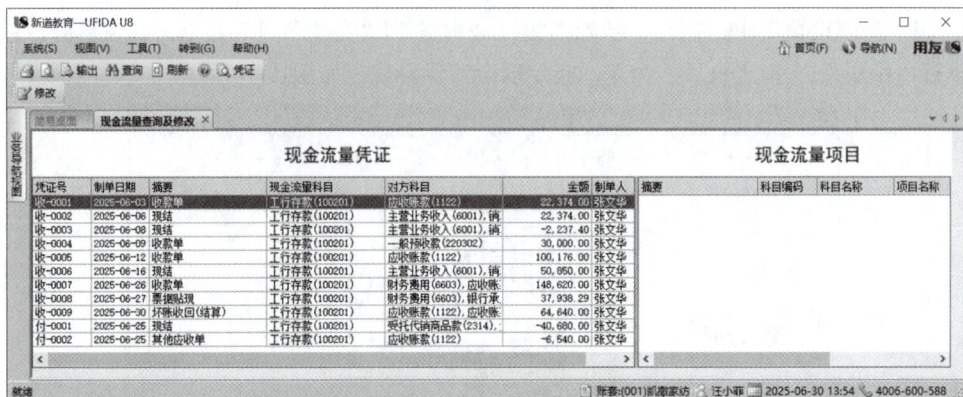

图 10-16　现金流量查询及修改

② 在"现金流量查询及修改"窗口中，针对每一张现金流量凭证，单击"修改"按钮补充录入现金流量项目，如图10-17所示。

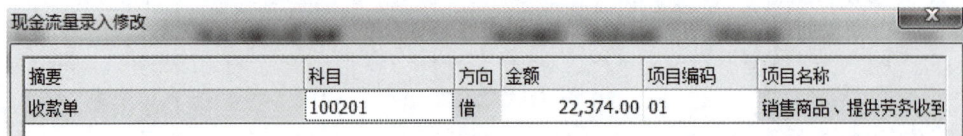

图 10-17　现金流量录入修改

❖ **特别提醒：**

◇ 在填制凭证时未指定现金流量项目，采用本例操作流程。

◇ 如已提前指定现金流量科目，则在填制凭证时，如涉及现金流量科目可以在填制凭证界面单击"流量"按钮，打开"现金流量表"对话框，指定发生的该笔现金流量的所属项目。

(3) 在UFO报表系统中生成现金流量表

① 在UFO报表系统中，执行"格式"|"报表模板"命令，选择"您所在的行业"为"2007年新会计制度科目"，"财务报表"为"现金流量表"。

② 单击"确认"按钮，打开"现金流量表"模板。

③ 单击"数据/格式"按钮，将"现金流量表"处于格式状态，单击选择C6单元格。单击fx按钮，打开"定义公式"对话框。单击"函数向导"按钮，打开"函数向导"对话框。

④ 在"函数分类"列表框中选择"用友账务函数"，在右边的"函数名"列表中选中"现金流量项目金额(XJLL)"，如图10-18所示。

⑤ 单击"下一步"按钮，打开"用友账务函数"对话框，单击"参照"按钮，打开"账务函数"对话框。

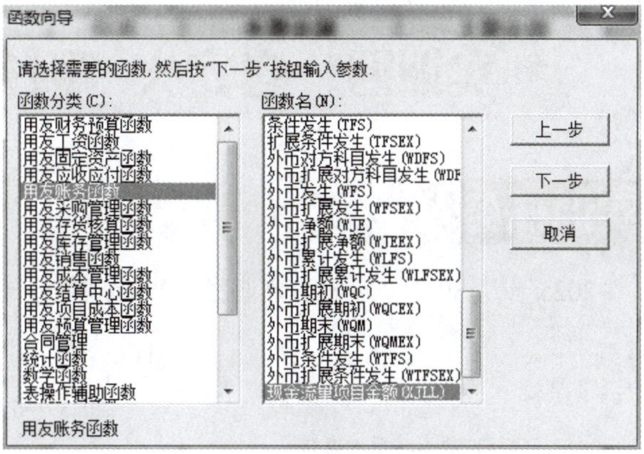

图 10-18 函数向导

⑥ 单击"现金流量项目编码"右边的参照按钮，打开"现金流量项目"选项。

⑦ 双击选择与C6单元格左边相对应的项目"01销售商品、提供劳务收到的现金"，单击"确定"按钮，返回"账务函数"对话框，如图10-19所示。

⑧ 单击"确定"按钮，返回"定义公式"对话框，如图10-20所示，单击"确认"按钮。

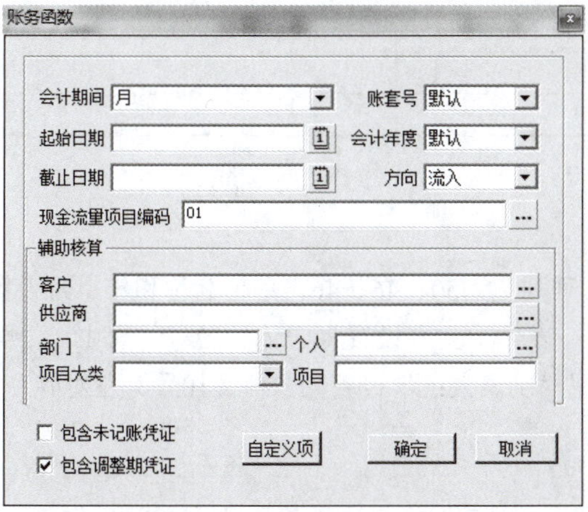

图 10-19 "账务函数"对话框

图 10-20 定义公式

⑨ 同理，设置C13单元格公式。

❖ 特别提醒：

◇ C13单元格为流出项目，设置公示时应注意在"账务函数"界面，"方向"选择"流出"，否则无法取到数据。

⑩ 单击"数据/格式"按钮，在数据状态下，执行"数据"|"关键字"|"录入"命令，录入关键字"年"为"2025"，"月"为"6"。

⑪ 执行"数据"|"表页重算"命令，弹出"是否重算第1页？"提示框，单击"是"按钮，系统会自动根据单元公式计算6月份现金流量表主表中"经营活动产生的现金流量"数据。单击"保存"按钮，将生成的报表数据以文件名"xjllb.rep"保存至"D:\凯撒家纺\10-1财务报表"。

实训四　自定义"财务指标分析表"

实训任务

2025年6月30日，为辅助企业经营决策，财务部编制财务指标分析表，如表10-2所示。

表10-2 财务指标分析表
2025 年 6 月

编制单位：天津凯撒家纺股份有限公司

分析项目	指标	指标数值(%)
偿债能力分析	流动比率	
	速动比率	
	资产负债率	
	产权比率	
营运能力分析	应收账款周转率	
	营运资本周转率	
	总资产周转率	
盈利能力分析	营业净利率	
	资产利润率	

制表人：

1. 格式要求

标题设置为黑体、14号、居中，行高为7，三列列宽为50、46、46；单位名称和年、月设置为关键字；表头中文字设置为黑体、12号、居中；表体中文字设置为宋体、12号、居中；"指标数值"列的表格属性为"数值"、百分号；表尾"制表人："设置为宋体、10号、左对齐。

2. 公式要求

财务指标分析表各项目公式要求如表10-3所示。

表10-3 财务指标分析表公式定义

指标	要求	指标数值(%)
流动比率	利用zcfzb.rep定义表间取数公式	
速动比率	利用zcfzb.rep定义表间取数公式	
资产负债率	利用zcfzb.rep定义表间取数公式	
产权比率	利用zcfzb.rep定义表间取数公式	
应收账款周转率	利用zcfzb.rep和lrb.rep定义表间取数公式	
营运资本周转率	利用zcfzb.rep和lrb.rep定义表间取数公式	
总资产周转率	利用zcfzb.rep和lrb.rep定义表间取数公式	
营业净利率	利用lrb.rep定义表间取数公式	
资产利润率	利用zcfzb.rep和lrb.rep定义表间取数公式	

任务解析

1. 背景知识

(1) 同一报表同一表页不同单元的取数函数

数据合计	PTOTAL( )
平均值	PAVG( )
最大值	PMAX( )
最小值	PMIN( )

(2) 同一报表其他表页不同单元的取数函数

对于取自本表其他表页的数据可以利用某个关键字作为表页定位的依据，或者直接以页标号作为定位依据，指定取某张表页的数据。

可以使用SELECT( )函数从本表其他表页取数，如以下数据。

A1单元取自上个月的A2单元的数据：A1=SELECT(A2, 月@=月+1)。

B1单元取自第2张表页的B2单元的数据：B1=B2@2。

(3) 自其他报表取数的函数

对于取自其他报表的数据可以用""报表[.REP]"–>单元"格式指定要取数的某张报表的单元。例如，C6="资产负债表"–>C6@5表示当前表页中的C6单元格的数据取自资产负债表第5页C6单元格的数据。

2. 岗位说明

以财务经理W01身份设计并生成财务指标分析表。

实训指引

将生成的资产负债表与利润表作为基础数据拷贝到D盘根目录下。

(1) 定义表尺寸

① 以财务经理"W01 汪小菲"身份登录，修改"注册日期"为"2025年6月30日"。

② 在UFO报表系统中，执行"文件"|"新建"命令，建立一张空白报表，报表名默认为"report1"。

③ 在格式状态下，执行"格式"|"表尺寸"命令，打开"表尺寸"对话框。

④ 输入"行数"为"13"，"列数"为"3"，单击"确认"按钮。双击C13单元格，录入"制表人"为"汪小菲"。

❖ **特别提醒：**
◇ 定义报表尺寸时，应包括表头、表体与表尾。

(2) 定义组合单元
① 选择需合并的单元区域A1:C1。
② 执行"格式"|"组合单元"命令，打开"组合单元"对话框。
③ 选择组合方式为"整体组合"或"按行组合"，如图10-21所示，该单元区域即合并成一个单元格。

④ 同理，定义A2:C2、A4:A7、A8:A10、A11:A12单元区域为组合单元。

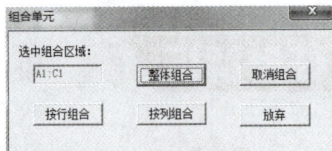
图 10-21 组合单元

(3) 画表格线
① 选中报表需要画线的单元区域A3:C12。
② 执行"格式"|"区域画线"命令，打开"区域画线"对话框。
③ 选择"网线"单选按钮，单击"确认"按钮，将所选区域画上表格线。

(4) 录入报表项目
① 双击选中需要输入内容的单元或组合单元。
② 在该单元或组合单元中输入相关文字内容，例如，在A1组合单元中输入"财务指标分析表"。

❖ **特别提醒：**
◇ 报表项目指报表的文字内容，主要包括表头内容、表体项目、表尾项目等，不包括关键字。日期一般不作为文字内容输入，而要设置为关键字。

(5) 定义报表行高和列宽
① 选中需要调整的单元所在行。
② 执行"格式"|"行高"命令，打开"行高"对话框。
③ 输入"行高"为"7"，单击"确定"按钮，如图10-22所示。
④ 选中需要调整的单元所在列，执行"格式"|"列宽"命令，可按要求设置A～C列的宽度，如图10-23所示。

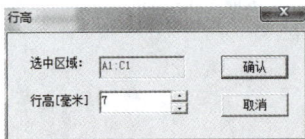
图 10-22 设置行高

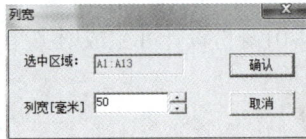
图 10-23 设置列宽

❖ **特别提醒：**
◇ 行高、列宽的单位为毫米。

(6) 设置单元风格
① 选中标题所在组合单元A1。

② 执行"格式"|"单元属性"命令，打开"单元格属性"对话框。

③ 单击"字体图案"选项卡，设置"字体"为"黑体"，"字号"为"14"。

④ 单击"对齐"选项卡，设置"对齐方式"为"居中"，单击"确定"按钮。

⑤ 同理，按照要求设置其余单元格。

(7) 定义单元属性

① 选定单元C13，执行"格式"|"单元属性"命令，打开"单元格属性"对话框。

② 打开"单元类型"选项卡，选择"表样"选项，单击"确定"按钮。

③ 同理，设置C4:C12单元格属性为"数值"，选中"百分号"复选框，如图10-24所示，单击"确定"按钮。

> ❖ **特别提醒：**
>
> ◇ 格式状态下输入内容的单元均默认为表样单元，未输入数据的单元均默认为数值单元，在数据状态下可输入数值。若希望在数据状态下输入字符(文字)，应将其定义为字符单元。字符单元和数值单元输入后只对本表页有效，表样单元在数据状态下不可修改且输入后对所有表页有效。

(8) 设置关键字

① 选中需要输入关键字的组合单元A2。

② 执行"数据"|"关键字"|"设置"命令，打开"设置关键字"对话框。

③ 选择"单位名称"单选按钮，如图10-25所示，单击"确定"按钮。

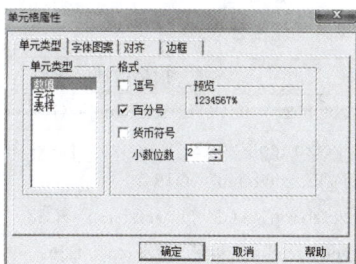

图 10-24 单元格属性

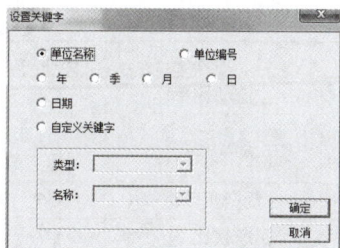

图 10-25 设置关键字

④ 同理，设置"年""月"关键字。

> ❖ **特别提醒：**
>
> ◇ 注意：每个报表可以同时定义多个关键字。如果要取消关键字，需执行"数据"|"关键字"|"取消"命令。

(9) 调整关键字位置。

① 执行"数据"|"关键字"|"偏移"命令，打开"定义关键字偏移"对话框。

② 在需要调整位置的关键字后面输入偏移量"年"为"-180"、"月"为"-150"，如图10-26所示。

③ 单击"确定"按钮。

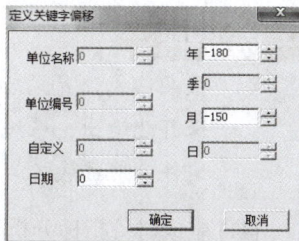

图 10-26 定义关键字偏移

> ❖ **特别提醒：**
> ◇ 关键字的位置可以用偏移量来表示，负数值表示向左移，正数值表示向右移。在调整时，可以通过输入正或负的数值来调整。关键字偏移量单位为像素。

(10) 报表公式定义

① 选定需要定义公式的单元C4，即"流动比率"的计算公式。

② 执行"数据"|"编辑公式"|"单元公式"命令，打开"定义公式"对话框。

③ 在"定义公式"对话框中，直接输入"流动比率公式"为""E:\ zcfzb.rep"->C18/"E:\ zcfzb.rep"->G19"，如图10-27所示，单击"确认"按钮。

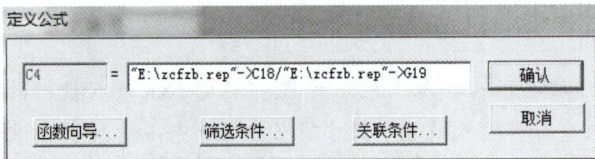

图 10-27　公式定义

> ❖ **特别提醒：**
> ◇ "->"可通过"关联条件"录入。
> ◇ 单击fx按钮或双击某公式单元或按"="键，都可以打开"定义公式"对话框。

④ 同理，定义其余单元格公式，如表10-4所示。

表10-4　定义财务比率各单元格公式

能力	指标	单元格	指标数值(%)
偿债能力分析	流动比率	C4	"E:\ zcfzb.rep"->C18/"E:\zcfzb.rep"->G19
	速动比率	C5	("E:\zcfzb.rep"->C18-"E:\zcfzb.rep"->C15-"E:\ zcfzb.rep"->C11)/"E:\zcfzb.rep"->G19
	资产负债率	C6	"E:\ zcfzb.rep"-> G29/"E:\zcfzb.rep"->C38
	产权比率	C7	"E:\zcfzb.rep"->G29/"E:\zcfzb.rep"->G36
营运能力分析	应收账款周转率	C8	"E:\lrb.rep"->C5/((("E:\zcfzb.rep"->C10+ E:\zcfzb.rep"->C9)+("E:\ zcfzb.rep"->D10+"E:\ zcfzb.rep"->D9))/2)
	营运资本周转率	C9	"E:\lrb.rep"->C5/(("E:\zcfzb.rep"->C18+"E:\ zcfzb.rep"->D18)/2-("E:\zcfzb.rep"->G19+"E:\zcfzb.rep"->H19)/2)
	总资产周转率	C10	"E:\lrb.rep"->C5/(("E:\zcfzb.rep"->C38+"E:\ zcfzb.rep"->D38)/2)
盈利能力分析	营业(销售)净利率	C11	"D:\lrb.rep"->C22/"E:\lrb.rep"->C5
	资产利润率	C12	"E:\lrb.rep"->C20/(("E:\zcfzb.rep"->C38+"E:\ zcfzb.rep"->D38)/2)

> ❖ **特别提醒：**
> ◇ 报表格式设置完后切记要及时将自定义报表格式保存，以便以后随时调用。如果没有保存就退出，系统会提示"是否保存报表？"，以防止误操作。".REP"为用友报表文件专用扩展名。

(11) 生成财务指标分析表数据

① 单击空白报表底部左下角的"格式/数据"按钮，使当前状态为"数据"状态。

◇ 注意：报表数据处理必须在数据状态下进行。

② 执行"数据"|"关键字"|"录入"命令，打开"录入关键字"对话框。

③ 录入关键的"年"为"2025"，"月"为"6"。

④ 单击"确认"按钮，系统弹出"是否重算第1页？"信息提示框。

⑤ 单击"是"按钮，系统根据单元公式自动计算6月份数据，如图10-28所示。

财务指标分析表

分析项目	指标	指标数值(%)
偿债能力分析	流动比率	348%
	速动比率	296%
	资产负债率	21%
	产权比率	27%
营运能力分析	应收账款周转率	321%
	营运资本周转率	18%
	总资产周转率	5%
盈利能力分析	营业净利率	37%
	资产利润率	2%

制表人：汪小菲

图 10-28 财务指标分析表

❖ 特别提醒：

◇ 不同表页对应不同的关键字值，输出时随同单元一起显示。日期关键字可以确认报表数据取数的时间范围，即确定数据生成的具体日期。

⑥ 单击"保存"按钮，将生成的报表数据以文件名"cwzbfxb.rep"保存至"D:\凯撒家纺\10-1财务报表"。